全国导游资格考试统编教材
QUANGUO DAOYOU ZIGE KAOSHI TONGBIAN JIAOCAI

政策与法律法规

ZHENGCE YU FALÜ FAGUI

（第七版）

全国导游资格考试统编教材专家编写组 编

中国旅游出版社

项目统筹：谯　洁
责任编辑：刘志龙
责任印制：冯冬青
封面设计：中文天地

图书在版编目（CIP）数据

政策与法律法规 / 全国导游资格考试统编教材专家编写组编. -- 7版. -- 北京：中国旅游出版社，2022.8

全国导游资格考试统编教材

ISBN 978-7-5032-6977-6

Ⅰ. ①政…　Ⅱ. ①全…　Ⅲ. ①旅游业—方针政策—中国—资格考试—教材　②旅游业—法规—中国—资格考试—教材　Ⅳ. ①F592.0　②D922.296

中国版本图书馆CIP数据核字（2022）第110525号

书　　名：政策与法律法规

作　　者：全国导游资格考试统编教材专家编写组编
出版发行：中国旅游出版社
（北京静安东里6号　邮编：100028）
http://www.cttp.net.cn　E-mail: cttp@mct.gov.cn
营销中心电话：010-57377108，010-57377109
读者服务部电话：010-57377151
排　　版：北京中文天地文化艺术有限公司
印　　刷：三河市灵山芝兰印刷有限公司
版　　次：2022年8月第7版　2022年8月第1次印刷
开　　本：720毫米×970毫米　1/16
印　　张：29.5
字　　数：460千
定　　价：43.00元
I S B N　978-7-5032-6977-6

出版说明

（第七版）

全国统一的导游资格考试制度自 2016 年开始施行以来，至今已是第七年。2021 年的考试由于新冠疫情影响数次推迟，直至取消，实属无奈。2022 年，文化和旅游部再次组织相关专家对 2021 版考试大纲进行了修订，并于 7 月公布，可谓是提振行业信心的务实之举。

在过去的六年里，作为文化和旅游部直属的专业出版机构，中国旅游出版社始终致力于组织业内权威专家编写出版这套全国导游资格考试统编教材，并以过硬的质量和良好的服务使之成为国内首屈一指的导游类专业教材，在赢得广大读者青睐的同时，也在业界获得了良好的口碑。

2022 年，我社一如既往地组织相关专家，认真研讨最新发布的 2022 年考试大纲，针对今年大纲所公布的新提法、新变化和新知识点，对全国统编版《政策与法律法规》《导游业务》《全国导游基础知识》《地方导游基础知识》四本教材进行了相应修订和编写。

此次修订，是以文化和旅游部相关文件精神和最新考试大纲要求为指引，既吸取了前几版全国导游资格考试统编教材内容和编写风格的精华，又进一步凸显出了以下特点：其一，完全遵从新大纲要求，内容覆盖全部考点，特别注重所增加的新提法、新变化和新知识点，且重点突出，具有全国示范意义，经得起业界实践检验；其二，在强调理论与实践相结合、内容与时俱进的基础上，更加注重实用性和业务可操作性；其三，编写风格在保持简洁、通俗的基础上，更强调易学、易记，便于考生学习和掌握，方便应考；其四，消除了上一版教材中的技术性错漏。

不仅如此，我们还修订了与这四本教材相配套的《全国导游资格统一考试模拟习题集》。2022 版习题集完全遵循新考纲规定的题型和分值比例，为考生开阔思维、掌握难点、突出重点、练习备考提供服务。此外，我们进一步改版升级了“中国旅游出版社导游考试官方在线题库”。2022 版在线题库与新版教材完全同步，分章节精准练习，每题均附有答案和详尽解析，具有反复刷题功能，方便考生利用碎片化的时间，随时随地练习，检验复习效果。

中国旅游出版社旗下“中国导游考试辅导中心”公众号将继续为广大考生服务，发布最新的考试资讯，提供专业的复习备考资料，并进一步加大为购买正版教材的考生提供丰富的增值服务，让导游资格考试变得更加轻松。

我们衷心希望这套重新修订的统编教材及其配套教辅产品，不仅能够切实满足广大考生应考的需求，助力考生迎难过关，同时，还能够切实提升导游人员的业务素质和综合能力，为我国旅游业的发展尽一份绵薄之力。

中国旅游出版社

2022 年 8 月

目录

第一篇　依法治国篇

第一章　全面推进法治中国建设……1
第一节　概述……1
第二节　全面推进依法治国的总目标……8
第三节　全面推进依法治国的五大法治体系……12
第四节　全面推进依法治国的六项重大任务……16

第二章　宪法基本知识……26
第一节　概述……26
第二节　国家的基本制度……29
第三节　国家机构……35
第四节　公民的基本权利和义务……43
第五节　国旗、国歌、国徽、首都……49

第二篇　方针政策篇

第三章　夺取新时代中国特色社会主义伟大胜利……57
第一节　新时代中国特色社会主义思想……57
第二节　新时代中国共产党的历史使命……64

第三节　迈向新时代的重大战略部署……67

第四章　“十四五”规划和2035年远景目标纲要……73
第一节　概述……73
第二节　新发展阶段的发展环境……74
第三节　指导思想、原则和战略导向……76
第四节　远景目标和“十四五”时期经济社会发展主要目标……78
第五节　推进社会主义文化强国建设的主要任务……80

第五章　旅游方针政策……85
第一节　习近平关于文化和旅游工作的重要论述……86
第二节　关于进一步激发文化和旅游消费潜力的意见……99
第三节　关于以标准化促进餐饮节约反对餐饮浪费的意见……103
第四节　关于旅游服务质量提升的相关意见……105

第六章　文化和旅游部关于新型冠状病毒肺炎疫情防控“熔断”机制和措施指南……123
第一节　跨省旅游“熔断”机制……123
第二节　旅行社新冠肺炎疫情防控工作指南（第四版）……124

第三篇　法律法规篇

第七章　维护国家安全法律制度……130
第一节　香港维护国家安全法……131
第二节　中华人民共和国英雄烈士保护法……144
第三节　宗教事务条例……152

第八章　民法的基本知识……160
第一节　民法概述……160

第二节 自然人 …… 165
第三节 民事法律行为 …… 172
第四节 民事责任 …… 176

第九章 旅游法的基本知识 …… 179
第一节 概述 …… 179
第二节 旅游者 …… 188
第三节 旅游规划和促进 …… 195
第四节 旅游经营 …… 200
第五节 旅游监督管理 …… 206

第十章 合同与旅游服务合同法律制度 …… 210
第一节 概述 …… 210
第二节 合同的订立和效力 …… 213
第三节 合同的变更、转让、解除和终止 …… 219
第四节 合同的履行和违约责任 …… 224
第五节 旅游服务合同 …… 232

第十一章 侵权责任法律制度 …… 247
第一节 概述 …… 247
第二节 一般侵权责任 …… 249
第三节 特殊侵权责任 …… 254

第十二章 旅行社法律制度 …… 265
第一节 概述 …… 266
第二节 旅行社管理法律制度 …… 272
第三节 旅行社经营规则 …… 285
第四节 在线旅游经营服务管理法律制度 …… 293

第十三章　导游管理法律制度……299
第一节　概述……299
第二节　导游资格考试与执业许可制度……300
第三节　导游的权利义务及执业管理制度……305

第十四章　旅游安全管理与责任保险法律制度……315
第一节　概述……316
第二节　突发事件应对法律制度……317
第三节　旅游经营者安全责任……326
第四节　旅游安全管理制度……330
第五节　责任保险管理制度……336

第十五章　出入境与交通法律制度……342
第一节　概述……342
第二节　出入境管理法律制度……344
第三节　交通运输法律制度……351

第十六章　食品安全、住宿与娱乐法律制度……368
第一节　概述……368
第二节　食品安全法律制度……372
第三节　住宿管理法律制度……379
第四节　娱乐场所管理法律制度……385

第十七章　旅游资源保护法律制度……393
第一节　风景名胜区法律制度……394
第二节　自然保护区法律制度……400
第三节　野生动植物保护法律制度……403
第四节　文物保护法律制度……412
第五节　博物馆管理法律制度……415
第六节　国家级文化生态保护区管理法律制度……420

第七节　非物质文化遗产保护法律制度……426
第八节　保护世界遗产、非物质文化遗产公约……430

第十八章　解决旅游纠纷的法律制度……434
第一节　概述……435
第二节　消费者权益保护法律制度……436
第三节　旅游投诉受理和处理制度……441
第四节　旅游不文明行为记录管理与治安管理相关法律制度……447
第五节　民事诉讼证据法律制度……453
第六节　审理旅游纠纷案件适用法律的规定……455

参考文献……461

后　记……462

| 第一篇　依法治国篇 |

第一章
全面推进法治中国建设

章节练习
视频课程

本章导读

【本章概述】 本章内容主要包括：依法治国的科学含义和历史沿革；全面推进依法治国的重大意义、指导思想、总目标和基本原则；全面推进依法治国的五大法治体系和六项重大任务。

【学习要求】 了解《中共中央关于全面推进依法治国若干重大问题的决定》所提出的全面依法治国的重大意义和指导思想；熟悉全面依法治国的"五大体系、六大任务"；掌握全面依法治国的总目标和基本原则。

第一节　概　述

一、依法治国的科学含义和历史沿革

1. 依法治国的科学含义

（1）依法治国的基本含义。党的十五大阐述了依法治国的定义：依法治国，就是广大人民群众在党的领导下，依照宪法和法律规定，通过各种途径和形式管理国家事务，管理经济文化事业，管理社会事务，保证国家各项工作都依法进行，逐步实现社会主义民主的制度化、法律化，使这种制度和法律不因领导人的改变而改变，不因领导人看法和注意力的改变而改变。报告

进一步指出，依法治国把坚持党的领导、发扬人民民主和严格依法办事统一起来，从制度和法律上保证党的基本路线和基本方针的贯彻实施，保证党始终发挥总揽全局、协调各方的领导核心作用。

（2）法制与法治。党的十五大报告对我国法制建设问题做出精辟论述，其中一个重要贡献就是将过去通常讲的“法制国家”改为“法治国家”，“法治国家”与邓小平同志的“要法治不要人治”的精神更一致。[①] “法制”与“法治”仅一字之差，但内涵与外延有区别。一是法制是法律制度的简称，属于制度范畴；法治则是法律统治的简称，是相对于“人治”而言的一种治国的原则和方法。二是法制的产生和发展与国家直接相联，在任何国家都存在法制；法治的产生和发展不然，只有在民主制国家才存在法治。三是法制的基本要求是各项工作法律化、制度化，并做到有法可依、有法必依、执法必严、违法必究；法治的基本要求是严格依法办事，法律在各种社会调整措施中具有至高无上的权威。四是实行法制的主要标志，是一个国家从立法、执法、司法、守法到法律监督等方面，都有比较完备的法律和制度可供遵循；而实行法治的主要标志，是一个国家的任何机关、团体和个人，都严格遵守法律和依法办事。总之，法制是实现法治的前提和基础条件，实行法治必须具有完备的法制；法治是法制的立足点和归宿，法制的发展前途必然是最终实现法治。

（3）依法治国与依宪治国。党的十八届四中全会指出，坚持依法治国首先要坚持依宪治国，坚持依法执政首先要坚持依宪执政。这就从根本上确立了宪法作为党和国家治国理政的最高依据，确立了宪法在全面依法治国中的根本法地位和至上权威，体现了宪法优先实施这一现代法治国家的根本要求。科学理解和准确把握这一重大论断的深刻内涵和基本要求，坚持依宪治国、依宪执政，对于维护宪法的崇高权威和尊严，维护国家法制的统一，确保全面依法治国在宪法规范下有序推进具有重大意义。

2. 依法治国方略的历史沿革

改革开放以来，为实行依法治国、建设社会主义法治国家，我们党团结带领人民进行了艰辛探索。

---

① 姜明安．法治国家［M］．北京：社会科学文献出版社，2015：36．

1978年，党的十一届三中全会在总结我国民主法治建设正反两方面经验的基础上，提出了发展社会主义民主、健全社会主义法制的战略方针，确立了“有法可依、有法必依、执法必严、违法必究”的社会主义法制建设的十六字方针。

1997年，党的十五大报告首次提出“依法治国，建设社会主义法治国家”的战略目标，强调依法治国是党领导人民治理国家的基本方略，是发展社会主义市场经济的客观需要，是社会文明进步的重要标志，是国家长治久安的重要保障。

2002年，党的十六大提出，发展社会主义民主政治，最根本的是要把坚持党的领导、人民当家做主和依法治国有机统一起来，确立了“推行依法行政”的战略任务。2004年，党的十六届四中全会提出“科学执政、民主执政、依法执政”，并在2007年党的十七大时写入《中国共产党章程》。

2007年，党的十七大提出，依法治国是社会主义民主政治的基本要求，强调要全面落实依法治国基本方略，加快建设社会主义法治国家。

2012年，党的十八大提出全面推进依法治国的要求，提出推进“科学立法、严格执法、公正司法、全民守法”的新法治十六字方针和法治建设总体布局，提出“坚持法律面前人人平等，保证有法必依、执法必严、违法必究”的工作要求，强调要更加注重发挥法治在国家治理和社会管理中的重要作用。2013年，党的十八届三中全会决定将“推进法治中国建设”确立为全面深化改革的重要内容。面向未来，全面建成小康社会对依法治国提出了更高的要求。2014年，党的十八届四中全会提出了“建设中国特色社会主义法治体系，建设社会主义法治国家”的总目标，并形成全面推进依法治国系统的总体方案。

2017年，党的十九大把坚持全面依法治国确立为新时代坚持和发展中国特色社会主义基本方略的重要内容，对深化依法治国实践做出全面部署，为建设社会主义法治国家提供了科学指导。会议指出，全面依法治国是国家治理的一场深刻革命，必须坚持厉行法治，推进科学立法、严格执法、公正司法、全民守法，并决定成立中央全面依法治国领导小组，加强对法治中国建设的统一领导。2018年，党的十九届二中全会审议通过了《中共中央关于修改宪法部分内容的建议》，全会认为党高度重视宪法在治国理政中的重要地位和作用，明确坚持依法治国首先要坚持依宪治国，坚持依法执政首先要坚持依宪执政，把实施宪法摆在全面依法治国的突出位置。同年，党的十九届三中全会进一步指出，深化党和国家机构改革，必须贯彻坚持党的全面领导、坚持以人民为中心、坚持优化协同高效、坚持全面依法治国的原则。

2019年，党的十九届四中全会提出，坚持和完善中国特色社会主义法治体系，提高党依法治国、依法执政能力。以党的十八大和十八届三中、四中全会、党的十九大及十九届二中、三中、四中、五中全会为标志，当代中国法治建设进入了一个新的时代，充分展示了当代中国共产党人的全局视野和战略眼光，反映了我们党对共产党执政规律、社会主义建设规律和人类社会发展规律的高度认识，丰富和发展了新时代中国特色社会主义理论体系。

二、全面推进依法治国的重大意义

2014年10月20日，党的十八届四中全会在北京召开，这是中国共产党第一次专题研究依法治国问题的中央全会。会议审议通过的《中共中央关于全面推进依法治国若干重大问题的决定》（以下简称《决定》），在深刻总结社会主义法治建设历史经验的基础上，对全面推进依法治国做出了新论断、新部署，这是当代中国法治建设史上的重要里程碑，具有重大的现实意义和深远的历史意义。

1. 是贯彻“四个全面”战略布局坚强有力的法治保障

2015年2月2日，在省部级主要领导干部“学习贯彻党的十八届四中全会精神 全面推进依法治国专题研讨班”开班式上的讲话中，习近平总书记提出了全面建成小康社会、全面深化改革、全面依法治国、全面从严治党的战略布局。在“四个全面”的重大战略布局中，全面建成小康社会是战略目标，全面深化改革、全面依法治国、全面从严治党是三大战略举措。在协调推进“四个全面”战略布局的进程中，全面依法治国具有举足轻重的基础性、保障性作用，正如习近平总书记强调的，“从这个战略布局看，做好全面依法治国各项工作意义十分重大。没有全面依法治国，我们就治不好国、理不好政，我们的战略布局就会落空。要把全面依法治国放在‘四个全面’的战略布局中来把握，深刻认识全面依法治国同其他三个‘全面’的关系，努力做到‘四个全面’相辅相成、相互促进、相得益彰”[①]。由此看出，全面依法治国是一个内涵丰富、意蕴深刻的重大命题，是党治国理政的一个重大战略思想，也是“四个全面”战略布局这个大系统中的一个子系统，是坚持和发展中国特色社会主义的本质要求和重要的法治保障。

2. 是实现国家治理体系和治理能力现代化的必然要求

党的十八届三中全会把完善和发展中国特色社会主义制度、推进国家治理体系和治理能力现代化作为全面深化改革的总目标，并且提出了建设法治中国的历史性任务。习近平总书记指出：“推进国家治理体系和治理能力现代化，当然要高度重视法治问题，采取有力措施全面推进依法治国，建设社会主义法治国家，建设法治中国。”[②] 因此，全面推进依法治国对于实现国家治理现代化具有至关重要的作用。在当代中国，法治发展与国家治理现代化之间具有密切的关系。一方面，国家治理现代化构成了法治发展的总目标。以现代法治精神为基本依托的国家治理现代化，是一个从人治型的国家治理体系向法治型的国家治理体系的历史创造性的转变过程。另一方面，法治发展是国家治理现代化的前提条件。只有在法治成为国家治理体系的基础的情况下，才能建构现代国家治理体系，实现国家治理现代化。[③] 通过法律的制定与实施，将国家治理现代化的基本要求、体制机制、程序方法转化为国家治理主体的实际行动，这是全面推进依法治国、加快建设社会主义法治国家的必然要求，也是实现国家治理体系与治理能力现代化的时代抉择。

3. 是确保党和国家长治久安的根本要求

在中国这样一个地域辽阔、人口庞大、民族众多、国情复杂的发展中的社会主义大国，中国共产党要跳出“历史周期率”，实现长期执政，确保人民幸福安康、党和国家长治久安，就必须坚定不移地厉行法治，全面推进依法治国。全面推进依法治国不仅有助于改革和完善党的领导方式和执政方

---

① 中共中央文献研究室．习近平关于全面依法治国论述摘编［M］．北京：中央文献出版社，2015：15.

② 中共中央文献研究室．习近平关于全面依法治国论述摘编［M］．北京：中央文献出版社，2015：3.

③ 公丕祥．全面依法治国［M］．南京：江苏人民出版社，2015：13～14.

式、防止党内腐败问题的滋生和蔓延、巩固党的执政地位，而且也是维护社会和谐稳定、实现党和国家长治久安的根本保障。基于对中国近代以来历史的深刻把握，当代中国共产党人以高度的历史主动性，充分认识到法治在国家现代化进程中的重要作用，在做出全面深化改革的重大决策基础上，立足全局和长远来统筹谋划，着眼于实现中华民族伟大复兴中国梦、实现党和国家长治久安的长远考虑，对全面推进依法治国提出顶层设计方案，做出重大战略部署，形成了更加完善的全面依法治国的基本思路、更加清晰的全面依法治国的总体目标、更加明确的全面依法治国的重点任务，从而展现出一幅全面推进依法治国、建设法治中国的路线图。

三、全面推进依法治国的指导思想

全面推进依法治国，是一项开创性的伟大事业，必须坚持正确的指导思想，沿着正确的道路稳步前进。《决定》指出，全面推进依法治国，必须贯彻落实党的十八大和十八届三中全会精神，高举中国特色社会主义伟大旗帜，以马克思列宁主义、毛泽东思想、邓小平理论、“三个代表”重要思想、科学发展观为指导，深入贯彻习近平总书记系列重要讲话精神，坚持党的领导、人民当家做主、依法治国有机统一，坚定不移走中国特色社会主义法治道路，坚决维护宪法法律权威，依法维护人民权益、维护社会公平正义、维护国家安全稳定，为实现“两个一百年”奋斗目标、实现中华民族伟大复兴的中国梦提供有力的法治保障。

1. 把中国特色社会主义理论体系作为长期坚持的行动指南

党的十八大报告指出，中国特色社会主义理论体系，就是包括邓小平理论、“三个代表”重要思想、科学发展观在内的科学理论体系，是对马克思列宁主义、毛泽东思想的坚持和发展。中国特色社会主义理论体系是全党全国各族人民团结奋斗的共同思想基础，是中国发展进步、实现中华民族伟大复兴的强大思想武器。党的十八大以来，习近平多次就“全面依法治国”发表重要论述，深刻阐明了全面推进法治中国建设的基本遵循和价值追求，进一步指明了社会主义法治国家建设的方向和道路，为社会主义法治国家建设提供了强大的理论武器和实践指南。因此，马克思列宁主义、毛泽东思想、邓小平理论、“三个代表”重要思想、科学发展观及习近平总书记系列重要讲话精神，是全面推进依法治国进程中应当长期坚持的行动指南。

2. 把坚持党的领导、人民当家做主、依法治国有机统一作为唯一的正确路径

在党的领导、人民当家做主、依法治国的有机统一体中，党的领导是核心，是人民当家做主和依法治国的根本政治保证；人民当家做主，是社会主义民主政治的本质要求和基本目标，这是由社会主义制度的本质属性决定的；依法治国是党领导人民治理国家的基本方略，事关我们党执政兴国、人民幸福安康、党和国家长治久安。同时，党的领导、人民当家做主和依法治国之间具有内在的统一性，三者的有机统一决定着社会主义民主法治乃至中国特色社会主义伟大事业的兴衰成败，直接关系着我们党、国家和人民的前途命运。因此，坚持党的领导、人民当家做主、依法治国有机统一是坚定不移走中国特色社会主义法治道路的根本要求，也是全面推进依法治国的唯一的正确路径。

3. 把“四个维护”作为永远的价值追求

坚决维护宪法法律权威，依法维护人民利益、维护社会公平正义、维护国家安全稳定，是全面推进依法治国永远的价值追求。宪法和法律是执政党的主张、国家主权意志、人民共同意志的集中体现，是通过科学民主立法程序形成的普遍行为规范，因此全面推进依法治国必须维护宪法的最高权威，把宪法作为保证党和国家兴旺发达和长治久安的根本法。依法维护人民利益、维护社会公平正义、维护国家安全稳定，是社会文明进步的显著标志，也是加强社会主义法治、建设文明强国、实现中国梦的基本要求。

4. 把实现中华民族伟大复兴的中国梦作为崇高使命和奋斗目标

党的十八大报告明确提出建设社会主义市场经济、社会主义民主政治、社会主义先进文化、社会主义和谐社会、社会主义生态文明“五位一体”的总体布局，这是全面建成小康社会、实现中华民族伟大复兴的中国梦的必由之路，也是全面推进依法治国的崇高使命和奋斗目标。文明国家的崛起和制度的成熟定型，从未离开过法治能力的彰显。因此，全面推进依法治国需要用法律制度和法治机制为社会主义经济建设、政治建设、文化建设、社会建设、生态文明建设提供重要的法治支撑和保障，使法治贯穿于改革发展稳定的全过程，覆盖国家治理和社会管理各个领域，充分发挥社会主义制度的最大优势，使中国梦更具有吸引力与凝聚力。[①]

第二节　全面推进依法治国的总目标

一、总目标

在当代中国，法治发展是一个庞大且复杂的社会系统工程，它的推进与实施有其确定的内在发展目标。《决定》指出，“全面推进依法治国，总目标是建设中国特色社会主义法治体系，建设社会主义法治国家。这就是在中国共产党领导下，坚持中国特色社会主义制度，贯彻中国特色社会主义法治理论，形成完备的法律规范体系、高效的法治实施体系、严密的法治监督体系、有力的法治保障体系、完善的党内法规体系，坚持依法治国、依法执政、依法行政共同推进，坚持法治国家、法治政府、法治社会一体建设，实现科学立法、严格执法、公正司法、全民守法，促进国家治理体系和治理能力现代化。”因此，党的十八届四中全会把“建设中国特色社会主义法治体系，建设社会主义法治国家”明确为全面推进依法治国的总目标，并在此基础上向全党全国人民发出号召——“向着建设法治中国不断前进”，“为建设法治中国而奋斗！”习近平总书记进一步指出：“这是贯穿《决定》全篇的一条主线，既明确了全面推进依法治国的性质和方向，又突出了全面推进依法治国的工作重点和总抓手，对全面推进依法治国具有纲举目张的意义。”[②]

1. 中国特色社会主义法治道路的核心要义

全面推进依法治国，必须切实解决好制度模式和管理形式的选择问题。一个国家选择什么样的法治道路，建设什么样的法治体系，是由这个国家的国体政体、历史传承、文化传统、经济社会发展水平决定的，是由这个国家的人民决定的。改革开放以来，我国法治建设的成功实践清晰地证明，我们已经找到了一条符合中国国情、顺应时代潮流发展的具有中国特色的社会主义法治道路。全面推进依法治国，必须坚持党的领导，坚持中国特色社会主

① 吴军．依法治国新常态［M］．北京：人民日报出版社，2015：15.

② 习近平．加快建设社会主义法治国家［J］．求是，2015（1）.

义制度，贯彻中国特色社会主义法治理论，这三方面便是中国特色社会主义法治道路的核心要义。这一核心要义的提出，彰显了我们党的道路自信、理论自信和制度自信，指明了全面推进依法治国的正确方向，是党领导全国人民全面推进依法治国方略、建设社会主义法治国家的根本遵循，必须牢牢把握，始终坚持。

2. 全面推进依法治国的总抓手

习近平总书记在做《决定》的说明时指出："全面推进依法治国涉及很多方面，在实际工作中必须有一个总揽全局、牵引各方的总抓手，这个总抓手就是建设中国特色社会主义法治体系。依法治国的各项工作都要围绕这个总抓手来谋划、来推进。"把建设中国特色社会主义法治体系、建设社会主义法治国家确立为全面推进依法治国的总目标，进而把建设中国特色社会主义法治体系视为全面依法治国的总抓手，这深刻反映了党的治国理政思想的重大创新，表明当代中国共产党人对中国法治发展规律的认识水平达到了一个全新的理论高度，意义重大而深远。

3. 全面推进依法治国的工作布局

建设社会主义法治国家，必须将"一个共同推进"和"一个一体建设"有机结合起来，在"共同推进"上着力，在"一体建设"上用劲，更加重视法治建设的全面、整体、协调发展，更加重视调动各方面的主动性和积极性。

（1）坚持依法治国、依法执政、依法行政共同推进。依法治国、依法执政、依法行政是一个内在统一的有机整体，三者具有内涵的统一性、目标的一致性、成效的相关性，其中依法执政处于关键的支配性地位，三者必须彼此协调、共同推进、形成合力。依法治国是党领导人民治理国家的基本方略，依法治国的主体是人民。党领导人民依据法律有效治理国家，实施依法治国的基本方略，必然要求党要改革和完善自身的领导方式和执政方式，坚持依法执政，把党的意志上升为国家意志，在法治化的轨道上实现对国家的领导。这既是依法治国的内在要义，是依法治国的根本保证，也是依法行政的基础和基本条件，标志着党的执政方式和领导方式的重大创新。因此，依法治国必须着眼全局、全面部署，努力确保依法执政、依法行政与之齐头并进，这是中国特色社会主义法治建设与发展的必然抉择。

（2）坚持法治国家、法治政府、法治社会一体建设。法治国家、法治政府、法治社会这三者相互联系、相辅相成、内在统一，构成了一个有机整体。它们是法治建设的三大支柱，缺少任何一个支柱，全面推进依法治国的总目标就无法实现。法治国家是法治建设的目标，它必然是民主的国家、依法而治的国家，是法治政府、法治社会的基本前提和决定性因素。法治政府是法治国家的有机组成部分，是严格按照法定权限和程序行使权力、履行职责的政府，能否建成法治政府决定着法治国家建设的成败。法治社会是法治国家和法治政府的基础，是一个信仰法治、依法治理的社会。因此，在全面推进依法治国的进程中，必须将法治国家、法治政府、法治社会建设同步规划、同步实施、一体建设。

二、基本原则

《决定》指出，要实现全面推进依法治国的总目标，就必须要全面贯彻和坚持五项基本原则，即坚持中国共产党的领导、坚持人民主体地位、坚持法律面前人人平等、坚持依法治国和以德治国相结合、坚持从中国实际出发。这五项基本原则是一个有机整体，其主体内容与精神实质是紧密联系、相互贯通、相互促进、相辅相成的，其中中国共产党的领导是政治保证，人民是主体和力量源泉，法律面前人人平等是价值追求，依法治国和以德治国相结合是精神支撑，从中国实际出发是实践基础。[①]

1. 坚持中国共产党的领导

党的领导和社会主义法治具有内在的一致性，是有机统一和共生共存的。坚持和实现党对全面依法治国的领导，这既是我国社会主义法治建设的一条基本经验，也是社会主义法治建设的根本要求。一方面，社会主义法治必须坚持党的领导，党的领导既是中国特色社会主义最本质的特征，也是社会主义法治最根本的保证。另一方面，党的领导必须依靠社会主义法治，依法治国是实现党的领导的基本途径。

2. 坚持人民主体地位

人民是社会主义国家和社会的主人，也是依法治国的主体。人民当家做

---

① 公丕祥．全面依法治国［M］．南京：江苏人民出版社，2015：67．

主是依法治国的前提和目标，而人民当家做主最根本的政治制度就是人民代表大会制度。从总体上看，坚持人民主体地位就必须坚持法治建设，为了人民、依靠人民、造福人民、保护人民，充分发挥人民的主体作用，以保障人民根本权益为出发点和落脚点，保证人民依法享有广泛的权利和自由，承担应尽的义务，维护社会公平正义，促进共同富裕。

3. 坚持法律面前人人平等

平等是社会主义法律的基本属性，也是社会主义法治的基本要求。坚持法律面前人人平等，要求法律对所有社会成员一视同仁，任何组织和个人都必须遵守宪法和法律，都必须在宪法和法律范围内活动，都必须依照宪法和法律行使权力或权利、履行职责或义务，不得享有超越宪法和法律的特权，任何在社会中处于弱势的公民都应当受到公平对待，不得受到歧视。因此，坚持法律面前人人平等的原则，有助于维护国家法制统一，切实保护宪法和法律的有效实施。

4. 坚持依法治国和以德治国相结合

道德是法律的精神内涵，法律是道德的制度底线，国家和社会治理需要法律和道德共同发挥作用。在全面推进依法治国的进程中，必须一手抓法治，一手抓德治，既重视发挥法律的规范作用，以法治体现道德观念，强化法律对道德建设的促进作用，又重视发挥道德的教化作用，以道德滋养法治精神，强化道德对法治文化的支撑作用，从而实现法律和道德相辅相成、法治和德治相得益彰，不断提高国家治理体系和治理能力的现代化水平。

5. 坚持从中国实际出发

全面推进依法治国，加快建设法治中国，基本的立足点是坚持从中国实际出发。中国特色社会主义道路、理论体系、制度是全面推进依法治国的根本遵循，统一于中国特色社会主义建设的伟大实践之中。全面推进依法治国，必须从我国国情和实际出发，突出中国特色、实践特色、时代特色，坚持在中国特色社会主义道路、在中国特色社会主义理论体系的指引下、在中国特色社会主义制度框架内厉行法治，走中国特色社会主义法治道路，建设社会主义法治国家。

第三节　全面推进依法治国的五大法治体系

一、完备的法律规范体系

完备的法律规范体系，是建设中国特色社会主义法治体系的前提。2011年3月10日，时任全国人大常委会委员长的吴邦国在十一届全国人大四次会议上宣布中国特色社会主义法律体系已经形成，这标志着当代中国法治建设的重大进展。国家和社会生活各方面总体上实现了有法可依，但是法律体系的形成并不等于法律体系的完备。法律体系是法治体系的逻辑起点，在法律体系形成后，还要完善、发展，它的高级形态就是达到完备状态。[①] 现行法律体系和制度构建与中国特色社会主义法治体系的要求尚有差距，形成完备的法律规范体系仍有许多工作要做，《决定》指出的，有的法律法规未能全面反映客观规律和人民意愿，针对性、可操作性不强，立法工作部门化倾向、争权诿责现象较为突出。党的十九大报告指出，深化依法治国实践要求推进科学立法、民主立法、依法立法，以良法促进发展、保障善治。因此，只有健全立法体制，深入推进科学立法、民主立法，加强重点领域立法，才能为建设中国特色社会主义法治体系夯实稳固的基础。

为此，需要着力解决三个问题：

（1）健全立法体制。为发挥立法的引领和推动作用，提高立法质量，党的十八届四中全会、党的十九大都对健全我国立法体制提出了新的要求。一是健全人大主导立法工作的体制机制，发挥人大及其常委会在立法工作中的主导作用，健全人大组织制度和工作制度，支持和保证人大依法行使立法权。二是加强政府立法制度建设，完善行政法规和规章的制定权限和程序，建立和完善政府法制机构。三是明确立法权力边界，从制度上防范部门利益和地方保护主义法律化。四是加强人大对立法工作的协调。立法争议较大时，需要决策机关委托专家或者社会其他机构进行第三方评估，在充分协调和沟通的基础上，及时做出决定。五是加强法律的解释工作，保障法律的有

---

① 公丕祥．全面依法治国［M］．南京：江苏人民出版社，2015：110-111．

效实施。六是进一步明确地方立法权限和范围，确保中央方针政策和国家法律、行政法规在本地区的有效实施。

（2）强化立法的科学性和民主性。立法质量直接关系到法治的质量，而提高立法的科学性和民主性是提高立法质量的根本途径。立法的科学性是指要尊重和体现社会发展的客观规律、尊重和体现法律所调整的社会关系的客观规律以及法律体系的内在规律；立法的民主性是指立法要为了人民、依靠人民，使法律真正反映广大人民的共同意愿、充分保障广大人民的各项权利和根本利益。要实现科学立法、民主立法的基本要求，就必须健全立法起草、论证、协调、审议机制，立法机关和社会公众沟通机制，完善法律草案表决程序。

（3）进一步加强重点领域立法。加强重点领域立法要求必须紧紧围绕新时代中国特色社会主义经济建设、政治建设、文化建设、社会建设和生态文明建设，开展重点领域立法工作，把发展改革决策同立法决策更好地结合起来。

二、高效的法治实施体系

习近平总书记指出，法律的生命力在于实施，法律的权威也在于实施。“法令行则国治，法令弛则国乱。”尽管当代中国法治实施工作已取得明显成效，但在现实生活中，有法不依、执法不严、违法不究的现象还比较严重，执法体系权责脱节、多头执法、选择性执法现象仍然存在，执法司法不规范、不严格、不透明、不文明现象较为突出，所以必须采取有效措施，保证法律的公正有效实施，加快形成高效的法治实施体系，从而推动建设中国特色社会主义法治体系的时代进程。

为此，需要着力解决四个问题：

（1）加强宪法实施。宪法的生命在于实施，宪法的权威也在于实施，而健全宪法实施和监督是形成高效法治实施体系的首要任务。习近平总书记指出：“宪法是国家的根本法。法治权威能不能树立起来，首先要看宪法有没有权威。必须把宣传和树立宪法权威作为全面推进依法治国的重大事项抓紧抓好，切实在宪法实施和监督上下功夫。”

（2）坚持严格执法。这是形成高效的法治实施体系的重要内容，坚持严格规范公正文明执法，是全面推进依法治国的基本要求，是维护社会公平正义的重大举措，是提升执法公信力的重要途径。

（3）保证公正司法。在法治实施体系中，司法的作用非常重要，司法是维护社会公平正义的最后一道防线，为此必须确保司法机关公正行使职权。

（4）推进全民守法。全民守法在法治实施体系中具有基础性的意义。法律的权威源自人民的内心拥护和真诚信仰，人民权益要靠法律保障，法律权威要靠人民维护。

三、严密的法治监督体系

习近平总书记强调："要加强对权力运行的制约和监督，把权力关进制度的笼子里。"这就要求以约束公权力为重点，努力形成科学有效的权力运行制约和监督体系。监督体系由党内监督、人大监督、民主监督、行政监督、司法监督、审计监督、社会监督、舆论监督等方面构成。其中，最为关键的是行政监督和司法监督。在全面推进依法治国的时代条件下，加快形成严密的法治监督体系，对于建设新时代中国特色社会主义法治体系具有重要的意义。

为此，需要着力解决两个问题：

（1）强化对行政权力的制约和监督。在现代社会，行政权力作为国家权力的重要组成部分，能否做到严格、规范、公正地行使，对于实现国家的公共管理职能至关重要。习近平总书记指出："权力不论大小，只要不受制约和监督，都可能被滥用。要强化制约，合理分解权力，科学配置权力，不同性质的权力由不同部门、单位、个人行使，形成科学的权力结构和运行机制。"

（2）加强对司法活动的监督。在全面推进依法治国的时代进程中，坚持公正司法，是实现司法功能、维护社会公正的基本要求。习近平总书记指出："如果人民群众通过司法程序不能保证自己的合法权利，那司法就没有公信力，人民群众也不会相信司法。法律本来应该具有定纷止争的功能，司法审判本来应该具有终局性的作用，如果司法不公、人心不服，这些功能就难以实现。"因此，为了维护和促进司法公正，就必须切实加强对司法活动的监督，这是形成严密的法治监督体系的重要内容。

四、有力的法治保障体系

有力的法治保障体系是建设中国特色社会主义法治体系的必要条件，是推进法治中国建设的必然要求，是宪法、法律得以贯彻实施的重要手段。建设新时代中国特色社会主义法治体系是一项庞大和复杂的系统工程，如果缺乏有力的法治保障体系，是难以持久的，而形成有力的法治保障体系，关键是要做好制度保障、组织和人才保障、物质和技术保障。

为此，需要着力解决三个问题：

（1）制度保障。坚持中国特色社会主义制度，是新时代中国特色社会主义法治体系的制度保障。中国特色社会主义制度从根基上保障了社会主义法治体系的建设，更是法治保障体系内容构成的核心所在。当然，中国特色社会主义制度还需要不断完善。习近平总书记指出："要坚持以实践基础上的理论创新推动制度创新，坚持和完善现有制度，从实际出发，及时制定一些新的制度，构建系统完备、科学规范、运行有效的制度体系，使各方面制度更加成熟更加定型。"

（2）组织和人才保障。全面推进依法治国，不仅要建设一支高素质的法治专门队伍，而且要大力加强法律服务队伍建设，进一步创新法治人才培养机制，从而为形成有力的法治保障体系奠定扎实的组织和人才基础。

（3）物质和技术保障。物质保障主要是解决立法机关、行政执法机关、司法机关的经费不足问题，从而为加快建设社会主义法治国家打下坚实的物质基础。技术保障是法治有效运转所不可或缺的保障条件，也是实现司法正义的技术基础。在现代执法和司法过程中，案件事实的认定环节往往具有很强的技术依赖性，甚至需要使用一些先进的、复杂的技术鉴定手段，进而做出令人信服的公正裁判。

五、完善的党内法规体系

完善的党内法规体系是建设中国特色社会主义法治体系的根本保障，加强党内法规体系化的建设是推进党的建设、保持党的先进性的重要方式与保障，也是进一步提升党的执政能力的客观要求。党内法规既是管党治党的重要依据，也是建设社会主义法治国家的有力保障。全面推进依法治国，既要求党依据宪法法律治国理政，也要求党依据党内法规管党治党。在建设中国特色社会主义法治体系的时代条件下，必须努力形成国家法律法规和党内法规制度相辅相成、相互促进、相互联系、相互保障的格局。正如习近平总书记所指出的，“要完善党内法规制定体制机制，注重党内法规同国家法律的衔接和协调，构建以党章为根本、若干配套党内法规为支撑的党内法规制度体系，提高党内法规执行力。”

为此，需要着力解决三个问题：

（1）完善以党章为根本、民主集中制为核心的党内法规制度。党内法规制度体系是体现中国国情特点的中国特色社会主义法治体系的独特内容。在全面推进依法治国的新时代，有必要进一步完善党内法规制度体系，着力形成一个以党章为根本，涵盖党内根本制度、基本制度和具体制度的完整系统、配套协调的党内法规制度体系。

（2）推进党内法规同国家法律的衔接和协调。在中国共产党的领导下，党内法规制度建设取得了长足进步。实现党内法规同国家法律的衔接和协调有两个方面的基本要求：一是坚持以党章和宪法为基本遵循。《中国共产党章程》规定，党必须在宪法和法律的范围内活动，同时我国宪法明确规定必须坚持党的领导；二是坚持党纪严于国法。在我国，法律是对全体公民的要求，党内法规制度是对全体党员的要求，而且很多地方比法律的要求更为严格。中国共产党既是中国工人阶级的先锋队，也是中国人民和中华民族的先锋队，因此对党员的要求应该更严。

（3）党的各级组织和党员干部要自觉遵守党的纪律和国家法律。中国共产党是执政党，党的纪律在党内具有规范性和强制性。党的各级组织和广大党员干部必须严格遵守党的纪律，进一步增强遵守党的纪律的自觉性和主动性。不仅如此，党的各级组织和广大党员干部还要模范遵守国家法律。

第四节　全面推进依法治国的六项重大任务

一、完善中国特色社会主义法律体系

《决定》对全面推进依法治国做出重大战略部署，强调“法律是治国之

重器，良法是善治之前提”，明确提出建设中国特色社会主义法治体系，必须坚持立法先行，完善以宪法为核心的中国特色社会主义法律体系，这就为我国在依法治国新常态下的立法工作确定了方向和目标，提出了任务和要求。

1. 健全宪法实施和监督制度

党的十八届四中全会指出：“坚持依法治国首先要坚持依宪治国，坚持依法执政首先要坚持依宪执政。”宪法作为党和国家治国理政的最高依据，在全面依法治国中具有根本法地位和至上权威。主要包括三个方面：①完善宪法监督制度；②健全宪法解释程序机制；③加强备案审查制度和能力建设。

2. 完善立法体制

完善立法体制是党从中国特色社会主义法律体系已经形成的新的历史起点上提出的一项重要的制度要求，对于加强和改进立法工作、提高立法质量、形成完备的社会主义法律体系、全面推进依法治国具有重大的意义。主要包括四个方面：①加强党对立法工作的领导；②健全人大主导的立法体制机制；③加强和改进政府立法制度建设；④明确立法权力边界。

3. 深入推进科学立法、民主立法

立法质量直接关系和影响到法治质量，完善法律体系必须抓住提高立法质量这个关键，把深入推进科学立法、民主立法作为提高立法质量的根本路径。主要包括两个方面：①加强人大对立法工作的组织协调；②健全立法机关和社会公众沟通机制。

4. 加强重点领域立法

加强重点领域立法就是按照构建系统完备、科学规范、运行有效的制度体系的要求，围绕中国特色社会主义事业“五位一体”总体布局，重点在完善社会主义市场经济体制、加强民主法治建设、促进文化事业发展、保障和改善民生、推进社会治理体制创新、保护生态环境等领域，着力研究和加强立法工作，推动法律体系完善发展。主要包括五个方面：①完善市场经济法律制度；②推进社会主义民主政治法治化；③建立健全文化法律制度；④加强社会建设领域法律制度建设；⑤用严格的法律制度保护生态环境。

二、加快建设法治政府

深入推进依法行政，加快建设法治政府，是全面推进依法治国的中心环节，是党的十八大和十八届三中全会、四中全会提出的明确要求。当前，迫切需要按照推进国家治理体系和治理能力现代化的总体要求，进一步明确法治政府建设的目标、要求和标准，大力推进法治政府建设，确保到2020年基本建成法治政府。

1. **依法全面履行政府职能**

依法全面履行政府职能是深入推进依法行政、加快建设法治政府的必然要求。针对当前政府履行职能中存在的突出问题，主要明确四个方面的要求：①完善行政组织和行政程序法律制度；②严格按照法定职责实施行政行为；③推行政府权力清单制度；④推进各级政府事权规范化、法律化。

2. **健全依法决策机制**

决策是一种重要的行政权力，行使决策权是否依法合规，事关法治政府建设的方向和目标，事关经济社会可持续发展和人民群众切身利益。主要包括三个方面：①明确重大行政决策的法定程序，即公众参与、专家论证、风险评估、合法性审查和集体讨论决定；②积极推行政府法律顾问制度；③建立重大决策终身责任追究制度及责任倒查机制。

3. **深化行政执法体制改革**

行政执法体制是行政执法的载体，也是行政体制的重要组成部分，更是法律法规实施体制的关键环节，它是指由行政执法主体结构、法定执法职权和义务、执法程序和运行机制等构成的有机体系及相关法律制度。主要包括四个方面：①根据不同层级政府事权和职能，合理配置执法力量；②推行综合执法，完善市县两级政府行政执法管理；③严格行政执法主体资格，加强行政执法队伍建设；④健全行政执法和刑事司法衔接机制，坚决制止以罚代刑。

4. **坚持严格规范公正文明执法**

法律法规一经颁布，就必须得到严格的遵守和执行，否则形同虚设。行政机关是实施法律法规的重要主体，担负着严格执法的重要职责，因此要准确把握、严格规范公正文明执法的基本要求，大力推进法治政府建设。主要包括三个方面：①依法惩处各类违法行为，完善执法程序；②建立健全行政裁量权基准制度；③全面落实行政执法责任制。

5. **强化对行政权力的制约和监督**

通过加强党内监督、人大监督、民主监督、行政监督、司法监督、审计监督、社会监督、舆论监督制度建设，努力形成科学有效的权力运行制约和监督体系，增强监督合力和实效。主要包括两个方面：①加强对政府内部权力的制约，这是强化对行政权力制约的重点；②完善审计制度，保障依法独立行使审计监督权。

6. 全面推行政务公开

全面推进政务公开，是加快行政管理体制改革、建设服务型政府的具体体现。主要包括三个方面：①推进决策公开、执行公开、管理公开、服务公开、结果公开；②推行行政执法公示制度；③推进政务公开信息化。

三、提高司法公信力

司法是法律实施的重要环节，它的基本功能是解决纠纷，这就决定了司法的价值在于实现和维护全社会的公平正义。司法是维护社会公平正义的最后一道防线，司法公正对社会公正具有重要的引领作用。司法是否具有公信力，既是依法治国的必然要求，也是衡量依法治国的重要标准。在当代中国，司法公信力还不高，民众信赖司法的局面还远远没有形成，因此有赖于保证公正司法，提高司法公信力。

1. 完善确保司法机关依法独立公正行使审判权和检察权的制度

人民法院、人民检察院依法独立公正行使审判权和检察权，是宪法确定的原则，突出了人民群众期盼的公平正义，构成依法治国的重要基础。不受行政机关、社会团体和个人的干涉，是依法独立公正行使审判权、检察权的根本前提，也是实现社会公平正义的必然要求。主要包括三个方面：①建立领导干部干预司法活动、插手具体案件处理的记录、通报和责任追究制度；②健全行政机关依法出庭应诉、支持法院受理行政案件、尊重并执行法院生效裁判的制度；③建立健全司法人员履行法定职责保护机制。

2. 优化司法职权配置

作为司法体制改革的核心内容，司法职权的优化配置主要体现在制约和配合两方面，既要充分考虑制约要素，以达到对司法权的制约，实现司法公正；又要合理设置配合要素，使司法权得以顺畅运行，提高司法效率。[①] 主

① 公丕祥. 全面依法治国［M］. 南京：江苏人民出版社，2015：270.

要包括十个方面：①健全公安机关、检察机关、审判机关、司法行政机关相互配合、相互制约的体制机制；②完善司法体制，推动实行审判权和执行权相分离的体制改革试点；③最高人民法院设立巡回法庭，审理跨行政区域重大行政和民事案件；④合理调整行政诉讼案件管辖制度；⑤改革法院案件受理制度，变立案审查制为立案登记制；⑥完善审级制度；⑦完善对行政强制措施实行司法监督制度；⑧探索建立检察机关提起公益诉讼制度；⑨明确司法机关内部各层级权限，健全内部监督制约机制；⑩加强职务犯罪线索管理，健全受理、分流、查办、信息反馈制度。

3. 推进严格司法

审判是人民法院审理案件、做出裁判的活动，是诉讼的中心环节。充分发挥审判特别是庭审的作用，推进严格司法，是确保案件处理质量和司法公正的重要保障。主要包括五个方面：①健全事实认定符合客观真相、办案结果符合实体公正、办案过程符合程序公正的法律制度；②加强和规范司法解释和案例指导，统一法律适用；③推进以审判为中心的诉讼制度改革；④全面贯彻证据裁判规则；⑤实行办案质量终身负责制和错案责任倒查问责制。

4. 保障人民群众参与司法

我国是人民民主专政的社会主义国家，人民是国家的主人，有权参与各项国家事务的管理，行使国家权力。司法权作为国家权力的重要组成部分，不论是权力的产生，还是权力的运行，都应全面贯彻人民主权的宪法原则。主要包括两个方面：①完善人民陪审员制度，把完善人民陪审员制度作为深入推进司法民主的基本立足点；②构建开放、动态、透明、便民的阳光司法机制，推进审判公开、检务公开、警务公开和狱务公开。

5. 加强人权司法保障

尊重和保障人权，是一个国家法治文明的重要体现，也是我国一项重要的宪法原则。我国《宪法》明确规定“国家尊重和保障人权”，但是宪法不具有直接司法性，宪法原则和制度的落实，需要其他部门法的制度设计和贯彻实施。主要包括七个方面：①强化诉讼过程中当事人和其他诉讼参与人的知情权、陈述权、辩护辩论权、申请权、申诉权的制度保障；②健全落实罪刑法定、疑罪从无、非法证据排除等法律原则的法律制度；③完善对限制人身自由司法措施和侦察手段的司法监督，加强对刑讯逼供和非法取证的源头预防；④切实解决执行难，制定强制执行法；⑤加快建立失信被执行人信用监督、威慑和惩戒法律制度；⑥落实终审和诉讼终结制度；⑦健全国家司法救助制度，完善法律援助制度。

6. 加强对司法活动的监督

司法权承担着判断是非曲直、解决矛盾纠纷、制裁违法犯罪、调节利益关系等重要职责，加强对司法活动的监督就必须健全监督制约的制度机制，让司法权在制度的笼子里运行。主要包括四个方面：①完善检察机关行使监督权的法律制度；②完善人民监督员制度；③依法规范司法人员与当事人、律师、特殊关系人、中介组织的接触、交往行为；④健全司法机关内部监督制约机制。

四、推进法治社会建设

法治社会是与法治国家、法治政府相对应的范畴，是法治在社会领域的拓展和具体体现，是法治演进的逻辑必然。① 建设社会主义法治体系必然要将法治国家、法治政府、法治社会一体推进，法治社会建设是中国特色社会主义法治建设中不可或缺的组成部分。在全面推进依法治国的过程中，必须扩展视域，通盘考虑，实现法治国家、法治政府与法治社会的一体建设。

1. 推动全社会树立法治意识

推动全社会树立法治意识，这是法治社会建设的精神保障。建设法治社会，首先需要推动全社会树立法治意识，使人民群众认识到法律既是保障自身权利的有力武器，也是自身必须遵守的行为规范。主要包括四个方面：①深入开展法治宣传教育；②健全普法宣传教育机制；③加强社会诚信建设，健全公民和组织守法信用记录；④增强公民道德建设。

2. 推进多层次多领域依法治理

多层次多领域依法治理就是围绕社会的多方主体开展的新型治理模式，在很大程度上依赖健全的社会自治体系，促使人民团体、社会组织、行业协会等积极参与法治事业的进程。推进多层次多领域依法治理是创新社会治理、推进国家治理体系和治理能力现代化的必然要求。主要包括三个方面：

---

① 公丕祥. 全面依法治国［M］. 南京：江苏人民出版社，2015：270.

①坚持系统治理、依法治理、综合治理、源头治理，提高社会治理法治化水平；②发挥人民团体和社会组织在法治社会建设中的积极作用；③依法妥善处置涉及民族、宗教等因素的社会问题。

3. 建设完备的法律服务体系

完备的法律服务体系，是全面推进依法治国的必备要素。法律服务主要包括律师、公证、基层法律服务、法律援助等，社会公众对于法律服务的需求会随着依法治国的全面推进和公民法律意识的觉醒而日益增长。主要包括四个方面：①健全公共法律服务体系建设；②完善法律援助制度；③发展律师、公证、涉外等法律服务业；④健全统一司法鉴定管理体制。

4. 健全依法维权和化解纠纷机制

健全依法维权和化解纠纷机制，不仅是法治社会建设的重要内容，而且是有效维护人民群众合法权益的必然要求，也是维护社会和谐稳定的迫切需要。主要包括四个方面：①强化法律在维护群众权益、化解矛盾纠纷中的权威地位；②构建对维护群众利益具有重大作用的制度体系；③健全社会矛盾纠纷预防化解机制；④深入推进社会治安综合治理，健全落实领导责任制。

五、加强法治工作队伍建设

法治工作队伍是全面推进依法治国的中坚力量，是建设法治中国的重要保障。加强法制工作队伍建设，是党的十八届四中全会着眼全面推进依法治国提出的一项重大战略任务，是建设中国特色社会主义法治体系、建设社会主义法治国家的迫切要求。全面推进依法治国，必须大力提高法治工作队伍思想政治素质、业务工作能力、职业道德水准，着力建设一支忠于党、忠于国家、忠于人民、忠于法律的社会主义法治工作队伍，为加快建设社会主义法治国家提供强有力的组织和人才保障。

1. 建设高素质法治专门队伍

我国专门的法治队伍主要包括在人大和政府从事立法工作的人员、在行政机关从事执法工作的人员、在司法机关从事司法工作的人员。建设高素质法治专门队伍，主要包括五个方面措施：①把思想政治建设放在首位；②把善于运用法治思维和法治方式推动工作的人选拔到领导岗位上来；③畅通干部和人才交流渠道；④推进法治专门队伍正规化、专业化、职业化，提高职业素养和专业水平；⑤建立法官、检察官逐级遴选制度。

2. 加强法律服务队伍建设

法律服务队伍包括律师、公证员、基层法律工作者、人民调解员和法律服务志愿者队伍。建设一支完备的法律服务队伍，是全面推进依法治国的必然要求，也是构建完备的法律服务体系的基础工程。主要包括六个方面：①加强律师队伍思想政治建设；②完善律师执业权利保障机制；③严格规范律师执业行为；④加强律师行业党的建设；⑤理顺公职律师、公司律师管理体制机制；⑥发展公证员、基层法律服务工作者、人民调解员队伍，推动法律服务志愿者队伍建设。

3. 创新法治人才培养机制

在当代中国，创新法治人才培养机制，对于培养高素质的法学人才，为全面推进依法治国提供人才保障，具有重要的意义。主要包括两个方面：①基本要求，即加强马克思主义法学思想和中国特色社会主义法治理论教育，加强法学基础理论研究，创新法学教育模式，全面提升法治人才培养质量；②重要保障，即打造一支高素质的法治人才培养专家与教师队伍，健全政法部门和法学院校、法学研究机构人员双向交流机制。

六、加强和改进党对全面推进依法治国的领导

建立中国特色社会主义法治体系，建设社会主义法治国家的根本前提是坚持中国共产党的领导。习近平总书记指出，“党的领导是中国特色社会主义最本质的特征，是社会主义法治最根本的保证。依法治国是我们党提出来的，把依法治国上升为党领导人民治理国家的基本方略也是我们党提出来的，而且党一直带领人民在实践中推进依法治国。”[①] 全面推进依法治国，必须加强和改进党对依法治国的领导，而不是削弱党的领导，因为党的领导和社会主义法治是一致的，社会主义法治必须坚持党的领导，党的领导必须依靠社会主义法治。

1. 坚持依法执政

坚持依法执政，是指党依据宪法和法律，实施对国家和社会的领导。依

① 中共中央文献研究室．习近平关于全面依法治国论述摘编［M］．北京：中央文献出版社，2015：27.

法执政是依法治国的关键，提高党的依法执政能力、加强和改善党的领导是改革和完善中国共产党的领导方式和执政方式的重要途径。主要包括四个方面：①维护宪法法律权威；②健全党领导依法治国的制度和工作机制；③加强各级党组织在依法治国中的领导和监督作用；④加强党委对政法工作的领导，完善政法委员会的职责。

2. 加强党内法规制度建设

党内法规是政党政治的产物，它既是管党治党的重要依据，也是建设社会主义法治国家的有力保障，更是实施依法治国方略的必然要求。中国共产党作为中国唯一的执政党，在领导和推进依法治国的过程中，既要依据宪法法律治国理政，也要依据党内法规管党治党。治国必先治党、治党务必从严。主要包括三个方面：①完善党内法规体系；②严格依照党规党纪管党治党；③依法依纪反对不良风气和行为。

3. 提高党员干部法治思维和依法办事能力

法治思维的根本要义是对权力行使的规制，依法办事是党和政府治国理政的行为方式，衍生于法治思维。党的十八届四中全会决定进一步要求提高党员干部法治思维和依法办事能力，并把法治建设成效作为衡量各级领导班子和领导干部工作实绩的重要内容，纳入政绩考核指标体系。主要包括两个方面：①提高党员干部法治思维，即党员干部要自觉提高运用法治思维和法治方式深化改革、推动发展、化解矛盾、维护稳定的能力；②提升党员干部依法办事能力，即党员干部要带头遵守法律、运用逻辑推理解决问题、依法进行重大决策。

4. 推进基层治理法治化

基层是各类社会活动的主要场域，是全面推进依法治国的基础和重点，离开了基层治理的法治化，就不可能实现国家治理体系和治理能力的现代化，也就不可能实现法治中国建设的伟大目标。主要包括三个方面：①充分发挥基层党组织在全面推进依法治国中的战斗堡垒作用；②加强基层法制机构建设，强化基层法治队伍建设；③建立重心下移、力量下沉的法治工作机制，推进上级法治干部下基层活动。

5. 深入推进依法治军从严治军

改革开放以来，党大力推进依法治国，国家法制与军事法制一体建设，依法治国与依法治军相互促进。法治成为治国理政的基本方式，法治精神深入人心，法治水准不断提高，同时依法治军也确立为军队建设的重要指导方针。主要包括六个方面：①党对军队绝对领导是依法治军的核心和根本要求；②坚持在法治轨道上积极稳妥推进国防和军队改革；③健全适应现代军队建设和作战要求的军事法规制度体系；④完善执法制度，健全执法监督机制；⑤健全军事法制工作体制，建立完善领导机关法制工作机构；⑥提高官兵法治理念和法治素养。

6. 依法保障“一国两制”实践和推进祖国统一

我国始终坚持以“一国两制”方针实现祖国的和平统一，坚持依法促进港澳台长期的稳定与繁荣。主要包括三个方面：①依法保障香港、澳门长期稳定繁荣；②坚持“一国两制”的基本方针推进两岸和平统一；③加强内地同香港和澳门、祖国大陆同台湾的执法司法协作，共同打击跨境违法犯罪活动。

7. 加强涉外法律工作

涉外法律是中国特色社会主义法律体系中的重要内容，主要包括国际贸易、海外投资和国际争议解决。在依法治国的过程中，我们应当重视加强涉外法律的建设。主要包括四个方面：①完善涉外法律法规体系，促进构建开放型经济新体制；②积极参与国际规则制定，推动依法处理涉外经济、社会事务；③强化涉外法律服务，维护我国公民、法人在海外及外国公民、法人在我国的正当权益；④深化司法领域国际合作，完善我国司法协助体制，扩大国际司法协助覆盖面。

第二章
宪法基本知识

章节练习
视频课程

本章导读

【本章概述】 本章内容主要包括：宪法的概念和特征；宪法的指导思想、根本任务和基本原则；国家的基本制度；国家机构及其组织活动原则；公民的基本权利和基本义务；国旗、国歌、国徽、首都的相关法律规定。

【学习要求】 了解宪法的序言、总纲、指导思想、基本原则、基本国策以及有关国旗、国歌、国徽和首都的规定；熟悉宪法关于国家机构的组成、任期和职权的规定；掌握宪法关于我国的基本制度和根本任务，公民的基本权利和基本义务的规定。

第一节 概 述

一、宪法概念和特征

1. 宪法的概念

宪法是规定国家根本制度和根本任务，集中表现各种政治力量对比关系、保障公民权利的国家根本法。《中华人民共和国宪法》（以下简称《宪法》）于 1982 年 12 月 4 日由五届全国人大五次会议通过，并根据 1988 年七届全国人大一次会议、1993 年八届全国人大一次会议、1999 年九届全国人大二次会议、2004 年十届全国人大二次会议和 2018 年十三届全国人大一次会议通过的《中华人民共和国宪法修正案》做了必要的修改和补充，从而更加臻于完备。

2. 宪法的特征

（1）在内容上，宪法规定国家生活中最根本、最重要的方面，是治国安邦的总章程。《宪法》规定了国家的根本制度和根本任务、社会制度、国家制度的原则和国家政权的组织以及公民的基本权利、义务等内容，规定了计划生育、男女平等、耕地保护、对外开放、节约资源和保护环境等基本国策，规定了国旗、国歌、国徽和首都。

（2）在程序上，宪法的制定和修改比其他法律更为严格。《宪法》第 64 条规定，宪法的修改，由全国人民代表大会常委会或 1/5 以上全国人民代表大会代表提议，并由全国人民代表大会以全体代表的 2/3 以上的多数通过。法律和其他议案由全国人民代表大会以全体代表的过半数通过。

（3）在效力上，宪法在国家整个法律体系中处于最高地位，具有最高效力；是一切国家机关、武装力量、政党、社会团体以及公民的最高行为准则。《宪法》的“序言”规定，本宪法以法律的形式确认了中国各族人民奋斗的成果，规定了国家的根本制度和根本任务，是国家的根本法，具有最高的法律效力。全国各族人民、一切国家机关和武装力量、各政党和各社会团体、各企业事业组织，都必须以宪法为根本的活动准则，并且负有维护宪法尊严、保证宪法实施的职责。《宪法》第 5 条第 3 款规定，一切法律、行政法规和地方性法规都不得同宪法相抵触。

二、宪法的指导思想和根本任务

《宪法》的“序言”规定，我国将长期处于社会主义初级阶段。国家的根本任务是，沿着中国特色社会主义道路，集中力量进行社会主义现代化建设。中国各族人民将继续在中国共产党领导下，在马克思列宁主义、毛泽东思想、邓小平理论、“三个代表”重要思想、科学发展观、习近平新时代中国特色社会主义思想指引下，坚持人民民主专政，坚持社会主义道路，坚持改革开放，不断完善社会主义的各项制度，发展社会主义市场经济，发展社会主义民主，健全社会主义法治，贯彻新发展理念，自力更生，艰苦奋斗，逐步实现工业、农业、国防和科学技术的现代化，推动物质文明、政治文明、精神文明、社会文明、生态文明协调发展，把我国建设成为富强民主文明和谐美丽的社会主义现代化强国，实现中华民族伟大复兴。

为了增强全社会的宪法意识，弘扬宪法精神，加强宪法实施，全面推进依法治国，第十二届全国人民代表大会常务委员会第十一次会议决定：将12月4日设立为国家“宪法日”。《宪法》第27条第3款规定，国家工作人员就职时应当依照法律规定公开进行宪法宣誓。

三、宪法的基本原则

1. 人民主权原则

主权是国家的最高权力。人民主权指国家中绝大多数人拥有国家的最高权力，人民是国家的主人。《宪法》第1条第1款明确规定，中华人民共和国是工人阶级领导的、以工农联盟为基础的人民民主专政的社会主义国家。第2条规定，中华人民共和国的一切权力属于人民；人民行使国家权力的机关是全国人民代表大会和地方各级人民代表大会；人民依照法律规定，通过各种途径和形式，管理国家事务，管理经济和文化事业，管理社会事务。《宪法》还规定了选举制度的主要程序，确保人民能够当家做主。

2. 基本人权原则

人权，指人享有的人身自由和各种民主权利。《宪法》第33条第3款规定，国家尊重和保障人权。《宪法》第二章规定了公民的基本权利，体现了对公民的宪法保护。2004年的《宪法修正案》把“国家尊重和保障人权”写入《宪法》，基本人权原则成为国家基本价值观。《宪法》规定了公民参与国家政治生活的权利和自由、人身自由和宗教信仰自由、社会经济文化方面的权利等基本权利，还要求根据国家社会发展的实际情况，不断为基本权利的实现提供经济、社会与文化保障。

3. 法治原则

法治就是按照法律治理国家、管理社会、规范行为。《宪法》第5条第1款规定，中华人民共和国实行依法治国，建设社会主义法治国家。在宪法层面上，正式确立了法治原则。依法治国首先是依宪治国，坚持宪法的权威性。第5条第4款规定，一切国家机关和武装力量、各政党和社会团体、各企业事业组织都必须遵守宪法和法律。一切违反宪法和法律的行为，必须予以追究。

4. 权力制约原则

权力制约原则是指国家权力的各个组成部分之间相互监督、彼此牵制，从而保障公民权利的原则，它既包括公民权利对国家权力的制约，也包括国家权力相互之间的制衡，在我国主要表现为监督。

（1）规定公民对国家权力活动进行监督。《宪法》第41条第1款规定，中华人民共和国公民对于任何国家机关和国家工作人员，有提出批评和建议的权利；对于任何国家机关和国家工作人员的违法失职行为，有向有关国家机关提出申诉、控告或者检举的权利，但是不得捏造或者歪曲事实进行诬告陷害。第77条规定，全国人民代表大会代表受原选举单位的监督。原选举单位有权依照法律规定的程序罢免本单位选出的代表。

（2）规定不同国家机关之间、国家机关内部不同的监督形式。《宪法》第3条第3款规定，国家行政机关、监察机关、审判机关、检察机关都由人民代表大会产生，对它负责，受它监督。第140条规定，人民法院、人民检察院和公安机关办理刑事案件，应当分工负责，互相配合，互相制约，以保证准确有效地执行法律。

第二节　国家的基本制度

一、国家的基本政治制度

1. 人民民主专政制度

（1）国家性质。即国体，人民民主专政是我国的国体。《宪法》第1条规定，中华人民共和国是工人阶级领导的、以工农联盟为基础的人民民主专政的社会主义国家。社会主义制度是中华人民共和国的根本制度。中国共产党领导是中国特色社会主义最本质的特征。禁止任何组织或者个人破坏社会主义制度。

（2）人民民主专政的性质。是无产阶级专政，是国家制度的核心；是马克思主义国家理论同中国社会的实际相结合的产物，它比无产阶级专政的提法更符合我国革命和政权建设的历史和现实状况。民主与专政辩证统一、紧密相连、相辅相成、缺一不可。工人阶级掌握国家政权，成为领导力量是人民民主专政的根本标志；工农联盟是人民民主专政的阶级基础，表现了国体的民主性和广泛性；强调了对人民实行民主和对敌人实行专政的统一。

（3）我国人民民主专政的主要特色。

①中国共产党领导的多党合作和政治协商制度。《宪法》"序言"规定，中国共产党领导的多党合作和政治协商制度将长期存在和发展。中国共产党领导的多党合作和政治协商制度是中华人民共和国的一项基本的政治制度，是具有中国特色的政党制度，这种政党制度是由中国人民民主专政的国家性质所决定的。基本内容包括：一是中国共产党是执政党，各民主党派是参政党；中国共产党和各民主党派是亲密战友，其执政的实质是代表工人阶级及广大人民掌握人民民主专政的国家政权。民主党派具有法律规定的参政权。二是中国共产党与各民主党派合作的首要前提和根本保证是坚持中国共产党的领导和坚持四项基本原则。三是中国共产党与各民主党派合作的基本方针是"长期共存、互相监督、肝胆相照、荣辱与共"。

②爱国统一战线。爱国统一战线是人民民主专政的重要保障，是由中国共产党领导的，由各民主党派和各人民团体参加的政治联盟。《宪法》"序言"规定，社会主义的建设事业必须依靠工人、农民和知识分子，团结一切可以团结的力量。在长期的革命、建设、改革过程中，已经结成由中国共产党领导的，有各民主党派和各人民团体参加的，包括全体社会主义劳动者、社会主义事业的建设者、拥护社会主义的爱国者、拥护祖国统一和致力于中华民族伟大复兴的爱国者的广泛的爱国统一战线，这个统一战线将继续巩固和发展。爱国统一战线的组织形式是中国人民政治协商会议，简称"政协"。本质上政协不是国家机关，但与我国国家机关的活动有着密切的联系。

2. 人民代表大会制度

人民代表大会制度是我国的政权组织形式。《宪法》第 2 条第 2 款规定，人民行使国家权力的机关是全国人民代表大会和地方各级人民代表大会。这表明，人民代表大会制度是我国的根本政治制度，是我国的政体，是人民当家做主的重要途径和最高实现形式，是社会主义政治文明的重要制度载体。

3. 选举制度

（1）选举制度，是一国统治阶级通过法律规定的关于选举国家代表机关的代表和国家公职人员的原则、程序与方法等各项制度的总称，包括选举的基本原则、选举权利的确定、组织选举的程序和方法，以及选民和代表之间的关系。

（2）选举制度的基本原则。

①普遍性原则。《宪法》第34条规定，中华人民共和国年满18周岁的公民，不分民族、种族、性别、职业、家庭出身、宗教信仰、教育程度、财产状况、居住期限，都有选举权和被选举权；但是依照法律被剥夺政治权利的人除外。

②平等性原则。依据《宪法》所制定的《中华人民共和国全国人民代表大会和地方各级人民代表大会选举法》（以下简称《选举法》），详细规定了各级人大代表的选举要求，体现了人人平等、地区平等和民族平等的原则。①

③直接选举和间接选举并用原则。直接选举指国家代表机关的代表或其他公职人员由选民直接投票选出；间接选举指先由选民选出代表或选举人，再由代表或选举人选出上一级代表或国家公职人员。根据土地辽阔、人口众多、交通不便、经济文化发展水平还比较低等国情，我国采取直接选举和间接选举并用的选举制度。《宪法》第97条第1款规定，省、直辖市、设区的市的人民代表大会代表由下一级的人民代表大会选举；县、不设区的市、市辖区、乡、民族乡、镇的人民代表大会代表由选民直接选举。

④秘密投票原则，又称无记名投票。秘密投票有利于选民更真实地表达自己的意愿。《选举法》第38条规定，全国和地方各级人民代表大会代表的选举，一律采用无记名投票的方法。选举时应当设有秘密写票处。选民如果是文盲或者因残疾不能写选票的，可以委托他信任的人代写。

4. 地方自治制度

（1）民族区域自治制度，是我国为解决民族问题、处理民族关系、实现民族平等、团结各民族共同繁荣而建立的。《宪法》第4条第3款规定，各少数民族聚居的地方实行区域自治，设立自治机关，行使自治权。各民族自治地方都是中华人民共和国不可分离的部分。

（2）特别行政区制度。

①特别行政区制度，是依据宪法和法律的规定而设立的具有特殊法律地

① 见《中华人民共和国选举法》第14、16、17、18、19、20条规定。

位、实行特别社会政治经济制度的行政区域，特区政府对所辖区域依法享有高度自治权的制度。《宪法》第31条规定，国家在必要时得设立特别行政区。在特别行政区内实行的制度按照具体情况由全国人民代表大会以法律规定。

②特别行政区的自治权限。全国人民代表大会授权香港特别行政区依照《中华人民共和国香港特别行政区基本法》(以下简称《基本法》)的规定实行高度自治，享有行政管理权、立法权、独立的司法权和终审权。

③中央对特别行政区行使的权限。特别行政区享有高度的自治权，直接由中央人民政府管辖，是一个主权国家内中央与地方的关系，核心是中央与特区权力的划分和行使。对特区直接行使权力的机关有全国人大、全国人大常委会和中央人民政府。全国人大决定特区设立及其制度；制定和修改特区基本法。全国人大常委会负责增减《基本法》附件3中的全国性法律；监督立法会制定的法律；解释基本法；决定特区紧急状态。中央人民政府负责特区相关的外交事务、防务；任免特区政府行政长官、主要官员、澳门检察长；特殊情况下发布命令在特区实施全国性法律。

(3)基层群众自治制度。

①基层群众自治制度，是在我国成立后的民主实践中逐步形成的。指人民依法组成基层自治组织，行使民主权利，管理基层公共事务和公益事业，实行自我管理、自我服务、自我教育、自我监督的制度。

②基层群众性自治组织，依据《宪法》第111条规定，城市和农村按居民居住地区设立的居民委员会或者村民委员会是基层群众性自治组织。

二、国家的基本经济制度

1. 社会主义初级阶段的基本经济制度

1993年《宪法修正案》第7条(《宪法》第15条第1款)明确规定："国家实行社会主义市场经济"；1999年《宪法修正案》第12条(《宪法》"序言")又将"发展社会主义市场经济"作为一项重要的国家任务。社会主义市场经济，既包含了市场经济的共性，又包含了中国特色的个性，是具有中国特色的社会主义市场经济体制。《宪法》第6条第2款规定，国家在社会主义初级阶段，坚持公有制为主体、多种所有制经济共同发展的基本经济制度。

2. 社会主义经济制度的组成部分

（1）公有制经济是我国经济制度的基础。《宪法》第6条第1款规定，中华人民共和国的社会主义经济制度的基础是生产资料的社会主义公有制，即全民所有制和劳动群众集体所有制。社会主义公有制消灭人剥削人的制度，实行各尽所能、按劳分配的原则。社会主义公有制是社会主义社会区别于其他社会形态的最主要的标志之一，它消除了生产的社会性和生产资料私人占有之间的矛盾，是社会主义经济制度的基础，它决定劳动者在生产中的互助合作关系和按劳分配关系。

（2）非公有制经济是市场经济的重要组成部分。《宪法》第11条规定，在法律规定范围内的个体经济、私营经济等非公有制经济，是社会主义市场经济的重要组成部分。国家保护个体经济、私营经济等非公有制经济的合法的权利和利益，并对非公有制经济依法实行监督和管理。非公有制经济是我国现阶段除了公有制经济形式以外的所有经济结构形式的总称，包括劳动者个体经济、私营经济、外资经济。

三、国家的基本文化制度

1. 发展教育事业

《宪法》第19条规定，国家发展社会主义的教育事业，提高全国人民的科学文化水平。国家举办各种学校，普及初等义务教育，发展中等教育、职业教育和高等教育，并且发展学前教育。国家发展各种教育设施，扫除文盲，对工人、农民、国家工作人员和其他劳动者进行政治、文化、科学、技术、业务的教育，鼓励自学成才。国家鼓励集体经济组织、国家企业事业组织和其他社会力量依照法律规定举办各种教育事业。国家推广全国通用的普通话。

2. 发展科学事业

《宪法》第20条规定，国家发展自然科学和社会科学事业，普及科学和技术知识，奖励科学研究成果和技术发明创造。

3. 发展文学艺术及其他文化事业

《宪法》第22条规定，国家发展为人民服务、为社会主义服务的文学艺术事业、新闻广播电视事业、出版发行事业、图书馆博物馆文化馆和其他文化事业，开展群众性的文化活动。国家保护名胜古迹、珍贵文物和其他重要历史文化遗产。第 21 条第 2 款规定，国家发展体育事业，开展群众性的体育活动，增强人民体质。

4. 开展公民道德教育

《宪法》第 24 条规定，国家通过普及理想教育、道德教育、文化教育、纪律和法制教育，通过在城乡不同范围的群众中制定和执行各种守则、公约，加强社会主义精神文明的建设。国家倡导社会主义核心价值观，提倡爱祖国、爱人民、爱劳动、爱科学、爱社会主义的公德，在人民中进行爱国主义、集体主义和国际主义、共产主义的教育，进行辩证唯物主义和历史唯物主义的教育，反对资本主义的、封建主义的和其他的腐朽思想。

四、国家的基本社会制度

1. 社会保障制度

《宪法》第 14 条第 4 款规定，国家建立健全同经济发展水平相适应的社会保障制度。第 44 条规定，国家依照法律规定实行企业事业组织的职工和国家机关工作人员的退休制度。退休人员的生活受到国家和社会的保障。第 45 条规定，中华人民共和国公民在年老、疾病或者丧失劳动能力的情况下，有从国家和社会获得物质帮助的权利。国家发展为公民享受这些权利所需要的社会保险、社会救济和医疗卫生事业。国家和社会保障残废军人的生活，抚恤烈士家属，优待军人家属。国家和社会帮助安排盲、聋、哑和其他有残疾的公民的劳动、生活和教育。

2. 医疗卫生事业

《宪法》第 21 条规定，国家发展医疗卫生事业，发展现代医药和我国传统医药，鼓励和支持农村集体经济组织、国家企业事业组织和街道组织举办各种医疗卫生设施，开展群众性的卫生活动，保护人民健康。国家发展体育事业，开展群众性的体育活动，增强人民体质。

3. 劳动保障制度

《宪法》第 43 条第 2 款规定，国家发展劳动者休息和休养的设施，规定职工的工作时间和休假制度。第 6 条第 2 款规定，坚持按劳分配为主体，多种分配方式并存的分配制度。第 42 条第 1 款和第 2 款规定，中华人民共和国公民有劳动的权利和义务。国家通过各种途径，创造劳动就业条件，加强劳动保护，改善劳动条件，并在发展生产的基础上，提高劳动报酬和福利待遇。

4. 社会人才培养制度

《宪法》第23条规定，国家培养为社会主义服务的各种专业人才，扩大知识分子的队伍，创造条件，充分发挥他们在社会主义现代化建设中的作用。

5. 计划生育制度

《宪法》第25条规定，国家推行计划生育，使人口的增长同经济和社会发展计划相适应。

6. 社会秩序及安全维护制度

《宪法》“序言”规定，中国人民对敌视和破坏我国社会主义制度的国内外的敌对势力和敌对分子，必须进行斗争。中国坚持独立自主的对外政策，坚持互相尊重主权和领土完整、互不侵犯、互不干涉内政、平等互利、和平共处的五项原则，坚持和平发展道路，坚持互利共赢开放战略，发展同各国的外交关系和经济、文化交流，推动构建人类命运共同体；坚持反对帝国主义、霸权主义、殖民主义，加强同世界各国人民的团结，支持被压迫民族和发展中国家争取和维护民族独立、发展民族经济的正义斗争，为维护世界和平和促进人类进步事业而努力。

《宪法》第28条规定，国家维护社会秩序，镇压叛国和其他危害国家安全的犯罪活动，制裁危害社会治安、破坏社会主义经济和其他犯罪的活动，惩办和改造犯罪分子。第29条规定，中华人民共和国的武装力量属于人民。它的任务是巩固国防，抵抗侵略，保卫祖国，保卫人民的和平劳动，参加国家建设事业，努力为人民服务。国家加强武装力量的革命化、现代化、正规化的建设，增强国防力量。

第三节　国家机构

一、国家机构及其组织活动原则

1. 国家机构的含义

国家机构，是一定社会的统治阶级为实现其统治职能而建立起来的进行国家管理和执行统治职能的国家机关的总和。国家机构的本质取决于国家的本质。国家机构实际上是掌握国家权力的阶级实现其阶级统治的工具。

依据《宪法》第三章规定，我国的国家机构包括：全国人民代表大会及其常务委员会；中华人民共和国主席；中华人民共和国国务院；中华人民共和国中央军事委员会；地方各级人民代表大会和地方各级人民政府；民族自治地方的自治机关；监察委员会；人民法院和人民检察院。

2. 国家机构的组织和活动原则

（1）民主集中制原则。《宪法》第 3 条第 1 款规定，中华人民共和国的国家机构实行民主集中制的原则。

（2）密切联系群众、为人民服务原则。《宪法》第 27 条第 2 款规定，一切国家机关和国家工作人员必须依靠人民的支持，经常保持同人民的密切联系，倾听人民的意见和建议，接受人民的监督，努力为人民服务。

（3）社会主义法治原则。《宪法》第 5 条第 1 款规定，中华人民共和国实行依法治国，建设社会主义法治国家。

（4）责任制原则。依据《宪法》有关规定，各级人民代表大会及其常务委员会、人民法院和人民检察院等是实行集体负责制的机关；国务院及其各部、委，中央军委以及地方各级人民政府等都实行个人负责制。

（5）精简和效率原则。《宪法》第 27 条第 1 款规定，一切国家机关实行精简的原则，实行工作责任制，实行工作人员的培训和考核制度，不断提高工作质量和工作效率，反对官僚主义。

二、全国人民代表大会

1. 性质和地位

《宪法》第 57 条规定，中华人民共和国全国人民代表大会是最高国家权力机关。它的常设机关是全国人民代表大会常务委员会。第 58 条规定，全国人民代表大会和全国人民代表大会常务委员会行使国家立法权。

2. 组成和任期

《宪法》第 59 条第 1 款规定，全国人民代表大会由省、自治区、直辖市、特别行政区和军队选出的代表组成。各少数民族都应当有适当名额的代表。第 60 条第 1 款规定，全国人民代表大会每届任期 5 年。

3. 主要职权

（1）修宪与立法权。修改宪法，监督宪法实施；制定和修改刑事、民事、国家机构的和其他的基本法律。

（2）选举权。根据《宪法》第62、65条等规定，全国人大有权选举产生全国人大常委会委员长、副委员长、秘书长和委员，国家主席、副主席，中央军委主席，国家监察委员会主任，最高人民法院院长和最高人民检察院检察长。

（3）决定权。根据《宪法》第62条有关规定，全国人大根据国家主席的提名决定，国务院总理的人选，根据国务院总理的提名，决定国务院副总理、国务委员、各部部长、各委员会主任、审计长和秘书长的人选；全国人大根据中央军事委员会主席的提名，决定中央军事委员会其他组成人员的人选。

（4）罢免权。《宪法》第63条规定，全国人民代表大会有权罢免中华人民共和国主席、副主席，国务院总理、副总理、国务委员、各部部长、各委员会主任、审计长、秘书长；中央军事委员会主席和中央军事委员会其他组成人员；国家监察委员会主任；最高人民法院院长；最高人民检察院检察长。第77条规定，全国人民代表大会代表受原选举单位的监督。原选举单位有权依照法律规定的程序罢免本单位选出的代表。

（5）重大事项决定权。审批国民经济和社会发展计划和计划执行情况的报告，以及预算和预算执行情况的报告；批准省、自治区、直辖市的建置；决定特别行政区的设立及其制度；决定战争和和平问题；应当由最高国家权力机关行使的其他职权。

三、中华人民共和国主席

中华人民共和国主席对内对外代表国家，依法行使《宪法》规定的国家主席职权，是我国国家机构的重要组成部分。

1. 产生

《宪法》第79条规定，中华人民共和国主席、副主席由全国人民代表大会选举。有选举权和被选举权的年满45周岁的中华人民共和国公民可以被选为中华人民共和国主席、副主席。中华人民共和国主席、副主席每届任期同全国人民代表大会每届任期相同。

2. 职权

《宪法》第 80 条规定，中华人民共和国主席根据全国人民代表大会的决定和全国人民代表大会常务委员会的决定，公布法律，任免国务院总理、副总理、国务委员、各部部长、各委员会主任、审计长、秘书长，授予国家的勋章和荣誉称号，发布特赦令，宣布进入紧急状态，宣布战争状态，发布动员令。第 81 条规定，中华人民共和国主席代表中华人民共和国，进行国事活动，接受外国使节；根据全国人民代表大会常务委员会的决定，派遣和召回驻外全权代表，批准和废除同外国缔结的条约和重要协定。第 82 条规定，中华人民共和国副主席协助主席工作。中华人民共和国副主席受主席的委托，可以代行主席的部分职权。

四、国务院

1. 性质和地位

《宪法》第 85 条规定，中华人民共和国国务院，即中央人民政府，是最高国家权力机关的执行机关，是最高国家行政机关。地方各级人民政府都要接受国务院的领导。

2. 组成和任期

《宪法》第 86 条规定，国务院组成人员包括总理、副总理、国务委员、各部部长、各委员会主任、审计长、秘书长。根据《国务院关于中国人民银行专门行使中央银行职能的决定》《中国人民银行法》《国务院行政机构设置和编制管理条例》等规定，中国人民银行属于国务院的组成部分，人民银行行长属于国务院组成人员。《宪法》第 87 条规定，国务院每届任期同全国人民代表大会每届任期相同。总理、副总理、国务委员连续任职不得超过两届。

3. 政府工作机制和职权

《宪法》第 86 条规定，国务院实行总理负责制，各部、各委员会实行部长、主任负责制。第 89 条规定，国务院主要行使下列职权：①制定行政法规；②制定行政措施；③提出议案权；④批准省、自治区、直辖市的区域划分，批准自治州、县、自治县、市的建置和区域划分；⑤依照法律决定省、自治区、直辖市的范围内部分地区进入紧急状态。

五、中央军事委员会

1. 组成和任期

《宪法》第 93 条规定，中华人民共和国中央军事委员会领导全国武装力量。中央军事委员会由下列人员组成：主席，副主席若干人，委员若干人。中央军事委员会实行主席负责制。中央军事委员会每届任期同全国人民代表大会每届任期相同。

2. 工作机制

《宪法》第 94 条规定，中央军事委员会主席对全国人大和全国人大常委会负责。第 67 条第 6 项规定，全国人大常委会监督中央军事委员会的工作。

六、地方各级人民代表大会和地方各级人民政府

1. 性质和地位

（1）地方各级人民代表大会。《宪法》第 95 条规定，省、直辖市、县、市、市辖区、乡、民族乡、镇设立人民代表大会和人民政府。地方各级人民代表大会和地方各级人民政府的组织由法律规定。自治区、自治州、自治县设立自治机关。自治机关的组织和工作根据《宪法》第三章第五节、第六节规定的基本原则由法律规定。第 96 条规定，地方各级人民代表大会是地方国家权力机关。县级以上的地方各级人民代表大会设立常务委员会。

（2）地方各级人民政府。《宪法》第 105 条第一款规定，地方各级人民政府是地方各级国家权力机关的执行机关，是地方各级国家行政机关。从属于本级国家权力机关，由它产生，向它负责；此外，还要服从上级人民政府的领导，向上一级人民政府负责和报告工作，执行上级行政机关的决定和命令。

2. 组成和任期

（1）地方各级人民代表大会。《宪法》第 97 条规定，省、直辖市、设区的市的人民代表大会代表由下一级的人民代表大会选举；县、不设区的市、市辖区、乡、民族乡、镇的人民代表大会代表由选民直接选举。地方各级人民代表大会代表名额和代表产生办法由法律规定。第 98 条规定，地方各级

人民代表大会每届任期 5 年。

（2）地方各级人民政府。《宪法》第 105 条第 2 款规定，地方各级人民政府实行省长、市长、县长、区长、乡长、镇长负责制。第 106 条规定，地方各级人民政府每届任期同本级人民代表大会每届任期相同。

3. 主要职权

（1）地方各级人民代表大会。①立法权。《宪法》第 100 条规定，省、直辖市的人民代表大会和它们的常务委员会，在不同宪法、法律、行政法规相抵触的前提下，可以制定地方性法规，报全国人民代表大会常务委员会备案。设区的市的人民代表大会和它们的常务委员会，在不同宪法、法律、行政法规和本省、自治区的地方性法规相抵触的前提下，可以依照法律规定制定地方性法规，报本省、自治区人民代表大会常务委员会批准后施行。②选举权和罢免权。《宪法》第 101 条规定，地方各级人民代表大会分别选举并且有权罢免本级人民政府的省长和副省长、市长和副市长、县长和副县长、区长和副区长、乡长和副乡长、镇长和副镇长。县级以上的地方各级人民代表大会选举并且有权罢免本级监察委员会主任、本级人民法院院长和本级人民检察院检察长。选出或者罢免人民检察院检察长，须报上级人民检察院检察长提请该级人民代表大会常务委员会批准。③重大事项决定权。《宪法》第 99 条规定，地方各级人民代表大会在本行政区域内，保证宪法、法律、行政法规的遵守和执行；依照法律规定的权限，通过和发布决议，审查和决定地方的经济建设、文化建设和公共事业建设的计划。县级以上的地方各级人民代表大会审查和批准本行政区域内的国民经济和社会发展计划、预算以及它们的执行情况的报告；有权改变或者撤销本级人民代表大会常务委员会不适当的决定。民族乡的人民代表大会可以依照法律规定的权限采取适合民族特点的具体措施。

（2）地方各级人民政府。《宪法》第 107 条规定，地方各级人民政府主要行使下列职权：①县级以上地方各级人民政府依照法律规定的权限，管理本行政区域内的经济、教育、科学、文化、卫生、体育事业、城乡建设事业和财政、民政、公安、民族事务、司法行政、计划生育等行政工作，发布决定和命令，任免、培训、考核和奖惩行政工作人员。②乡、民族乡、镇的人民政府执行本级人民代表大会的决议和上级国家行政机关的决定和命令，管理本行政区域内的行政工作。③省、直辖市的人民政府决定乡、民族乡、镇的建置和区域划分。

七、民族自治地方的自治机关与自治权

1.民族自治机关

民族自治机关，指民族自治地方设立的国家权力机关和行政机关。《宪法》第4条第3款规定，各少数民族聚居的地方实行区域自治，设立自治机关，行使自治权。各民族自治地方都是中华人民共和国不可分离的部分。

民族自治机关具有双重性质：在法律地位上是国家的一级地方政权机关，产生方式、任期、机构设置和组织活动原则方面，同一般地方国家机关，行使相应一般地方国家机关的职权；与此同时，是民族自治地方行使宪法和有关法律授予的自治权的国家机关。民族自治机关与同级的一般地方国家机关实行同样的组织原则和领导制度。同时，民族自治机关是当地聚居的民族的人民行使自治权的政权机关。《宪法》第114条规定，自治区主席、自治州州长、自治县县长由实行区域自治的民族的公民担任。

2.民族自治地方自治权

（1）变通自治权，包括变通规定权和变通执行权。《宪法》第116条规定，民族自治地方的人民代表大会有权依照当地民族的政治、经济和文化的特点，制定自治条例和单行条例。自治区的自治条例和单行条例，报全国人民代表大会常务委员会批准后生效。自治州、自治县的自治条例和单行条例，报省或者自治区的人民代表大会常务委员会批准后生效，并报全国人民代表大会常务委员会备案。

（2）地方财政自治权。《宪法》第117条规定，民族自治地方的自治机关有管理地方财政的自治权。凡是依照国家财政体制属于民族自治地方的财政收入，都应当由民族自治地方的自治机关自主地安排使用。

（3）经济建设自治权。《宪法》第118条规定，民族自治地方的自治机关在国家计划的指导下，自主地安排和管理地方性的经济建设事业。国家在民族自治地方开发资源、建设企业的时候，应当照顾民族自治地方的利益。第122条规定，国家从财政、物资、技术等方面帮助各少数民族加速发展经济建设和文化建设事业。国家帮助民族自治地方从当地民族中大量培

养各级干部、各种专业人才和技术工人。

（4）其他自主权。包括：①自主地管理本地方的教育、科学、卫生、文化、体育事业，保护和整理民族的文化遗产，发展和繁荣民族文化。②依照国家的军事制度和当地的实际需要，经国务院批准，可以组织本地方维护社会治安的公安部队。③在执行职务的时候，依照民族自治地方条例的规定，适用当地通用的一种或者几种语言文字。

八、监察委员会

1. 各级监察委员会的设置

《宪法》第 123 条规定，中华人民共和国各级监察委员会是国家的监察机关。第 124 条规定，中华人民共和国设立国家监察委员会和地方各级监察委员会。监察委员会由主任，副主任若干人，委员若干人组成。监察委员会主任每届任期同本级人民代表大会每届任期相同。国家监察委员会主任连续任职不得超过两届。监察委员会的组织和职权由法律规定。

2. 监察委员会的领导体制和职权

《宪法》第 125 条规定，中华人民共和国国家监察委员会是最高监察机关。国家监察委员会领导地方各级监察委员会的工作，上级监察委员会领导下级监察委员会的工作。第 126 条规定，国家监察委员会对全国人民代表大会和全国人民代表大会常务委员会负责。地方各级监察委员会对产生它的国家权力机关和上一级监察委员会负责。

《宪法》第 127 条规定，监察委员会依照法律规定独立行使监察权，不受行政机关、社会团体和个人的干涉。监察机关办理职务违法和职务犯罪案件，应当与审判机关、检察机关、执法部门互相配合，互相制约。

九、人民法院和人民检察院

1. 人民法院的组织体系与职权

（1）各级人民法院的设置。《宪法》第 128 条规定，中华人民共和国人民法院是国家的审判机关。第 129 条规定，中华人民共和国设立最高人民法院、地方各级人民法院和军事法院等专门人民法院。最高人民法院院长每届任期同全国人民代表大会每届任期相同，连续任职不得超过两届。

最高人民法院是中华人民共和国的最高审判机关。地方各级人民法院，分为基层人民法院、中级人民法院和高级人民法院。专门人民法院，包括军事法院和海事法院等。

（2）最高人民法院的领导体制与职权。《宪法》第 132 条规定，最高人民法院是最高审判机关。最高人民法院监督地方各级人民法院和专门人民法院的审判工作，上级人民法院监督下级人民法院的审判工作。第 133 条规定，最高人民法院对全国人民代表大会和全国人民代表大会常务委员会负责。地方各级人民法院对产生它的国家权力机关负责。第 131 条规定，人民法院依照法律规定独立行使审判权，不受行政机关、社会团体和个人的干涉。

2. 人民检察院的组织体系与职权

（1）各级人民检察院的设置。《宪法》第 134 条规定，中华人民共和国人民检察院是国家的法律监督机关。第 135 条规定，中华人民共和国设立最高人民检察院、地方各级人民检察院和军事检察院等专门人民检察院。最高人民检察院检察长每届任期同全国人民代表大会每届任期相同，连续任职不得超过两届。

（2）检察系统的领导体制。《宪法》第 137 条规定，最高人民检察院是最高检察机关。最高人民检察院领导地方各级人民检察院和专门人民检察院的工作，上级人民检察院领导下级人民检察院的工作。第 138 条规定，最高人民检察院对全国人民代表大会和全国人民代表大会常务委员会负责。地方各级人民检察院对产生它的国家权力机关和上级人民检察院负责。第 136 条规定，人民检察院依照法律规定独立行使检察权，不受行政机关、社会团体和个人的干涉。

第四节　公民的基本权利和义务

一、公民的基本权利、义务及其行使原则

1. 概念

（1）公民，指具有一国国籍，根据该国宪法和法律享受权利、承担义务

的自然人。《宪法》第33条第1款规定，凡具有中华人民共和国国籍的人都是中华人民共和国公民。

（2）基本权利与义务。公民的基本权利，指由宪法规定的公民享有的主要的、必不可少的人身、政治、经济、文化等权利。公民的基本义务，指由宪法规定的公民必须遵守和应尽的根本责任；公民的基本义务是国家和社会对公民最起码、最基本的要求，是宪法规定的作为其他义务基础的最重要的义务。公民的基本权利与义务共同反映和决定着公民在国家中的政治与法律地位，并构成普通法律规定公民权利和义务的基础和原则。

2. 行使原则

行使公民基本权利和义务应当遵循的原则包括：①法律面前一律平等；②权利和义务相统一；③个人利益与国家利益相结合。

二、公民的基本权利

1. 平等权

平等权，指公民根据法律规定享有同等的权利和承担同等的义务，不因任何外在差别而予以不同对待的权利。《宪法》第33条第2款规定，中华人民共和国公民在法律面前一律平等。这既是我国社会主义法制的一项重要原则，也是我国公民的一项基本权利。

（1）守法平等。《宪法》第33条第4款规定，任何公民享有宪法和法律规定的权利，同时必须履行宪法和法律规定的义务。

（2）司法平等。主要指在法律的适用、执行及审判等方面的平等。《宪法》第139条第1款规定，各民族公民都有用本民族语言文字进行诉讼的权利。人民法院和人民检察院对于不通晓当地通用的语言文字的诉讼参与人，应当为他们翻译。第130条规定，人民法院审理案件，除法律规定的特别情况外，一律公开进行。被告人有权获得辩护。

（3）无法外特权。《宪法》第5条第5款规定，任何组织或者个人都不得有超越宪法和法律的特权。即不允许任何公民享有法律以外的特权，任何人不得强迫任何公民承担法律以外的义务，也不得使公民受到法律以外的处罚。

（4）法律地位平等。在法律面前公民的地位是平等的，社会身份、职业、出身等原因不应成为任何受到不平等待遇的理由。《宪法》第48条规定，中华人民共和国妇女在政治的、经济的、文化的、社会的和家庭的生活等各方面享有同男子平等的权利。国家保护妇女的权利和利益，实行男女同工同酬，培养和选拔妇女干部。第50条规定，中华人民共和国保护华侨的正当权利和利益，保护归侨和侨眷的合法权利和利益。

（5）允许合理差别。宪法禁止不合理的差别，合理的差别具有合宪性。《宪法》第45条规定，中华人民共和国公民在年老、疾病或者丧失劳动能力的情况下，有从国家和社会获得物质帮助的权利。国家发展为公民享受这些权利所需要的社会保险、社会救济和医疗卫生事业。国家和社会保障残废军人的生活，抚恤烈士家属，优待军人家属。国家和社会帮助安排盲、聋、哑和其他有残疾的公民的劳动、生活和教育。第49条第1款规定，婚姻、家庭、母亲和儿童受国家的保护。此外，宪法中对于全国人大代表的言论免责权，对被剥夺政治权利者的选举权的限制，对少数民族在政治、经济、文化等方面的扶持政策等，都属于合理差别的情形。

2.政治权利和自由权

政治权利和自由权，指公民作为国家政治主体依法享有参加国家管理、参政议政的民主权利和自由，以及在政治上享有表达个人见解和意愿而不受政府非法限制的权利和自由。

（1）选举权和被选举权。选举权指公民依法享有选举国家代表机关代表和国家公职人员的权利。被选举权指公民有被推荐为国家代表机关代表和国家公职人员的权利。《宪法》第34条规定，中华人民共和国年满18周岁的公民，不分民族、种族、性别、职业、家庭出身、宗教信仰、教育程度、财产状况、居住期限，都有选举权和被选举权；但是依照法律被剥夺政治权利的人除外。这表明，我国公民享有的选举权是一种普选权。

（2）政治自由，是公民表达出个人看法和意见的自由。《宪法》第35条规定，公民有言论、出版、集会、结社、游行、示威的自由。言论自由，指公民有权通过各种语言形式表达其思想和见解的自由，但只有法律规定范围内的言论自由才受法律的保障。出版自由，指公民有按照法律规定以出版物形式来自由地表达思想和见解的自由。结社自由，指公民为一定宗旨，有依照程序组织或参加具有持续性的社会团体的自由。集会、游行、示威自由，是言论自由的延伸和具体化，最早来源于公民的请愿权，是多个公民在公共场合集体表达强烈意愿的自由。

3. 宗教信仰自由权

《宪法》第 36 条第 1 款规定，中华人民共和国公民有宗教信仰自由。宗教信仰自由指公民享有选择和保持宗教信仰的自由。宗教信仰自由，对一个国家政治体制的发展起着十分重要的作用，是公民的一项基本权利，也是国家长期坚持的基本政策。第 2 款规定，任何国家机关、社会团体和个人不得强制公民信仰宗教或者不信仰宗教，不得歧视信仰宗教的公民和不信仰宗教的公民。为保护公民宗教信仰自由权，第 36 条第 3 款、第 4 款规定，国家保护正常的宗教活动。任何人不得利用宗教进行破坏社会秩序、损害公民身体健康、妨碍国家教育制度的活动。宗教团体和宗教事务不受外国势力的支配。

4. 人身自由权

人身自由权，是公民参加国家政治、社会生活及享有其他各项权利的基础和前提条件，是公民最基本、最起码的权利和自由。《宪法》第 37 条第 1 款规定，中华人民共和国公民的人身自由不受侵犯。

《宪法》第 37 条第 2 款和第 3 款规定，任何公民，非经人民检察院批准或者决定或者人民法院决定，并由公安机关执行，不受逮捕。禁止非法拘禁和以其他方法非法剥夺或者限制公民的人身自由，禁止非法搜查公民的身体。第 38 条规定，中华人民共和国公民的人格尊严不受侵犯。禁止用任何方法对公民进行侮辱、诽谤和诬告陷害。第 39 条规定，中华人民共和国公民的住宅不受侵犯。禁止非法搜查或者非法侵入公民的住宅。第 40 条规定，中华人民共和国公民的通信自由和通信秘密受法律的保护。除因国家安全或者追查刑事犯罪的需要，由公安机关或者检察机关依照法律规定的程序对通信进行检查外，任何组织或者个人不得以任何理由侵犯公民的通信自由和通信秘密。

5. 社会经济权利

社会经济权利，指公民享有经济物质方面的权利，是公民实现其他权利的物质保证。

（1）财产权，指公民对其合法的私有财产享有的不受非法侵犯的权利。《宪法》第 13 条规定，公民的合法的私有财产不受侵犯。国家依照法律规定保护公民的私有财产权和继承权。国家为了公共利益的需要，可以依照法律规定对公民的私有财产实行征收或者征用并给予补偿。

（2）劳动权，指有劳动能力的公民从事劳动并获取相应报酬的权利；是人们赖以生存的基本权利，也是其他权利的基础。我国《宪法》规定的劳动权既是公民的基本权利，也是公民的基本义务。《宪法》第42条规定，中华人民共和国公民有劳动的权利和义务。国家通过各种途径，创造劳动就业条件，加强劳动保护，改善劳动条件，并在发展生产的基础上，提高劳动报酬和福利待遇。劳动是一切有劳动能力的公民的光荣职责。国有企业和城乡集体经济组织的劳动者都应当以国家主人翁的态度对待自己的劳动。国家提倡社会主义劳动竞赛，奖励劳动模范和先进工作者。国家提倡公民从事义务劳动。国家对就业前的公民进行必要的劳动就业训练。

（3）休息权，是劳动者在劳动过程中，为保护身体健康，提高劳动效率，根据国家法律和制度的有关规定而享有的休息和休养的权利。《宪法》第43条规定，中华人民共和国劳动者有休息的权利。国家发展劳动者休息和休养的设施，规定职工的工作时间和休假制度。

（4）退休人员生活保障权利。《宪法》第44条规定，国家依照法律规定实行企业事业组织的职工和国家机关工作人员的退休制度。退休人员的生活受到国家和社会的保障。

（5）获得物质帮助的权利。《宪法》第45条规定，中华人民共和国公民在年老、疾病或者丧失劳动能力的情况下，有从国家和社会获得物质帮助的权利。国家发展为公民享有这些权利所需要的社会保障、社会救济和医疗卫生事业。国家和社会保障残废军人的生活，抚恤烈士家属，优待军人家属。国家和社会帮助安排盲、聋、哑和其他有残疾的公民的劳动、生活和教育。

（6）文化教育权利，指公民在文化、教育领域所享受的权利。①受教育权。《宪法》第46条规定，中华人民共和国公民有受教育的权利和义务。国家培养青年、少年、儿童在品德、智力、体质等方面全面发展。该权利对于建设社会主义精神文明、提高全民族的文化水平有着重要意义。②科学研究、文学艺术创作和其他文化活动的自由。第47条规定，中华人民共和国公民有进行科学研究、文学艺术创作和其他文化活动的自由。国家对于从事教育、科学、技术、文学、艺术和其他文化事业的公民的有益于人民的创造性工作，给以鼓励和帮助。

（7）监督权和获得国家赔偿权，是公民监督国家权力的运行过程、协调公民与政府之间的关系、使被侵犯的权利得到救济的重要形式。《宪法》第41条规定，中华人民共和国公民对于任何国家机关和国家工作人员，有提出批评和建议的权利；对于任何国家机关和国家工作人员的违法失职行为，有向有关国家机关提出申诉、控告或者检举的权利，但是不得捏造或者歪曲事实进行诬告陷害。对于公民的申诉、控告或者检举，有关国家机关必须查清事实，负责处理。任何人不得压制和打击报复。由于国家机关和国家工作人员侵犯公民权利而受到损失的人，有依照法律规定取得赔偿的权利。

三、公民的基本义务

1. 维护国家统一和各民族团结

坚持一个中国原则，维护国家统一和全国各民族团结。《宪法》第52条规定，中华人民共和国公民有维护国家统一和全国各民族团结的义务。

2. 遵纪守法和尊重社会公德

《宪法》第53条规定，中华人民共和国公民必须遵守宪法和法律，保守国家秘密，爱护公共财产，遵守劳动纪律，遵守公共秩序，尊重社会公德。遵守宪法和法律是公民必须守法的总的原则规定。例如，在资源保护方面，《宪法》明确规定了公民对动植物保护、土地利用等义务。《宪法》第9条第2款规定，国家保障自然资源的合理利用，保护珍贵的动物和植物。禁止任何组织或者个人用任何手段侵占或者破坏自然资源。第10条规定，城市的土地属于国家所有。农村和城市郊区的土地，除由法律规定属于国家所有的以外，属于集体所有；宅基地和自留地、自留山，也属于集体所有。国家为了公共利益的需要，可以依照法律规定对土地实行征收或者征用并给予补偿。任何组织或者个人不得侵占、买卖或者以其他形式非法转让土地。土地的使用权可以依照法律的规定转让。一切使用土地的组织和个人必须合理地利用土地。

3. 维护祖国安全、荣誉和利益

国家的安全是每一个中国公民生产生活、安居乐业的必要条件，国家安全关系到国家的存在和发展；国家的荣誉和利益关系到祖国的尊严。《宪法》第54条规定，公民有维护祖国的安全、荣誉和利益的义务，不得有危害祖国的安全、荣誉和利益的行为。

4. 保卫祖国，依法服兵役和参加民兵组织

维护国家独立和安全，是保卫社会主义现代化建设和人民幸福生活的需要。《宪法》第55条规定，保卫祖国、抵抗侵略是每一个公民的神圣职责；依照法律服兵役和参加民兵组织是中国公民的光荣义务。

5. 依法纳税

税收是国家机关依照法律的规定，向课税对象按一定比例所征收的税款。税收“取之于民，用之于民”，是国家筹措资金的重要方式、国民收入的重要来源，对于保障国家经济建设资金的需要、改善和提高人民生活有重要意义。《宪法》第56条规定，中华人民共和国公民有依照法律纳税的义务。

6. 其他基本义务

《宪法》规定的公民的基本义务还包括：第42条规定的劳动的义务；第46条规定的受教育的义务；第49条规定的夫妻双方有实行计划生育的义务，父母有抚养教育未成年子女的义务以及成年子女有赡养扶助父母的义务等。

第五节　国旗、国歌、国徽、首都

根据我国《宪法》，全国人民代表大会常务委员会（以下简称“全国人大常委会”）制定了《中华人民共和国国旗法》（以下简称《国旗法》）、《中华人民共和国国徽法》（以下简称《国徽法》）、《中华人民共和国国歌法》（以下简称《国歌法》）。

一、国旗

国旗是国家的象征和标志，代表国家的权威和尊严。为了维护国家的形象和尊严，增强公民的国家观念和爱国意识，弘扬爱国主义精神，规范国旗的使用，1990年6月28日第七届全国人大常委会第14次会议通过《国旗法》；根据2009年8月27日第十一届全国人大常委会第10次会议《关于修改部分法律的决定》、2020年10月17日第十三届全国人大常委会第22次会议《关于修改〈中华人民共和国国旗法〉的决定》，二次修正《国旗法》。

1. 国旗的构成

《国旗法》第 2 条规定，中华人民共和国国旗是五星红旗。旗面为红色，长方形，其长与高为三与二之比，旗面左上方缀黄色五角星五颗。一星较大，其外接圆直径为旗高十分之三，居左；四星较小，其外接圆直径为旗高十分之一，环拱于大星之右。旗杆套为白色。《国旗法》第 3 条规定，国旗、旗杆的尺度比例应当适当，并与使用目的、周围建筑、周边环境相适应。

2. 国旗升挂的规定

升挂国旗是公民国家观念和爱国意识强的一种表现。《国旗法》第 5 条到第 8 条就以下几种情况规定了国旗的升挂：一是北京天安门广场、新华门；中国共产党中央委员会，全国人民代表大会常务委员会，国务院，中央军事委员会，中国共产党中央纪律检查委员会、国家监察委员会，最高人民法院，最高人民检察院；中国人民政治协商会议全国委员会；外交部；出境入境的机场、港口、火车站和其他边境口岸，边防海防哨所等，应当每日升挂国旗。二是中国共产党中央各部门和地方各级委员会；国务院各部门；地方各级人民代表大会常务委员会；地方各级人民政府；中国共产党地方各级纪律检查委员会、地方各级监察委员会；地方各级人民法院和专门人民法院；地方各级人民检察院和专门人民检察院；中国人民政治协商会议地方各级委员会；各民主党派、各人民团体；中央人民政府驻香港特别行政区有关机构、中央人民政府驻澳门特别行政区有关机构，应当在工作日升挂国旗。三是学校除寒假、暑假和休息日外，应当每日升挂国旗；有条件的幼儿园参照学校的规定升挂国旗。四是图书馆、博物馆、文化馆、美术馆、科技馆、纪念馆、展览馆、体育馆、青少年宫等公共文化体育设施应当在开放日升挂、悬挂国旗。五是国庆节、国际劳动节、元旦、春节和国家宪法日等重要节日、纪念日，各级国家机关、各人民团体以及大型广场、公园等公共活动场所应当升挂国旗；企业事业组织，村民委员会、居民委员会，居民院（楼、小区）有条件的应当升挂国旗。民族自治地方在民族自治地方成立纪念日和主要传统民族节日应当升挂国旗。举行宪法宣誓仪式时，应当在宣誓场所悬挂国旗。六是举行重大庆祝、纪念活动，大型文化、体育活动，大型展览会，可以升挂国旗。此外，为了鼓励公民升挂国旗，《国旗法》第 9 条规定，国家倡导公民和组织在适宜的场合使用国旗及其图案，表达爱国情感。

3. 升降国旗的时间

《国旗法》第 13 条规定，一般情况下国旗应当早晨升起，傍晚降下。遇有恶劣天气，可以不升挂。

4. 升挂国旗的仪式

《国旗法》第 14 条规定，升挂国旗时，可以举行升旗仪式。举行升旗仪式时，应当奏唱国歌。在国旗升起的过程中，在场人员应当面向国旗肃立，行注目礼或者按照规定要求敬礼，不得有损害国旗尊严的行为。北京天安门广场每日举行升旗仪式。学校除假期外，每周举行一次升旗仪式。

5. 下半旗的适用条件

《国旗法》第 15 条规定，中华人民共和国主席、全国人民代表大会常务委员会委员长、国务院总理、中央军事委员会主席；中国人民政治协商会议全国委员会主席逝世后可下半旗志哀。除此之外，还规定了三种情况：一是为了增强公民的爱国意识，表彰那些为中华民族作出杰出贡献的人，规定“对中华人民共和国作出杰出贡献的人”逝世后可以下半旗；二是为了表明我国的国际主义态度，参照外国的做法，规定“对世界和平或者人类进步事业作出杰出贡献的人”逝世后可以下半旗；三是为了表示国家对重大伤亡事故或者因重大自然灾害造成人员伤亡的哀悼，规定“举行国家公祭仪式或者发生严重自然灾害、突发公共卫生事件以及其他不幸事件造成特别重大伤亡的”可以下半旗。

6. 升挂国旗的规范

《国旗法》第 17 条规定，升挂国旗，应当将国旗置于显著的位置。列队举持国旗和其他旗帜行进时，国旗应当在其他旗帜之前。国旗与其他旗帜同时升挂时，应当将国旗置于中心、较高或者突出的位置。在外事活动中同时升挂两个以上国家的国旗时，应当按照外交部的规定或者国际惯例升挂。

《国旗法》第 18 条规定，在直立的旗杆上升降国旗，应当徐徐升降。升起时，必须将国旗升至杆顶；降下时，不得使国旗落地。下半旗时，应当先将国旗升至杆顶，然后降至旗顶与杆顶之间的距离为旗杆全长的三分之一处；降下时，应当先将国旗升至杆顶，然后再降下。

7. 法律责任

国旗是中华人民共和国的象征和标志。每个公民和组织，都应当尊重和爱护国旗。《国旗法》第 19 条规定，不得升挂或者使用破损、污损、褪色或者不合规格的国旗，不得倒挂、倒插或者以其他有损国旗尊严的方式升挂、使用国旗。不得随意丢弃国旗。破损、污损、褪色或者不合规格的国旗应当按照国家有关规定收回、处置。大型群众性活动结束后，活动主办方应当收回或者妥善处置活动现场使用的国旗。

《国旗法》第23条规定，在公共场合故意以焚烧、毁损、涂划、玷污、践踏等方式侮辱中华人民共和国国旗的，依法追究刑事责任；情节较轻的，由公安机关处以15日以下拘留。

8. 宣传教育

为了进一步鼓励公民通过使用国旗表达爱国情感，发挥国旗在爱国主义教育中的重要作用，《国旗法》第21条规定，中小学应当教育学生了解国旗的历史和精神内涵、遵守国旗升挂使用规范和升旗仪式礼仪。新闻媒体应当积极宣传国旗知识，引导公民和组织正确使用国旗及其图案。

9. 监督管理

为加强国旗使用的监督管理，明确具体涉及国旗制作、销售、升挂、使用、回收等方面监管责任，《国旗法》第22条规定，国务院办公厅统筹协调全国范围内国旗管理有关工作。地方各级人民政府统筹协调本行政区域内国旗管理有关工作。各级人民政府市场监督管理部门对国旗的制作和销售实施监督管理。县级人民政府确定的部门对本行政区域内国旗的升挂、使用和收回实施监督管理。外交部、国务院交通主管部门、中央军事委员会有关部门对各自管辖范围内国旗的升挂、使用和收回实施监督管理。

二、国歌

国歌是国家的重要象征和标志，承载着爱国情怀和民族精神。为了维护国歌的尊严，规范国歌的奏唱、播放和使用，增强公民的国家观念，弘扬爱国主义精神，2017年9月1日，第十二届全国人大常委会第29次会议表决通过《国歌法》。

1. 国歌的地位

《国歌法》第2条规定，中华人民共和国国歌是《义勇军进行曲》。国歌是中华人民共和国的象征和标志。一切公民和组织都应当尊重国歌，维护国歌的尊严。

《义勇军进行曲》由田汉作词、聂耳作曲，诞生于抗击日本帝国主义侵略的战争年代；歌曲内容是号召人民奋起抵抗入侵者，歌曲雄壮激烈，催人奋进，1949年9月成为代国歌。1982年12月4日，第五届全国人大第5次会议通过《关于中华人民共和国国歌的决议》，决定恢复田汉作词、聂耳作曲的《义勇军进行曲》为中华人民共和国国歌。

2. 奏唱国歌的场合

根据实际做法并结合现行规定和有关惯例，《国歌法》第4条明确规定下列场合应当奏唱国歌，包括全国人民代表大会和地方各级人民代表大会会议的开幕、闭幕；中国人民政治协商会议全国委员会和地方委员会会议的开幕、闭幕；各政党、各人民团体的各级代表大会等；宪法宣誓仪式；升国旗仪式；各级机关举行或者组织的重大庆典、表彰、纪念仪式等；国家公祭仪式；重大外交活动；重大体育赛事；其他应当奏唱国歌的场合。此外，国家倡导公民和组织在适宜的场合奏唱国歌，表达爱国情感。同时还规定，不得在私人丧事活动等不适宜的场合奏唱、播放国歌。国歌不得用于或者变相用于商标、广告、公共场所使用的背景音乐等。

3. 奏唱国歌的形式和礼仪

为了体现国歌的严肃性和权威性，《国歌法》第6条规定，奏唱国歌，应当按照本法规定的歌词和曲谱，不得采取有损国歌尊严的奏唱形式。

为增强奏唱国歌的仪式感，体现对国家象征的尊重和维护，《国歌法》第7条规定，奏唱国歌时，在场人员应当肃立，举止庄重，不得有不尊重国歌的行为。

4. 国歌标准曲谱和官方录音版本

《国歌法》第10条规定，在本法规定应当奏唱国歌的场合奏唱、播放国歌的，应当使用国歌标准演奏曲谱和国歌官方录音版本。外交部及驻外外交机构、国务院体育行政部门应当将国歌标准演奏曲谱和国歌官方录音版本送交有关国家外交部门、有关国际组织，供外交活动或者国际体育赛事中使用。同时还规定，国歌标准演奏曲谱、国歌官方录音版本由国务院确定的部门组织审定、录制，并在中国人大网和中国政府网上发布。

5. 宣传教育

为加强国歌的宣传教育，培育公民的国家观念，《国歌法》第11～13条规定，一是国庆节、国际劳动节等重要的国家法定节日、纪念日，中央和省、自治区、直辖市的广播电台、电视台应当按照国务院广播电视主管部门规定的时点播放国歌。二是将国歌纳入中小学教育，作为爱国主义教育的重要内容，组织学生学唱国歌，教育学生了解国歌的历史和精神内涵、遵守国歌奏唱礼仪。三是新闻媒体应当积极开展对国歌的宣传，普及国歌奏唱礼仪知识。

6. 法律责任与监督管理

《国歌法》第 15 条规定，在公共场合，故意篡改国歌歌词、曲谱，以歪曲、贬损方式奏唱国歌，或者以其他方式侮辱国歌的，由公安机关处以警告或者 15 日以下拘留；构成犯罪的，依法追究刑事责任。

县级以上各级人民政府及其有关部门在各自职责范围内，对国歌的奏唱、播放和使用进行监督管理。

三、国徽

国徽是国家的象征和标志，代表着国家的权威与尊严。为了维护国徽的尊严，正确使用国徽，增强公民的国家观念，弘扬爱国主义精神，1991 年 3 月 2 日，第七届全国人大常委会第 18 次会议通过《国徽法》；根据 2009 年 8 月 27 日第十一届全国人大常委会第 10 次会议《关于修改部分法律的决定》、2020 年 10 月 17 日第十三届全国人大常委会第 22 次会议《关于修改〈中华人民共和国国徽法〉的决定》，二次修正《国徽法》。

1. 国徽的构成

《国徽法》第 2 条规定，国徽的中间是五星照耀下的天安门，周围是谷穗和齿轮，象征中国人民自五四运动以来的新民主主义革命斗争和工人阶级领导的以工农联盟为基础的人民民主专政的新中国的诞生。

2. 国徽的悬挂

根据《国徽法》第 4 条规定，以下机构应当在机关正门上方正中处悬挂国徽：各级人民代表大会常务委员会；各级人民政府；中央军事委员会；各级监察委员会；各级人民法院和专门人民法院；各级人民检察院和专门人民检察院；外交部；国家驻外使馆、领馆和其他外交代表机构；中央人民政府驻香港特别行政区有关机构、中央人民政府驻澳门特别行政区有关机构。《国徽法》第 5 条规定，下列场所应当悬挂国徽：北京天安门城楼、人民大会堂；县级以上各级人民代表大会及其常务委员会会议厅，乡、民族乡、镇的人民代表大会会场；各级人民法院和专门人民法院的审判庭；宪法宣誓场所；出境入境口岸的适当场所。

3. 国徽图案的使用情形

《国徽法》第 6 条规定，以下机构的印章应当刻有国徽图案：全国人民代表大会常务委员会，国务院，中央军事委员会，国家监察委员会，最高人民法院，最高人民检察院；全国人民代表大会各专门委员会和全国人民代表大会常务委员会办公厅、工作委员会，国务院各部、各委员会、各直属机构、国务院办公厅以及国务院规定应当使用刻有国徽图案印章的办事机构，中央军事委员会办公厅以及中央军事委员会规定应当使用刻有国徽图案印章的其他机构；县级以上地方各级人民代表大会常务委员会、人民政府、监察委员会、人民法院、人民检察院，专门人民法院，专门人民检察院；国家驻外使馆、领馆和其他外交代表机构。同时还规定，上述机构应当在其网站首页显著位置使用国徽图案。

《国徽法》第 8 条规定，下列文书、出版物等应当印有国徽图案：全国人民代表大会常务委员会、中华人民共和国主席和国务院颁发的荣誉证书、任命书、外交文书；中华人民共和国主席、副主席，全国人民代表大会常务委员会委员长、副委员长，国务院总理、副总理、国务委员，中央军事委员会主席、副主席，国家监察委员会主任，最高人民法院院长和最高人民检察院检察长以职务名义对外使用的信封、信笺、请柬等；全国人民代表大会常务委员会公报、国务院公报、最高人民法院公报和最高人民检察院公报的封面；国家出版的法律、法规正式版本的封面。

《国徽法》还规定，标示国界线的界桩、界碑和标示领海基点方位的标志碑以及其他用于显示国家主权的标志物可以使用国徽图案。中国人民银行发行的法定货币可以使用国徽图案。国家机关工作人员的工作证件、执法证件等；国家机关颁发的营业执照、许可证书、批准证书、资格证书、权利证书等；居民身份证，中华人民共和国护照等法定出入境证件可以使用国徽图案。此外，公民在庄重的场合可以佩戴国徽徽章，表达爱国情感。

4. 国徽图案的使用

《国徽法》第 13 条规定，国徽及其图案不得用于商标、授予专利权的外观设计、商业广告；日常用品、日常生活的陈设布置；私人庆吊活动以及国务院办公厅规定不得使用国徽及其图案的其他场合。

5. 宣传教育

《国徽法》第 15 条规定，国徽应当作为爱国主义教育的重要内容。中小学应当教育学生了解国徽的历史和精神内涵。新闻媒体应当积极宣传国徽知识，引导公民和组织正确使用国徽及其图案。

6. 监督管理

《国徽法》第 17 条规定，国务院办公厅统筹协调全国范围内国徽管理有关工作。地方各级人民政府统筹协调本行政区域内国徽管理有关工作。各级人民政府市场监督管理部门对国徽的制作和销售实施监督管理。县级人民政府确定的部门对本行政区域内国徽的悬挂、使用和收回实施监督管理。

7. 法律责任

为了维护国徽的尊严和使用国徽的严肃性，《国徽法》第 14 条规定，不得悬挂破损、污损或者不合规格的国徽。《国徽法》第 18 条规定，在公共场合故意以焚烧、毁损、涂划、玷污、践踏等方式侮辱中华人民共和国国徽的，依法追究刑事责任；情节较轻的，由公安机关处以 15 日以下拘留。

四、首都

《宪法》第 143 条规定，中华人民共和国首都是北京。

第三章
夺取新时代中国特色社会主义伟大胜利

章节练习
视频课程

本章导读

【本章概述】 本章内容主要包括：习近平新时代中国特色社会主义思想的历史地位和丰富内涵；新时代中国共产党的历史使命；迈向社会主义新时代的重大战略部署。

【学习要求】 了解中国特色社会主义进入新时代的重大意义，中国特色社会主义经济建设、政治建设、文化建设、社会建设、生态文明建设的重大部署，国防和军队建设、港澳台工作、外交工作的重大部署，全面从严治党的重大部署；熟悉习近平新时代中国特色社会主义思想的历史地位、核心要义，新时代中国共产党的历史使命；掌握新时代我国社会的主要矛盾，“两个一百年”奋斗目标的任务要求。

第一节　新时代中国特色社会主义思想

一、党的十八大以来发生的历史性变革

党的十八大以来的5年，是党和国家事业取得历史性成就、发生历史性变革的5年。以习近平同志为核心的党中央，举旗定向、运筹帷幄，科学把

握当今世界和当代中国的发展大势，顺应实践要求和人民愿望，以巨大的政治勇气和强烈的责任担当，统筹推进“五位一体”总体布局，协调推进“四个全面”战略布局，提出一系列具有开创性意义的新理念新思想新战略，出台一系列重大方针政策，推出一系列重大举措，推进一系列重大工作，解决了许多长期想解决而没有解决的难题，办成了许多过去想办而没有办成的大事，推动党和国家事业发生深刻的历史性变革。

这些历史性变革主要体现在：①经济建设取得重大成就，发展理念和发展方式发生深刻变革；②全面深化改革取得重大突破，各方面体制机制发生深刻变革；③民主法治建设迈出重大步伐，全面依法治国发生深刻变革；④思想文化建设取得重大进展，党对意识形态工作的领导发生深刻变革；⑤人民生活不断改善，社会治理体系发生深刻变革；⑥生态文明建设成效显著，生态环境保护状况发生深刻变革；⑦强军兴军开创新局面，国防和军队现代化发生深刻变革；⑧港澳台工作取得新进展，内地和港澳地区交流合作深度发生深刻变革；⑨全方位外交布局深入展开，中国特色大国外交发生深刻变革；⑩全面从严治党成效卓著，全面加强党的领导发生深刻变革。综上所述，党的十八大以来党和国家事业发生的历史性变革，涵盖改革发展稳定、内政外交国防、治党治国治军各个方面，是深层次的、开创性的、根本性的。这些变革力度之大、范围之广、效果之显著、影响之深远，在我们党和国家发展史上、在中华民族发展史上，都具有开创性意义。这些变革所解决的问题是历史本身提出来的，以习近平同志为核心的党中央勇敢直面时代和实践发展所提出的历史性课题，以超凡魄力和顽强斗争精神力挽狂澜，领导全党和全国人民进行具有许多新的历史特点的伟大斗争，推动中国特色社会主义进入新时代。

二、习近平新时代中国特色社会主义思想的形成

1. 习近平新时代中国特色社会主义思想的创立

党的十八大以来，以习近平同志为核心的党中央，坚持以马克思列宁主义、毛泽东思想、邓小平理论、“三个代表”重要思想、科学发展观为指导，坚持解放思想、实事求是、与时俱进、求真务实，坚持辩证唯物主义和历史唯物主义，紧密结合新的时代条件和实践要求，以全新的视野深化对共产党

执政规律、社会主义建设规律、人类社会发展规律的认识，进行艰辛理论探索，取得重大理论创新成果，创立了习近平新时代中国特色社会主义思想。

2017 年 10 月 18 日，中国共产党第十九次全国代表大会在北京召开，这次会议是在全面建成小康社会决胜阶段、中国特色社会主义进入新时代的关键时期召开的一次十分重要的大会。大会的主题是：不忘初心，牢记使命，高举中国特色社会主义伟大旗帜，决胜全面建成小康社会，夺取新时代中国特色社会主义伟大胜利，为实现中华民族伟大复兴的中国梦不懈奋斗。大会把十八大以来党的理论创新成果概括为新时代中国特色社会主义思想，大会通过的党章修正案把习近平新时代中国特色社会主义思想确立为我们党的行动指南。

2. 习近平新时代中国特色社会主义思想的历史地位与核心要义

习近平总书记在党的十九大报告中明确指出："经过长期努力，中国特色社会主义进入了新时代，这是我国发展新的历史方位。"

习近平新时代中国特色社会主义思想，是对马克思列宁主义、毛泽东思想、邓小平理论、"三个代表"重要思想、科学发展观的继承和发展，是马克思主义中国化最新成果，是党和人民实践经验和集体智慧的结晶，是中国特色社会主义理论体系的重要组成部分，是全党全国人民为实现中华民族伟大复兴而奋斗的行动指南，必须长期坚持并不断发展。习近平新时代中国特色社会主义思想的核心要义，就是坚持和发展中国特色社会主义，具体体现在它从理论和实践结合上系统回答了新时代坚持和发展什么样的中国特色社会主义、怎样坚持和发展中国特色社会主义这个重大时代课题，回答了新时代坚持和发展中国特色社会主义的总目标、总任务、总体布局、战略布局和发展方向、发展方式、发展动力、战略步骤、外部条件、政治保证等基本问题，并且根据新的实践对经济、政治、法治、科技、文化、教育、民生、民族、宗教、社会、生态文明、国家安全、国防和军队、"一国两制"和祖国统一、统一战线、外交、党的建设等各方面做出理论分析和政策指导。这一重大思想的创立开辟了马克思主义新境界、中国特色社会主义新境界、党治国理政新境界、管党治党新境界，使马克思主义中国化实现了一次新的飞跃、达到了一个新的起点。

三、习近平新时代中国特色社会主义思想的丰富内涵

1. 中国特色社会主义进入新时代

中国特色社会主义进入了新时代，这是党的十九大做出的一个重大政治判断。这一判断，明确了我国发展新的历史方位，赋予党的历史使命、理论遵循、目标任务以新的时代内涵，为我们深刻把握当代中国发展变革的新特征，增强贯彻落实习近平新时代中国特色社会主义思想的自觉性和坚定性，提供了时代坐标和科学依据。

（1）中国特色社会主义进入新时代的基本依据。①

①中国特色社会主义进入新的发展阶段。党的十八大以来，以习近平同志为核心的党中央科学把握国内外发展大势，顺应实践要求和人民愿望，以巨大的政治勇气和强烈的责任担当，举旗定向、谋篇布局，迎难而上、开拓进取，取得改革开放和社会主义现代化建设的历史性成就，推动党和国家事业发生历史性变革。这些变革力度之大、范围之广、效果之显著、影响之深远，在党的历史上、在中华人民共和国发展史上、在中华民族发展史上都具有开创性意义。这表明，在中华人民共和国成立以来特别是改革开放以来我国发展取得的重大成就基础上，我国的发展站到了新的历史起点上，中国特色社会主义进入新的发展阶段。这个新的发展阶段，既同改革开放40年来的发展一脉相承，又有很多与时俱进的新特征。科学认识和全面把握中国特色社会主义新的发展阶段，需要从新的历史方位、新的时代坐标来思考来谋划。

②我国社会主要矛盾发生了新变化。党的十九大报告指出，我国社会主要矛盾已经由人民日益增长的物质文化需要同落后的社会生产之间的矛盾，转化为人民日益增长的美好生活需要和不平衡不充分的发展之间的矛盾。这个论断，反映了我国发展的实际状况，揭示了制约我国发展的症结所在，指明了解决当代中国发展问题的根本着力点。我们必须认识到，我国社会主要矛盾的变化是关系全局的历史性变化，对党和国家工作提出了许多新要求，同时这种变化没有改变我们对我国社会主义所处历史阶段的判断，我国仍处于并将长期处于社会主义初级阶段的基本国情没有变，我国是世界最大发

① 本书编写组．党的十九大报告辅导读本［M］．北京：人民出版社，2017：78-82.

展中国家的国际地位没有变。因此，我国社会主要矛盾的变化对我国发展全局必将产生广泛而深刻的影响，科学认识和全面把握我国社会主要矛盾的变化，也需要从新的历史方位、新的时代坐标来思考来谋划。

③我国面临的国际环境发生了新变化。世界正处于大发展大变革大调整时期，我国发展仍处于重要战略机遇期，前景十分光明，挑战也十分严峻。我国正处在从大国走向强国的关键时期，“树大招风”效应日益显现，外部环境更加复杂，一些国家和国际势力对我们的阻遏、忧惧、施压有所增大，这同样是需要面对的重大问题。现在，我国发展同外部世界的交融性、关联性、互动性不断增强，中国正日益走近世界舞台中央。做出中国特色社会主义进入新时代的判断，也充分考量了国际局势和周边环境的新变化。

（2）中国特色社会主义进入新时代的丰富内涵。中国特色社会主义进入了新时代这一重大政治判断，既不是凭空产生的，更不是一个简单的新概念表述，而是具有丰富深厚思想内涵的。党的十九大报告指出：“这个新时代，是承前启后、继往开来、在新的历史条件下继续夺取中国特色社会主义伟大胜利的时代，是决胜全面建成小康社会、进而全面建设社会主义现代化强国的时代，是全国各族人民团结奋斗、不断创造美好生活、逐步实现全体人民共同富裕的时代，是全体中华儿女勠力同心、奋力实现中华民族伟大复兴中国梦的时代，是我国日益走近世界舞台中央、不断为人类作出更大贡献的时代。”

（3）中国特色社会主义进入新时代的重大意义。中国特色社会主义进入新时代，在中华人民共和国发展史上、在中华民族发展史上具有重大意义，在世界社会主义发展史上、在人类社会发展史上也具有重大意义。党的十九大报告指出，中国特色社会主义进入新时代，具有以下重大意义：①意味着近代以来久经磨难的中华民族迎来了从站起来、富起来到强起来的伟大飞跃，迎来了实现中华民族伟大复兴的光明前景；②意味着科学社会主义在21世纪的中国焕发出强大生机活力，在世界上高高举起了中国特色社会主义伟大旗帜；③意味着中国特色社会主义道路、理论、制度、文化不断发展，拓展了发展中国家走向现代化的途径，给世界上那些既希望加快发展又希望保持自身独立性的国家和民族提供了全新选择，为解决人类问题贡献了中国智慧和中国方案。

2. 习近平新时代中国特色社会主义思想的主要内容[①]

习近平新时代中国特色社会主义思想内容十分丰富，涵盖改革发展稳定、内政外交国防、治党治国治军等各个领域、各个方面，构成了一个系统完整、逻辑严密、相互贯通的思想理论体系。党的十九大报告用“八个明确”概括了这一重大思想的主要内容。

（1）明确坚持和发展中国特色社会主义，总任务是实现社会主义现代化和中华民族伟大复兴，在全面建成小康社会的基础上，分两步走在本世纪中叶建成富强民主文明和谐美丽的社会主义现代化强国。

（2）明确新时代我国社会主要矛盾是人民日益增长的美好生活需要和不平衡不充分的发展之间的矛盾，必须坚持以人民为中心的发展思想，不断促进人的全面发展、全体人民共同富裕。

（3）明确中国特色社会主义事业总体布局是“五位一体”、战略布局是“四个全面”，强调坚定道路自信、理论自信、制度自信、文化自信。“五位一体”和“四个全面”相互促进、统筹联动，深化了我们党对社会主义建设规律的认识，是事关党和国家长远发展的总战略。

（4）明确全面深化改革总目标是完善和发展中国特色社会主义制度、推进国家治理体系和治理能力现代化。党的十九大报告指出：“只有社会主义才能救中国，只有改革开放才能发展中国、发展社会主义、发展马克思主义。”改革开放只有进行时，没有完成时。

（5）明确全面推进依法治国总目标是建设中国特色社会主义法治体系、建设社会主义法治国家。全面依法治国是中国特色社会主义的本质要求和重要保障。全面依法治国，必须把党的领导贯彻落实到依法治国全过程和各方面，坚定不移走中国特色社会主义法治道路，完善以宪法为核心的中国特色社会主义法律体系，建设中国特色社会主义法治体系，建设社会主义法治国家，发展中国特色社会主义法治理论。

（6）明确党在新时代的强军目标是建设一支听党指挥、能打胜仗、作风优良的人民军队，把人民军队建设成为世界一流军队。建设一支听党指挥、能打胜仗、作风优良的人民军队，是实现“两个一百年”奋斗目标、实现中

① 本书编写组．党的十九大报告辅导读本［M］．北京：人民出版社，2017：154-158.

华民族伟大复兴的战略支撑。

（7）明确中国特色大国外交要推动构建新型国际关系，推动构建人类命运共同体。中国秉持共商共建共享的全球治理观，倡导国际关系民主化，坚持国家不分大小、强弱、贫富一律平等。中国愿与各国人民同心协力构建人类命运共同体，建设持久和平、普遍安全、共同繁荣、开放包容、清洁美丽的世界。

（8）明确中国特色社会主义最本质的特征是中国共产党领导，中国特色社会主义制度的最大优势是中国共产党领导，党是最高政治领导力量，提出新时代党的建设总要求，突出政治建设在党的建设中的重要地位。

3. 坚持和发展新时代中国特色社会主义的基本方略

习近平新时代中国特色社会主义思想和基本方略共同而各有侧重地体现了新时代坚持和发展中国特色社会主义这条主线，前者更多的是从理论和实践的结合上，系统回答新时代坚持和发展什么样的中国特色社会主义；后者更多的是从理论和实践的贯彻落实上，系统回答在新时代怎样坚持和发展中国特色社会主义。正因为这样，党的十九大报告明确指出：在新时代，中国特色社会主义基本方略是“在各项工作中全面准确贯彻落实”“新时代中国特色社会主义思想的精神实质和丰富内涵”的。①

党的十九大报告以新时代中国特色社会主义的14条基本方略来概括我们党新时代的行动纲领，可谓既神形兼备，又恰到好处。基本方略是一个思想张力和理论概括力都更强的理论概念，是全面涵盖党的战略策略等行动纲领层面的。基本方略包括：坚持党对一切工作的领导、坚持以人民为中心、坚持全面深化改革、坚持新发展理念、坚持人民当家做主、坚持全面依法治国、坚持社会主义核心价值体系、坚持在发展中保障和改善民生、坚持人与自然和谐共生、坚持总体国家安全观、坚持党对人民军队的绝对领导、坚持“一国两制”和推进祖国统一、坚持推动构建人类命运共同体和坚持全面从严治党。报告明确指出，党政军民学，东西南北中，党是领导一切的。坚持党对一切工作的领导要求，必须增强政治意识、大局意识、核心意识、看齐意识，自觉维护党中央权威和集中统一领导，自觉在思想上政治上行动上同

① 本书编写组．党的十九大报告辅导读本［M］．北京：人民出版社，2017：160.

党中央保持高度一致，完善坚持党的领导的体制机制，坚持稳中求进工作总基调，统筹推进“五位一体”总体布局，协调推进“四个全面”战略布局，提高党把方向、谋大局、定政策、促改革的能力和定力，确保党始终总揽全局、协调各方。

第二节　新时代中国共产党的历史使命

习近平在党的十九大报告中指出：“实现中华民族伟大复兴是近代以来中华民族最伟大的梦想。中国共产党一经成立，就把实现共产主义作为党的最高理想和最终目标，义无反顾肩负起实现中华民族伟大复兴的历史使命，团结带领人民进行了艰苦卓绝的斗争，谱写了气吞山河的壮丽史诗。”报告全面总结我们党为实现中华民族伟大复兴走过的辉煌历程，明确提出实现新时代党的历史使命的新要求。

一、中国共产党的民族复兴历程

实现中华民族伟大复兴，必须推翻压在中国人民头上的帝国主义、封建主义、官僚资本主义三座大山，实现民族独立、人民解放、国家统一、社会稳定。我们党团结带领人民找到了一条以农村包围城市、武装夺取政权的正确革命道路，进行了28年浴血奋战，完成了新民主主义革命，1949年建立了中华人民共和国，实现了中国从几千年封建专制政治向人民民主的伟大飞跃。实现中华民族伟大复兴，必须建立符合我国实际的先进社会制度。我们党团结带领人民完成社会主义革命，确立社会主义基本制度，推进社会主义建设，完成了中华民族有史以来最为广泛而深刻的社会变革，为当代中国一切发展进步奠定了根本政治前提和制度基础，实现了中华民族由近代不断衰落到根本扭转命运、持续走向繁荣富强的伟大飞跃。

实现中华民族伟大复兴，必须合乎时代潮流、顺应人民意愿，勇于改革开放，让党和人民事业始终充满奋勇前进的强大动力。我们党团结带领人民进行改革开放新的伟大革命，破除阻碍国家和民族发展的一切思想和体制障碍，开辟了中国特色社会主义道路，使中国大踏步赶上时代。

二、新时代中国共产党的历史使命

新时代给党的历史使命提出了新要求，我们必须紧紧围绕实现伟大梦想去进行伟大斗争、建设伟大工程、推进伟大事业。党的十九大把伟大斗争、伟大工程、伟大事业、伟大梦想作为一个统一整体提出来，是一个重大理论创新，明确了党在新时代治国理政的总方略、引领全局的总蓝图、谋划工作的总坐标。

1. 必须进行伟大斗争

社会是在矛盾运动中前进的，有矛盾就会有斗争。我们党要团结带领人民有效应对重大挑战、抵御重大风险、克服重大阻力、解决重大矛盾，必须进行具有许多新的历史特点的伟大斗争，任何贪图享受、消极懈怠、回避矛盾的思想和行为都是错误的。全党要更加自觉地坚持党的领导和我国社会主义制度，坚决反对一切削弱、歪曲、否定党的领导和我国社会主义制度的言行；更加自觉地维护人民利益，坚决反对一切损害人民利益、脱离群众的行为；更加自觉地投身改革创新时代潮流，坚决破除一切顽瘴痼疾；更加自觉地维护我国主权、安全、发展利益，坚决反对一切分裂祖国、破坏民族团结和社会和谐稳定的行为；更加自觉地防范各种风险，坚决战胜一切在政治、经济、文化、社会等领域和自然界出现的困难和挑战。全党要充分认识这场伟大斗争的长期性、复杂性、艰巨性，发扬斗争精神，提高斗争本领，不断夺取伟大斗争新胜利。

2. 必须建设伟大工程

这个伟大工程就是我们党正在深入推进的党的建设新的伟大工程。历史已经并将继续证明，没有中国共产党的领导，民族复兴必然是空想。我们党要始终成为时代先锋、民族脊梁，始终成为马克思主义执政党，自身必须始终过硬。全党要更加自觉地坚定党性原则，勇于直面问题，敢于刮骨疗毒，消除一切损害党的先进性和纯洁性的因素，清除一切侵蚀党的健康肌体的病毒，不断增强党的政治领导力、思想引领力、群众组织力、社会号召力，确保我们党永葆旺盛生命力和强大战斗力。

3. 必须推进伟大事业

中国特色社会主义是改革开放以来党的全部理论和实践的主题，是党和人民历尽千辛万苦、付出巨大代价取得的根本成就。中国特色社会主义道路是实现社会主义现代化、创造人民美好生活的必由之路，中国特色社会主义理论体系是指导党和人民实现中华民族伟大复兴的正确理论，中国特色社会主义制度是当代中国发展进步的根本制度保障，中国特色社会主义文化是激励全党全国各族人民奋勇前进的强大精神力量。全党要更加自觉地增强道路自信、理论自信、制度自信、文化自信，既不走封闭僵化的老路，也不走改旗易帜的邪路，保持政治定力，坚持实干兴邦，始终坚持和发展中国特色社会主义。

伟大斗争，伟大工程，伟大事业，伟大梦想，紧密联系、相互贯通、相互作用，其中起决定性作用的是党的建设新的伟大工程。推进伟大工程，要结合伟大斗争、伟大事业、伟大梦想的实践来进行，确保党在世界形势深刻变化的历史进程中始终走在时代前列，在应对国内外各种风险和考验的历史进程中始终成为全国人民的主心骨，在坚持和发展中国特色社会主义的历史进程中始终成为坚强领导核心。

三、“两个一百年”奋斗目标

从十九大到二十大，是“两个一百年”奋斗目标的历史交汇期。我们既要全面建成小康社会、实现第一个百年奋斗目标，又要乘势而上开启全面建设社会主义现代化国家新征程，向第二个百年奋斗目标进军。综合分析国际国内形势和我国发展条件，从2020年到本世纪中叶可以分两个阶段来安排。

1. 第一个阶段（2020～2035年）

在全面建成小康社会的基础上，再奋斗15年，基本实现社会主义现代化。到那时，我国经济实力、科技实力将大幅跃升，跻身创新型国家前列；人民平等参与、平等发展权利得到充分保障，法治国家、法治政府、法治社会基本建成，各方面制度更加完善，国家治理体系和治理能力现代化基本实现；社会文明程度达到新的高度，国家文化软实力显著增强，中华文化影响更加广泛深入；人民生活更为宽裕，中等收入群体比例明显提高，城乡区域发展差距和居民生活水平差距显著缩小，基本公共服务均等化基本实现，全体人民共同富裕迈出坚实步伐；现代社会治理格局基本形成，社会充满活力又和谐有序；生态环境根本好转，美丽中国目标基本实现。

2. 第二个阶段（2035 年～本世纪中叶）

在基本实现现代化的基础上，再奋斗 15 年，把我国建成富强民主文明和谐美丽的社会主义现代化强国。到那时，我国物质文明、政治文明、精神文明、社会文明、生态文明将全面提升，实现国家治理体系和治理能力现代化，成为综合国力和国际影响力领先的国家，全体人民共同富裕基本实现，我国人民将享有更加幸福安康的生活，中华民族将以更加昂扬的姿态屹立于世界民族之林。

第三节　迈向新时代的重大战略部署

党的十九大牢牢把握我国发展的阶段性特征，牢牢把握人民群众对美好生活的向往，按照中国特色社会主义事业“五位一体”总体布局，对经济建设、政治建设、文化建设、社会建设、生态文明建设进行了全面部署，并且还对国防和军队建设、港澳台工作、外交工作以及坚定不移从严治党做出重大部署。

一、“五位一体”总体布局

1. 贯彻新发展理念，建设现代化经济体系

党的十九大报告指出，我国经济已由高速增长阶段转向高质量发展阶段，正处在转变发展方式、优化经济结构、转换增长动力的攻关期，建设现代化经济体系是跨越关口的迫切要求和我国发展的战略目标。围绕建设现代化经济体系，报告提出了 6 个方面的重点任务：深化供给侧结构性改革，加快建设创新型国家，实施乡村振兴战略，实施区域协调发展战略，加快完善社会主义市场经济体制，推动形成全面开放新格局。这其中有许多重大战略部署和重大创新举措。比如，提出以供给侧结构性改革为主线，推动经济发展质量变革、效率变革、动力变革，提高全要素生产率；着力加快建设实体经济、科技创新、现代金融、人力资源协同发展的产业体系；着力构建市场机制有效、微观主体有活力、宏观调控有度的经济体制；实施乡村振兴战略、区域协调发展战略；以“一带一路”建设为重点，形成陆海内外联动、东西双向互济的开放格局；等等。

2. 健全人民当家做主制度体系，发展社会主义民主政治

党的十九大报告指出，要长期坚持、不断发展我国社会主义民主政治，积极稳妥推进政治体制改革，推进社会主义民主政治制度化、规范化、程序化，保证人民依法通过各种途径和形式管理国家事务，管理经济文化事业，管理社会事务，巩固和发展生动活泼、安定团结的政治局面。围绕发展社会主义民主政治，报告从 6 个方面做出部署：坚持党的领导、人民当家做主、依法治国有机统一，加强人民当家做主制度保障，发挥社会主义协商民主重要作用，深化依法治国实践，深化机构和行政体制改革，巩固和发展爱国统一战线。报告提出了一些重大思想和重大举措。比如，提出加强人民当家做主制度保障，支持和保证人民通过人民代表大会行使国家权力；推动协商民主广泛、多层、制度化发展，统筹推进政党协商、人大协商、政府协商、政协协商、人民团体协商、基层协商以及社会组织协商；完善人大专门委员会设置，优化人大常委会和专门委员会组成人员结构；在省市县对职能相近的党政机关探索合并设立或合署办公；等等。

法治兴则国家兴，法治强则国家强。在中国特色社会主义新时代，坚持不懈深化依法治国实践，对建设富强民主文明和谐美丽的社会主义现代化强国，实现中华民族伟大复兴的中国梦，具有重要意义。党的十九大报告指出，全面依法治国是国家治理的一场深刻革命，必须坚持厉行法治，推进科学立法、严格执法、公正司法、全民守法。具体包括以下七方面要求和措施：①成立中央全面依法治国领导小组，加强对法治中国建设的统一领导。②加强宪法实施和监督，推进合宪性审查工作，维护宪法权威。③推进科学立法、民主立法、依法立法，以良法促进发展、保障善治。④建设法治政府，推进依法行政，严格规范公正文明执法。⑤深化司法体制综合配套改革，全面落实司法责任制，努力让人民群众在每一个司法案件中感受到公平正义。⑥加大全民普法力度，建设社会主义法治文化，树立宪法法律至上、法律面前人人平等的法治理念。⑦各级党组织和全体党员要带头尊法学法守法用法，任何组织和个人都不得有超越宪法法律的特权，绝不允许以言代法、以权压法、逐利违法、徇私枉法。

3. 坚定文化自信，推动社会主义文化繁荣兴盛

党的十九大报告强调，发展中国特色社会主义文化，就是以马克思主义为指导，坚守中华文化立场，立足当代中国现实，结合当今时代条件，发展面向现代化、面向世界、面向未来的，民族的科学的大众的社会主义文化，推动社会主义精神文明和物质文明协调发展。围绕推动社会主义文化繁荣兴盛，报告提出了5个方面的重点任务：牢牢掌握意识形态工作领导权，培育和践行社会主义核心价值观，加强思想道德建设，繁荣发展社会主义文艺，推动文化事业和文化产业发展。报告强调，要推进马克思主义中国化时代化大众化，建设具有强大凝聚力和引领力的社会主义意识形态，使全体人民在理想信念、价值理念、道德观念上紧紧团结在一起；要落实意识形态工作责任制，加强阵地建设和管理，旗帜鲜明地反对和抵制各种错误观点；要以培养担当民族复兴大任的时代新人为着眼点，把社会主义核心价值观融入社会发展各方面，转化为人们的情感认同和行为习惯。

4. 提高保障和改善民生水平，加强和创新社会治理

党的十九大报告强调，保障和改善民生要抓住人民最关心最直接最现实的利益问题，既尽力而为，又量力而行，一件事情接着一件事情办，一年接着一年干。坚持人人尽责、人人享有，坚守底线、突出重点、完善制度、引导预期，完善公共服务体系，保障群众基本生活，不断满足人民日益增长的美好生活需要。围绕保障和改善民生，报告从7个方面做出了部署：优先发展教育事业，提高就业质量和人民收入水平，加强社会保障体系建设，坚决打赢脱贫攻坚战，实施健康中国战略，打造共建共治共享的社会治理格局，有效维护国家安全。报告指出，要全面建成覆盖全民、城乡统筹、权责清晰、保障适度、可持续的多层次社会保障体系；坚决打赢脱贫攻坚战，确保到2020年我国现行标准下农村贫困人口实现脱贫，贫困县全部摘帽，解决区域性整体贫困；加强社会治理制度建设，完善党委领导、政府负责、社会协同、公众参与、法治保障的社会治理体制。

5. 加快生态文明体制改革，建设美丽中国

党的十九大报告指出，我们要建设的现代化是人与自然和谐共生的现代化，既要创造更多物质财富和精神财富以满足人民日益增长的美好生活需要，也要提供更多优质生态产品以满足人民日益增长的优美生态环境需要。围绕建设美丽中国，报告提出了4个方面的重点任务：推进绿色发展，着力解决突出环境问题，加大生态系统保护力度，改革生态环境监管体制。报告强调，必须坚持节约优先、保护优先、自然恢复为主的方针，形成节约资源和保护环境的空间格局、产业结构、生产方式、生活方式；要着力解决突出环境问题，坚持全民共治、源头防治，构建政府为主导、企业为主体、社会组织和公众共同参与的环境治理体系；加强对生态文明建设的总体设计和组织领导，设立国有自然资源资产管理和自然生态监管机构。

二、国防和军队建设、港澳台工作和外交工作

1. 国防和军队建设

习近平总书记在党的十九大报告中，围绕坚持走中国特色强军之路，全面推进国防和军队现代化，提出了一系列新思想、新观点和新论断。①强调要坚持党对军队的绝对领导。总书记指出建设一支听党指挥、能打胜仗、作风优良的人民军队，是实现“两个一百年”奋斗目标，实现中华民族伟大复兴的战略支撑。②提出新时代党的强军思想这一重大概念。确立了新时代党的强军思想在国防和军队建设中的指导地位，即新时代党的强军思想是加强新时代国防和军队建设的科学指南。③丰富和发展了强军目标思想。总书记赋予强军目标新的内涵，即实现强军目标，要把人民军队全面建成世界一流军队。④提出了军队建设、作战指挥建设、作战体系建设的主要任务。即建设强大的现代化陆军、海军、空军、火箭军和战略支援部队，打造坚强高效的战区联合作战指挥机构，构建中国特色现代作战体系。⑤明确了新时代国防和军队建设的三个发展阶段和总体目标。第一阶段到 2020 年，基本实现机械化，信息化建设取得重大进展，战略能力有大的提升；第二阶段力争到 2035 年，基本实现国防和军队现代化；第三阶段到本世纪中叶，把人民军队建成世界一流军队。

2. 港澳台工作

香港、澳门回归祖国以来，“一国两制”实践取得举世公认的成功。事实证明，“一国两制”是解决历史遗留的香港、澳门问题的最佳方案，也是香港、澳门回归后保持长期繁荣稳定的最佳制度。

保持香港、澳门长期繁荣稳定，必须全面准确贯彻“一国两制”“港人治港”“澳人治澳”高度自治的方针，严格依照宪法和基本法办事，完善与基本法实施相关的制度和机制。要支持特别行政区政府和行政长官依法施

政、积极作为，团结带领香港、澳门各界人士齐心协力谋发展、促和谐，保障和改善民生，有序推进民主，维护社会稳定，履行维护国家主权、安全、发展利益的宪制责任。

解决台湾问题、实现祖国完全统一，是全体中华儿女的共同愿望，是中华民族根本利益所在。必须继续坚持“和平统一、一国两制”方针，推动两岸关系和平发展，推进祖国和平统一进程。一个中国原则是两岸关系的政治基础。体现一个中国原则的“九二共识”明确界定了两岸关系的根本性质，是确保两岸关系和平发展的关键。承认“九二共识”的历史事实，认同两岸同属一个中国，两岸双方就能开展对话，协商解决两岸同胞关心的问题，台湾任何政党和团体同大陆交往也不会存在障碍。

3. 外交工作

习近平在党的十九大报告中强调：“坚持和平发展道路，推动构建人类命运共同体。”

中国共产党是为中国人民谋幸福的政党，也是为人类进步事业而奋斗的政党。十九大报告指出了我们的党和国家在国际社会与国际事务中的角色定位和宗旨原则：“中国将高举和平、发展、合作、共赢的旗帜，恪守维护世界和平、促进共同发展的外交政策宗旨，坚定不移在和平共处五项原则基础上发展同各国的友好合作，推动建设相互尊重、公平正义、合作共赢的新型国际关系。”

党的十九大报告就应对世界时局的大发展大变革大调整以及人类面临的许多共同挑战时指出：“没有哪个国家能够独自应对人类面临的各种挑战，也没有哪个国家能够退回到自我封闭的孤岛”，“我们呼吁，各国人民同心协力，构建人类命运共同体，建设持久和平、普遍安全、共同繁荣、开放包容、清洁美丽的世界”。报告不仅标示出“推动构建人类命运共同体”，内容也多次用到了“共同”一词，表明了中国在国际社会中不仅会提供优质的国际公共产品，更要充当化解纠纷矛盾、构建多元合作、推动共同治理的平台和桥梁的决心与信心，清楚回答了“在国际社会中，中国要面对什么，该怎样面对”的问题。

三、全面从严治党

习近平在党的十九大报告中强调，“坚定不移全面从严治党，不断提高党的执政能力和领导水平。”新时代党的建设总要求是：坚持和加强党的全面领导，坚持党要管党、全面从严治党，以加强党的长期执政能力建设、先进性和纯洁性建设为主线，以党的政治建设为统领，以坚定理想信念宗旨为根基，以调动全党积极性、主动性、创造性为着力点，全面推进党的政治建设、思想建设、组织建设、作风建设、纪律建设，把制度建设贯穿其中，深入推进反腐败斗争，不断提高党的建设质量，把党建设成为始终走在时代前列、人民衷心拥护、勇于自我革命、经得起各种风浪考验、朝气蓬勃的马克思主义执政党。

为此，新时代党的建设要做到：①把党的政治建设摆在首位。党的政治建设是党的根本性建设，决定党的建设方向和效果。②用新时代中国特色社会主义思想武装全党。共产主义远大理想和中国特色社会主义共同理想，是中国共产党人的精神支柱和政治灵魂，也是保持党的团结统一的思想基础。③建设高素质专业化干部队伍。要坚持党管干部原则，坚持德才兼备、以德为先，坚持五湖四海、任人唯贤，坚持事业为上、公道正派，把好干部标准落到实处。④加强基层组织建设。要以提升组织力为重点，突出政治功能。⑤持之以恒正风肃纪。凡是群众反映强烈的问题都要严肃认真对待，凡是损害群众利益的行为都要坚决纠正。⑥夺取反腐败斗争压倒性胜利。推进反腐败国家立法，建设覆盖纪检监察系统的检举举报平台。⑦健全党和国家监督体系。增强党自我净化能力，根本靠强化党的自我监督和群众监督。⑧全面增强执政本领。领导13亿多人的社会主义大国，我们党既要政治过硬，也要本领高强。伟大的事业必须有坚强的党来领导。只要我们党把自身建设好、建设强，确保党始终同人民想在一起、干在一起，就一定能够引领承载着中国人民伟大梦想的航船破浪前进，胜利驶向光辉的彼岸。

第四章

“十四五”规划和 2035 年远景目标纲要

章节练习
视频课程

本章导读

【本章概述】 本章内容主要包括《中华人民共和国国民经济和社会发展第十四个五年规划和 2035 年远景目标纲要》(以下简称《规划纲要》)的主要内容、制定意义、新发展阶段的发展环境、指导思想、遵循原则、战略导向、远景目标、“十四五”时期经济社会发展主要目标和推进社会主义文化强国建设的主要任务。

【学习要求】 了解我国进入新发展阶段的发展环境，“十四五”时期经济社会发展的指导思想、必须遵循的原则和战略导向；熟悉 2035 年远景目标和“十四五”时期经济社会发展主要目标，文化建设的三项重要任务，社会主义文化繁荣发展工程。

第一节 概　　述

一、《规划纲要》的主要内容

2021 年 3 月 11 日，第十三届全国人民代表大会第 4 次会议通过了《规划纲要》。《规划纲要》阐明国家战略意图，明确政府工作重点，引导规范市场主体行为，是我国开启全面建设社会主义现代化国家新征程的宏伟蓝图，是全国各族人民共同的行动纲领。

《规划纲要》全文共 19 篇 65 章。第 1 篇开启全面建设社会主义现代化国家新征程，分析了我国正处于新的发展阶段，面临新的发展环境，重点阐述了《规划纲要》制定的指导思想、指导方针和战略导向，明确我国 2035 年远景目标和“十四五”时期经济社会发展主要目标。第 2 篇至第 18 篇分别阐述了“十四五”时期我国经济社会发展的战略与举措，共设 20 个专栏，提出 102 项重大工程项目，绘制 7 张空间示意图。第 19 篇为规划实施保障篇章，从加强党中央集中统一领导和健全统一规划体系两个方面为《规划纲要》具体实施落地提供了方向和指导。

二、《规划纲要》的制定意义

“十四五”时期是我国全面建成小康社会、实现第一个百年奋斗目标之后，乘势而上开启全面建设社会主义现代化国家新征程、向第二个百年奋斗目标进军的第一个五年，我国将进入新的发展阶段。当今世界正经历百年未有之大变局，我国面临着机遇与挑战并存的复杂环境，谋划好“十四五”对于党和国家未来发展至关重要。

《规划纲要》明确提出了“十四五”时期我国经济社会发展的指导思想和必须遵循的原则，强调高举中国特色社会主义伟大旗帜，坚持以马克思列宁主义、毛泽东思想、邓小平理论、“三个代表”重要思想、科学发展观、习近平新时代中国特色社会主义思想为指导，统筹推进经济建设、政治建设、文化建设、社会建设、生态文明建设的总体布局。《规划纲要》立足于新发展阶段，贯彻新发展理念，构建新发展格局，对“十四五”时期国民经济和社会发展的目标任务作出全面部署，对贯彻落实党的十九届五中全会精神，展望和开启全面建设社会主义现代化国家新征程具有重大意义。

第二节　新发展阶段的发展环境

我国进入新发展阶段，发展基础更加坚实，发展条件深刻变化，进一步发展面临新的机遇和挑战。

一、决胜全面建成小康社会取得决定性成就

1.“十三五”时期是全面建成小康社会决胜阶段

面对错综复杂的国际形势、艰巨繁重的国内改革发展稳定任务特别是新冠肺炎疫情严重冲击，以习近平同志为核心的党中央不忘初心、牢记使命，团结带领全党全国各族人民砥砺前行、开拓创新，奋发有为推进党和国家各项事业。全面深化改革取得重大突破，全面依法治国取得重大进展，全面从严治党取得重大成果，国家治理体系和治理能力现代化加快推进，中国共产党领导和我国社会主义制度优势进一步彰显。

2.经济运行总体平稳，经济结构持续优化

“十三五”时期，我国国内生产总值突破100万亿元。创新型国家建设成果丰硕，在载人航天、探月工程、深海工程、超级计算、量子信息、“复兴号”高速列车、大飞机制造等领域取得一批重大科技成果。决战脱贫攻坚取得全面胜利，5575万农村贫困人口实现脱贫，困扰中华民族几千年的绝对贫困问题得到历史性解决，创造了人类减贫史上的奇迹。农业现代化稳步推进，粮食年产量连续稳定在1.3万亿斤以上。1亿农业转移人口和其他常住人口在城镇落户目标顺利实现，区域重大战略扎实推进。污染防治力度加大，主要污染物排放总量减少目标超额完成，资源利用效率显著提升，生态环境明显改善。金融风险处置取得重要阶段性成果。对外开放持续扩大，共建“一带一路”成果丰硕。人民生活水平显著提高，教育公平和质量较大提升，高等教育进入普及化阶段，城镇新增就业超过6000万人，建成世界上规模最大的社会保障体系，基本医疗保险覆盖超过13亿人，基本养老保险覆盖近10亿人，城镇棚户区住房改造开工超过2300万套。新冠肺炎疫情防控取得重大战略成果，应对突发事件能力和水平大幅提高。公共文化服务水平不断提高，文化事业和文化产业繁荣发展。国防和军队建设水平大幅提升，军队组织形态实现重大变革。国家安全全面加强，社会保持和谐稳定。

3.“十三五”规划目标任务胜利完成

“十三五”时期，我国经济实力、科技实力、综合国力和人民生活水平跃上新的大台阶，全面建成小康社会取得伟大历史性成就，中华民族伟大复兴向前迈出了新的一大步，社会主义中国以更加雄伟的身姿屹立于世界

东方。

二、我国发展环境面临深刻复杂变化

1. 发展处于重要战略机遇期，面临新的发展变化

当今世界正经历百年未有之大变局，新一轮科技革命和产业变革深入发展，国际力量对比深刻调整，和平与发展仍然是时代主题，人类命运共同体理念深入人心。同时，国际环境日趋复杂，不稳定性不确定性明显增加，新型冠状病毒肺炎疫情影响广泛深远，世界经济陷入低迷期，经济全球化遭遇逆流，全球能源供需版图深刻变革，国际经济政治格局复杂多变，世界进入动荡变革期，单边主义、保护主义、霸权主义对世界和平与发展构成威胁。

2. 已转向高质量发展阶段，发展不平衡问题仍然突出

我国已转向高质量发展阶段，制度优势显著，治理效能提升，经济长期向好，物质基础雄厚，人力资源丰富，市场空间广阔，发展韧性强劲，社会大局稳定，继续发展具有多方面优势和条件。同时，我国发展不平衡不充分问题仍然突出，重点领域关键环节改革任务仍然艰巨，创新能力不适应高质量发展要求，农业基础还不稳固，城乡区域发展和收入分配差距较大，生态环保任重道远，民生保障存在短板，社会治理还有弱项。

3. 面临世界百年未有之大变局，机遇和挑战并存

必须统筹中华民族伟大复兴战略全局和世界百年来未有之大变局，深刻认识我国社会主要矛盾变化带来的新特征新要求，深刻认识错综复杂的国际环境带来的新矛盾新挑战，增强机遇意识和风险意识，立足社会主义初级阶段基本国情，保持战略定力，办好自己的事，认识和把握发展规律，发扬斗争精神，增强斗争本领，树立底线思维，准确识变、科学应变、主动求变，善于在危机中育先机、于变局中开新局，抓住机遇，应对挑战，趋利避害，奋勇前进。

第三节　指导思想、原则和战略导向

一、指导思想

高举中国特色社会主义伟大旗帜，深入贯彻党的十九大和十九届二中、三中、四中、五中全会精神，坚持以马克思列宁主义、毛泽东思想、邓小平理论、“三个代表”重要思想、科学发展观、习近平新时代中国特色社会主义思想为指导，全面贯彻党的基本理论、基本路线、基本方略，统筹推进经济建设、政治建设、文化建设、社会建设、生态文明建设的总体布局，协调推进全面建设社会主义现代化国家、全面深化改革、全面依法治国、全面从严治党的战略布局，坚定不移贯彻创新、协调、绿色、开放、共享的新发展理念，坚持稳中求进工作总基调，以推动高质量发展为主题，以深化供给侧结构性改革为主线，以改革创新为根本动力，以满足人民日益增长的美好生活需要为根本目的，统筹发展和安全，加快建设现代化经济体系，加快构建以国内大循环为主体、国内国际双循环相互促进的新发展格局，推进国家治理体系和治理能力现代化，实现经济行稳致远、社会安定和谐，为全面建设社会主义现代化国家开好局、起好步。

二、必须遵循的原则

1. 坚持党的全面领导

坚持和完善党领导经济社会发展的体制机制，坚持和完善中国特色社会主义制度，不断提高贯彻新发展理念、构建新发展格局能力和水平，为实现高质量发展提供根本保证。

2. 坚持以人民为中心

坚持人民主体地位，坚持共同富裕方向，始终做到发展为了人民、发展依靠人民、发展成果由人民共享，维护人民根本利益，激发全体人民积极性、主动性、创造性，促进社会公平，增进民生福祉，不断实现人民对美好生活的向往。

3. 坚持新发展理念

把新发展理念完整、准确、全面贯穿发展全过程和各领域，构建新发展格局，切实转变发展方式，推动质量变革、效率变革、动力变革，实现更高质量、更有效率、更加公平、更可持续、更为安全的发展。

4. 坚持深化改革开放

坚定不移推进改革，坚定不移扩大开放，加强国家治理体系和治理能力现代化建设，破除制约高质量发展、高品质生活的体制机制障碍，强化有利于提高资源配置效率、有利于调动全社会积极性的重大改革开放举措，持续增强发展动力和活力。

5. 坚持系统观念

加强前瞻性思考、全局性谋划、战略性布局、整体性推进，统筹国内国际两个大局，办好发展安全两件大事，坚持全国一盘棋，更好发挥中央、地方和各方面积极性，着力固根基、扬优势、补短板、强弱项，注重防范化解重大风险挑战，实现发展质量、结构、规模、速度、效益、安全相统一。

三、战略导向

“十四五”时期推动高质量发展，必须立足新发展阶段、贯彻新发展理念、构建新发展格局。把握新发展阶段是贯彻新发展理念、构建新发展格局的现实依据，贯彻新发展理念为把握新发展阶段、构建新发展格局提供了行动指南，构建新发展格局则是应对新发展阶段机遇和挑战、贯彻新发展理念的战略选择。必须坚持深化供给侧结构性改革，以创新驱动、高质量供给引领和创造新需求，提升供给体系的韧性和对国内需求的适配性。必须建立扩大内需的有效制度，加快培育完整内需体系，加强需求侧管理，建设强大国内市场。必须坚定不移推进改革，破除制约经济循环的制度障碍，推动生产要素循环流转和生产、分配、流通、消费各环节有机衔接。必须坚定不移扩大开放，持续深化要素流动型开放，稳步拓展制度型开放，依托国内经济循环体系形成对全球要素资源的强大引力场。必须强化国内大循环的主导作用，以国际循环提升国内大循环效率和水平，实现国内国际双循环互促共进。

第四节　远景目标和“十四五”时期经济社会发展主要目标

一、2035 年远景目标

展望 2035 年，我国将基本实现社会主义现代化。经济实力、科技实力、综合国力将大幅跃升，经济总量和城乡居民人均收入将再迈上新的大台阶，关键核心技术实现重大突破，进入创新型国家前列。基本实现新型工业化、信息化、城镇化、农业现代化，建成现代化经济体系。基本实现国家治理体系和治理能力现代化，人民平等参与、平等发展权利得到充分保障，基本建成法治国家、法治政府、法治社会。建成文化强国、教育强国、人才强国、体育强国、健康中国，国民素质和社会文明程度达到新高度，国家文化软实力显著增强。广泛形成绿色生产生活方式，碳排放达峰后稳中有降，生态环境根本好转，美丽中国建设目标基本实现。形成对外开放新格局，参与国际经济合作和竞争新优势明显增强。人均国内生产总值达到中等发达国家水平，中等收入群体显著扩大，基本公共服务实现均等化，城乡区域发展差距和居民生活水平差距显著缩小。平安中国建设达到更高水平，基本实现国防和军队现代化。人民生活更加美好，人的全面发展、全体人民共同富裕取得更为明显的实质性进展。

二、“十四五”时期经济社会发展主要目标

1. 经济发展取得新成效

发展是解决我国一切问题的基础和关键，发展必须坚持新发展理念，在质量效益明显提升的基础上实现经济持续健康发展，增长潜力充分发挥，国内生产总值年均增长保持在合理区间、各年度视情提出，全员劳动生产率增长高于国内生产总值增长，国内市场更加强大，经济结构更加优化，创新能力显著提升，全社会研发经费投入年均增长7%以上、力争投入强度高于“十三五”时期实际，产业基础高级化、产业链现代化水平明显提高，农业基础更加稳固，城乡区域发展协调性明显增强，常住人口城镇化率提高到65%，现代化经济体系建设取得重大进展。

2. 改革开放迈出新步伐

社会主义市场经济体制更加完善，高标准市场体系基本建成，市场主体更加充满活力，产权制度改革和要素市场化配置改革取得重大进展，公平竞争制度更加健全，更高水平开放型经济新体制基本形成。

3. 社会文明程度得到新提高

社会主义核心价值观深入人心，人民思想道德素质、科学文化素质和身心健康素质明显提高，公共文化服务体系和文化产业体系更加健全，人民精神文化生活日益丰富，中华文化影响力进一步提升，中华民族凝聚力进一步增强。

4. 生态文明建设实现新进步

国土空间开发保护格局得到优化，生产生活方式绿色转型成效显著，能源资源配置更加合理、利用效率大幅提高，单位国内生产总值能源消耗和二氧化碳排放分别降低 13.5%、18%，主要污染物排放总量持续减少，森林覆盖率提高到 24.1%，生态环境持续改善，生态安全屏障更加牢固，城乡人居环境明显改善。

5. 民生福祉达到新水平

实现更加充分更高质量就业，城镇调查失业率控制在 5.5% 以内，居民人均可支配收入增长与国内生产总值增长基本同步，分配结构明显改善，基本公共服务均等化水平明显提高，全民受教育程度不断提升，劳动年龄人口平均受教育年限提高到 11.3 年，多层次社会保障体系更加健全，基本养老保险参保率提高到 95%，卫生健康体系更加完善，人均预期寿命提高 1 岁，脱贫攻坚成果巩固拓展，乡村振兴战略全面推进，全体人民共同富裕迈出坚实步伐。

6. 国家治理效能得到新提升

社会主义民主法治更加健全，社会公平正义进一步彰显，国家行政体系更加完善，政府作用更好发挥，行政效率和公信力显著提升，社会治理特别是基层治理水平明显提高，防范化解重大风险体制机制不断健全，突发公共事件应急处置能力显著增强，自然灾害防御水平明显提升，发展安全保障更加有力，国防和军队现代化迈出重大步伐。

第五节　推进社会主义文化强国建设的主要任务

一、“十四五”文化建设的三项重要任务

坚持马克思主义在意识形态领域的指导地位，坚定文化自信，坚持以社会主义核心价值观引领文化建设，围绕举旗帜、聚民心、育新人、兴文化、展形象的使命任务，促进满足人民文化需求和增强人民精神力量相统一，推进社会主义文化强国建设。

1. 提高社会文明程度

加强社会主义精神文明建设，培育和践行社会主义核心价值观，推动形

成适应新时代要求的思想观念、精神面貌、文明风尚、行为规范。

（1）推动理想信念教育常态化制度化。深入开展习近平新时代中国特色社会主义思想学习教育，健全用党的创新理论武装全党、教育人民的工作体系。建立健全“不忘初心、牢记使命”的制度和长效机制，加强和改进思想政治工作，持续开展中国特色社会主义和中国梦宣传教育，加强党史、新中国史、改革开放史、社会主义发展史教育，加强爱国主义、集体主义、社会主义教育，加强革命文化研究阐释和宣传教育，弘扬党和人民在各个历史时期奋斗中形成的伟大精神。完善弘扬社会主义核心价值观的法律政策体系，把社会主义核心价值观要求融入法治建设和社会治理，体现到国民教育、精神文明创建、文化产品创作生产全过程。完善青少年理想信念教育齐抓共管机制。

（2）发展中国特色哲学社会科学。加强对习近平新时代中国特色社会主义思想的整体性系统性研究、出版传播、宣传阐释，推进马克思主义中国化、时代化、大众化。深入实施马克思主义理论研究和建设工程，推进习近平新时代中国特色社会主义思想研究中心（院）、中国特色社会主义理论体系研究中心等建设，建好用好“学习强国”等学习平台。构建中国特色哲学社会科学学科体系、学术体系和话语体系，深入实施哲学社会科学创新工程，加强中国特色新型智库建设。

（3）传承弘扬中华优秀传统文化。深入实施中华优秀传统文化传承发展工程，强化重要文化和自然遗产、非物质文化遗产系统性保护，推动中华优秀传统文化创造性转化、创新性发展。加强文物科技创新，实施中华文明探源和考古中国工程，开展中华文化资源普查，加强文物和古籍保护研究利用，推进革命文物和红色遗址保护，完善流失文物追索返还制度。建设长城、大运河、长征、黄河等国家文化公园，加强世界文化遗产、文物保护单位、考古遗址公园、历史文化名城名镇名村保护。健全非物质文化遗产保护传承体系，加强各民族优秀传统手工艺保护和传承。

（4）持续提升公民文明素养。推进公民道德建设，大力开展社会公德、职业道德、家庭美德、个人品德建设。开展国家勋章、国家荣誉称号获得者和时代楷模、道德模范、最美人物、身边好人的宣传学习。实施文明创建工程，拓展新时代文明实践中心建设，科学规范做好文明城市、文明村镇、文明单位、文明校园、文明家庭评选表彰，深化未成年人思想道德建设。完善市民公约、乡规民约、学生守则、团体章程等社会规范，建立惩戒失德行为机制。弘扬诚信文化，建设诚信社会。广泛开展志愿服务关爱行动。提倡艰苦奋斗、勤俭节约，开展以劳动创造幸福为主题的宣传教育。加强网络文明建设，发展积极健康的网络文化。

2. 提升公共文化服务水平

坚持为人民服务、为社会主义服务的方向，坚持百花齐放、百家争鸣的方针，加强公共文化服务体系建设和体制机制创新，强化中华文化传播推广和文明交流互鉴，更好保障人民文化权益。

（1）加强优秀文化作品创作生产传播。把提高质量作为文艺作品的生命线，提高文艺原创能力。实施文艺作品质量提升工程，健全重大现实、重大革命、重大历史题材创作规划组织机制，加强农村、少儿等题材创作，不断推出反映时代新气象、讴歌人民新创造的文艺精品。建立健全文化产品创作生产、传播引导、宣传推广的激励机制和评价体系，推动形成健康清朗的文艺生态。加强文化队伍建设，培养造就高水平创作人才和德艺双馨的名家大师。

（2）完善公共文化服务体系。优化城乡文化资源配置，推进城乡公共文化服务体系一体建设。创新实施文化惠民工程，提升基层综合性文化服务中心功能，广泛开展群众性文化活动。推进公共图书馆、文化馆、美术馆、博物馆等公共文化场馆免费开放和数字化发展。推进媒体深度融合，做强新型主流媒体。完善应急广播体系，实施智慧广电固边工程和乡村工程。发展档案事业。深入推进全民阅读，建设“书香中国”，推动农村电影放映优化升级。创新公共文化服务运行机制，鼓励社会力量参与公共文化服务供给和设施建设运营。

（3）提升中华文化影响力。加强对外文化交流和多层次文明对话，创新推进国际传播，利用网上网下，讲好中国故事，传播好中国声音，促进民心相通。开展“感知中国”“走读中国”“视听中国”活动，办好中国文化年（节）、旅游年（节）。建设中文传播平台，构建中国语言文化全球传播体系和国际中文教育标准体系。

3. 健全现代文化产业体系

坚持把社会效益放在首位、社会效益和经济效益相统一，健全现代文化产业体系和市场体系。

（1）扩大优质文化产品供给。实施文化产业数字化战略，加快发展新型文化企业、文化业态、文化消费模式，壮大数字创意、网络视听、数字出版、数字娱乐、线上演播等产业。加快提升超高清电视节目制播能力，推进电视频道高清化改造，推进沉浸式视频、云转播等应用。实施文化品牌战略，打造一批有影响力、代表性的文化品牌。培育骨干文化企业，规范发展文化产业园区，推动区域文化产业带建设。积极发展对外文化贸易，开拓海外文化市场，鼓励优秀传统文化产品和影视剧、游戏等数字文化产品“走出去”，加强国家文化出口基地建设。

（2）推动文化和旅游融合发展。坚持以文塑旅、以旅彰文，打造独具魅力的中华文化旅游体验。深入发展大众旅游、智慧旅游，创新旅游产品体系，改善旅游消费体验。加强区域旅游品牌和服务整合，建设一批富有文化底蕴的世界级旅游景区和度假区，打造一批文化特色鲜明的国家级旅游休闲城市和街区。推进红色旅游、文化遗产旅游、旅游演艺等创新发展，提升度假休闲、乡村旅游等服务品质，完善邮轮游艇、低空旅游等发展政策。健全旅游基础设施和集散体系，推进“旅游厕所革命”，强化智慧景区建设。建立旅游服务质量评价体系，规范在线旅游经营服务。

（3）深化文化体制改革。完善文化管理体制和生产经营机制，提升文化治理效能。完善国有文化资产管理体制机制，深化公益性文化事业单位改革，推进公共文化机构法人治理结构改革。深化国有文化企业分类改革，推进国有文艺院团改革和院线制改革。完善文化市场综合执法体制，制定未成年人网络保护、信息网络传播视听等领域法律法规。

二、社会主义文化繁荣发展工程

1. 中国特色社会主义理论出版传播

编辑出版习近平谈治国理论、习近平新时代中国特色社会主义思想学习问答，分领域学习纲要等系列理论读物，编辑出版党史、新中国史、改革开放史、社会主义发展史经典教材，加强海外翻译出版和宣介推广。

2. 文艺精品创作

开展精神文明建设“五个一”、舞台艺术、影视精品、优秀剧本、美术创作收藏、重大出版等工程，实施当代文学艺术创作、中华文化新媒体传播、纪录片创作传播、地方戏曲传承发展、网络文艺创作传播等重大项目。

3. 全媒体传播和数字文化

推进国家、省、市、县四级融媒体中心（平台）建设。推进国家有线电视网络整合和5G一体化发展。分类采集梳理文化遗产数据，建设国家文化大数据体系。实施出版融合发展工程。

4. 文化遗产保护传承

加强安阳殷墟、汉长安城、隋唐洛阳城和重要石窟寺等遗址保护，开展江西汉代海昏侯国、河南仰韶村、良渚古城、石峁、陶寺、三星堆、曲阜鲁国故城等国家考古遗址公园建设。建设20个国家重点区域考古标本库房、30个国家级文化生态保护区和20个国家级非物质文化遗产馆。

5. 中华典籍整理出版

整理出版300种中华典籍，组织《永乐大典》、敦煌文献等重点古籍系统性保护整理出版，实施国家古籍数字化工程。推进点校本“二十四史”及清史稿修订等重大出版工程，推进复兴文库建设，启动新编中国通史纂修工程、中华民族交往交流交融史编纂工程。

6. 重大文化设施建设

建设中国共产党历史展览馆、中央档案馆新馆、国家版本馆、国家文献储备库、故宫博物院北院区、国家美术馆、国家文化遗产科技创新中心。

7. 旅游目的地质量提升

打造海南国际旅游消费中心、粤港澳大湾区世界级旅游目的地、长江国际黄金旅游带、黄河文化旅游带、杭黄自然生态和文化旅游廊道、巴蜀文化旅游走廊、桂林国际旅游胜地，健全游客服务、停车及充电、交通、流量监测管理等设施。

第五章
旅游方针政策

章节练习
视频课程

本章导读

【本章概述】 本章内容包括2021年以来习近平总书记关于文化和旅游工作的重要讲话的内容，以及《国务院办公厅关于进一步激发文化和旅游消费潜力的意见》《市场监管总局　商务部　文化和旅游部关于以标准化促进餐饮节约反对餐饮浪费的意见》《文化和旅游部关于实施旅游服务质量提升计划的指导意见》《文化和旅游部等10部门关于深化“互联网＋旅游”推动旅游业高质量发展的意见》《文化和旅游部办公厅国家文物局办公室关于落实〈关于切实解决老年人运用智能技术困难的实施方案〉的通知》《交通运输部办公厅　公安部办公厅　商务部办公厅　文化和旅游部办公厅　应急管理部办公厅　市场监管总局办公厅关于进一步加强和改进旅游客运安全管理工作的指导意见》等文件的制定背景和主要内容及其对我国旅游业发展的影响。

【学习要求】 了解《文化和旅游部等10部门关于深化“互联网＋旅游”推动旅游业高质量发展的意见》《市场监管总局　商务部　文化和旅游部关于以标准化促进餐饮节约反对餐饮浪费的意见》的主要内容；熟悉《国务院办公厅关于进一步激发文化和旅游消费潜力的意见》《文化和旅游部关于实施旅游服务质量提升计划的指导意见》《文化和旅游部办公厅　国家文物局办公室关于落实〈关于切实解决老年人运用智能技术困难的实施方案〉的通知》《交通运输部办公厅　公安部办公厅　商务部办公厅　文化和旅游部办公厅　应急管理部办公厅　市场监管总局办公厅关于进一步加强和改进旅游

客运安全管理工作的指导意见》等文件的主要内容。掌握 2021 年以来习近平总书记关于文化和旅游工作的重要讲话内容。

第一节　习近平关于文化和旅游工作的重要论述

党的十八大以来，以习近平同志为核心的党中央高度重视文化和旅游工作。习近平总书记发表了一系列关于文化和旅游工作的重要论述，科学系统诠释了新时代文化建设和旅游发展的方向性、根本性、全局性问题，提出了一系列新思想、新论断和新要求，为文化和旅游改革发展提供了根本遵循。本节为习近平总书记 2020 年 12 月至 2021 年 12 月期间公开发表的关于文化和旅游工作的重要论述。

一、坚持文化旅游融合发展

1. 加强文化遗产保护

2020 年 12 月 1 日，习近平在《求是》杂志发表的题为《建设中国特色中国风格中国气派的考古学　更好认识源远流长博大精深的中华文明》的署名文章中指出，搞好历史文化遗产保护工作。要建立健全历史文化遗产资源资产管理制度，建设国家文物资源大数据库，加强相关领域文物资源普查、名录公布的统筹指导，强化技术支撑，引导社会参与。要把历史文化遗产保护放在第一位，同时要合理利用，使其在提供公共文化服务、满足人民精神文化生活需求方面充分发挥作用。要健全不可移动文物保护机制，把文物保护管理纳入国土空间规划编制和实施。要制定“先考古、后出让”的制度设计和配套政策，对可能存在历史文化遗存的土地，在依法完成考古调查、勘探、发掘前不得使用。要深刻汲取国内外重大文物灾害事故教训，督察落实主体责任，强化隐患整治，增强历史文化遗产防护能力。要加强执法督察，规范举报流程，严厉打击文物犯罪。

2021 年 5 月 21 日，习近平在中央全面深化改革委员会第十九次会议上的讲话中指出，要本着对历史负责、对人民负责的态度，建立分类科学、保护有力、管理有效的城乡历史文化保护传承体系。

2021年6月25日，习近平在十九届中央政治局第三十一次集体学习时的讲话中指出，要用心用情用力保护好、管理好、运用好红色资源。要深入开展红色资源专项调查，加强科学保护。

2021年7月16日，习近平在致第44届世界遗产大会的贺信中指出，中国践行新发展理念，本着对历史负责、对人民负责的精神，认真履行《保护世界文化和自然遗产公约》，不断提高遗产保护能力和水平。中国愿同世界各国和联合国教科文组织一道，加强交流合作，推动文明对话，促进交流互鉴，支持世界遗产保护事业，共同守护好全人类的文化瑰宝和自然珍宝，推动构建人类命运共同体。

2021年8月23日至24日，习近平在河北承德考察时的讲话中指出，我国是世界文化和自然遗产大国。承德避暑山庄底蕴深厚，在民族交往交流交融、宗教与社会适应、传统文化保护和传承、人与自然和谐相处等方面具有重要历史价值和时代意义。要保护好、传承好、利用好中华优秀传统文化，挖掘其丰富内涵，以利于更好坚定文化自信、凝聚民族精神。

2021年9月13日至14日，习近平在陕西榆林考察时的讲话中指出，绥德是黄土文化的重要发源地之一，非物质文化遗产资源丰富，孕育发展了优秀民间艺术，展现了陕北人民的热情、质朴、豪迈。民间艺术是中华民族的宝贵财富，保护好、传承好、利用好老祖宗留下来的这些宝贝，对延续历史文脉、建设社会主义文化强国具有重要意义。要坚持以社会主义核心价值观为引领，坚持创造性转化、创新性发展，找到传统文化和现代生活的连接点，不断满足人民日益增长的美好生活需要。

2021年11月24日，习近平在中央全面深化改革委员会第二十二次会议上的讲话中指出，要加强文物保护利用和文化遗产保护传承，提高文物研究阐释和展示传播水平，让文物活起来，成为加强社会主义精神文明建设的深厚滋养，成为扩大中华文化国际影响力的重要名片。

2. 倡导生态绿色发展

2021年2月3日至5日，习近平在贵州看望慰问各族干部群众时的讲话中指出，要牢固树立绿水青山就是金山银山的理念，守住发展和生态两条底线，努力走出一条生态优先、绿色发展的新路子。

2021年3月7日，习近平在参加十三届全国人大四次会议青海代表团审议时的讲话中指出，要优化国土空间开发保护格局，严格落实主体功能区布局，加快完善生态文明制度体系，正确处理发展生态旅游和保护生态环境的关系，坚决整治生态领域突出问题，在建立以国家公园为主体的自然保护地体系上走在前头，让绿水青山永远成为青海的优势和骄傲，造福人民、泽被子孙。

2021年6月7日至9日，习近平在青海考察时的讲话中指出，要牢固树立绿水青山就是金山银山理念，切实保护好地球第三极生态。要把三江源保护作为青海生态文明建设的重中之重，承担好维护生态安全、保护三江源、保护“中华水塔”的重大使命。要继续推进国家公园建设，理顺管理体制，创新运行机制，加强监督管理，强化政策支持，探索更多可复制可推广经验。

2021年10月12日，习近平在《生物多样性公约》第十五次缔约方大会领导人峰会上发表题为《共同构建地球生命共同体》的主旨讲话中指出，为加强生物多样性保护，中国正加快构建以国家公园为主体的自然保护地体系，逐步把自然生态系统最重要、自然景观最独特、自然遗产最精华、生物多样性最富集的区域纳入国家公园体系。中国正式设立三江源、大熊猫、东北虎豹、海南热带雨林、武夷山等第一批国家公园，保护面积达23万平方公里，涵盖近30%的陆域国家重点保护野生动植物种类。

3. 弘扬红色文化

2021年2月20日，习近平在党史学习教育动员大会上的讲话中强调，要在全社会广泛开展党史、新中国史、改革开放史、社会主义发展史宣传教育，普及党史知识，推动党史学习教育深入群众、深入基层、深入人心。要鼓励创作党史题材的文艺作品特别是影视作品，抓好青少年学习教育，让红色基因、革命薪火代代传承。

2021年3月30日，习近平对革命文物工作作出指示，加强革命文物保护利用，弘扬革命文化，传承红色基因，是全党全社会的共同责任。各级党委和政府要把革命文物保护利用工作列入重要议事日程，加大工作力度，切实把革命文物保护好、管理好、运用好，发挥好革命文物在党史学习教育、革命传统教育、爱国主义教育等方面的重要作用，激发广大干部群众的精神力量，信心百倍为全面建设社会主义现代化国家、实现中华民族伟大复兴的中国梦而奋斗。

2021年6月18日，习近平在参观“‘不忘初心、牢记使命’中国共产党历史展览”时的讲话中指出，党的历史是最生动、最具有说服力的教科书。我们党的一百年，是矢志践行初心使命的一百年，是筚路蓝缕奠基立业的一百年，是创造辉煌开辟未来的一百年。回望过往的奋斗路，眺望前方的奋进路，必须把党的历史学习好、总结好，把党的宝贵经验传承好、发扬好，铭记奋斗历程，担当历史使命，从党的奋斗历史中汲取前进力量。要教育引导广大党员、干部通过参观学习，更加自觉地不忘初心、牢记使命，增强“四个意识”，坚定“四个自信”，始终在思想上政治上行动上同党中央保持高度一致，坚定理想信念，学好用好党的创新理论，赓续红色血脉，发扬光荣传统，发挥先锋模范作用，团结带领全国各族人民，更好立足新发展阶段、贯彻新发展理念、构建新发展格局，全面做好改革发展稳定各项工作，汇聚起全面建设社会主义现代化国家、实现中华民族伟大复兴中国梦的磅礴力量。

2021年9月30日，习近平在《求是》杂志发表的题为《用好红色资源　赓续红色血脉　努力创造无愧于历史和人民的新业绩》的署名文章中指出，红色资源是我们党艰辛而辉煌奋斗历程的见证，是最宝贵的精神财富，一定要用心用情用力保护好、管理好、运用好。一是要加强科学保护。红色资源是不可再生、不可替代的珍贵资源，保护是首要任务。要本着对历史负责、对人民负责的态度，深入开展红色资源专项调查，加强红色遗址、革命文物保护工作，统筹好抢救保护和预防性保护、本体保护和周边保护、单点保护和集群保护等。二是要开展系统研究。统筹研究力量，强化研究规划，积极开展革命史料的抢救、征集和研究工作，加强革命历史研究，深入挖掘红色资源背后的思想内涵，准确把握党的历史发展的主题主线、主流本质，旗帜鲜明反对和抵制历史虚无主义。三是要打造精品展陈。坚持政治性、思想性、艺术性相统一，把好导向关、聚焦主题，用史实说话，着力打造高质量精品展陈，增强表现力、传播力、影响力，生动传播红色文化。四是要强化教育功能。围绕革命、建设、改革各个历史时期的重大事件、重大节点，研究确定一批重要标识地，讲好党的故事、革命故事、英雄的故事，彰显时代特色，使之成为教育人、激励人、塑造人的大学校。要设计符合青少年认知特点的教育活动，建设富有特色的革命传统教育、爱国主义教育、青少年思想道德教育基地，引导他们从小在心里树立红色理想。

4. 全面实施乡村振兴

2020 年 12 月 28 日至 29 日，习近平在中央农村工作会议上的讲话中指出，要加快发展乡村产业，顺应产业发展规律，立足当地特色资源，推动乡村产业发展壮大，优化产业布局，完善利益联结机制，让农民更多分享产业增值收益。要加强社会主义精神文明建设，加强农村思想道德建设，弘扬和践行社会主义核心价值观，普及科学知识，推进农村移风易俗，推动形成文明乡风、良好家风、淳朴民风。要合理确定村庄布局分类，注重保护传统村落和乡村特色风貌，加强分类指导。

2021 年 2 月 25 日，习近平在全国脱贫攻坚总结表彰大会上的讲话中指出，各行各业发挥专业优势，开展产业扶贫、科技扶贫、教育扶贫、文化扶贫、健康扶贫、消费扶贫。乡村振兴是实现中华民族伟大复兴的一项重大任务。要围绕立足新发展阶段、贯彻新发展理念、构建新发展格局带来的新形势、提出的新要求，坚持把解决好“三农”问题作为全党工作重中之重，坚持农业农村优先发展，走中国特色社会主义乡村振兴道路，持续缩小城乡区域发展差距，让低收入人口和欠发达地区共享发展成果，在现代化进程中不掉队、赶上来。全面实施乡村振兴战略的深度、广度、难度都不亚于脱贫攻坚，要完善政策体系、工作体系、制度体系，以更有力的举措、汇聚更强大的力量，加快农业农村现代化步伐，促进农业高质高效、乡村宜居宜业、农民富裕富足。

2021 年 3 月 22 日至 25 日，习近平在福建考察时的讲话中指出，要加快推进乡村振兴，立足农业资源多样性和气候适宜优势，培育特色优势产业。要以实施乡村建设行动为抓手，改善农村人居环境，建设宜居宜业美丽乡村。要推进老区苏区全面振兴，倾力支持老区苏区特色产业提升、基础设施建设和公共服务保障等。

2021 年 4 月 25 日至 27 日，习近平在广西考察时的讲话中指出，全面推进乡村振兴，要立足特色资源，坚持科技兴农，因地制宜发展乡村旅游、休闲农业等新产业新业态，贯通产加销，融合农文旅，推动乡村产业发展壮大，让农民更多分享产业增值收益。

2021 年 8 月 23 日至 24 日，习近平在河北承德考察时的讲话中指出，产业振兴是乡村振兴的重中之重，要坚持精准发力，立足特色资源，关注市场需求，发展优势产业，促进一二三产业融合发展，更多更好惠及农村农民。要加强农村基础设施和公共服务体系建设，加快补齐公共卫生服务这块短板，完善基层公共卫生设施，加强乡村精神文明建设，开展健康知识普及，倡导文明健康、绿色环保的生活方式。

2021 年 10 月 15 日，习近平在《求是》杂志发表的题为《扎实推动共同富裕》的署名文章中指出，要全面推进乡村振兴，加快农业产业化，盘活农村资产，增加农民财产性收入，使更多农村居民勤劳致富。要加强农村基础设施和公共服务体系建设，改善农村人居环境。

二、促进文化旅游交流互鉴

1. 落实“一带一路”倡议

2021 年 1 月 26 日，习近平在同白俄罗斯总统卢卡申科通电话时强调，双方要推动共建“一带一路”合作高质量发展，扎实推进中白工业园建设，在抗疫、经贸、教育、科技、文化、地方等领域开展更多合作。

2021 年 2 月 8 日，习近平在同越共中央总书记、国家主席阮富仲通电话时强调，中方愿同越方加快“一带一路”倡议和“两廊一圈”战略对接，推动两国跨境经济合作区建设，探索在医疗卫生、数字经济、人文等领域的交流合作。

2021 年 2 月 25 日，习近平在同哥伦比亚总统杜克通电话时强调，双方要继续相互支持，对接好共建“一带一路”倡议同“哥伦比亚—中国倡议”，在能源、基础设施、电信等传统合作基础上，积极拓展农牧业、新能源、数字经济、创意产业等新领域合作，深化文化、教育、体育、地方等领域交流合作。

2021 年 4 月 29 日，习近平在同乌兹别克斯坦总统米尔济约耶夫通电话时强调，中方愿同乌方以明年庆祝两国建交 30 周年为契机，全面提升中乌合作规模、质量、水平，加强共建“一带一路”倡议和“新乌兹别克斯坦”规划对接，推进互联互通，深化贸易投资合作，扩大教育、文化、旅游、地方、体育等领域合作，继续加强疫苗合作。

2021 年 6 月 21 日，习近平在同坦桑尼亚总统哈桑通电话时强调，中方愿同坦方加强政党交流合作和治国理政经验交流，将共建“一带一路”、落实中非合作论坛北京峰会成果同坦方发展战略对接，拓展农业、交通、通信、旅游、能源等领域合作，鼓励和支持更多中国企业赴坦桑尼亚投资兴业，加强抗疫合作，不断丰富中坦全面合作伙伴关系内涵。

2021 年 6 月 24 日，习近平在同斐济总理姆拜尼马拉马通电话时强调，中方愿同斐方加强战略对接，共建“一带一路”，深化贸易投资、基础设施、交通通信、旅游等领域合作，继续实施好菌草、农业技术合作等项目，助力斐济经济社会发展。

2021 年 7 月 13 日，习近平在同乌克兰总统泽连斯基通电话时强调，中方愿同乌方继续加强疫苗、中医药领域等合作，助力乌方战胜疫情。双方要以高质量共建“一带一路”为契机，推动基础设施、中欧班列等项目合作，加强农产品合作，扩大人文交流合作。

2021 年 9 月 7 日，习近平在同意大利总理德拉吉通电话时强调，中方愿同意方一道，把握好新时期中意全面战略伙伴关系正确发展方向，坚持相互尊重，维护中意友好，深化互利合作，为不同制度、不同文化国家发展关系树立榜样。双方应以共建“一带一路”合作为引领，推动各领域合作走深走实。双方应共同办好明年中意文化和旅游年活动，特别是要相互坚定支持办好北京冬奥会和 2026 年米兰冬奥会，以此为契机加强两国冰雪运动和产业合作。

2. 构建人类命运共同体

2020 年 12 月 22 日，习近平在同老挝人民革命党中央总书记、国家主席本扬通电话时强调，稳步推进中老经济走廊和中老铁路建设，拓展文教、青年、旅游等领域合作，并加强在国际和地区事务中的协调，推动中老命运共同体建设走深走实，更好造福两国人民。

2021 年 1 月 1 日，习近平在《求是》杂志发表的题为《共同构建人类命运共同体》的署名文章中指出，人类文明多样性是世界的基本特征，也是人类进步的源泉。世界上有 200 多个国家和地区、2500 多个民族、多种宗教。不同历史和国情，不同民族和习俗，孕育了不同文明，使世界更加丰富多彩。文明没有高下、优劣之分，只有特色、地域之别。文明差异不应该成为世界冲突的根源，而应该成为人类文明进步的动力。每种文明都有其独特魅力和深厚底蕴，都是人类的精神瑰宝。不同文明要取长补短、共同进步，让文明交流互鉴成为推动人类进步的动力、维护世界和平的纽带。

2021 年 7 月 6 日，习近平在中国共产党与世界政党领导人峰会上发表的题为《加强政党合作　共谋人民幸福》的主旨讲话中指出，我们要担负起凝聚共识的责任，坚守和弘扬全人类共同价值。各国历史、文化、制度、发展水平不尽相同，但各国人民都追求和平、发展、公平、正义、民主、自由的全人类共同价值。我们要本着对人类前途命运高度负责的态度，做全人类共同价值的倡导者，以宽广胸怀理解不同文明对价值内涵的认识，尊重不同国家人民对价值实现途径的探索，把全人类共同价值具体地、现实地体现到实现本国人民利益的实践中去。

2021 年 9 月 26 日，习近平在致 2021 年世界互联网大会乌镇峰会的贺信中指出，中国愿同世界各国一道，共同担起为人民谋进步的历史责任，激发数字经济活力，增强数字政府效能，优化数字社会环境，构建数字合作格局，筑牢数字安全屏障，让数字文明造福各国人民，推动构建人类命运共同体。

2021 年 10 月 25 日，习近平在中华人民共和国恢复联合国合法席位 50 周年纪念会议上的讲话中指出，我们应该携手推动构建人类命运共同体，共同建设持久和平、普遍安全、共同繁荣、开放包容、清洁美丽的世界。人类是一个整体，地球是一个家园。任何人、任何国家都无法独善其身。人类应该和衷共济、和合共生，朝着构建人类命运共同体方向不断迈进，共同创造更加美好未来。推动构建人类命运共同体，不是以一种制度代替另一种制度，不是以一种文明代替另一种文明，而是不同社会制度、不同意识形态、不同历史文化、不同发展水平的国家在国际事务中利益共生、权利共享、责任共担，形成共建美好世界的最大公约数。

2021 年 11 月 22 日，习近平在中国—东盟建立对话关系 30 周年纪念峰会上发表的题为《命运与共　共建家园》的讲话中指出，要倡导和平、发展、公平、正义、民主、自由的全人类共同价值，深化文明交流互鉴，用好地区多元文化特色和优势。要积极考虑疫后有序恢复人员往来，继续推进文化、旅游、智库、媒体、妇女等领域交流，使双方民众更加相知、相亲、相融。

3. 其他国际交流活动

2021 年 1 月 25 日，习近平在世界经济论坛“达沃斯议程”对话会上的致辞中指出，各国历史文化和社会制度差异自古就存在，是人类文明的内在属性。没有多样性，就没有人类文明。多样性是客观现实，将长期存在。差异并不可怕，可怕的是傲慢、偏见、仇视，可怕的是想把人类文明分为三六九等，可怕的是把自己的历史文化和社会制度强加给他人。各国应该在相互尊重、求同存异的基础上实现和平共处，促进各国交流互鉴，为人类文明发展进步注入动力。

2021 年 2 月 9 日，习近平在中国—中东欧国家领导人峰会上的主旨讲话中指出，我们要加强文化、教育、旅游、体育、媒体、出版、智库、青年、地方等领域交流合作。中方愿以北京 2022 年冬奥会、冬残奥会为契机同中东欧国家深化体育合作。我们将在年内举行新一届教育政策对话和高校联合会会议，支持复旦大学在匈牙利开设校区。我们要加强特色旅游产品联合开发和旅游人才联合培养。

2021 年 5 月 26 日，习近平在同西班牙首相桑切斯通电话时的讲话中指出，中方愿同西方扩大双边贸易往来，积极推进港口物流、智慧城市、清洁能源等合作项目，加强同拉美、非洲第三方合作，深化两国人文交流。

2021 年 7 月 5 日，习近平在同法国总统马克龙、德国总理默克尔举行视频峰会时的讲话中指出，扩大互利共赢合作。中方愿同欧方尽早举行第二十三次中欧领导人会晤，办好战略、经贸、人文、数字、气候领域高级别对话，推进中欧清单产品互认互保，为双方百姓日常生活带来更多实惠。

2021 年 11 月 17 日，习近平在同以色列总统赫尔佐格通电话时的讲话中指出，中方愿同以方深化科技、农业、医疗卫生等领域合作，拓展文化、教育、旅游、体育等领域交流合作，厚植两国友好民意基础。

2021 年 11 月 29 日，习近平在中非合作论坛第八届部长级会议开幕式上发表的题为《同舟共济，继往开来，携手构建新时代中非命运共同体》的主旨演讲中指出，中国愿支持所有非洲建交国成为中国公民组团出境旅游目的地国。在华举办非洲电影节，在非洲举办中国电影节。举办中非青年服务论坛和中非妇女论坛。

三、建设社会主义文化强国

1. 坚定文化自信

2020 年 12 月 1 日，习近平在《求是》杂志发表的题为《建设中国特色中国风格中国气派的考古学 更好认识源远流长博大精深的中华文明》的署名文章中指出，要向全世界讲好中国历史故事。要运用我国考古成果和历史研究成果，通过对外宣传、交流研讨等方式，向国际社会展示博大精深的中华文明，讲清楚中华文明的灿烂成就和对人类文明的重大贡献，让世界了解中国历史、了解中华民族精神，从而不断加深对当今中国的认知和理解，营造良好国际舆论氛围。

2021 年 3 月 22 日，习近平在福建考察时的讲话中指出，我们走中国特色社会主义道路，一定要推进马克思主义中国化。如果没有中华文明五千年文明，哪里有什么中国特色？如果不是中国特色，哪有我们今天这么成功的中国特色社会主义道路？我们要特别重视挖掘中华五千年文明中的精华，弘扬优秀传统文化，把其中的精华同马克思主义立场观点方法结合起来，坚定不移走中国特色社会主义道路。

2021 年 4 月 19 日，习近平在清华大学考察时的讲话中指出，美术、艺术、科学、技术相辅相成、相互促进、相得益彰。要发挥美术在服务经济社会发展中的重要作用，把更多美术元素、艺术元素应用到城乡规划建设中，增强城乡审美韵味、文化品位，把美术成果更好服务于人民群众的高品质生活需求。要增强文化自信，以美为媒，加强国际文化交流。

2021 年 5 月 31 日，习近平在十九届中央政治局第三十次集体学习时的讲话中指出，要加快构建中国话语和中国叙事体系，用中国理论阐释中国实践，用中国实践升华中国理论，打造融通中外的新概念、新范畴、新表述，更加充分、更加鲜明地展现中国故事及其背后的思想力量和精神力量。要加强对中国共产党的宣传阐释，帮助国外民众认识到中国共产党真正为中国人民谋幸福而奋斗，了解中国共产党为什么能、马克思主义为什么行、中国特色社会主义为什么好。要围绕中国精神、中国价值、中国力量，从政治、经济、文化、社会、生态文明等多个视角进行深入研究，为开展国际传播工作提供学理支撑。要更好推动中华文化走出去，以文载道、以文传声、以文化人，向世界阐释推介更多具有中国特色、体现中国精神、蕴藏中国智慧的优秀文化。要注重把握好基调，既开放自信也谦逊谦和，努力塑造可信、可爱、可敬的中国形象。

2021 年 11 月 11 日，习近平在党的十九届六中全会第二次全体会议上的讲话中指出，中国共产党人的历史自信，既是对奋斗成就的自信，也是对奋斗精神的自信。“看似寻常最崎岖，成如容易却艰辛。”回望百年，我们党什么样的困难没有经历过，什么样的挑战没有遇到过？大革命失败，已经发展到6万多党员的党只剩下了1万多党员。王明“左”倾错误造成的失败，给革命根据地和白区革命力量造成极大损失，革命成果几乎毁于一旦。“文化大革命”十年内乱，使党、国家、人民遭到新中国成立以来最严重的挫折和损失。但是，我们党在人民支持下，依靠自己的力量战胜困难、修正错误、走向光明，可以说是几度绝处逢生、几度柳暗花明。正是在这样的千锤百炼中，我们党愈益强大和成熟起来。学习和总结党的历史，就要从中增强道路自信、理论自信、制度自信、文化自信，咬定青山不放松，风雨无阻向前进。

2. 发展文化事业和文化产业

2021年10月15日，习近平在《求是》杂志发表的题为《扎实推动共同富裕》的署名文章中指出，促进共同富裕与促进人的全面发展是高度统一的。要强化社会主义核心价值观引领，加强爱国主义、集体主义、社会主义教育，发展公共文化事业，完善公共文化服务体系，不断满足人民群众多样化、多层次、多方面的精神文化需求。要加强促进共同富裕舆论引导，澄清各种模糊认识，防止急于求成和畏难情绪，为促进共同富裕提供良好舆论环境。

2021年10月26日，习近平在致人民出版社成立100周年的贺信中指出，希望人民出版社赓续红色血脉，始终紧跟中国特色社会主义发展步伐，着力传播马克思主义和党的创新理论；始终坚持为人民出好书理念，着力展现党和国家发展历程、丰富人民群众精神文化生活；始终坚持高质量发展，着力深化改革创新，为推动社会主义文化繁荣发展、建设社会主义文化强国作出新的更大的贡献。

2021年11月6日，习近平在致新华社建社90周年的贺信中指出，在全面建设社会主义现代化国家新征程上，新华社要在党的领导下，把握正确政治方向，坚定理想信念，坚守人民情怀，赓续红色血脉，坚持守正创新，加快融合发展，加强对外传播，努力建成国际一流新型全媒体机构，为实现中华民族伟大复兴的中国梦、推动构建人类命运共同体作出新的更大的贡献。

2021年12月3日，习近平在致中国人民对外广播事业创建80周年的贺信中指出，80年来，在党的领导下，对外广播事业弘扬光荣传统、不忘初心使命，宣传党的主张，全面宣介中国发展，积极讲好中国故事、传播中国声音。希望你们不断开拓创新，加强国际传播能力建设，打造具有强大引领力、传播力、影响力的国际一流新型主流媒体，为实现中华民族伟大复兴的中国梦、推进人类命运共同体作出新的更大的贡献。

2021年12月14日，习近平在中国文联十一大、中国作协十大开幕式上的讲话中指出，中国文联、中国作协要发挥文联、作协系统的组织优势，创新工作体系，做好对新的文艺组织和新的文艺群体的教育引导工作，向基层文艺工作者倾斜，用事业激励人才，让人才成就事业，广泛组织动员各领域各层次各方面文艺工作者投身党的文艺事业。

3. 强化内部建设

2021年1月18日至20日，习近平在北京、河北考察，并主持召开北京2022年冬奥会和冬残奥会筹办工作汇报会上的讲话中指出，推动京津冀协同发展，努力在交通、环境、产业、公共服务等领域取得更多成果。要积极谋划冬奥场馆赛后利用，将举办重大赛事同服务全民健身结合起来，加快建设京张体育文化旅游带。

2021年3月5日，习近平在参加十三届全国人大四次会议内蒙古代表团审议时的讲话中指出，内蒙古地广人稀，农牧民生活居住比较分散，生态环境脆弱，在巩固拓展脱贫攻坚成果、推进乡村振兴上难度大、挑战多，要坚决守住防止规模性返贫的底线。要发展优势特色产业，发展适度规模经营，促进农牧业产业化、品牌化，并同发展文化旅游、乡村旅游结合起来，增加农牧民收入。

2021年4月25日至27日，习近平在广西考察时的讲话中指出，桂林是一座山水甲天下的旅游名城。这是大自然赐予中华民族的一块宝地，一定要呵护好。要坚持以人民为中心，以文塑旅、以旅彰文，提升格调品位，努力创造宜业、宜居、宜乐、宜游的良好环境，打造世界级旅游城市。

2021年7月21日至23日，习近平在西藏考察时的讲话中指出，推动西藏高质量发展，要坚持所有发展都要赋予民族团结进步的意义，都要赋予改善民生、凝聚人心的意义，都要有利于提升各民族群众获得感、幸福感、安全感。要扬长避短，因地制宜，深化改革开放，加快铁路、公路及其他重大基础设施建设，发展特色产业，加快建设国家清洁能源基地，统筹发展和安全，走出一条符合西藏实际的高质量发展之路。

2021 年 8 月 27 日至 28 日，习近平在中央民族会议上的讲话中指出，民族地区要立足资源禀赋、发展条件、比较优势等实际，找准把握新发展阶段、贯彻新发展理念、融入新发展格局、实现高质量发展、促进共同富裕的切入点和发力点。要加大对民族地区基础设施建设、产业结构调整支持力度，优化经济社会发展和生态文明建设总体布局，不断增强各族群众获得感、幸福感、安全感。要支持民族地区实现巩固脱贫攻坚成果同乡村振兴有效衔接，促进农牧业高质高效、乡村宜居宜业、农牧民富裕富足。要完善沿边开发开放政策体系，深入推进固边兴边富民行动。

4. 弘扬时代精神

2021 年 2 月 3 日至 5 日，习近平在贵州看望慰问各族干部群众时的讲话中指出，要结合即将开展的党史学习教育，从长征精神和遵义会议精神中深刻感悟共产党人的初心和使命，落实新时代党的建设总要求，实事求是、坚持真理，科学应变、主动求变，咬定目标、勇往直前，走好新时代的长征路。要深入学习党的创新理论，加强党史学习教育，同时学习新中国史、改革开放史、社会主义发展史，不断提高政治判断力、政治领悟力、政治执行力。

2021 年 2 月 20 日，习近平在党史学习教育动员大会上的讲话中强调，在一百年的非凡奋斗历程中，一代又一代中国共产党人顽强拼搏、不懈奋斗，涌现了一大批视死如归的革命烈士、一大批顽强奋斗的英雄人物、一大批忘我奉献的先进模范，形成了井冈山精神、长征精神、遵义会议精神、延安精神、西柏坡精神、红岩精神、抗美援朝精神、“两弹一星”精神、特区精神、抗洪精神、抗震救灾精神、抗疫精神等伟大精神，构筑了中国共产党人的精神谱系。我们党之所以历经百年而风华正茂、饱经磨难而生生不息，就是凭着那么一股革命加拼命的强大精神。这些宝贵精神财富跨越时空、历久弥新，集中体现了党的坚定信念、根本宗旨、优良作风，凝聚着中国共产党人艰苦奋斗、牺牲奉献、开拓进取的伟大品格，深深融入我们党、国家、民族、人民的血脉之中，为我们立党兴党强党提供了丰厚滋养。

2021 年 12 月 14 日，习近平在中国文联十一大、中国作协十大开幕式上的讲话中指出，广大文艺工作者要树立大历史观、大时代观，眼纳千江水、胸起百万兵，把握历史进程和时代大势，反映中华民族的千年巨变，揭示百年中国的人间正道，弘扬以爱国主义为核心的民族精神和以改革创新为核心的时代精神，弘扬伟大建党精神，唱响昂扬的时代主旋律。

第二节　关于进一步激发文化和旅游消费潜力的意见

一、制定背景

为贯彻落实《中共中央　国务院关于完善促进消费体制机制进一步激发居民消费潜力的若干意见》，提升文化和旅游消费质量水平，增强居民消费意愿，以高质量文化和旅游供给增强人民群众的获得感、幸福感，《国务院办公厅关于进一步激发文化和旅游消费潜力的意见》（国办发〔2019〕41 号）于 2019 年 8 月 23 日印发。

二、主要内容

1. 总体目标

以习近平新时代中国特色社会主义思想为指导，顺应文化和旅游消费提质转型升级新趋势，深化文化和旅游领域供给侧结构性改革，从供需两端发力，不断激发文化和旅游消费潜力。努力使我国文化和旅游消费设施更加完善，消费结构更加合理，消费环境更加优化，文化和旅游产品、服务供给更加丰富。推动全国居民文化和旅游消费规模保持快速增长态势，对经济增长的带动作用持续增强。

2. 主要任务

（1）推出消费惠民措施。①继续推动国有景区门票降价。各地可结合实际情况，制定实施景区门票减免、景区淡季免费开放、演出门票打折等政策，举办文化和旅游消费季、消费月，举办数字文旅消费体验等活动。②在依法合规的前提下鼓励发行文化和旅游消费联名银行卡并给予特惠商户折扣、消费分期等用户权益。③拓展文化和旅游消费信贷业务，以规范发展为前提创新消费信贷抵质押模式，开发不同首付比例、期限和还款方式的信贷产品。

（2）提高消费便捷程度。①推动实施移动支付便民示范工程，提高文化和旅游消费场所银行卡使用便捷度，推广移动互联网新兴支付方式。②鼓励把文化消费嵌入各类消费场所，依托社区生活综合服务中心、城乡便民消费服务中心等打造群众身边的文化消费网点。③鼓励依法依规对传统演出场所和博物馆进行设施改造提升，合理配套餐饮区、观众休息区、文创产品展示售卖区、书店等，营造更优质的消费环境。④引导演出、文化娱乐、景区景点等场所广泛应用互联网售票、二维码验票。⑤提升文化和旅游消费场所宽带移动通信网络覆盖水平，在具备条件且用户需求较强的地方，优先部署第五代移动通信（5G）网络。⑥优化旅游交通服务，科学规划线路、站点设置，提供智能化出行信息服务。到 2022 年，实现全国文化和旅游消费场所除现金支付外，都能支持银行卡或移动支付，互联网售票和 4G/5G 网络覆盖率超过 90%，文化和旅游消费便捷程度明显提高。

（3）提升入境旅游环境。①整合已有资源，提升入境旅游统一宣介平台（含 APP、小程序等移动端）水平。②鼓励各地开发一批适应外国游客需求的旅游线路、目的地、旅游演艺及特色商品并在宣介平台上推荐。③提升景区景点、餐饮住宿、购物娱乐、机场车站等场所多语种服务水平。④鼓励银行业金融机构依法依规在文化和旅游消费集中区域设立分支机构。⑤完善入境游客移动支付解决方案，提高游客消费便利性。⑥研究出台以北京 2022 年冬奥会、冬残奥会为契机促进入境旅游的政策措施。确保入境旅游环境得到明显改善，入境消费规模保持持续扩大态势。

（4）推进消费试点示范。①总结推广引导城乡居民扩大文化消费试点工作的经验模式，新确定一批国家文化和旅游消费试点城市（以下简称“试点城市”）。在试点城市基础上，择优确定国家文化和旅游消费示范城市（以下简称“示范城市”）并动态考核。推动试点城市、示范城市建设国际消费中心城市。②鼓励建设集合文创商店、特色书店、小剧场、文化娱乐场所等多种业态的消费集聚地。到 2022 年，建设 30 个示范城市、100 个试点城市，示范城市居民人均文化娱乐支出占消费支出比例超过 6%，旅游收入增速保持两位数以上增长，进一步发挥示范引领作用。

（5）着力丰富产品供给。①鼓励打造中小型、主题性、特色类的文化旅游演艺产品。②促进演艺、娱乐、动漫、创意设计、网络文化、工艺美术等行业创新发展，引导文化和旅游场所增加参与式、体验式消费项目，鼓励发展与自驾游、休闲度假相适应的租赁式公寓、汽车租赁等服务。③积极拓展文化消费广度和深度，注重利用新技术发掘中华文化宝贵资源，为广大人民群众提供更加丰富多样的广播电视消费产品。④规范旅游民宿市场，推动星级旅游民宿品牌化发展。⑤提升国家级文化产业示范园区和国家文化产业示范基地的供给能力。⑥鼓励文创产品开发与经营，拓宽文创产品展示和销售渠道。⑦积极发展休闲农业，大力发展乡村旅游，实施休闲农业和乡村旅游精品工程，培育一批美丽休闲乡村，推出一批休闲农业示范县和乡村旅游重点村。⑧推进国家全域旅游示范区建设，着力开发商务会展旅游、海洋海岛旅游、自驾车旅居车旅游、体育旅游、森林旅游、康养旅游等产品。⑨支持红色旅游创新、融合发展。打造一批具有文旅特色的高品位休闲街区和度假产品。到 2022 年，培育 30 个以上旅游演艺精品项目，扩大文化和旅游有效供给。

（6）推动旅游景区提质扩容。①支持各地加大对旅游景区的公共服务设施资金投入，保障景区游览安全，推动景区设施设备更新换代、产品创新和项目升级，加大对管理服务人员的培训力度。②打造一批高品质旅游景区、重点线路和特色旅游目的地，为人民群众提供更多出游选择。③合理调整景区布局，优化游览线路和方式，扩展游览空间。④推进“互联网 + 旅游”，强化智慧景区建设，实现实时监测、科学引导、智慧服务。⑤推广景区门票预约制度，合理确定并严格执行最高日接待游客人数规模。到 2022 年，5A 级国有景区全面实行门票预约制度。

（7）发展假日和夜间经济。①落实带薪休假制度，鼓励单位与职工结合工作安排和个人需要分段灵活安排带薪年休假、错峰休假。②把握节假日及高峰期旅游消费集中的规律特征，优化景区与周边高速公路的衔接，督促各地在节假日期间加强高速公路和景区道路交通管理、增加公共交通运力、及时发布景区拥堵预警信息。③大力发展夜间文旅经济。鼓励有条件的旅游景区在保证安全、避免扰民的情况下开展夜间游览服务。丰富夜间文化演出市场，优化文化和旅游场所的夜间餐饮、购物、演艺等服务，鼓励建设 24 小时书店。到2022年，建设200个以上国家级夜间文旅消费集聚区，夜间文旅消费规模持续扩大。

（8）促进产业融合发展。①支持邮轮游艇旅游、非物质文化遗产主题旅游等业态发展。②促进文化、旅游与现代技术相互融合，发展基于5G、超高清、增强现实、虚拟现实、人工智能等技术的新一代沉浸式体验型文化和旅游消费内容。③丰富网络音乐、网络动漫、网络表演、数字艺术展示等数字内容及可穿戴设备、智能家居等产品，提升文化、旅游产品开发和服务设计的数字化水平。④发挥展会拉动文化和旅游消费的作用，支持文化企业和旅游企业通过展会进行产品展示、信息推广。⑤引导文化企业和旅游企业创新商业模式和营销方式。到2022年，建设30个国家文化产业和旅游产业融合发展示范区，产业融合水平进一步提升，新型文化和旅游消费业态不断丰富。

（9）严格市场监管执法。①加大文化和旅游市场监管力度，严厉打击违法违规经营行为，加强对文化和旅游市场的安全管理，强化对文化娱乐和旅游设施的质量安全监管。②进一步完善市场主体和从业人员信用记录并逐步纳入全国信用信息共享平台和国家企业信用信息公示系统，对列入文化市场黑名单和旅游市场黑名单的市场主体和从业人员实施联合惩戒。到2022年，文化和旅游市场秩序得到进一步规范，产品和服务质量进一步提高，消费者权益得到更好保护。

3. 保障措施

（1）强化政策保障。①用好各类资金支持各地文化和旅游基础设施建设，并重点对试点城市、示范城市予以支持。②充分发挥财政资金引导作用，鼓励地方开展文化和旅游消费试点示范，增加优质消费供给。③支持有条件的地区发展支线航空、通用航空服务。④鼓励各地利用老旧厂房开设文化和旅游消费场所，落实土地支持政策，完善用水用电用气等方面的优惠政策。⑤探索开展旅游景区经营权、门票收入权质押以及旅游企业建设用地使用权抵押、林权抵押等贷款业务。⑥促进交通一卡通互联互通。⑦引导保险业金融机构根据文化和旅游行业特点开发种类丰富的保险产品。

（2）加强组织领导。①发挥完善促进消费体制机制部际联席会议作用，加强对促进文化和旅游消费工作的统筹协调和督促落实。②文化和旅游部负责对本意见落实情况进行跟踪分析评估，指导各地建立文化和旅游消费数据监测体系，加强大数据技术应用，整合共享数据资源，加强趋势分析研判，为促进文化和旅游消费提供决策依据。③各地要根据本意见的要求，将促进文化和旅游消费作为重要工作任务，结合本地区实际，开展文化和旅游消费数据监测分析，不断完善促进文化和旅游消费政策。

第三节　关于以标准化促进餐饮节约反对餐饮浪费的意见

一、制定背景

为认真贯彻落实习近平总书记关于坚决制止餐饮浪费行为的重要指示精神，发挥标准的引领和规范作用，支撑餐饮供应链绿色化、集约化发展，市场监管总局、商务部和文化和旅游部三部门于 2021 年 1 月 25 日联合印发《关于以标准化促进餐饮节约反对餐饮浪费的意见》（国市监标技发〔2021〕7 号，以下简称《意见》）。《意见》以标准体系建设、重要标准研制与实施、标准化试点、标准实施监督、标准化宣传为主线，重点聚焦餐饮企业、网络配餐、旅游餐饮三大场景，提出标准化促进餐饮节约的八项具体举措，推动餐饮企业、旅游景区等单位建立和实施餐饮节约标准。

二、主要内容

1. 建立健全节约型餐饮标准体系

加快建立覆盖餐饮食材采购、仓储、加工、运输配送、经营服务、餐厨回收等全产业链的节约型餐饮标准体系，重点补齐餐饮供应链和产业链重要基础国家标准。推动商贸、旅游行业主管部门完善本领域餐饮管理和服务行业标准。支持各地结合实际出台促进餐饮节约相关地方标准。鼓励相关社会团体、企业提出创新性举措，制定和实施要求更严、水平更高的团体标准、企业标准。

2. 制定发布餐饮节约相关国家标准

支持促进餐饮节约相关国家标准快速立项。加快修订《餐饮企业质量管理规范》《旅游度假区等级划分》《旅游景区质量等级的划分与评定》等国家标准，在标准中增加反对餐饮浪费相关技术要求。组织制定餐饮供应链管理、外卖餐品信息描述、绿色餐饮经营管理、旅游餐馆设施服务等级划分、网络配餐等一批国家标准，支撑打造集约高效的餐饮供应链，最大程度减少餐饮浪费。

3. 全面提升餐饮企业标准化规范化水平

鼓励餐饮企业在实施相关国家标准、行业标准的基础上，建立健全覆盖食材采购、烹饪制作、餐饮服务、人员管理的企业标准体系，将节约理念贯穿餐饮企业运营、管理和服务的方方面面。健全绿色餐饮标准体系，开展绿色餐饮创建活动，鼓励各类主体参与绿色餐饮评价和监督工作。

4. 积极推动网络餐饮节约标准创新发展

研制外卖餐饮绿色加工和配送标准，推广实施绿色可降解餐饮具标准。鼓励网络餐饮数字化、标准化建设，通过大数据等手段精准分析不同人群的口味和消费习惯，推动餐品信息标准化，方便消费者科学点餐。

5. 大力开展旅游餐饮节约标准推广活动

制定修订旅游行业相关标准，在标准中增加餐饮节约有关内容，优化团餐设计，倡导光盘行动，在全行业宣传“适量点餐”“小份菜碟”等文明消费理念。

6. 支持创建餐饮节约标准化试点

支持餐饮企业及上下游产业相关单位开展标准化试点，将促进餐饮节约作为试点创建的重要内容。及时总结各地标准化试点创建经验，培育打造一批餐饮节约标准化典型案例，支持餐饮节约标准化先进经验在全国复制推广。

7. 不断完善餐饮节约标准实施监督体系

畅通标准实施信息反馈渠道，鼓励餐饮企业、旅游景区等通过标准信息公共服务平台向社会公开所实施的餐饮节约标准，接受社会监督。推动相关行业协会、科研机构、电商平台依据标准开展第三方评价，推介节约型餐饮服务组织。

8. 持续营造餐饮节约标准化社会氛围

鼓励各地市场监管、商务、文化和旅游部门通过标准解读、标准培训、现场交流会等多种方式，加大餐饮节约标准化宣传力度，推动当地餐饮企业、旅游景区等有效实施餐饮节约标准，在全社会营造厉行勤俭节约、反对餐饮浪费的浓厚氛围。

第四节　关于旅游服务质量提升的相关意见

一、关于实施旅游服务质量提升计划的指导意见

1. 制定背景

良好的旅游市场秩序是企业依法诚信经营和公民文明素养的集中反映，也是社会综合治理水平的集中体现。我国旅游业经过几十年的快速发展，正在进入提高管理服务水平、提升旅游品质的大众旅游新阶段，但是旅游市场中存在的虚假宣传、强迫消费、安全卫生等问题在有些地区依然较为突出。为进一步提高旅游管理服务水平，提升旅游品质，推动旅游业高质量发展，根据《中共中央　国务院关于开展质量提升行动的指导意见》（中发〔2017〕24 号），《文化和旅游部关于实施旅游服务质量提升计划的指导意见》（文旅市场发〔2019〕12 号）于 2019 年 1 月 6 日印发。

2. 主要内容

（1）总体要求

①指导思想。以习近平新时代中国特色社会主义思想为指导，按照“创新、协调、绿色、开放、共享”的发展理念，着力解决影响广大游客旅游体验的重点问题和主要矛盾，推动旅游业高质量发展。

②基本原则。坚持政府、市场主体、行业组织、个人四个层面协同推进；坚持加强和改进市场监管，完善旅游管理政策，支持、引导和规范市场主体健康发展；坚持落实市场主体责任，增强内生动力，提高旅游服务提供者提升旅游服务质量的自觉性；坚持发挥行业组织的协调作用和行业标准的引领作用，强化行业自律，提升旅游管理和服务水准；坚持提升从业人员专业素养和业务能力，调动广大从业人员提升旅游服务质量的积极性和主动性。

③发展目标。到 2020 年，促进旅游服务质量提升的政策合力进一步增强，市场秩序进一步规范，旅游的舒适度进一步提升，旅游市场环境和消费环境进一步改善，旅游服务成为中国服务的重要代表，为质量强国建设做出积极贡献。

（2）主要任务

通过提升旅游区点、旅行社的服务水平，规范和优化旅游住宿、在线旅游经营服务，提高导游和领队业务能力，建立完善旅游信用体系，不断增强旅游市场秩序治理能力，提升旅游服务质量，推动旅游业高质量发展。

①提升旅游区点服务水平。旅游区点是主要的旅游场所，是激发游客出游需求的重要因素，因此持续提升旅游区点软硬件水平，对提高旅游服务质量具有重要意义。

政府行动。完善、细化、落实A级旅游景区复核和退出机制，坚决清退不符合标准的A级旅游景区；全面落实景区流量控制制度，加快推广景区门票网上预约制度，依法落实旅游景区最大承载量核定要求，及时发布客流预警信息，引导游客合理安排出行，避免滞留拥堵；严格实施旅游度假区和生态旅游示范区标准，加大复核工作力度；持续抓好全国红色旅游经典景区建设。

市场主体和行业组织行动。A级旅游景区要完善旅游引导标志，标志应布局合理、科学设置、制作精良。5A级旅游景区应采用至少有中英文的导览标志，中英文对照说明要准确、科学，不能有错字、错译和语病。A级旅游景区应提升游客消费便利化程度，景区消费不得拒收现金，5A级旅游景区可协调增设外币兑换点。A级旅游景区和具备条件的行业组织应针对景区管理人员、一线服务人员开展管理实务、日常业务、应急处置等培训，提升服务专业性。

②优化旅游住宿服务。旅游住宿业是旅游业的重要支柱，也是提高旅游服务质量的关键领域。旅游住宿业在卫生方面的问题频发，引发社会广泛关注。因此，要全面落实标准化、规范化服务，发展和改善个性化、特色化服务，持续提高服务水平。

政府行动。加快修订星级饭店国家标准，强化星级饭店评定复核工作，建立动态监管机制。联合相关部门对卫生、食品安全、消防安全等重点环节开展抽查，对不达标的星级饭店坚决取消星级；以星级饭店为基础，开展旅游住宿业监管试点工作，研究制定管理办法，探索有效监管方式；加强对旅游住宿新业态的引导和管理。加强旅游住宿新业态标准的制定和推广，完善乡村旅游服务标准，推动民宿行业标准全面实施，出台《旅游民宿设施与服务规范》国家标准，推动乡村民宿服务质量提档升级。引导和规范城市民宿有序发展。出台支持政策，加快培育一批特色鲜明的文化主题旅游饭店、精品旅游饭店。进一步提高汽车露营地、汽车旅馆等住宿新业态的服务水平。举办旅游住宿业服务技能竞赛活动。

市场主体和行业组织行动。星级饭店应提升游客消费便利化程度，不得拒收现金。高星级饭店可协调增设外币兑换点，能为境外游客提供手机卡入网、购买火车票、租车等方面的便利服务；星级饭店要优化对一线服务人员的奖惩措施，进一步增强服务人员的职业责任感；民宿业主和从业人员要主动学习相关标准和规范，提升服务技能和管理能力；相关行业协会要切实增强凝聚行业共识和加强行业自律的能力，充分发挥在提升旅游住宿业服务质量方面的重要作用。

③提升旅行社服务水平。旅行社是整合旅游要素的龙头企业，也是服务质量问题比较集中的领域。要针对旅行社服务不规范、不透明、不诚信等重点问题，不断提高服务水平。

政府行动。完善旅行社退出机制，依法依规清理一批不缴纳旅行社质量保证金、长期未经营业务和违法违规的旅行社；全面开展旅行社等级评定及复核行动，进一步提高旅行社管理水平和综合竞争力；规范旅行社经营活动，推动服务信息透明化，防范旅行社领域系统性经营风险；探索建立优质旅游服务承诺标志和管理制度，建立完善优质旅游服务品牌培育、评价和推广机制。积极参与“中国品牌日”活动。

市场主体和行业组织行动。旅行社要完善内部管理、人员培训制度，不断规范服务流程，对照《旅行社等级的划分与评定》标准，全面提高服务水平；各级旅行社协会要加强旅行社行业自律，通过开展旅游线路创意设计大赛、旅行社服务技能大赛等方式，推动旅行社增强新产品研发能力，提升旅游综合服务技能。

④规范在线旅游经营服务。在线旅游经营服务是互联网时代新型的旅游经营和服务方式，也是服务质量提升的关键领域，要切实解决在线旅游经营服务出现的新问题，推动在线旅游行业健康可持续发展。

政府行动。制定在线旅游经营服务管理相关规定，规范在线旅游企业经营服务行为；建立符合在线旅游经营服务规律的市场检查制度，依法依规实施监督检查；会同市场监管、公安、网信、电信主管等部门开展市场监督检查和联合执法，打击违法违规经营行为；引导和支持在线旅游企业成立行业组织，发挥其沟通、协调、监督和研究等作用，加强行业自律、倡导诚信经营，提升服务质量。

市场主体和行业组织行动。在线旅游企业应不断完善风险提示、信息披露、资质审核、应急管理等制度，提供良好的在线旅游消费环境；在线旅游企业应全面排查境内外自助游产品，发现不合格自助游产品立即下架，对涉及高风险的攀岩、冲浪、浮潜等自助游项目，在宣传销售等环节加强安全风险提示；在线旅游企业和行业组织可制定相关服务标准，充分发挥游客网络评价的监督作用，不断提升服务质量。

⑤提高导游和领队业务能力。导游和领队是旅游服务和形象的重要窗口，是传承和弘扬中华优秀文化和社会主义核心价值观的重要力量，是提升旅游服务质量的关键因素。要下大力气解决导游和领队服务意识不强、专业技能不高、职业素养不足、执业保障不够等问题，不断提高其服务能力。

政府行动。完善导游人员资格考试和等级考核制度，提升中高级导游员在导游队伍中的比重，增强导游的职业自尊和荣誉感。实施导游和领队专业素养研培计划。加强国情和执业地区省情、市情、乡情以及旅游区点的历史、人文、地理、气候等应知应会的通识类知识储备，不断提升导游和领队文化底蕴、理解能力、表达能力和外语能力，增强主动传承和弘扬社会主义核心价值观的意识。开展应急培训和演练，增强应急处置、沟通协调和风险防控能力。建立完善校企合作培训机制，充分发挥高校、旅游职业院校、研究机构等师资和设施等优势，建立并巩固一批研培基地，提升研培质量。用5年左右的时间，实现对全国持证导游轮训一遍的目标，有条件的地方可由导游行业组织来承担导游培训任务。加快推进导游体制机制改革工作。探索建立体现导游专业技能、职业素养、执业贡献、从业年限等综合因素的职业评价制度，促进导游薪酬和社会保险制度落实，依法保障导游合法劳动权益。举办导游大赛，培育一批职业素养好、服务技能强的先进典型。

市场主体和行业组织行动。市场主体和导游行业组织应加强对专职和兼职导游人员的管理，完善导游和领队的培训和管理制度，有条件的企业可制定领队执业相关标准。旅游区点可探索聘请专业技术人员特别是退休专家、教师等从事专业讲解工作。导游等行业组织要维护导游和领队的合法权益，加强对先进人物和典型事迹的宣传推广，表彰一批优秀人员，提升职业荣誉感。

⑥增强旅游市场秩序治理能力。平稳有序的旅游市场秩序是现代治理能力的重要体现，是旅游服务质量提升的重要指标。要不断增强发现旅游市场秩序薄弱环节、解决当前突出矛盾和长期积累矛盾的能力，提升治理水平，推动旅游市场秩序持续向好。

政府行动。提升发现问题的能力。加强旅游市场秩序舆情监测，及时发现问题、妥善处置、总结经验，并据此完善相关政策和制度。全面梳理本地区旅游市场秩序问题的特点和规律，对具有本地个性特点的问题，出台有针对性的整治措施。对本地旅游市场秩序问题要有研判和预防措施。按照“谁审批、谁监管，谁主管、谁监管”的原则，强化旅游市场综合监管，对具有共性的“黑社”“黑导”“黑车”和“黑店”等违法违规行为，联合市场监管、公安等部门，加大打击力度。保持对“不合理低价游”、强迫或者变相强迫消费、虚假宣传等高频违法行为的高压态势。畅通旅游投诉渠道，制定旅游市场“诉转案”工作规范，推进“诉转案”、行政执法与刑事司法相衔接工作，加强有效衔接，实现高效处理。及时公布违法违规典型案例，强化震慑；加强执法队伍建设，强化法制宣传教育，完善执法培训体系，提高执法办案量，提升执法程序规范化水平，不断增强执法人员的执法办案能力。创新监管方式，提高监管能力。全面推广使用全国旅游监管服务平台，运用大数据实现精准监管和分类监管。支持和鼓励重点旅游地区先行先试，创新现代旅游治理机制。

市场主体和行业组织行动。市场主体须自觉遵守《中华人民共和国旅游法》等相关法律法规，增强依法规范经营意识，注重培育和提升企业形象；旅游协会等行业组织应创新活动形式，通过活动、培训、研讨会、行业评奖等多种形式，大力倡导依法规范经营。

⑦建立完善旅游信用体系。信用是市场的基石，信用制度是旅游服务质量提升的重要保障。要适应旅游市场监管的新形势新需要，以建立“黑名单”和“重点关注名单”制度为突破口，加快建立以信用监管为核心的新型旅游监管制度，不断完善旅游信用体系。

政府行动。建立“黑名单”制度。出台旅游市场黑名单管理办法，将具有严重违法失信行为的旅游市场主体和从业人员、人民法院认定的失信被执行人列入全国或地方旅游市场黑名单，实施惩戒。建立“重点关注名单”制度。出台旅游市场重点关注名单管理办法，将具有违法失信行为的旅游市场主体、从业人员列入重点关注名单，实施惩戒。支持和鼓励社会力量积极参与旅游行业信用建设，推进征信、评信与用信。

市场主体和行业组织行动。旅游市场主体和从业人员应将诚信作为服务的基本理念和自觉行为，不断提升企业诚信口碑；行业组织应完善行规行约，组织开展行业诚信建设、质量评议等活动，促进行业规范诚信经营。

（3）保障措施

①加强组织领导。地方各级文化和旅游行政部门要充分认识旅游服务质量提升工作的重要意义，将旅游服务质量提升工作纳入地方各级政府质量提升工作总体部署，建立旅游服务质量提升的领导机制和协调机制，加强与市场监管、公安、网信、电信主管等部门的合作，明确职责分工；要结合本地实际情况，研究制订具体落实方案，可适当扩展相关内容，突出创新和地方特色；要将任务分解和统筹协调结合起来，分阶段、分步骤组织实施，确保旅游服务质量提升工作取得实效。

②加强标准建设。要以标准实施促进质量提升，重点加强旅游新业态和产业融合类旅游服务标准的制定修订工作，对照国际先进标准，修订和完善国内旅游服务标准；加大旅游服务标准的宣传贯彻和培训力度，尤其要对游客宣传旅游标准，使游客了解优质旅游服务应达到的相应水平，增强监督能力，倒逼旅游经营者提升服务质量；要开展旅游标准化试点工作，创新旅游服务标准化管理体制，形成政府、市场主体和行业组织协调配合、共同推进的工作格局。

③加强政策保障。要围绕旅游服务质量发展目标，加大对旅游服务质量提升的政策扶持力度，要推动政府部门向社会购买优质旅游服务；要将旅游服务质量教育纳入旅游教育培训体系，引导建立高等院校、科研院所、行业协会和旅游企业共同参与的旅游服务质量教育网络；各地可结合实际，对在旅游服务质量提升方面取得突出成绩的单位和个人给予奖励。

④加强效果评估。要加强对旅游服务质量提升计划落实情况的跟踪评估，逐步建立和完善旅游服务质量评价体系，并于 2019 年 11 月底前和 2020

年 11 月底前向文化和旅游部报送本地旅游服务质量提升计划落实情况，提出意见建议。文化和旅游部将对各地落实情况开展第三方评估。

二、关于深化“互联网 + 旅游”推动旅游业高质量发展的意见

1. 制定背景

以互联网为代表的现代信息技术持续更新迭代，为旅游业高质量发展提供了强大动力。为坚定不移建设网络强国、数字中国，持续深化“互联网 + 旅游”，推动旅游业高质量发展，更好发挥旅游业在促进经济社会发展、满足人民美好生活需要等方面的重要作用，经国务院同意，文化和旅游部、国家发展改革委、教育部、工业和信息化部、公安部、财政部、交通运输部、农业农村部、商务部、市场监管总局十部门于 2020 年 11 月 30 日联合印发《关于深化“互联网 + 旅游”推动旅游业高质量发展的意见》（文旅资源发〔2020〕81 号）。

2. 总体要求

（1）指导思想。以习近平新时代中国特色社会主义思想为指导，坚持新发展理念，以“互联网 +”为手段，推动旅游生产方式、服务方式、管理模式创新，丰富旅游产品业态，拓展旅游消费空间，培育适应大众旅游消费新特征的核心竞争力，推动旅游业高质量发展。

（2）基本原则。①坚持正确导向。倡导文明旅游风尚，提供更高水平、更加丰富的旅游产品。②坚持市场主导。充分发挥市场在资源配置中的决定性作用，更好发挥政府作用，加强顶层设计，优化“互联网 + 旅游”营商环境。③坚持技术赋能。深入推进旅游领域数字化、网络化、智能化转型升级，培育发展新业态新模式。④坚持开放共享。将互联网作为旅游要素共享的重要平台，优化资源配置，加快形成以开放、共享为特征的旅游业发展新模式。⑤坚持安全有序。依法依规加强对互联网旅游服务平台的监管，筑牢互联网和旅游业融合发展的安全防线。

（3）发展目标。到 2022 年，“互联网 + 旅游”发展机制更加健全，旅游景区互联网应用水平大幅提高，线上线下旅游产品和服务更加丰富，个性化、多样化水平显著提升。到 2025 年，“互联网 + 旅游”融合更加深化，以互联网为代表的信息技术成为旅游业发展的重要动力。国家 4A 级及以上旅

游景区、省级及以上旅游度假区基本实现智慧化转型升级。依托网络平台的定制化旅游产品和服务更加普及。

3. 重点任务

（1）加快建设智慧旅游景区。制定出台智慧旅游景区建设指南和相关要求，明确在线预约预订、分时段预约游览、流量监测监控、科学引导分流、非接触式服务、智能导游导览等建设规范，落实“限量、预约、错峰”要求。国有旅游景区应于2021年年底前全部提供在线预约预订服务。引导旅游景区开发数字化体验产品并普及景区电子地图、线路推荐、语音导览等智慧化服务。建设一批世界级旅游景区和度假区，树立智慧旅游景区样板。推进乡村旅游资源和产品数字化建设，打造一批全国智慧旅游示范村镇。支持旅游景区运用数字技术充分展示特色文化内涵，积极打造数字博物馆、数字展览馆等，提升旅游体验。

（2）完善旅游信息基础设施。加快提升国家全域旅游示范区、国家5A级旅游景区、国家级旅游度假区等各类旅游重点区域5G网络覆盖水平。推动停车场、旅游集散与咨询中心、游客服务中心、旅游专用道路及景区内部引导标识系统等数字化与智能化改造升级。推进物联网感知设施建设，加强对旅游资源、设施设备和相关人力资源的实时监测与管理，推动无人化、非接触式基础设施普及与应用。进一步规范各地区旅游大数据中心建设，建立省域统一的数据标准并逐步推广至全国，实现涉旅数据整合和共享，发挥数据综合服务和应用效能。

（3）创新旅游公共服务模式。厘清政府公共服务与市场旅游信息服务边界，鼓励各地区采取政府与市场相结合的旅游公共服务平台运营模式，提升平台服务效能，实现可持续运营与发展。各地区要进一步拓宽旅游公共服务信息采集渠道，有效整合文化和旅游、公安、交通、气象等部门的相关数据信息，综合运用大数据、云计算等技术，在平台上及时发布旅游景区实时游客量、道路出行、气象预警等信息，引导旅游资源优化配置。依法依规推动政府与企业间相关数据资源共享。推进旅游厕所数字化建设，实现信息查询、路线导航、意见反馈等功能。完善入境游客移动支付方案，为其旅游消费提供便利。在为老年人等特殊群体保留线下服务的基础上，支持旅游公共服务平台开发专门应用程序和界面，优化使用体验。

（4）加大线上旅游营销力度。统筹线上线下，强化品牌引领，实施国家旅游宣传推广精品建设工程。通过互联网有效整合线下资源，总结推广全域旅游发展经验模式，推动建设一批世界级旅游城市。开展长城、大运河、长征、黄河等国家文化公园，以及丝绸之路等重要主题旅游线上推广行动，打造一批世界级旅游线路。鼓励旅游景区、旅游饭店、博物馆等与互联网服务平台合作建设网上旗舰店，实现门票在线预订、旅游信息展示、会员管理、优惠券团购、文化和旅游创意产品销售等方面功能。鼓励电商平台拓展“旅游 + 地理标志产品 + 互联网 + 现代物流”功能，扩大线上销售规模。鼓励采用网络直播、网站专题专栏、小程序等线上营销方式，推介全国乡村旅游重点村镇、中国美丽休闲乡村和乡村休闲旅游精品景点线路。结合旅游扶贫，通过人员培训或技术帮扶等多种方式，推动更多贫困地区旅游业商户“触网”，利用网络直播平台开展营销。支持各地区建立旅游营销科学评价机制，提升旅游营销成效。

（5）加强旅游监管服务。通过大数据采集分析加强旅游安全监测，提升旅游领域突发事件预警和应急处置能力。推动北斗系统等导航定位、可穿戴设备、电子围栏、遥感卫星等技术和设备在自助旅游、特种旅游中的运用。完善全国旅游监管服务平台，健全中央—地方旅游监管服务平台体系，形成旅游市场信息化、智能化监管服务格局。鼓励各地区建设基于大数据的旅游市场经济运行监测体系，实时监测区域旅游消费趋势，建立数据导向的政策调整机制。

（6）提升旅游治理能力。推广旅游电子合同使用，推进旅游电子合同标准制定。推动各地区建立健全线上旅游投诉和处理机制，提高游客投诉快速处理能力，打击欺客宰客行为。用好文化、旅游市场严重失信名单管理制度，对列入严重失信名单的市场主体和从业人员，依法依规实施联合惩戒，构建放心消费环境。创新旅游统计应用，提高旅游统计的时效性、科学性和精准性。

（7）扶持旅游创新创业。鼓励以产品和内容为载体开展业态融合创新，支持建设一批旅游营销创新基地，孵化一批具有较高传播力和影响力的旅游品牌。引导云旅游、云演艺、云娱乐、云直播、云展览等新业态发展，培育“网络体验 + 消费”新模式。引导旅游企业、大中专院校、科研机构建立产学研合作机制，积极开展科技创新支撑下的应用研发，通过举办各级各类创新创意大赛等方式，提高创新成果转化率，推广一批优秀应用案例和行业解决方案。开展数字文旅商结合促进行动，促进旅游业线上线下深度融合。在确保房屋安全的前提下，推动“互联网＋旅游民宿”规范发展，研究出台相关政策，推广一批应用示范。

（8）保障旅游数据安全。按照数据安全和个人信息保护相关法律法规要求，落实旅游数据安全管理责任，保障旅游数据收集、传输、存储、共享、使用、销毁等全生命周期安全，防止数据丢失、毁损、泄露和篡改。定期开展安全风险和隐患排查，增强应急处置能力。对存在重大旅游数据信息安全风险隐患的地区，采取通报、约谈等方式推动严肃整改。

4. 保障措施

（1）完善政策环境。各地区、各部门要结合新技术、新业态、新模式在旅游领域的应用试点和示范，积极推进体制机制改革，探索有利于创新成果转化的政策环境。加强“互联网＋旅游”领域内容创作、产品研发、模式创新等知识产权保护，健全线上线下维权机制，增强企业创新动力和活力。建立健全智慧旅游标准规范体系，引导规范智慧旅游发展。

（2）加强要素支撑。统筹用好相关资金，结合实际对“互联网＋旅游”关键领域、薄弱环节和重点项目等予以支持。创新投融资方式，支持符合条件的“互联网＋旅游”企业发行债券。经认定的“互联网＋旅游”高新技术企业，按规定享受相应的财税优惠政策。推进“互联网＋旅游”人才队伍建设，加快相关专业升级和数字化改造，创新培养培训模式，完善激励机制。

（3）抓好组织实施。各有关部门要按照职责分工，研究具体政策措施，协同推进任务落实。各地区要研究制定符合本地区实际的落实方案，完善相关配套政策。文化和旅游部要会同有关部门加强跟踪分析和协调指导，重要情况及时报告国务院。

三、关于落实切实解决老年人运用智能技术困难实施方案的通知

1. 制定背景

随着我国互联网、大数据、人工智能等信息技术快速发展，智能化服务得到广泛应用，深刻改变了生产生活方式，提高了社会治理和服务效能。但

同时，我国老龄人口数量快速增长，不少老年人不会上网、不会使用智能手机，无法充分享受智能化服务带来的便利，老年人面临的“数字鸿沟”问题日益凸显。按照《国务院办公厅印发关于切实解决老年人运用智能技术困难实施方案的通知》（国办发〔2020〕45号）要求，文化和旅游部、国家文物局为推动解决文化和旅游、文物领域老年人运用智能技术困难问题，保障老年人基本文化权益，《文化和旅游部办公厅　国家文物局办公室关于落实〈关于切实解决老年人运用智能技术困难的实施方案〉的通知》（办公共发〔2020〕165号）于2020年12月22日印发。

2. 主要内容

（1）整改工作有关安排。集中力量推动文化场馆和旅游景区做好整改工作，确保各项传统服务兜底保障到位，解决老年人因运用智能技术困难不能进入文化场馆和旅游景区的问题。

①保留传统预约方式。需要提前预约的公共图书馆、博物馆、文化馆、美术馆、纪念馆、剧院等文化场馆和旅游景区，应保留人工窗口和电话专线，方便老年人进行现场预约和电话预约。

②允许他人代为预约。文化场馆和旅游景区预约系统设计应允许老年人家人、朋友帮助代为预约，老年人可凭当日有效预约码、购票信息等的截图进入文化场馆和旅游景区。

③保留免预约名额。文化场馆和旅游景区入口处开辟绿色通道，为未能提前预约的老年人保留一定数量的免预约进入或现场购票名额，售票窗口保留现金购票方式。如遇场所内人流量达到限流峰值，应向老年人耐心做好解释工作，同时做好场所内疏解导流工作，安排老年人稍晚进入。

④保留传统登记方式。文化场馆和旅游景区不得因老年人没有智能手机无法调取“健康码”等原因拒绝老年人进入，可在做好疫情防控的前提下，安排老年人凭身份证、老年证等有效证件登记进入，并采取有效措施加强个人信息保护。

⑤提供人工帮扶。文化场馆和旅游景区可在入口处设置扶老助残公益岗，工作人员、志愿者等佩戴醒目标识，帮助老年人等运用智能技术困难人群进行“健康码”、预约码、购票信息等查询操作。在文化场馆和旅游景区内部，安排工作人员或志愿者开展流动服务，为老年人解决运用智能技术困

难等问题提供帮扶。

⑥做好信息引导。在老年人进入文化场馆和旅游景区、获取电子讲解、使用自助服务设备等方面，文化场馆和旅游景区应提供必要的信息引导，如使用大号字在醒目位置标注开放时间、绿色通道、操作指南等，无法张贴标识的地方应为老年人提供老花镜或放大镜，适当设置语音引导，方便老年人获取信息。

（2）工作安排。到2021年年底前，围绕老年人在文化娱乐方面高频事项和服务场景，引导公共文化机构、文化和旅游类企业提供更多适老化智能产品和服务，推动老年人享受智能化服务更加普遍，传统服务方式更加完善。到2022年年底前，推动老年人在文化和旅游、文物领域享受智能化服务水平显著提升、便捷性不断提高，线上线下服务更加高效协同。

①面向老年人组织培训。各级公共文化机构应结合老年大学、志愿服务等工作，针对辖区内老年人运用智能技术高频事项和使用场景设计简单易学的培训课程、使用指南，方便有意愿的老年人尽快掌握基本的智能技术。

②开发适老智能应用。针对老年人在戏曲、广场舞、群众歌咏、书画等方面的普遍文化需求，引导企业开发设计适老化智能应用，为老年人社交娱乐提供便利。

③扩展智能化渠道。指导文化场馆和旅游景区探索通过5G、超高清、虚拟现实、增强现实等技术，帮助老年人便捷享受在线游览和观看演出、展览等智能化服务。

④加强制度规范。在制定文化场馆和旅游景区相关标准和规范时，应考虑老年人在智能技术运用方面的实际情况，做好兜底保障。

四、关于进一步加强和改进旅游客运安全管理工作的指导意见

1. 制定背景

为深入贯彻落实党中央、国务院关于安全生产工作的决策部署和国务院安委会印发的《道路运输安全专项整治三年行动实施方案》，深刻汲取近年来发生的重特大事故教训，有力防范化解旅游客运安全风险，坚决遏制重特大事故发生，保障人民群众生命财产安全，进一步加强和改进旅游客运安全管理工作，《交通运输部办公厅　公安部办公厅　商务部办公厅　文化和旅游部办公厅　应急管理部办公厅　市场监管总局办公厅关于进一步加强和改进旅游客运安

全管理工作的指导意见》（交办运〔2021〕6号）于2021年1月13日印发。

2. 主要内容

（1）总体要求

以习近平新时代中国特色社会主义思想为指导，深入贯彻党的十九大和十九届二中、三中、四中、五中全会精神，从源头准入、事中事后监管、基层基础等环节补齐短板，严格落实旅游客运相关企业安全生产主体责任和相关管理部门监管责任，加强源头治理、综合治理、精准治理，着力解决基础性、源头性、瓶颈性问题，在做好旅游客运常态化疫情防控的基础上，全面提升旅游客运安全发展水平，推动旅游客运安全生产形势持续向好，有效推动旅游客运高质量发展，不断增强人民群众旅游出行获得感、幸福感、安全感。

（2）规范开展市场准入

①规范道路客运市场主体登记管理。各地交通运输、市场监管部门要认真落实国务院关于“证照分离”改革要求，做好企业注册登记和经营许可的衔接。各地市场监管部门要推进营业执照经营范围登记规范化，使用市场监管总局《经营范围登记规范表述目录（试行）》办理经营范围登记，对登记从事班车客运、包车客运、旅游客运、汽车客运、通勤客运、长途客运、公路客运、城乡客运等道路客运活动的，登记为“道路旅客运输经营”，并根据目录的更新情况进行相应调整。要切实履行“双告知”职责，对登记为“道路旅客运输经营”的，明确告知申请人应到交通运输主管部门依法办理道路客运经营许可，由申请人书面承诺在取得许可前不擅自从事相关经营活动，并将市场主体信息通过信息化手段推送或共享至同级交通运输主管部门。对于存量从事道路客运活动的市场主体，各地交通运输主管部门要明确信息查询口径，由市场监管部门按照查询口径提供相关市场主体信息。交通运输主管部门排查相关市场主体是否具备道路客运经营许可资质，对不具备许可资质的，要及时会同市场监管等部门通过政府网站等渠道向社会公开信息，提示相关市场主体依法办理道路客运经营许可后，方可开展相关经营活动。

②规范旅游客运许可管理。各地交通运输主管部门要会同文化和旅游、公安、市场监管部门根据本地区旅游业发展水平，加强对旅游客运市场供求状况及发展趋势的分析研判，认真执行《中华人民共和国道路运输条例》《道路旅客运输及客运站管理规定》关于在审查客运申请时应当考虑客运市

场的供求状况、普遍服务和方便群众等因素的要求，完善包车客运运力投放规则，规范旅游客运企业、包车客运企业（以下统称“旅游包车企业”）及旅游客运、包车客运车辆（以下统称“旅游包车”）市场准入，确保准入管理公平、公正、公开，维护公平竞争、优胜劣汰的良好市场秩序。对依法取得道路客运经营许可资质的市场主体，交通运输主管部门要及时将相关许可信息交换至市场监管部门，由市场监管部门通过国家企业信用信息公示系统归集于市场主体名下，并向社会公示。对未取得相应经营许可、擅自从事客运经营（以下统称“非法营运”）的市场主体，交通运输主管部门要依法查处并责令停止经营，情节严重的，提请市场监管部门依法吊销其营业执照。

③规范客车使用性质登记管理。各地交通运输、公安部门要建立客运企业和车辆信息比对核查机制，共享道路客运经营资质、车辆使用性质信息。部级层面要加快推动相关管理系统对接，实现信息共享，为协同监管提供支撑。已实现信息联网等核查机制的，机动车所有人在申请机动车使用性质登记为公路客运、旅游客运时，公安机关要核对交通运输主管部门提供的道路客运经营资质信息和车辆使用性质信息。各地公安机关要梳理登记为公路客运、旅游客运的存量机动车信息，通报同级交通运输主管部门，交通运输主管部门排查是否办理道路运输证，对未办理道路运输证且不符合办理条件的，告知机动车所有人办理车辆使用性质变更。公安机关根据机动车所有人申请，按规定将行驶证使用性质变更为“非营运”。

（3）强化事中事后监管

①严格旅游包车和团组监管。各地文化和旅游、交通运输部门要分别督促旅行社、旅游包车企业在包租车辆环节，通过查阅有关证照材料、登录互联网道路运输便民政务服务系统和旅游监管服务平台校验等方式，查验旅游包车企业、车辆、驾驶员和旅行社、导游资质资格。各地文化和旅游部门要全面推行旅行社用车“五不租”制度，即不租用未取得相应客运经营许可的经营者车辆、未持有效道路运输证的车辆、未安装卫星定位装置的车辆、未投保承运人责任险的车辆、未签订包车合同的车辆，要推进跨省旅游团组电子行程单制度。交通运输、文化和旅游部门要建立健全衔接机制，推动实现旅游包车客运标志牌（以下简称“包车牌”）和旅游团组行程单信息共享比对，运用“电子围栏”等技术强化旅游包车和旅游团组精准监管。鼓励具备

条件的地区通过设立集中办公场所、打通相关信息化系统等方式，为旅行社和旅游包车企业建立合作平台，促进双方高效对接、良性互动、合法经营、规范服务，加快形成“正规社”“正规导”“正规车”市场格局。

②强化旅游客运监管执法。各地交通运输、公安、文化和旅游部门要强化节假日、旅游旺季等重点时段，旅游集散中心、旅游景区（点）等重点区域的旅游客运监督管理，加强执法协作和违法行为移送，从严查处各类违法行为。交通运输主管部门要从严查处破坏卫星定位装置以及恶意人为干扰、屏蔽卫星定位装置信号、旅游包车线路两端均不在车籍所在地、未持有效包车牌运行、招揽包车合同外的旅客乘车等违法行为。公安机关要从严查处驾驶员疲劳驾驶、超速、超员、行车中使用手机、不按规定使用安全带等道路交通违法行为，积极探索利用旅游包车动态监控平台记录信息查处疲劳驾驶等违法行为，并加强旅游集散中心巡逻防控，严厉打击涉旅犯罪行为，维护旅游治安秩序。文化和旅游部门要依法查处未经许可经营旅行社业务、出租或者出借旅行社业务经营许可证、未取得导游证从事导游活动、向无相应许可资质的客运企业等不合格供应商订购产品和服务等违法行为。

③打击旅游客运非法营运。各地交通运输主管部门要结合日常监督检查和社会举报，对本地无道路运输证的大中型客车、频繁出入本地的外地大中型客车实施重点监管，依法从严查处非法营运。要加强有关客运服务网络平台的监督管理，对接入无合法资质资格的企业、车辆和驾驶员非法经营的，依法严肃查处。对查处的存在非法营运等违法行为外地客运车辆，查处地交通运输主管部门要及时通报车籍地同级管理部门，车籍地有关管理部门要及时依法严肃处理。各省级交通运输主管部门要按照交通运输部相关部署，及时向全国道路运政管理系统上传省际包车客运业务备案信息，交通运输部依托互联网道路运输便民政务服务系统开放省际包车牌信息核验功能，为地方相关部门联合打击旅游客运非法经营提供技术支持。公安机关在执勤执法中发现旅游包车涉嫌非法营运或者破坏卫星定位装置以及恶意人为干扰、屏蔽卫星定位装置信号的，要及时移送交通运输主管部门依法处理。

④严格旅游客运车辆全周期管理。各地市场监管、公安、交通运输部门要联合加强对相关检验检测机构的监督指导，督促严格按照国家有关技术标准开展旅游包车检验检测工作。各地交通运输、公安等部门要督促旅游包

车企业严格执行客车强制报废标准规定，对达到报废标准的客车，交通运输主管部门要收回道路运输证，公安机关要依法办理注销登记手续，对距报废年限1年以内的大客车，按规定不得改变使用性质、转移所有权或者转出登记地所属地市级行政区域。各地商务部门要加强报废机动车回收拆解企业管理，会同公安、市场监管等部门依法查处非法拆解活动。各地市场监管部门要加强市场流通环节的关键零部件质量抽查，对发现的质量问题依法严肃查处。鼓励各地有关部门在当地人民政府统筹领导下，出台老旧客车淘汰更新政策，引导使用年限较长的旅游包车加快淘汰。

⑤严肃安全生产事故调查和隐患治理。各地应急管理、公安、交通运输、文化和旅游等部门要依法严格开展旅游客运有关事故调查，加强旅游客运安全生产事故原因全链条分析，督促旅行社、旅游包车企业等相关市场主体整改隐患、堵塞漏洞，依法严肃查处事故责任企业及其主要负责人、相关责任人，追究相关责任。要深化安全生产事故约谈工作，推动地方政府、相关部门和行业、企业落实各项整改措施。对发生安全生产责任事故或者存在重大安全隐患的旅行社、旅游包车企业，依法实施挂牌督办，督促及时消除安全隐患。依法将不具备安全条件的市场主体清退出旅行社和旅游包车市场。要加强信用监管，依法依规记录市场主体安全生产相关违法失信行为，通过国家企业信用信息公示系统、“信用交通”网站等渠道向社会公开相关行政处罚等信用信息，通过信用分级分类加强重点监管、精准监管，推动失信联合惩戒。

（4）强化企业主体责任落实

①规范旅行社安全管理。各地文化和旅游部门要督促旅行社建立健全安全管理制度和应急预案，完善岗位安全生产责任、安全事故报告和处理等制度；选择具有合法运营资质、安全记录良好的地接社承接当地旅游服务，要求地接社使用具备相应资质的旅游包车企业和车辆；提前对旅游线路进行安全评估，合理安排时间和行驶路线，遇极端天气或者安全隐患路段，要及时与地接社、旅游包车企业沟通，合理变更旅游行程或者与游客商议解除合同；严格落实《旅行社行前说明服务规范》，把好旅游团队“组团关、行程关、落地关”，在旅游合同、宣传材料、行前说明会、行程途中对游客开展经常性的安全提醒。

②规范旅游包车企业安全管理。各地有关部门要依法依职督促旅游包车

企业严格落实安全生产主体责任，对照《道路旅客运输企业安全管理规范》《道路运输车辆动态监督管理办法》，健全安全生产责任制，统一车辆技术管理、人员聘用管理、车辆调度、动态监控，规范签订包车合同，严禁旅游包车挂靠经营，坚决防止“以包代管”“挂而不管”；在制定运输计划时严格遵守驾驶员配备、驾驶时间和休息时间等规定，保障驾驶员充足休息；建立健全旅游包车技术状况检查、维护制度，确保车辆关键部件及应急装置、安全设施等技术状况良好，确保安全带配备齐全有效，并落实驾驶员出车前、行车中、收车后车辆技术状况检查要求；加强动态监控人员管理，严格监控车辆行驶状况，及时发现、纠正和处理旅游包车违规行为和不安全驾驶行为；加强旅游包车非运营时段的管理，掌握车辆停放情况，严防从业人员在车辆报停期间私自招揽客运业务违法经营。

③强化游客出行安全告知。各地交通运输主管部门要督促旅游包车企业严格执行客运安全告知制度，在行车前通过驾驶员口头告知或者播放安全告知音像资料等方式，提醒旅客禁止携带违禁物品乘车、行车中按规定使用安全带，以及安全锤、安全出口、灭火器等应急安全设施的安装位置、使用方法等。各地文化和旅游部门要督促旅行社落实安全事项告知责任，在与游客订立旅游合同时，告知旅游活动中的安全注意事项，明确提示并约定严禁携带危害公共安全的违禁物品乘车等内容，并在行前说明会、行程中重申严禁携带违禁物品乘车、按规定使用安全带等注意事项。

④加强从业人员队伍建设。各地交通运输、文化和旅游部门要督促旅游包车企业、客运站经营者、旅行社等加强旅游包车驾驶员、安检人员、导游等关键岗位从业人员聘用管理和教育培训，对违法违规从业、安全隐患突出的从业人员，依法依规开展脱岗培训或者调离关键岗位。要督促相关经营者聚焦典型事故案例、安全生产相关法律法规和操作规程、应急处置、违禁物品识别处置等方面，开展常态化、针对性培训；针对非定线旅游客运特点，强化行驶路线规划、不良天气和复杂路况条件下安全驾驶技能培训，持续提升从业人员安全素质；关注旅游包车驾驶员身心健康状况，发现不适应驾驶工作的，应及时调整工作安排。

（5）强化政府和社会共治

①深化部门协同。各地有关部门要提高思想认识，树立“一盘棋”思

想，加强部门协同，形成工作合力，建立健全联合会商、联合约谈、执法协作、信息共享、线索移送、行刑衔接等工作机制，加快形成“权责一致、分工负责、同频共振、综合治理”的旅游客运安全管理格局。

②完善保障措施。各地有关部门要结合落实全国安全生产专项整治三年行动，积极推动旅游客运安全管理工作纳入地方政府年度工作重点，强化人力、物力和财力保障，强化督促指导和责任考核，确保各项工作任务完成到位。

③加强宣传引导。各地有关部门要在客运场站、旅游场所、旅行社办公场所，利用广播、电视、新媒体等渠道，加强社会宣传，引导游客提升安全文明出行、防范应对公共安全事件的意识和技能，自觉选择合法旅行社和旅游包车、规范使用安全带、禁止携带违禁物品乘车。充分发挥政务服务热线作用，强化社会监督。要指导道路运输、旅游等相关行业协会加强行业自律，引导市场主体守法诚信经营，坚决抵制侵害旅客、游客合法权益的各类行为。

第六章
文化和旅游部关于新型冠状病毒肺炎疫情防控“熔断”机制和措施指南

章节练习
视频课程

本章导读

【本章概述】 本章主要包括文化和旅游部关于新型冠状病毒肺炎疫情防控“熔断”机制和措施指南的主要内容。

【学习要求】 熟悉《文化和旅游办公厅关于加强疫情防控 科学精准实施跨省旅游“熔断”机制的通知》《旅行社新冠肺炎疫情防控工作指南（第四版）》。

2021 年，文化和旅游部坚持科学防控、精准施策、分级分类指导，创新实施跨省旅游经营“熔断”机制，暂停陆地边境口岸城市跨省团队旅游业务。动态调整文化和旅游场所开放政策，及时更新相关疫情防控指南，建立旅游热点防疫预报机制，强化事前预防和监督指导，认真做好文化和旅游市场疫情防控工作。

第一节 跨省旅游“熔断”机制

2021 年 8 月，为贯彻落实党中央、国务院关于疫情防控战略部署，统筹疫情防控和经济社会发展，文化和旅游部创新实施跨省旅游“熔断”机制，对做好疫情防控工作发挥了积极作用。2022 年 5 月，结合疫情形势和旅游市场实际情况，文化和旅游部发布《关于加强疫情防控　科学精准实施跨省旅游“熔断”机制的通知》，调整了跨省旅游实施“熔断”机制的范围。

一、具体内容

（1）对出现中高风险地区的县（市、区、旗）和直辖市的区（县），立即暂停旅行社及在线旅游企业经营进出该地的跨省团队旅游及“机票 + 酒店”业务。

（2）待无中高风险地区后，恢复旅行社及在线旅游企业经营进出该地的跨省团队旅游及“机票 + 酒店”业务。

（3）跨省团队旅游及“机票 + 酒店”业务暂停及恢复具体事宜由各省级文化和旅游行政部门通过门户网站及时公布。旅行社及在线旅游企业要密切关注各地疫情动态，及时调整旅游产品和团队行程。

二、工作要求

各地要深刻认识做好疫情防控工作的重要性，指导督促旅行社及在线旅游企业严格执行《旅行社新冠肺炎疫情防控工作指南（第四版）》，压实企业主体责任，强化关键环节管理，扎实做好疫情防控工作；要加强对旅行社及在线旅游企业疫情防控措施落实情况的督导检查，严肃查处违法违规经营活动。

第二节　旅行社新冠肺炎疫情防控工作指南（第四版）

为贯彻落实党中央、国务院关于疫情防控战略部署，统筹疫情防控和经济社会发展，切实做好旅行社疫情防控工作，结合当前疫情防控形势，文化和旅游部对《旅行社新冠肺炎疫情防控工作指南（第三版）》进行了修订，并于 2022 年 5 月 31 日印发实施。

一、总体原则

1. 坚持常态防控

各地文化和旅游行政部门应当按照属地原则，时刻绷紧疫情防控这根弦，坚决克服麻痹思想、厌战情绪、侥幸心理、松劲心态，结合团队旅游涉及范围广、流动性大、链条长等特点，强化关键环节管理，慎终如始做好旅行社疫情防控工作。按照“谁组织、谁管理、谁负责”的原则，压实企业主体责任，把防控责任落实到具体部门和个人，从严从紧、从细从实做好游客招徕、组织、接待等环节的疫情防控工作。

2. 坚持精准防控

地方新冠肺炎疫情防控风险等级和应急响应级别作出调整的，应当按照属地党委、政府要求，科学动态调整旅行社防控策略和措施。要坚持常态化精准防控和局部应急处置有机结合，原则上不对全行业实行“一刀切”。对出现中高风险地区的县（市、区、旗）和直辖市的区（县），立即暂停旅行社及在线旅游企业经营进出该地的跨省团队旅游及“机票 + 酒店”业务。待无中高风险地区后，恢复旅行社及在线旅游企业经营进出该地的跨省团队旅游及“机票 + 酒店”业务。

二、行前管理

1. 加强风险研判

旅行社要对旅游产品进行安全风险评估，选择具有相应资质且符合当地疫情防控要求的供应商、合作商，确认防疫要求，明确各方权责，满足安全条件。要加强沟通联系，及时了解掌握旅游目的地和客源地风险等级及卫生健康部门疫情防控情况，做好线路设计、产品对接和预订等工作。不组团前往中高风险地区旅游，不承接中高风险地区旅游团队，不组织中高风险地区游客外出旅游。相关区域列为疫情中高风险地区时，未出发的旅游团队必须立即取消或更改旅游行程。组团社和地接社应明确双方疫情防控相关责任，加强协作配合，实现信息共享，确保团队旅游平稳、有序、安全。

2. 控制组团规模

旅行社要严格落实各地防控要求，根据自身运营能力和供应商、合作商接待能力，提前发布组团人数等产品防疫要求，合理确定团队人数，提倡小规模旅游团队。要强化数据分析，科学安排团队旅游线路、规模和出游时间，分时段、分批次、分区域开展旅游活动，避免游客聚集。

3.配备防护用品

旅行社应当配备数量充足的一次性使用医用口罩、医用外科口罩或以上防护级别口罩、体温检测设备、洗手液、一次性手套、消毒用品等防护用品，为司机、导游和游客提供必要的防护保障。要正确储存和使用消毒物品，远离火源和电源，不得混用、混放，定期检查并及时补充更换。要督促供应商、合作商对旅游包车、酒店客房、餐厅等接待设施和场所进行全面消毒清洁。

4.加强宣传引导

旅行社要严格落实团队旅游管理各项制度和规范，依法签订旅游合同，明确各方权责。要开好行前说明会，提示游客投保人身意外伤害保险，主动宣传疫情防控知识，及时发布游客出游防控注意事项。要提醒游客增强安全意识和自我防控意识，遵守旅游活动中的安全警示规定，积极配合旅行社做好各项防控措施。

5.加强行前排查

旅行社要做好游客信息采集、健康档案、检测登记，要求游客报名时如实告知与旅游活动相关的个人健康信息，出示健康码并在出行前再次核验。对没有通过健康码核验的游客要做好解释说明和劝阻工作。要落实体温检测制度，体温异常的游客不允许参加行程，劝导其就医检查并做好登记。

三、行程管理

1.加强行程管理

旅行社在行程中要持续关注旅游目的地疫情防控等级信息。相关区域列为疫情中高风险等级时，已经在该县（市、区、旗）和直辖市的区（县）的旅游团队，必须暂停在当地的旅游活动，配合做好相关疫情排查工作。旅行社要进一步落实《旅行社服务通则》《导游服务规范》等标准，明确各方责任，履行合同约定，加强对游客的安全提示和行程管理。应注重防疫措施的反馈完善，不断改进服务漏洞，优化服务流程，提升服务水平。

2. 落实防控措施

旅行社要严格落实各地在交通、住宿、餐饮、游览、购物等方面的疫情防控要求，督促供应商、合作商落实通风、消毒等措施。要强化疫情防控措施，督导旅行社继续落实好日常防控措施。要加强对游客的体温检测，游客乘坐汽车等交通工具应全程佩戴口罩，严格执行景区和文化娱乐场所“限量、预约、错峰”等措施，主动配合接待单位做好疫情防控相关工作。

3. 规范导游防护

导游应接种疫苗，接种疫苗后仍需注意个人防护。导游应每日进行自我健康监测，出现发热、咳嗽、乏力、鼻塞、流涕、咽痛、腹泻等相关症状时，须及时就医，坚决杜绝带病上岗。导游在上岗前要核验游客健康码，随团配备充足的防护用品。工作期间全程戴医用外科口罩或以上级别口罩。口罩弄湿或弄脏后，及时更换。注意个人卫生，避免用未清洁的手触摸口、眼、鼻，打喷嚏、咳嗽时用纸巾遮住口、鼻或采用肘臂遮挡等。保持手卫生，接触污染物品后或就餐前，要及时用洗手液或肥皂在流动水下洗手，或用速干手消毒剂揉搓双手。尽量与他人保持安全距离，不去人员密集、通风不良的场所。在做好个人防护的同时，主动宣传疫情防控知识，做好游客在乘车、入住、购票、游览、就餐等环节的防控提醒，引导游客科学佩戴口罩。

4. 倡导文明旅游

各地要结合疫情防控工作，加强文明旅游宣传，督促和引导旅行社把“坚决制止餐饮浪费行为，切实培养节约习惯”理念嵌入旅游产品设计和服务中，避免团餐浪费。提醒游客保持“一米线”、勤洗手、戴口罩、分餐制、公筷制等卫生习惯，推广“无接触”服务等健康旅游新方式。要加强对游客的宣传引导，倡导讲究卫生、拒绝野味、理性消费，提醒游客规范处理垃圾，树立文明、健康、绿色旅游新风尚。

四、企业内部管理

1. 加强场所管理

旅行社要落实防控责任，完善企业内部疫情防控方案和应急预案，做好办公场所和旅行社服务网点卫生清洁、消杀和通风等工作。办公场所和旅行社服务网点应当将日常值守、清洁消毒、检测登记、垃圾清理、场地巡查、安全管理等各个防疫环节的责任落实到人，并根据当地疫情防控要求，及时动态调整。

2. 做好员工监测

旅行社工作人员应接种疫苗，接种疫苗后仍需注意个人防护。旅行社要建立工作人员健康监测制度，按照当地要求做好员工健康管理，建立《员工健康记录表》，每日进行体温检测，及时掌握员工健康状态、出行轨迹等情况，定期组织导游等一线工作人员进行核酸检测。员工出现发热、咳嗽、乏力、鼻塞、流涕、咽痛、腹泻等相关症状时，须及时就医，坚决杜绝带病上岗。要在导游上岗前进行健康码核验，要求导游科学佩戴口罩。

3. 加强教育培训

旅行社应当开展常态化疫情防控措施和应急处置等方面的专项培训，开展应急演练，提高处置能力。要督促员工掌握疫情防控、个人防护、卫生健康及应急处置等方面的知识，提高员工疫情防控和应急处置能力。要压实导游责任，细化岗位职责，做好各项服务工作。

4. 建立工作台账

团队旅游行程结束后，旅行社要做好旅游团队档案整理，妥善保管游客和员工的健康信息，建立工作台账，做到可查询可追踪。要建立和完善游客投诉登记记录，认真听取各方意见，适时对自身的旅游产品进行回访、评价，不断改进产品和服务质量。

五、应急处置

1. 建立协同机制

旅行社应当预先掌握旅游目的地和客源地卫生健康部门、定点医疗机构等相关部门联系方式，并确保导游等服务人员知晓。要加强与合作商、供应商的协调联动，抓住关键环节，注重衔接贯通，特别是畅通疫情上报通道，发现疑似疫情应及时向当地卫生健康、文化和旅游部门报告。

2. 做好应急处置

旅行社应严格执行疫情防控规定，完善企业经营疫情防控方案和应急预案。旅游团队如发现疑似症状人员，旅行社要立即停止该团旅游活动并第一时间向当地卫生健康、文化和旅游部门报告，配合相关部门做好疫情排查和防控措施。旅游团队中一旦出现确诊病例，旅行社要立即落实应急处置预案，按照当地有关疫情防控指引和要求，配合相关部门和单位做好患者隔离、密切接触者追踪等工作，妥善处理善后事宜。

六、保障措施

1. 加强组织领导

各地文化和旅游行政部门要严格落实属地管理责任，加强与当地卫生健康部门之间的联动，强化旅游目的地和客源地主管部门之间的协作，提升防控和应急处置能力，确保恢复经营工作平稳有序。

2. 加强监督检查

各地文化和旅游行政部门要督促旅行社严格落实“一团一报”制度，在全国旅游监管服务平台填报旅游团队信息，上传电子合同。要加强对旅行社的监督检查，对疫情防控措施落实不力的要及时纠正，严肃查处违法违规经营活动，落实疫情防控要求，维护市场秩序。

3. 加强日常调度

各地文化和旅游行政部门要按照防控方案和应急预案，明确疫情防控、安全突发事件应急措施和处置流程，开展应急演练、隐患排查、风险评估等工作，及时发现苗头性问题并有效处置。发生异常情况要及时上报并暂停有关经营活动。

第三篇　法律法规篇

第七章
维护国家安全法律制度

章节练习
视频课程

本章导读

【本章概述】 本章内容主要包括:《中华人民共和国香港特别行政区维护国家安全法》(以下简称《香港维护国家安全法》);《中华人民共和国英雄烈士保护法》(以下简称《英烈保护法》);《宗教事务条例》(以下简称《条例》)的主要内容。

【学习要求】 了解《香港维护国家安全法》《英烈保护法》《条例》的立法目的、起草过程和立法意义。熟悉《香港维护国家安全法》关于总则以及香港特别行政区维护国家安全的职责和机构、中央人民政府驻香港特别行政区维护国家安全机构的规定;《英烈保护法》关于烈士的历史功勋、人民英雄纪念碑的法律地位、纪念缅怀英雄烈士活动、弘扬传承英雄烈士精神、烈士褒扬和遗属抚恤的规定;《条例》关于总则以及宗教活动场所、宗教活动的规定。掌握《香港维护国家安全法》关于罪行和处罚的规定;《英烈保护法》关于英雄烈士名誉荣誉法律保护及其相关法律责任的规定。

第一节　香港维护国家安全法

一、概述

1. 立法目的

《香港维护国家安全法》第 1 条规定，为坚定不移并全面准确贯彻“一国两制”、“港人治港”、高度自治的方针，维护国家安全，防范、制止和惩治与香港特别行政区有关的分裂国家、颠覆国家政权、组织实施恐怖活动和勾结外国或者境外势力危害国家安全等犯罪，保持香港特别行政区的繁荣和稳定，保障香港特别行政区居民的合法权益，根据中华人民共和国宪法、中华人民共和国香港特别行政区基本法和全国人民代表大会关于建立健全香港特别行政区维护国家安全的法律制度和执行机制的决定，制定本法。

据此，《香港维护国家安全法》的立法目的包括：①坚定不移并全面准确贯彻“一国两制”、“港人治港”、高度自治的方针；②维护国家安全，防范、制止和惩治与香港特区有关的分裂国家、颠覆国家政权、组织实施恐怖活动和勾结外国或者境外势力危害国家安全等犯罪；③保持香港特区的繁荣和稳定；④保障香港特区居民的合法权益。

2. 起草过程

为贯彻党的十九届四中全会精神，根据宪法和香港基本法的有关规定，2020 年 5 月 28 日，十三届全国人大三次会议通过了《全国人民代表大会关于建立健全香港特区维护国家安全的法律制度和执行机制的决定》（以下简称《决定》）。《决定》第 6 条规定，授权全国人民代表大会常务委员会就建立健全香港特别行政区维护国家安全的法律制度和执行机制制定相关法律，切实防范、制止和惩治任何分裂国家、颠覆国家政权、组织实施恐怖活动等严重危害国家安全的行为和活动以及外国和境外势力干预香港特别行政区事务的活动。全国人民代表大会常务委员会决定将上述相关法律列入《中华人民共和国香港特别行政区基本法》附件三，由香港特别行政区在当地公布实施。

《决定》草案的说明中明确了从国家层面建立健全香港特别行政区维护

国家安全的法律制度和执行机制必须遵循和把握好的五条基本原则，即：坚决维护国家安全、坚持和完善“一国两制”制度体系、坚持依法治港、坚决反对外来干涉、切实保障香港居民合法权益。关于香港特别行政区维护国家安全制度安排的核心要素，已经在《决定》中作出了基本规定。即将制定的香港特别行政区维护国家安全的相关法律，是十三届全国人大三次会议精神和《决定》内容的全面展开、充分贯彻和具体落实，是香港特别行政区维护国家安全制度安排的法律化、规范化、明晰化。

随后，中央有关部门认真开展相关法律草案起草工作，并多次听取香港特别行政区行政长官林郑月娥和有关主要官员对香港维护国家安全立法问题的意见建议。国务院港澳事务办公室、中央人民政府驻香港特别行政区联络办公室通过多种方式和渠道听取港区全国人大代表、港区全国政协委员和省级政协委员、香港社会各界代表人士、香港法律界人士等方面对国家相关立法的意见和建议，认真研究全国两会期间全国人大代表、全国政协委员提出的相关意见和建议。在此基础上，起草了香港特别行政区维护国家安全法草案。法律草案形成后，有关方面专门就案文征求了香港特别行政区政府和有关人士的意见，认真研究香港特别行政区政府反映的意见建议，充分考虑香港特别行政区实际情况，本着能吸收尽量吸收的精神，对法律草案文本作了反复修改完善。

2020 年 6 月 17 日，全国人大常委会委员长会议听取了全国人大常委会法工委关于香港特别行政区维护国家安全法起草工作等情况的汇报，认为草案符合宪法规定和宪法原则，符合“一国两制”方针和香港基本法，符合全国人大《决定》精神，是成熟可行的，决定将《中华人民共和国香港特别行政区维护国家安全法（草案）》提请全国人大常委会审议。2020 年 6 月 18 日，十三届全国人大常委会第十九次会议审议草案；6 月 28 日，第二十次会议第一次全体会议继续审议草案；6 月 30 日上午，第二十次会议第二次全体会议经表决，全票通过草案。同日下午，第三次全体会议审议了《全国人民代表大会常务委员会关于增加〈中华人民共和国香港特别行政区基本法〉附件三所列全国性法律的决定（草案）》的议案，在当日闭幕会上，会议经表决，全票通过草案，决定将《香港维护国家安全法》列入《中华人民共和国香港特别行政区基本法》附件三，明确由香港特别行政区在当地公布实施。

3. 立法意义

（1）推进依法治港基本方略

从国家层面建立健全香港特别行政区维护国家安全的法律制度和执行机制，是依法治港、贯彻落实党的十九届四中全会精神和十三届全国人大三次会议精神的重要举措、关键步骤和重要的立法任务，是全面落实《决定》的重要工作，是推进国家治理体系和治理能力现代化的必然要求，是有效防控国家安全风险的当务之急。从法律规范的性质属性看，该法是一部兼具实体法、程序法、组织法三类法律规范内容的综合性法律，标志着中央更加注重治港制度的顶层设计，更加注重法治思维，更加注重标本兼治、刚柔相济，更加注重用好宪法和基本法赋予中央的权力，并且和香港特区的治理体系有机结合，从而牢牢地把握香港局势发展的大方向和主导权。

（2）筑牢“一国两制”事业根基

香港维护国家安全法是继香港基本法之后，中央为香港专门制定的第二部重要法律。它体现了全面准确贯彻“一国两制”方针的总要求，把“一国两制”的原则和底线进一步法律化，筑牢了在香港特别行政区防控国家安全风险的制度屏障，是一部充分尊重“一国”原则、体现“两制”差异的法律，为“一国两制”行稳致远筑牢了制度根基，依法构筑起香港特别行政区维护国家安全的强大屏障，“一国”之本更加巩固，“两制”之利更加彰显，香港发展的前景必将更为广阔。新形势下，香港维护国家安全法在维护国家主权、安全、发展利益，维护香港长治久安和长期繁荣稳定，具有十分重要而深远的意义。

（3）维护香港长期繁荣稳定

香港国安法的颁布实施，为香港特别行政区政府维护香港社会稳定提供法律依据，弥补了香港在维护国家安全法律制度和执行机制方面存在的漏洞，将有效地防范、制止和惩治与香港特别行政区有关的危害国家安全犯罪，惩治极少数严重危害国家安全的犯罪分子，对他们高悬利剑，对干预香港事务的外部势力形成震慑，充分保护绝大多数香港居民的生命财产安全和所享有的各种权利自由，也包括充分保障在香港的外国投资者的合法权益，所以它将发挥香港繁荣稳定的“定海神针”的作用，是一部符合香港市民根本利益、有利于香港发展长远利益的法律。

二、总则

1. 香港特区基本法的根本性条款

《香港维护国家安全法》第 2 条规定，香港特别行政区任何机构、组织和个人行使权利和自由，不得违背香港特别行政区基本法第 1 条和第 12 条的规定。

《香港特别行政区基本法》第 1 条规定，香港特别行政区是中华人民共和国不可分离的部分。第 12 条规定，香港特别行政区是中华人民共和国的一个享有高度自治权的地方行政区域，直辖于中央人民政府。

2. 香港特区维护国家安全的职责

《香港维护国家安全法》第 3 条规定，中央人民政府对香港特别行政区有关的国家安全事务负有根本责任。香港特别行政区负有维护国家安全的宪制责任，应当履行维护国家安全的职责。香港特别行政区行政机关、立法机关、司法机关应当依据有关法律规定有效防范、制止和惩治危害国家安全的行为和活动。

3. 香港特区居民依法享有的权利和自由

《香港维护国家安全法》第 4 条规定，香港特别行政区维护国家安全应当尊重和保障人权，依法保护香港特别行政区居民根据香港特别行政区基本法和《公民权利和政治权利国际公约》《经济、社会与文化权利的国际公约》适用于香港的有关规定享有的包括言论、新闻、出版的自由，结社、集会、游行、示威的自由在内的权利和自由。第 5 条规定，防范、制止和惩治危害国家安全犯罪，应当坚持法治原则。法律规定为犯罪行为的，依照法律定罪处刑；法律没有规定为犯罪行为的，不得定罪处刑。任何人未经司法机关判罪之前均假定无罪。保障犯罪嫌疑人、被告人和其他诉讼参与人依法享有的辩护权和其他诉讼权利。任何人已经司法程序被最终确定有罪或者宣告无罪的，不得就同一行为再予审判或者惩罚。

上述规定表表明，《香港维护国家安全法》明确规定香港特别行政区维护国家安全应当尊重和保障人权，依法保护香港特别行政区居民根据基本法和有关国际公约适用于香港的权利和自由，同时应当坚持依照法律定罪处刑、任何人未经司法机关判罪之前均假定无罪、保障犯罪嫌疑人依法享有的权利等重要法治原则，无疑将更好地保障香港居民依法享有的权利和自由。

4. 香港特区机构、组织和个人维护国家安全的职责

《香港维护国家安全法》第6条规定，维护国家主权、统一和领土完整是包括香港同胞在内的全中国人民的共同义务。在香港特别行政区的任何机构、组织和个人都应当遵守本法和香港特别行政区有关维护国家安全的其他法律，不得从事危害国家安全的行为和活动。香港特别行政区居民在参选或者就任公职时应当依法签署文件确认或者宣誓拥护中华人民共和国香港特别行政区基本法，效忠中华人民共和国香港特别行政区。

三、香港特区维护国家安全的职责和机构

1. 职责

（1）制定和执行维护国家安全的法律

《香港维护国家安全法》第7条规定，香港特别行政区应当尽早完成香港特别行政区基本法规定的维护国家安全立法，完善相关法律。第8条规定，香港特别行政区执法、司法机关应当切实执行本法和香港特别行政区现行法律有关防范、制止和惩治危害国家安全行为和活动的规定，有效维护国家安全。

（2）加强维护国家安全和防范恐怖活动

《香港维护国家安全法》第9条规定，香港特别行政区应当加强维护国家安全和防范恐怖活动的工作。对学校、社会团体、媒体、网络等涉及国家安全的事宜，香港特别行政区政府应当采取必要措施，加强宣传、指导、监督和管理。第10条规定，香港特别行政区应当通过学校、社会团体、媒体、网络等开展国家安全教育，提高香港特别行政区居民的国家安全意识和守法意识。

（3）香港特区行政长官职责

《香港维护国家安全法》第11条规定，香港特别行政区行政长官应当就香港特别行政区维护国家安全事务向中央人民政府负责，并就香港特别行政区履行维护国家安全职责的情况提交年度报告。如中央人民政府提出要求，行政长官应当就维护国家安全特定事项及时提交报告。

2. 机构

（1）国家安委会

《香港维护国家安全法》第12条规定，香港特别行政区设立维护国家安全委员会，负责香港特别行政区维护国家安全事务，承担维护国家安全的主要责任，并接受中央人民政府的监督和问责。第13条规定，香港特别行政区维护国家安全委员会由行政长官担任主席，成员包括政务司长、财政司长、律政司长、保安局局长、警务处处长、本法第16条规定的警务处维护国家安全部门的负责人、入境事务处处长、海关关长和行政长官办公室主任。香港特别行政区维护国家安全委员会下设秘书处，由秘书长领导。秘书长由行政长官提名，报中央人民政府任命。

第14条规定了香港特别行政区维护国家安全委员会的职责：①分析研判香港特别行政区维护国家安全形势，规划有关工作，制定香港特别行政区维护国家安全政策；②推进香港特别行政区维护国家安全的法律制度和执行机制建设；③协调香港特别行政区维护国家安全的重点工作和重大行动。香港特别行政区维护国家安全委员会的工作不受香港特区任何其他机构、组织和个人的干涉，工作信息不予公开。香港特别行政区维护国家安全委员会作出的决定不受司法复核。

（2）国家安全事务顾问

《香港维护国家安全法》第15条规定，香港特别行政区维护国家安全委员会设立国家安全事务顾问，由中央人民政府指派，就香港特别行政区维护国家安全委员会履行职责相关事务提供意见。国家安全事务顾问列席香港特别行政区维护国家安全委员会会议。

（3）警务处维护国家安全部门

《香港维护国家安全法》第16条规定，香港特别行政区政府警务处设立维护国家安全的部门，配备执法力量。警务处维护国家安全部门负责人由行政长官任命，行政长官任命前须书面征求本法第48条规定的机构的意见。警务处维护国家安全部门负责人在就职时应当宣誓拥护中华人民共和国香港特别行政区基本法，效忠中华人民共和国香港特别行政区，遵守法律，保守秘密。警务处维护国家安全部门可以从香港特别行政区外聘请合格的专门人员和技术人员，协助执行维护国家安全相关任务。

《香港维护国家安全法》第 17 条规定了警务处维护国家安全部门的职责：①收集分析涉及国家安全的情报信息；②部署、协调、推进维护国家安全的措施和行动；③调查危害国家安全犯罪案件；④进行反干预调查和开展国家安全审查；⑤承办香港特别行政区维护国家安全委员会交办的维护国家安全工作；⑥执行本法所需的其他职责。

（4）律政司国家安全犯罪案件检控部门

《香港维护国家安全法》第 18 条规定，香港特别行政区律政司设立专门的国家安全犯罪案件检控部门，负责危害国家安全犯罪案件的检控工作和其他相关法律事务。该部门检控官由律政司长征得香港特别行政区维护国家安全委员会同意后任命。律政司国家安全犯罪案件检控部门负责人由行政长官任命，行政长官任命前须书面征求本法第 48 条规定的机构的意见。律政司国家安全犯罪案件检控部门负责人在就职时应当宣誓拥护中华人民共和国香港特别行政区基本法，效忠中华人民共和国香港特别行政区，遵守法律，保守秘密。第 19 条规定，经行政长官批准，香港特别行政区政府财政司长应当从政府一般收入中拨出专门款项支付关于维护国家安全的开支并核准所涉及的人员编制，不受香港特别行政区现行有关法律规定的限制。财政司长须每年就该款项的控制和管理向立法会提交报告。

四、罪行与处罚

1. 分裂国家罪

（1）组织、策划、实施或者参与实施分裂国家

《香港维护国家安全法》第 20 条规定，任何人组织、策划、实施或者参与实施以下旨在分裂国家、破坏国家统一行为之一的，不论是否使用武力或者以武力相威胁，即属犯罪：①将香港特别行政区或者中华人民共和国其他任何部分从中华人民共和国分离出去；②非法改变香港特别行政区或者中华人民共和国其他任何部分的法律地位；③将香港特别行政区或者中华人民共和国其他任何部分转归外国统治。犯前款罪，对首要分子或者罪行重大的，处无期徒刑或者 10 年以上有期徒刑；对积极参加的，处 3 年以上 10 年以下有期徒刑；对其他参加的，处 3 年以下有期徒刑、拘役或者管制。

（2）煽动、协助、教唆、以金钱或者其他财物资助他人实施分裂国家

《香港维护国家安全法》第21条规定，任何人煽动、协助、教唆、以金钱或者其他财物资助他人实施本法第20条规定的犯罪的，即属犯罪。情节严重的，处5年以上10年以下有期徒刑；情节较轻的，处5年以下有期徒刑、拘役或者管制。

2. 颠覆国家政权罪

（1）组织、策划、实施或者参与实施颠覆国家政权

《香港维护国家安全法》第22条规定，任何人组织、策划、实施或者参与实施以下以武力、威胁使用武力或者其他非法手段旨在颠覆国家政权行为之一的，即属犯罪：①推翻、破坏中华人民共和国宪法所确立的中华人民共和国根本制度；②推翻中华人民共和国中央政权机关或者香港特别行政区政权机关；③严重干扰、阻挠、破坏中华人民共和国中央政权机关或者香港特别行政区政权机关依法履行职能；④攻击、破坏香港特别行政区政权机关履职场所及其设施，致使其无法正常履行职能。犯前款罪，对首要分子或者罪行重大的，处无期徒刑或者10年以上有期徒刑；对积极参加的，处3年以上10年以下有期徒刑；对其他参加的，处3年以下有期徒刑、拘役或者管制。

（2）煽动、协助、教唆、以金钱或者其他财物资助他人实施颠覆国家政权

《香港维护国家安全法》第23条规定，任何人煽动、协助、教唆、以金钱或者其他财物资助他人实施本法第22条规定的犯罪的，即属犯罪。情节严重的，处5年以上10年以下有期徒刑；情节较轻的，处5年以下有期徒刑、拘役或者管制。

3. 恐怖活动罪

（1）组织、策划、实施、参与实施或者威胁实施恐怖活动

《香港维护国家安全法》第24条规定，为胁迫中央人民政府、香港特别行政区政府或者国际组织或者威吓公众以图实现政治主张，组织、策划、实施、参与实施或者威胁实施以下造成或者意图造成严重社会危害的恐怖活动之一的，即属犯罪：①针对人的严重暴力；②爆炸、纵火或者投放毒害性、放射性、传染病病原体等物质；③破坏交通工具、交通设施、电力设备、燃

气设备或者其他易燃易爆设备；④严重干扰、破坏水、电、燃气、交通、通信、网络等公共服务和管理的电子控制系统；⑤以其他危险方法严重危害公众健康或者安全。犯前款罪，致人重伤、死亡或者使公私财产遭受重大损失的，处无期徒刑或者 10 年以上有期徒刑；其他情形，处 3 年以上 10 年以下有期徒刑。

（2）组织、领导恐怖活动组织

《香港维护国家安全法》第 25 条规定，组织、领导恐怖活动组织的，即属犯罪，处无期徒刑或者 10 年以上有期徒刑，并处没收财产；积极参加的，处 3 年以上 10 年以下有期徒刑，并处罚金；其他参加的，处 3 年以下有期徒刑、拘役或者管制，可以并处罚金。本法所指的恐怖活动组织，是指实施或者意图实施本法第 24 条规定的恐怖活动罪行或者参与或者协助实施本法第 24 条规定的恐怖活动罪行的组织。

（3）为恐怖活动组织、恐怖活动人员、恐怖活动实施提供支持、协助、便利或者准备实施恐怖活动

《香港维护国家安全法》第26条规定，为恐怖活动组织、恐怖活动人员、恐怖活动实施提供培训、武器、信息、资金、物资、劳务、运输、技术或者场所等支持、协助、便利，或者制造、非法管有爆炸性、毒害性、放射性、传染病病原体等物质以及以其他形式准备实施恐怖活动的，即属犯罪。情节严重的，处 5 年以上 10 年以下有期徒刑，并处罚金或者没收财产；其他情形，处 5 年以下有期徒刑、拘役或者管制，并处罚金。有前款行为，同时构成其他犯罪的，依照处罚较重的规定定罪处罚。

（4）宣扬恐怖主义、煽动实施恐怖活动

《香港维护国家安全法》第 27 条规定，宣扬恐怖主义、煽动实施恐怖活动的，即属犯罪。情节严重的，处 5 年以上 10 年以下有期徒刑，并处罚金或者没收财产；其他情形，处 5 年以下有期徒刑、拘役或者管制，并处罚金。

《香港维护国家安全法》第 28 条规定，关于恐怖活动罪的规定不影响依据香港特别行政区法律对其他形式的恐怖活动犯罪追究刑事责任并采取冻结财产等措施。

4. 勾结外国或者境外势力危害国家安全罪

（1）勾结外国或者境外势力危害国家安全的行为构成

《香港维护国家安全法》第 29 条规定，为外国或者境外机构、组织、人员窃取、刺探、收买、非法提供涉及国家安全的国家秘密或者情报的；请求外国或者境外机构、组织、人员实施，与外国或者境外机构、组织、人员串谋实施，或者直接或者间接接受外国或者境外机构、组织、人员的指使、控制、资助或者其他形式的支援实施以下行为之一的，均属犯罪：①对中华人民共和国发动战争，或者以武力或者武力相威胁，对中华人民共和国主权、统一和领土完整造成严重危害；②对香港特别行政区政府或者中央人民政府制定和执行法律、政策进行严重阻挠并可能造成严重后果；③对香港特别行政区选举进行操控、破坏并可能造成严重后果；④对香港特别行政区或者中华人民共和国进行制裁、封锁或者采取其他敌对行动；⑤通过各种非法方式引发香港特别行政区居民对中央人民政府或者香港特别行政区政府的憎恨并可能造成严重后果。犯前款罪，处 3 年以上 10 年以下有期徒刑；罪行重大的，处无期徒刑或者 10 年以上有期徒刑。本条第 1 款规定涉及的境外机构、组织、人员，按共同犯罪定罪处刑。

（2）其他勾结外国或者境外势力危害国家安全的行为

《香港维护国家安全法》第 30 条规定，为实施本法第 20 条、第 22 条规定的犯罪，与外国或者境外机构、组织、人员串谋，或者直接或者间接接受外国或者境外机构、组织、人员的指使、控制、资助或者其他形式的支援的，依照本法第 20 条、第 22 条的规定从重处罚。

5. 其他处罚规定

（1）公司、团体等法人或者非法人组织实施危害国家安全罪行

《香港维护国家安全法》第 31 条规定，公司、团体等法人或者非法人组织实施本法规定的犯罪的，对该组织判处罚金。公司、团体等法人或者非法人组织因犯本法规定的罪行受到刑事处罚的，应责令其暂停运作或者吊销其执照或者营业许可证。第 32 条规定，因实施本法规定的犯罪而获得的资助、收益、报酬等违法所得以及用于或者意图用于犯罪的资金和工具，应当予以追缴、没收。

（2）从轻、减轻和免除处罚的情形

《香港维护国家安全法》第33条规定，有以下情形的，对有关犯罪行为人、犯罪嫌疑人、被告人可以从轻、减轻处罚；犯罪较轻的，可以免除处罚：①在犯罪过程中，自动放弃犯罪或者自动有效地防止犯罪结果发生的；②自动投案，如实供述自己的罪行的；③揭发他人犯罪行为，查证属实，或者提供重要线索得以侦破其他案件的。被采取强制措施的犯罪嫌疑人、被告人如实供述执法、司法机关未掌握的本人犯有本法规定的其他罪行的，按前款第②项规定处理。

（3）不具有香港特区永久性居民身份的人实施危害国家安全罪行

《香港维护国家安全法》第34条规定，不具有香港特别行政区永久性居民身份的人实施本法规定的犯罪的，可以独立适用或者附加适用驱逐出境。不具有香港特别行政区永久性居民身份的人违反本法规定，因任何原因不对其追究刑事责任的，也可以驱逐出境。

（4）犯危害国家安全罪行的其他法律后果

《香港维护国家安全法》第35条规定，任何人经法院判决犯危害国家安全罪行的，即丧失作为候选人参加香港特别行政区举行的立法会、区议会选举或者出任香港特别行政区任何公职或者行政长官选举委员会委员的资格；曾经宣誓或者声明拥护中华人民共和国香港特别行政区基本法、效忠中华人民共和国香港特别行政区的立法会议员、政府官员及公务人员、行政会议成员、法官及其他司法人员、区议员，即时丧失该等职务，并丧失参选或者出任上述职务的资格。前款规定资格或者职务的丧失，由负责组织、管理有关选举或者公职任免的机构宣布。

6. 效力范围

《香港维护国家安全法》第36条规定，任何人在香港特别行政区内实施本法规定的犯罪的，适用本法。犯罪的行为或者结果有一项发生在香港特别行政区内的，就认为是在香港特别行政区内犯罪。在香港特别行政区注册的船舶或者航空器内实施本法规定的犯罪的，也适用本法。第37条规定，香港特别行政区永久性居民或者在香港特别行政区成立的公司、团体等法人或者非法人组织在香港特别行政区以外实施本法规定的犯罪的，适用本法。第38条规定，不具有香港特别行政区永久性居民身份的人在香港特别行政区以外针对香港特别行政区实施本法规定的犯罪的，适用本法。第 39 条规定，本法施行以后的行为，适用本法定罪处刑。

五、中央人民政府驻香港特区维护国家安全机构

《香港维护国家安全法》第 48 条规定，中央人民政府在香港特别行政区设立维护国家安全公署。中央人民政府驻香港特别行政区维护国家安全公署依法履行维护国家安全职责，行使相关权力。驻香港特别行政区维护国家安全公署人员由中央人民政府维护国家安全的有关机关联合派出。

1. 维护国家安全公署职责

《香港维护国家安全法》第 49 条规定，驻香港特别行政区维护国家安全公署的职责为：①分析研判香港特别行政区维护国家安全形势，就维护国家安全重大战略和重要政策提出意见和建议；②监督、指导、协调、支持香港特别行政区履行维护国家安全的职责；③收集分析国家安全情报信息；④依法办理危害国家安全犯罪案件。第 50 条规定，驻香港特别行政区维护国家安全公署应当严格依法履行职责，依法接受监督，不得侵害任何个人和组织的合法权益。驻香港特别行政区维护国家安全公署人员除须遵守全国性法律外，还应当遵守香港特别行政区法律。驻香港特别行政区维护国家安全公署人员依法接受国家监察机关的监督。第 51 条规定，驻香港特别行政区维护国家安全公署的经费由中央财政保障。

2. 维护国家安全公署工作机制

《香港维护国家安全法》第 52 条规定，驻香港特别行政区维护国家安全公署应当加强与中央人民政府驻香港特别行政区联络办公室、外交部驻香港特别行政区特派员公署、中国人民解放军驻香港部队的工作联系和工作协同。第 53 条规定，驻香港特别行政区维护国家安全公署应当与香港特别行政区维护国家安全委员会建立协调机制，监督、指导香港特别行政区维护国家安全工作。驻香港特别行政区维护国家安全公署的工作部门应当与香港特别行政区维护国家安全的有关机关建立协作机制，加强信息共享和行动配合。第 54 条规定，驻香港特别行政区维护国家安全公署、外交部驻香港特别行政区特派员公署会同香港特别行政区政府采取必要措施，加强对外国和国际组织驻香港特别行政区机构、在香港特别行政区的外国和境外非政府组

织和新闻机构的管理和服务。

3. 维护国家安全公署管辖范围

《香港维护国家安全法》第55条规定，有以下情形之一的，经香港特别行政区政府或者驻香港特别行政区维护国家安全公署提出，并报中央人民政府批准，由驻香港特别行政区维护国家安全公署对本法规定的危害国家安全犯罪案件行使管辖权：①案件涉及外国或者境外势力介入的复杂情况，香港特别行政区管辖确有困难的；②出现香港特别行政区政府无法有效执行本法的严重情况的；③出现国家安全面临重大现实威胁的情况的。第56条规定，根据本法第55条规定管辖有关危害国家安全犯罪案件时，由驻香港特别行政区维护国家安全公署负责立案侦查，最高人民检察院指定有关检察机关行使检察权，最高人民法院指定有关法院行使审判权。第57条规定，根据本法第55条规定管辖案件的立案侦查、审查起诉、审判和刑罚的执行等诉讼程序事宜，适用《中华人民共和国刑事诉讼法》等相关法律的规定。根据本法第55条规定管辖案件时，本法第56条规定的执法、司法机关依法行使相关权力，其为决定采取强制措施、侦查措施和司法裁判而签发的法律文书在香港特别行政区具有法律效力。对于驻香港特别行政区维护国家安全公署依法采取的措施，有关机构、组织和个人必须遵从。第58条规定，根据本法第55条规定管辖案件时，犯罪嫌疑人自被驻香港特别行政区维护国家安全公署第一次讯问或者采取强制措施之日起，有权委托律师作为辩护人。辩护律师可以依法为犯罪嫌疑人、被告人提供法律帮助。犯罪嫌疑人、被告人被合法拘捕后，享有尽早接受司法机关公正审判的权利。第59条规定，根据本法第55条规定管辖案件时，任何人如果知道本法规定的危害国家安全犯罪案件情况，都有如实作证的义务。

4. 维护国家安全公署及其人员的权利

《香港维护国家安全法》第60条规定，驻香港特别行政区维护国家安全公署及其人员依据本法执行职务的行为，不受香港特别行政区管辖。持有驻香港特别行政区维护国家安全公署制发的证件或者证明文件的人员和车辆等在执行职务时不受香港特别行政区执法人员检查、搜查和扣押。驻香港特别行政区维护国家安全公署及其人员享有香港特别行政区法律规定的其他权利和豁免。第61条规定，驻香港特别行政区维护国家安全公署依据本法规定履行职责时，香港特别行政区政府有关部门须提供必要的便利和配合，对妨碍有关执行职务的行为依法予以制止并追究责任。

第二节 中华人民共和国英雄烈士保护法 ①

一、立法背景和起草过程

1. 立法背景

习近平总书记指出："实现我们的目标，需要英雄，需要英雄精神。我们要铭记一切为中华民族和中国人民作出贡献的英雄们，崇尚英雄，捍卫英雄，学习英雄，关爱英雄。"英雄烈士的事迹和精神是中华民族共同的历史记忆和宝贵的精神财富，是中国共产党领导中国各族人民不懈奋斗伟大历程、可歌可泣英雄史诗的缩影和代表，是实现中华民族伟大复兴的强大精神动力。

近年来，社会上历史虚无主义错误思潮和观点不断出现，有些人以"学术自由""还原历史""探究细节"等为名，通过网络、书刊等媒体歪曲历史特别是近现代历史，丑化、诋毁、贬损、质疑英雄烈士，造成恶劣社会影响，引起社会各界愤慨谴责。2017 年全国两会上，251 人次全国人大代表、全国政协委员和一些群众来信提出，建议通过立法加强英雄烈士保护。2017 年 4 月，习近平总书记对英雄烈士保护立法做出重要批示。回应社会关切，回击丑化、诋毁英雄烈士的恶劣行为，加强英雄烈士保护立法十分必要。制定英雄烈士保护法是建设具有强大凝聚力和引领力的社会主义意识形态，巩固中国共产党执政地位和中国特色社会主义制度的内在要求，是弘扬社会主义核心价值观和爱国主义精神，崇尚捍卫英雄烈士，维护社会公共利益的必要措施。

2. 起草过程

全国人大常委会高度重视英雄烈士保护立法工作，将起草英雄烈士保护法作为 2017 年立法工作方面的一项重要任务。法制工作委员会会同中央宣传部、民政部、人力资源和社会保障部、中央军委法制局组成起草工作组，

---

① 法律出版社 . 中华人民共和国英雄烈士保护法（附草案说明）[M] . 北京：法律出版社，2018.

抓紧立法研究起草工作，先后召开十多次座谈会并前往革命老区、英模部队等调研，听取各方意见；到中央档案馆查阅相关历史档案；到北京市高级人民法院调研了解有关案件情况。在起草工作中，工作组坚持突出重点，旗帜鲜明讲政治，坚持弘扬英烈精神，传承红色基因，坚持问题导向，完善制度措施。以习近平新时代中国特色社会主义思想和党的十九大精神为指导，对立法中的主要问题进行专题研究，并研究借鉴外国相关立法规定，经反复研究、修改并征求中央有关部门意见后，形成了《中华人民共和国英雄烈士保护法（草案）》（以下简称《英烈保护法（草案）》）。

2017 年 12 月 22 日，十二届全国人大常委会第 31 次会议审议了全国人大常委会委员长会议关于提请审议《英烈保护法（草案）》的议案。2018 年 4 月 25 日，《英烈保护法（草案）》提交十三届全国人大常委会第 2 次会议审议。2018 年 4 月 27 日，十三届全国人大常委会第 2 次会议全票表决通过《中华人民共和国英雄烈士保护法》（以下简称《英烈保护法》），自 2018 年 5 月 1 日起施行。

二、立法目的和立法意义

1. 立法目的

《英烈保护法》第 1 条规定，为了加强对英雄烈士的保护，维护社会公共利益，传承和弘扬英雄烈士精神、爱国主义精神，培育和践行社会主义核心价值观，激发实现中华民族伟大复兴中国梦的强大精神力量，根据宪法，制定本法。这表明，立法目的一是表明国家保护英雄烈士的坚定态度和政治立场；二是通过弘扬传承英雄烈士精神，在全社会传播社会主义核心价值观的正能量；三是激发全民实现中华民族伟大复兴中国梦的强大精神力量，以不断夺取新时代中国特色社会主义新胜利告慰英雄烈士。

2. 立法意义

《英烈保护法》是我国首部保护保护英雄烈士的专项法律，具有立凛然国法、弘英烈精神、扬民族正气的重大意义。

具体而言：①彰显了国家和人民永远铭记、尊崇一切为国家和民族作出牺牲和贡献的英雄烈士，坚决捍卫英雄烈士的鲜明价值导向。②表明了中国共产党始终高度重视继承和发扬革命道德传统，有利于发扬革命道德、传承红色基因，挖掘中国革命道德当代价值。③《英烈保护法》禁止歪曲、丑化、亵渎、否定英雄烈士的事迹和精神，宣扬、美化侵略战争和侵略行为，并明确了相关违法行为的法律责任，对维护社会公共利益，传承弘扬英雄烈士精神，培育和践行社会主义核心价值观将发挥重要作用。

三、主要内容

1. 英雄烈士的历史功勋

中华民族是英雄辈出的民族，特别是中国共产党、人民军队和人民共和国历史上涌现的无数英雄烈士，近代以来的英烈先驱和革命先行者，为国家和人民作出了重大牺牲和重大贡献。《英烈保护法》第 2 条规定，国家和人民永远尊崇、铭记英雄烈士为国家、人民和民族作出的牺牲和贡献。近代以来，为了争取民族独立和人民解放，实现国家富强和人民幸福，促进世界和平和人类进步而毕生奋斗、英勇献身的英雄烈士，功勋彪炳史册，精神永垂不朽。

具体而言：①规定阐释了英雄烈士的历史功勋，体现宪法序言和人民英雄纪念碑碑文的精神，并与《中华人民共和国民法典》、全国人大常委会关于设立烈士纪念日的决定等规定相衔接。②明确了英雄烈士的保护范围，包括近代以来，为国家、为民族、为人民作出牺牲和贡献的英烈先驱和革命先行者，其中既包括个人也包括群体，既包括有名英烈也包括无数的无名英烈。

需要说明的是，《英烈保护法》保护的英雄烈士都是已经牺牲、去世的。健在的英雄模范人物与本法保护的英雄烈士的精神是一脉相承的，对他们的褒奖、保护，适用《国家勋章和国家荣誉称号法》等相关法律法规，不适用本法。

2. 人民英雄纪念碑的法律地位

人民英雄纪念碑，展现了自鸦片战争以来中国人民浴血奋斗的艰辛历程，是我国近百年来人民革命伟大史实的生动写照，是国家和人民纪念缅怀为中国革命和国家建设而英勇献身的英雄烈士的标志性纪念设施，长期以来也是革命传统教育和爱国主义教育的重要场所。

《英烈保护法》第 7 条规定，国家建立并保护英雄烈士纪念设施，纪念、缅怀英雄烈士。矗立在首都北京天安门广场的人民英雄纪念碑，是近代以来中国人民和中华民族争取民族独立解放、人民自由幸福和国家繁荣富强精神的象征，是国家和人民纪念、缅怀英雄烈士的永久性纪念设施。人民英雄纪念碑及其名称、碑题、碑文、浮雕、图形、标志等受法律保护。《英烈保护法》以国家立法确立了人民英雄纪念碑作为国家标志以及纪念缅怀英雄烈士永久性纪念设施的法律地位，就是为了让一代又一代的中华儿女能够始终牢记先烈先辈的英勇奋斗事迹和奉献牺牲精神，传承实现中华民族伟大复兴的坚强意志和奋斗精神。

3. 纪念缅怀英雄烈士活动

（1）国家专设烈士纪念日举行国家级的英雄烈士纪念缅怀仪式，并明确要求邀请英雄烈士遗属代表参加在清明节和重要纪念日举行的英雄烈士纪念活动。自 2014 年全国人大常委会作出设立烈士纪念日的决定以来，每年 9 月 30 日都要在天安门广场举行向人民英雄纪念碑敬献花篮仪式。因此，《英烈保护法》第 5 条规定，每年 9 月 30 日为烈士纪念日，国家在首都北京天安门广场人民英雄纪念碑前举行纪念仪式，缅怀英雄烈士。县级以上地方人民政府、军队有关部门应当在烈士纪念日举行纪念活动。举行英雄烈士纪念活动，邀请英雄烈士遗属代表参加。本条规定也是与全国人大常委会关于设立烈士纪念日的决定和有关行政法规规定相衔接。同时，根据地方、社会开展纪念缅怀活动的实践做法，除专设烈士纪念日规定外，《英烈保护法》第 6 条还对清明节和重要纪念日的纪念活动作了规定，在清明节和重要纪念日，机关、团体、乡村、社区、学校、企业事业单位和军队有关单位根据实际情况，组织开展英雄烈士纪念活动。

（2）建立健全英雄烈士纪念设施的保护管理制度。英雄烈士纪念设施包括为纪念英雄烈士专门修建的烈士陵园、纪念馆、纪念碑、纪念塑像等设施，为加强英雄烈士纪念设施的保护管理工作，发挥其革命传统教育和爱国主义教育基地的作用，《英烈保护法》第 8 条规定，县级以上人民政府应当将英雄烈士纪念设施建设和保护纳入国民经济和社会发展规划、城乡规划，加强对英雄烈士纪念设施的保护和管理；对具有重要纪念意义、教育意义的英雄烈士纪念设施依照《中华人民共和国文物保护法》的规定，核定公布为文物保护单位。中央财政对革命老区、民族地区、边疆地区、贫困地区英雄烈士纪念设施的修缮保护，应当按照国家规定予以补助。第9条规定，英雄烈士纪念设施应当免费向社会开放，供公众瞻仰、悼念英雄烈士，开展纪念教育活动，告慰先烈英灵。前款规定的纪念设施由军队有关单位管理的，按照军队有关规定实行开放。第10条规定，英雄烈士纪念设施保护单位应当健全服务和管理工作规范，方便瞻仰、悼念英雄烈士，保持英雄烈士纪念设施庄严、肃穆、清净的环境和氛围。任何组织和个人不得在英雄烈士纪念设施保护范围内从事有损纪念英雄烈士环境和氛围的活动，不得侵占英雄烈士纪念设施保护范围内的土地和设施，不得破坏、污损英雄烈士纪念设施。

（3）庄严、有序、有礼举行、参加英雄烈士的安葬仪式和纪念缅怀活动。近些年国家为抗美援朝志愿军烈士遗骸、维和部队烈士灵柩举行了送迎、安葬仪式，为了进一步彰显举国全民敬仰英烈的民族正气，《英烈保护法》第11条规定，安葬英雄烈士时，县级以上人民政府、军队有关部门应当举行庄严、肃穆、文明、节俭的送迎、安葬仪式。同时，国家引导公民开展符合中华传统祭扫礼俗文化的纪念缅怀活动。《英烈保护法》第12条规定，国家建立健全英雄烈士祭扫制度和礼仪规范，引导公民庄严有序地开展祭扫活动。县级以上人民政府有关部门应当为英雄烈士遗属祭扫提供便利。第13条规定，县级以上人民政府有关部门应当引导公民通过瞻仰英雄烈士纪念设施、集体宣誓、网上祭奠等形式，铭记英雄烈士的事迹，传承和弘扬英雄烈士的精神。第14条规定，英雄烈士在国外安葬的，中华人民共和国驻该国外交、领事代表机构应当结合驻在国实际情况组织开展祭扫活动。

4. 弘扬传承英雄烈士精神

为做好英雄烈士事迹和精神的宣传教育工作，本法对各级政府和教育、文化、新闻出版、广播电视等部门以及新闻媒体提出明确要求，《英烈保护法》对各级政府和教育、文化、新闻出版、广播电视等部门以及新闻媒体提出明确要求，表明国家高度重视对英雄烈士事迹和精神的宣传教育工作。《英烈保护法》第15条规定，国家鼓励和支持开展对英雄烈士事迹和精神的研究，以辩证唯物主义和历史唯物主义为指导认识和记述历史。第16条规定，各级人民政府、军队有关部门应当加强对英雄烈士遗物、史料的收集、保护和陈列展示工作，组织开展英雄烈士史料的研究、编纂和宣传工作。国家鼓励和支持革命老区发挥当地资源优势，开展英雄烈士事迹和精神的研究、宣传和教育工作。第 17 条规定，教育行政部门应当以青少年学生为重点，将英雄烈士事迹和精神的宣传教育纳入国民教育体系。教育行政部门、各级各类学校应当将英雄烈士事迹和精神纳入教育内容，组织开展纪念教育活动，加强对学生的爱国主义、集体主义、社会主义教育。第 18 条规定，文化、新闻出版、广播电视、电影、网信等部门应当鼓励和支持以英雄烈士事迹为题材、弘扬英雄烈士精神的优秀文学艺术作品、广播电视节目以及出版物的创作生产和宣传推广。第 19 条规定，广播电台、电视台、报刊出版单位、互联网信息服务提供者，应当通过播放或者刊登英雄烈士题材作品、发布公益广告、开设专栏等方式，广泛宣传英雄烈士事迹和精神。加强对英雄烈士事迹和精神的宣传教育，弘扬传承英雄烈士精神，能够引导全社会树立正确的历史观和民族观。

5. 烈士褒扬和遗属抚恤优待

（1）英雄烈士的褒扬。国家、各级人民政府、军队有关部门应依法履行英雄烈士保护工作职责，崇尚、学习、捍卫英雄烈士是全民都应共同履行的社会责任。《英烈保护法》第 3 条规定，英雄烈士事迹和精神是中华民族的共同历史记忆和社会主义核心价值观的重要体现。国家保护英雄烈士，对英雄烈士予以褒扬、纪念，加强对英雄烈士事迹和精神的宣传、教育，维护英雄烈士尊严和合法权益。全社会都应当崇尚、学习、捍卫英雄烈士。第 4 条规定，各级人民政府应当加强对英雄烈士的保护，将宣传、弘扬英雄烈士事迹和精神作为社会主义精神文明建设的重要内容。县级以上人民政府负责英雄烈士保护工作的部门和其他有关部门应当依法履行职责，做好英雄烈士保护工作。军队有关部门按照国务院、中央军事委员会的规定，做好英雄烈士保护工作。县级以上人民政府应当将英雄烈士保护工作经费列入本级预算。

（2）英雄烈士遗属抚恤优待制度。《英烈保护法》与我国宪法、国防法、兵役法和烈士褒扬条例、军人抚恤优待条例等法律、行政法规规定相衔接，对英雄烈士遗属的抚恤优待的主要内容作了原则规定，明确对英雄烈士的抚恤优待要与国民经济和社会发展相适应并逐步提高，同时鼓励社会参与帮扶英雄烈士遗属等公益活动。《英烈保护法》第 20 条规定，国家鼓励和支持自然人、法人和非法人组织以捐赠财产、义务宣讲英雄烈士事迹和精神、帮扶英雄烈士遗属等公益活动的方式，参与英雄烈士保护工作。自然人、法人和非法人组织捐赠财产用于英雄烈士保护的，依法享受税收优惠。第21条规定，国家实行英雄烈士抚恤优待制度。英雄烈士遗属按照国家规定享受教育、就业、养老、住房、医疗等方面的优待。抚恤优待水平应当与国民经济和社会发展相适应并逐步提高。国务院有关部门、军队有关部门和地方人民政府应当关心英雄烈士遗属的生活情况，每年定期走访慰问英雄烈士遗属。

6.保护英雄烈士名誉荣誉

（1）国家从行政、民事、刑事等方面全面加强对英雄烈士的姓名、肖像、名誉和荣誉保护。英雄烈士的事迹所凝聚的国家意志和民族精神，是全体中国人民和中华儿女的民族情感，这种家国情怀是社会公共利益，决不允许任何组织和个人亵渎。《英烈保护法》第22条规定，禁止歪曲、丑化、亵渎、否定英雄烈士事迹和精神。英雄烈士的姓名、肖像、名誉、荣誉受法律保护。任何组织和个人不得在公共场所、互联网或者利用广播电视、电影、出版物等，以侮辱、诽谤或者其他方式侵害英雄烈士的姓名、肖像、名誉、荣誉。任何组织和个人不得将英雄烈士的姓名、肖像用于或者变相用于商标、商业广告，损害英雄烈士的名誉、荣誉。公安、文化、新闻出版、广播电视、电影、网信、市场监督管理、负责英雄烈士保护工作的部门发现前款规定行为的，应当依法及时处理。第23条规定，网信和电信、公安等有关部门在对网络信息进行依法监督管理工作中，发现发布或者传输以侮辱、诽谤或者其他方式侵害英雄烈士的姓名、肖像、名誉、荣誉的信息的，应当要求网络运营者停止传输，采取消除等处置措施和其他必要措施；对来源于中华人民共和国境外的上述信息，应当通知有关机构采取技术措施和其他必要措施阻断传播。网络运营者发现其用户发布前款规定的信息的，应当立即停止传输该信息，采取消除等处置措施，防止信息扩散，保存有关记录，并向有关主管部门报告。网络运营者未采取停止传输、消除等处置措施的，依照《中华人民共和国网络安全法》的规定处罚。第24条规定，任何组织和个人有权对侵害英雄烈士合法权益和其他违反本法规定的行为，向负责英雄烈士保护工作的部门、网信、公安等有关部门举报，接到举报的部门应当依法及时处理。

（2）国家建立侵害英雄烈士名誉荣誉的公益诉讼制度。《英烈保护法》第25条规定，对侵害英雄烈士的姓名、肖像、名誉、荣誉的行为，英雄烈士的近亲属可以依法向人民法院提起诉讼。英雄烈士没有近亲属或者近亲属不提起诉讼的，检察机关依法对侵害英雄烈士的姓名、肖像、名誉、荣誉，损害社会公共利益的行为向人民法院提起诉讼。负责英雄烈士保护工作的部门和其他有关部门在履行职责过程中发现第 1 款规定的行为，需要检察机关提起诉讼的，应当向检察机关报告。英雄烈士近亲属依照第 1 款规定提起诉讼的，法律援助机构应当依法提供法律援助服务。侵害英雄烈士名誉荣誉的公益诉讼制度的设立，表明在英雄烈士没有近亲属，或者近亲属不提起诉讼的情况下，检察机关可以提起诉讼，以确保英雄烈士的姓名、肖像、名誉和荣誉不因无法提起诉讼而得不到保护的情况发生。

7. 法律责任

（1）侵害英雄烈士名誉荣誉。《英烈保护法》第 26 条规定，以侮辱、诽谤或者其他方式侵害英雄烈士的姓名、肖像、名誉、荣誉，损害社会公共利益的，依法承担民事责任；构成违反治安管理行为的，由公安机关依法给予治安管理处罚；构成犯罪的，依法追究刑事责任。

（2）从事有损纪念英雄烈士环境和氛围的活动。《英烈保护法》第 27 条规定，在英雄烈士纪念设施保护范围内从事有损纪念英雄烈士环境和氛围的活动的，纪念设施保护单位应当及时劝阻；不听劝阻的，由县级以上地方人民政府负责英雄烈士保护工作的部门、文物主管部门按照职责规定给予批评教育，责令改正；构成违反治安管理行为的，由公安机关依法给予治安管理处罚。亵渎、否定英雄烈士事迹和精神，宣扬、美化侵略战争和侵略行为，寻衅滋事，扰乱公共秩序，构成违反治安管理行为的，由公安机关依法给予治安管理处罚；构成犯罪的，依法追究刑事责任。

（3）侵占、破坏、污损英雄烈士纪念设施。《英烈保护法》第28条规定，侵占、破坏、污损英雄烈士纪念设施的，由县级以上人民政府负责英雄烈士保护工作的部门责令改正；造成损失的，依法承担民事责任；被侵占、破坏、污损的纪念设施属于文物保护单位的，依照《中华人民共和国文物保护法》的规定处罚；构成违反治安管理行为的，由公安机关依法给予治安管理处罚；构成犯罪的，依法追究刑事责任。

（4）有关部门及其工作人员的法律责任。《英烈保护法》第 29 条规定，县级以上人民政府有关部门及其工作人员在英雄烈士保护工作中滥用职权、玩忽职守、徇私舞弊的，对直接负责的主管人员和其他直接责任人员，依法给予处分；构成犯罪的，依法追究刑事责任。

第三节　宗教事务条例

一、概述

1. 立法目的

《宗教事务条例》（以下简称《条例》）第1条规定，制定《条例》是为了保障公民宗教信仰自由，维护宗教和睦与社会和谐，规范宗教事务管理，提高宗教工作法治化水平，根据宪法和有关法律，制定本条例。据此，《条例》的立法目的包括：①保障公民宗教信仰自由；②维护宗教和睦与社会和谐；③规范宗教事务管理；④提高宗教工作法治化水平。

2. 起草过程

《条例》自2005年3月1日起施行，该条例施行12年来，规范了宗教事务管理，维护了宗教界合法权益，在服务改革开放和社会主义现代化建设方面发挥了重要作用。随着国际国内形势的深刻变化，宗教领域出现了一些新情况新问题，给宗教事务管理提出了新的课题和要求。党的十八大以来，以习近平同志为核心的党中央高度重视宗教工作，强调对宗教事务的依法管理。2016年，习近平总书记在全国宗教会议上指出，要提高宗教工作法治化水平，对宗教界反映强烈、社会普遍关注、工作中急需解决的问题做出明确规定。这就要求进一步修改完善原条例，使宗教事务管理的相关制度更加完善。

2016年6月，国家宗教局向国务院报送了《宗教事务条例（修订草案）（送审稿）》。国务院法制办收到此件后，多次征求有关部门、各省级人民政府、各全国性宗教团体以及专家学者意见，并向社会公开征求意见，会同国家宗教局赴地方调研。在此基础上，国务院法制办会同国家宗教局等部门对送审稿反复研究、修改，形成了《宗教事务条例（修订草案）》。2017年6月14日，国务院常务会议审议通过了修订草案，2017年8月26日，李克强总理签署国务院令公布条例，自2018年2月1日起施行。

3. 立法意义

（1）宗教工作实践的迫切需要

十多年来，我国宗教领域发生很大变化，一些新的矛盾和问题日益凸显，而提高宗教工作法制化水平，是正确处理宗教领域各种矛盾和问题的根本途径。因此，要从全面依法治国的高度，把宗教事务管理纳入国家治理体系，从立法层面做出必要调整，修订《条例》是宗教工作当务之急。

（2）贯彻中央关于宗教工作决策部署的重要举措

习近平总书记关于宗教工作的重要讲话精神丰富和发展了马克思主义宗教观，为做好新形势下宗教工作提供了根本遵循。通过修订《条例》，把以习近平同志为核心的党中央关于宗教工作决策部署法定化、制度化，对于提高新形势下宗教工作水平具有十分重要的意义。

（3）提高宗教工作法治化水平的必然要求

改革开放以来，我国宗教事务的立法工作取得重要进展，宗教事务法律制度框架初步确立，但法律法规还不健全，针对性和操作性还不强。习近平总书记强调指出，要提高宗教工作法制化水平，用法律规范政府管理宗教事务的行为，用法律调节涉及宗教的各种社会关系。《条例》作为调整宗教事务的专门行政法规，需要抓紧修订，使宗教事务管理的相关制度更加完善。

二、总则规定

1. 公民宗教信仰自由的内涵

《条例》第 2 条规定，任何组织或者个人不得强制公民信仰宗教或者不信仰宗教，不得歧视信仰宗教的公民（以下称“信教公民”）或者不信仰宗教的公民（以下称“不信教公民”）。信教公民和不信教公民、信仰不同宗教的公民应当相互尊重、和睦相处。

宗教信仰自由是宪法赋予公民的一项权利。我国《宪法》第 36 条规定，中华人民共和国公民有宗教信仰自由。公民有宗教信仰自由意味着每个公民有信仰宗教的自由，也有不信仰宗教的自由；有信仰这种宗教的自由，也有信仰那种宗教的自由；有过去不信教而现在信教的自由，也有过去信教而现在不信教的自由。无论信教的公民还是不信教的公民，在法律面前一律平等，享有和承担宪法、法律赋予的同等权利和义务，任何国家机关、社会团体和个人都不得加以歧视。同时，《宪法》第 51 条规定，中华人民共和国公民在行使自由和权利的时候，不得损害国家的、社会的、集体的利益和其他公民的合法的自由和权利。因此，公民在行使宗教信仰自由的同时，要自觉履行法律规定的义务，做到权利和义务相统一。当宗教活动与国家法律相抵触时，必须依法予以处置。

2. 宗教事务管理原则

《条例》第 3 条规定，宗教事务管理坚持保护合法、制止非法、遏制极端、抵御渗透、打击犯罪的原则。

3. 国家依法保障宗教信仰自由的责任

《条例》第 4 条规定，国家依法保护正常的宗教活动，积极引导宗教与社会主义社会相适应，维护宗教团体、宗教院校、宗教活动场所和信教公民的合法权益。宗教团体、宗教院校、宗教活动场所和信教公民应当遵守宪法、法律、法规和规章，践行社会主义核心价值观，维护国家统一、民族团结、宗教和睦与社会稳定。任何组织或者个人不得利用宗教进行危害国家安全、破坏社会秩序、损害公民身体健康、妨碍国家教育制度，以及其他损害国家利益、社会公共利益和公民合法权益等违法活动。任何组织或者个人不得在不同宗教之间、同一宗教内部以及信教公民与不信教公民之间制造矛盾与冲突，不得宣扬、支持、资助宗教极端主义，不得利用宗教破坏民族团结、分裂国家和进行恐怖活动。

4. 宗教方面对外交往的原则

《条例》第 5 条规定，各宗教坚持独立自主自办的原则，宗教团体、宗教院校、宗教活动场所和宗教事务不受外国势力的支配。宗教团体、宗教院校、宗教活动场所、宗教教职人员在相互尊重、平等、友好的基础上开展对外交往；其他组织或者个人在对外经济、文化等合作、交流活动中不得接受附加的宗教条件。

5. 宗教事务的行政管理体制

《条例》第 6 条规定，各级人民政府应当加强宗教工作，建立健全宗教工作机制，保障工作力量和必要的工作条件。县级以上人民政府宗教事务部门依法对涉及国家利益和社会公共利益的宗教事务进行行政管理，县级以上人民政府其他有关部门在各自职责范围内依法负责有关的行政管理工作。乡级人民政府应当做好本行政区域的宗教事务管理工作。村民委员会、居民委员会应当依法协助人民政府管理宗教事务。各级人民政府应当听取宗教团体、宗教院校、宗教活动场所和信教公民的意见，协调宗教事务管理工作，为宗教团体、宗教院校和宗教活动场所提供公共服务。

三、宗教活动场所

1. 宗教活动场所的类型

《条例》第 19 条规定，宗教活动场所包括寺观教堂和其他固定宗教活动处所。寺观教堂和其他固定宗教活动处所的区分标准由省、自治区、直辖市人民政府宗教事务部门制定，报国务院宗教事务部门备案。

2. 宗教活动场所的设立条件

《条例》第 20 条规定，设立宗教活动场所，应当具备下列条件：①设立宗旨不违背本条例第 4 条、第 5 条的规定；②当地信教公民有经常进行集体宗教活动的需要；③有拟主持宗教活动的宗教教职人员或者符合本宗教规定的其他人员；④有必要的资金，资金来源渠道合法；⑤布局合理，符合城乡规划要求，不妨碍周围单位和居民的正常生产、生活。

3. 宗教活动场所的设立程序

（1）宗教活动场所筹备设立的审批程序

《条例》第 21 条规定，筹备设立宗教活动场所，由宗教团体向拟设立的宗教活动场所所在地的县级人民政府宗教事务部门提出申请。县级人民政府宗教事务部门应当自收到申请之日起 30 日内提出审核意见，报设区的市级人民政府宗教事务部门。设区的市级人民政府宗教事务部门应当自收到县级人民政府宗教事务部门报送的材料之日起 30 日内，对申请设立其他固定宗教活动处所的，作出批准或者不予批准的决定；对申请设立寺观教堂的，提出审核意见，报省、自治区、直辖市人民政府宗教事务部门审批。省、自治区、直辖市人民政府宗教事务部门应当自收到设区的市级人民政府宗教事务部门报送的材料之日起 30 日内，作出批准或者不予批准的决定。宗教活动场所的设立申请获批准后，方可办理该宗教活动场所的筹建事项。

（2）宗教活动场所的登记

《条例》第 22 条规定，宗教活动场所经批准筹备并建设完工后，应当向所在地的县级人民政府宗教事务部门申请登记。县级人民政府宗教事务部门应当自收到申请之日起30日内对该宗教活动场所的管理组织、规章制度建设等情况进行审核，对符合条件的予以登记，发给《宗教活动场所登记证》。第23条规定，宗教活动场所符合法人条件的，经所在地宗教团体同意，并报县级人民政府宗教事务部门审查同意后，可以到民政部门办理法人登记。

（3）宗教活动场所的终止和变更登记

《条例》第24条规定，宗教活动场所终止或者变更登记内容的，应当到原登记管理机关办理相应的注销或者变更登记手续。

4. 宗教活动场所组织管理制度

《条例》第25条规定，宗教活动场所应当成立管理组织，实行民主管理。宗教活动场所管理组织的成员，经民主协商推选，并报该场所的登记管理机关备案。第26条规定，宗教活动场所应当加强内部管理，依照有关法律、法规、规章的规定，建立健全人员、财务、资产、会计、治安、消防、文物保护、卫生防疫等管理制度，接受当地人民政府有关部门的指导、监督、检查。

5. 宗教活动场所行政管理制度

（1）宗教事务部门的职责

《条例》第27条规定，宗教事务部门应当对宗教活动场所遵守法律、法规、规章情况，建立和执行场所管理制度情况，登记项目变更情况，以及宗教活动和涉外活动情况进行监督检查。宗教活动场所应当接受宗教事务部门的监督检查。

（2）宗教活动场所经销宗教物品和从事宗教活动以外其他活动的规定

《条例》第28条规定，宗教活动场所内可以经销宗教用品、宗教艺术品和宗教出版物。第31条规定，有关单位和个人在宗教活动场所内设立商业服务网点、举办陈列展览、拍摄电影电视片和开展其他活动，应当事先征得该宗教活动场所同意。

（3）宗教活动场所防范重大事故或者事件的规定

《条例》第29条规定，宗教活动场所应当防范本场所内发生重大事故或者发生违犯宗教禁忌等伤害信教公民宗教感情、破坏民族团结、影响社会稳定的事件。发生前款所列事故或者事件时，宗教活动场所应当立即报告所在地的县级人民政府宗教事务部门。

（4）修建大型露天宗教造像的规定

《条例》第30条规定，宗教团体、寺观教堂拟在寺观教堂内修建大型露天宗教造像，应当由省、自治区、直辖市宗教团体向省、自治区、直辖市人民政府宗教事务部门提出申请。省、自治区、直辖市人民政府宗教事务部门应当自收到申请之日起30日内提出意见，报国务院宗教事务部门审批。国务院宗教事务部门应当自收到修建大型露天宗教造像报告之日起60日内，作出批准或者不予批准的决定。宗教团体、寺观教堂以外的组织以及个人不得修建大型露天宗教造像。禁止在寺观教堂外修建大型露天宗教造像。

（5）宗教活动场所建设及改建、新建、扩建、异地重建的规定

《条例》第32条规定，地方各级人民政府应当根据实际需要，将宗教活动场所建设纳入土地利用总体规划和城乡规划。宗教活动场所、大型露天宗教造像的建设应当符合土地利用总体规划、城乡规划和工程建设、文物保护等有关法律、法规。第33条规定，在宗教活动场所内改建或者新建建筑物，应当经所在地县级以上地方人民政府宗教事务部门批准后，依法办理规划、建设等手续。宗教活动场所扩建、异地重建的，应当按照本条例第21条规定的程序办理。

（6）处理宗教活动场所与景区关系的规定

《条例》第34条规定，景区内有宗教活动场所的，其所在地的县级以上地方人民政府应当协调、处理宗教活动场所与景区管理组织及园林、林业、文物、旅游等方面的利益关系，维护宗教活动场所、宗教教职人员和信教公民的合法权益，保护正常的宗教活动。以宗教活动场所为主要游览内容的景区的规划建设，应当与宗教活动场所的风格、环境相协调。

（7）临时活动地点的规定

《条例》第35条规定，信教公民有进行经常性集体宗教活动需要，尚不具备条件申请设立宗教活动场所的，由信教公民代表向县级人民政府宗教事务部门提出申请，县级人民政府宗教事务部门征求所在地宗教团体和乡级人民政府意见后，可以为其指定临时活动地点。在县级人民政府宗教事务部门指导下，所在地乡级人民政府对临时活动地点的活动进行监管。具备设立宗教活动场所条件后，办理宗教活动场所设立审批和登记手续。临时活动地点的宗教活动应当符合本条例的相关规定。

四、宗教活动

1. 信教公民进行集体宗教活动的原则

《条例》第 40 条规定，信教公民的集体宗教活动，一般应当在宗教活动场所内举行，由宗教活动场所、宗教团体或者宗教院校组织，由宗教教职人员或者符合本宗教规定的其他人员主持，按照教义教规进行。

2. 宗教活动的禁止行为

《条例》第 41 条规定，非宗教团体、非宗教院校、非宗教活动场所、非指定的临时活动地点不得组织、举行宗教活动，不得接受宗教性的捐赠。非宗教团体、非宗教院校、非宗教活动场所不得开展宗教教育培训，不得组织公民出境参加宗教方面的培训、会议、活动等。

3. 大型宗教活动的审批和管理

《条例》第 42 条规定，跨省、自治区、直辖市举行超过宗教活动场所容纳规模的大型宗教活动，或者在宗教活动场所外举行大型宗教活动，应当由主办的宗教团体、寺观教堂在拟举行日的 30 日前，向大型宗教活动举办地的设区的市级人民政府宗教事务部门提出申请。设区的市级人民政府宗教事务部门应当自受理之日起 15 日内，在征求本级人民政府公安机关意见后，作出批准或者不予批准的决定。作出批准决定的，由批准机关向省级人民政府宗教事务部门备案。大型宗教活动应当按照批准通知书载明的要求依宗教仪轨进行，不得违反本条例第 4 条、第 5 条的有关规定。主办的宗教团体、寺观教堂应当采取有效措施防止意外事故的发生，保证大型宗教活动安全、有序进行。大型宗教活动举办地的乡级人民政府和县级以上地方人民政府有关部门应当依据各自职责实施必要的管理和指导。

4. 教育与宗教相分离原则的适用

《条例》第 44 条规定，禁止在宗教院校以外的学校及其他教育机构传教、举行宗教活动、成立宗教组织、设立宗教活动场所。

5. 宗教出版物及印刷品的管理

《条例》第 45 条规定，宗教团体、宗教院校和寺观教堂按照国家有关规定可以编印、发送宗教内部资料性出版物。出版公开发行的宗教出版物，按照国家出版管理的规定办理。涉及宗教内容的出版物，应当符合国家出版管理的规定，并不得含有下列内容：①破坏信教公民与不信教公民和睦相处的；②破坏不同宗教之间和睦以及宗教内部和睦的；③歧视、侮辱信教公民或者不信教公民的；④宣扬宗教极端主义的；⑤违背宗教的独立自主自办原则的。第46条规定，超出个人自用、合理数量的宗教类出版物及印刷品进境，或者以其他方式进口宗教类出版物及印刷品，应当按照国家有关规定办理。

6. 互联网宗教信息服务及内容的管理

《条例》第47条规定，从事互联网宗教信息服务，应当经省级以上人民政府宗教事务部门审核同意后，按照国家互联网信息服务管理有关规定办理。第48条规定，互联网宗教信息服务的内容应当符合有关法律、法规、规章和宗教事务管理的相关规定。互联网宗教信息服务的内容，不得违反本条例第45条第2款的规定。

第八章
民法的基本知识

章节练习
视频课程

本章导读

【本章概述】 本章内容主要包括：我国民法典总则的基本规定；自然人的民事权利能力和民事行为能力及享有的民事权利、民事法律行为、民事责任等规定；人格权的一般规定以及生命权、身体权和健康权，隐私权和个人信息保护的规定。

【学习要求】 了解《中华人民共和国民法典》(以下简称《民法典》) 关于调整对象、民事主体法律地位的规定；从事民事活动、处理民事纠纷应当遵循的原则以及在中国领域内从事民事活动适用法律的规定。熟悉《民法典》关于民事权利能力和民事行为能力、自然人享有的民事权利、民事法律行为一般规定、意思表示和民事法律行为效力的规定。掌握《民法典》关于民事责任的规定；自然人人格权的一般规定以及生命权、身体权和健康权，隐私权和个人信息保护的规定。

第一节 民法概述

一、民法立法目的和依据

1. 立法目的

《民法典》第1条开宗明义规定的立法目的，是为了保护民事主体的合法权益，调整民事关系，维护社会和经济秩序，适应中国特色社会主义发展要求弘扬社会主义核心价值观。这表明立法目的包括：①保护民事主体的合法权益，即保护民事主体的人身权、财产权、知识产权等权利，以及其他合法权益；②调整民事关系，民事权益存在于特定社会关系中，民法典通过调整各种民事关系来实现对权益的保护；③维护社会和经济秩序，民法典保护民事主体的民事权利，调整相互之间的关系，实现对社会和经济秩序的维护；④适应中国特色社会主义发展要求，实现法律作为上层建筑适应经济基础发展变化的需要；⑤弘扬社会主义核心价值观。为保护民事主体的民事权利及其他合法权益，《民法典》第 3 条规定，民事主体的人身权利、财产权利以及其他合法权益受法律保护，任何组织或者个人不得侵犯。

2. 立法依据

宪法是国家的根本法，具有最高法律效力，是其他法律制定的依据。据此，《民法典》第 1 条规定，根据宪法，制定本法。

二、民法典的编纂过程

民法典是民事领域的基础性、综合性法律，覆盖人民生活衣食住行、生老病死、生产经营的方方面面，被誉为"社会生活的百科全书"和"民事权利的宣言书"。从 1954 年首次起草民法典起算，中国民法典的编纂之路走了整整 66 年。

1950 年 5 月 1 日，首部民事单行法《中华人民共和国婚姻法》正式实施。随后，立法机关于 1954 年、1962 年、1979 年和 2001 年先后四次启动民法制定工作，都因各种原因而中断。随着改革开放的推进，亟须民法规范，1986 年颁布的《中华人民共和国民法通则》是我国首部调整民事法律关系的基本法，但主要是民法总则的规范，还不是一部完善的民法典。随着改革开放的深化和市场经济的发展，一系列规范市场活动的民事基本法律，诸如《中华人民共和国公司法》《中华人民共和国合同法》等陆续出台。

2001 年，第九届全国人大常委会组织起草了《中华人民共和国民法（草案）》，并于 2002 年 12 月提交全国人大常委会审议，经讨论仍确定继续采取分别制定单行法的办法。2003 年以来，先后制定了《中华人民共和国物权法》《中华人民共和国侵权责任法》等。由民法通则与作为民事单行法的物权法、合同法、侵权责任法等法律及最高人民法院颁布的司法解释，共同构建了我国的民法体系。

2014年10月，党的十八届四中全会提出加强市场法律制度建设，并作出了“编纂民法典”的重大决定，编纂工作进入新阶段。2016年6月，民法总则草案首次提请全国人大常委会审议，标志着民法典编纂工作正式进入立法程序。2017年3月，第十二届全国人大五次会议通过了于当年10月1日起施行的《中华人民共和国民法总则》，编纂工作迈出了关键的一步。2018年8月，第十三届全国人大常委会第5次会议对民法典各分编草案进行了初次审议；此后，全国人大常委会对各分编草案进行了拆分审议，其中人格权编、婚姻家庭编、侵权责任编三个分编草案完成三次审议。2019年12月，全文共计1260条的《民法典（草案）》对外公布，向全社会征求意见。2020年5月28日，中华人民共和国成立以来的首部民法典问世。依据《民法典》第1260条规定，本法自2021年1月1日起施行，《中华人民共和国婚姻法》《中华人民共和国继承法》《中华人民共和国民法通则》《中华人民共和国收养法》《中华人民共和国担保法》《中华人民共和国合同法》《中华人民共和国物权法》《中华人民共和国侵权责任法》《中华人民共和国民法总则》同时废止。

三、民法的概念和调整对象

1. 概念

民法是调整平等主体的自然人、法人和非法人组织之间的人身关系和财产关系的法律规范总和。我国民法典从调整对象和任务的角度，对民法进行了法律界定，科学地揭示了民法所调整的社会关系的范围和任务，明确地划定了民法与其他法律部门的界限。

2. 调整对象

依据《民法典》第2条规定，民法调整的是平等主体之间的人身关系和财产关系。具体而言：①平等主体之间的人身关系。包括两大类：一类是基于自然人、法人和非法人组织的人格产生的人身关系；一类是基于自然人、法人和非法人组织的一定身份产生的人身关系。②平等主体之间的财产关系，包括财产归属关系和财产流转关系。民法调整的社会关系最本质的特点在于平等性，这是民法与其他部门法之间的根本区别。

四、民法的基本原则

基本原则是民事主体进行民事活动的基本准则，民事主体所进行的各项民事活动，不仅要遵循具体的民法规范，还要遵循《民法典》的基本原则。

1. 平等原则

《民法典》第4条规定，民事主体在民事活动中的法律地位一律平等。平等原则，亦称法律地位平等原则，强调民事主体在民事活动中的法律地位一律平等，任何一方不得把自己的意志强加给对方，这是民法的基础原则，构成了自愿原则的逻辑前提。

2. 自愿原则

《民法典》第5条规定，民事主体从事民事活动，应当遵循自愿原则，按照自己的意思设立、变更、终止民事法律关系。自愿原则，亦称意思自治原则，是指法律确认民事主体自由地基于其意志去进行民事活动的基本准则。

3. 公平原则

《民法典》第6条规定，民事主体从事民事活动，应当遵循公平原则，合理确定各方的权利和义务。公平原则是进步和正义的道德观在法律上的体现，对于弥补法律规定的不足和在交易领域保证意思自治原则的实现具有重要意义，是自愿原则的有益补充。

4. 诚实信用原则

《民法典》第7条规定，民事主体从事民事活动，应当遵循诚信原则，秉持诚实，恪守承诺。诚实信用原则，意指民事主体应当忠诚、守信，做到谨慎维护对方的利益、满足对方的正当期待，这是最低限度的道德要求在法律上的体现。

5. 公序良俗原则

《民法典》第8条规定，民事主体从事民事活动，不得违反法律，不得违背公序良俗。公序良俗原则是公共秩序和善良风俗的合称，公共秩序一般指经由法律、行政法规的强制性规定建构的秩序，良俗一般指社会、国家的存在和发展所必要的一般道德，是特定社会所尊重的伦理要求底线。

6. 绿色原则

《民法典》第9条规定，民事主体从事民事活动，应当有利于节约资源、保护生态环境。绿色原则要求必须践行绿水青山就是金山银山的理念，坚持节约资源和保护环境的基本国策，坚持节约优先、保护优先、自然恢复为主的方针，坚定走生产发展、生活富裕、生态良好的文明发展道路，同时这也是对自愿原则的必要限制，意在谋求人与自然的共生关系。

五、民法的渊源与适用

1. 民法的渊源

民法的渊源，指民事法律规范借以表现的形式，它主要表现在各国家机关根据其权限范围所制定的各种规范性文件之中，包括宪法、民事法律、行政法规、行政规章、司法解释、地方性法规或者自治条例和单行条例、国际条约和国际惯例，不包括合同、章程等民事法律行为。

此外，习惯也可以作为民法的渊源。《民法典》第10条规定，处理民事纠纷，应当依照法律；法律没有规定的，可以适用习惯，但是不得违背公序良俗。这表明，应当优先适用具体的法律规则，只有不存在具体的法律规则时，才能考虑适用习惯。当然，习惯要成为民法渊源，并成为裁判的依据，必须经过“合法性”判断，即不得违反法律的强制性规定和公序良俗。

2.民法的适用

《民法典》第11条规定，其他法律对民事关系有特别规定的，依照其规定。该规定明确了民事特别法优于民事普通法的原则，“其他法律”是指《民法典》之外的各个单行法律。可见，《民法典》虽然在民事立法中具有基础性地位，但是不可能调整到所有的民事法律关系，仍然需要单行法予以配套和补充。

《民法典》第12条规定，中华人民共和国领域内的民事活动，适用中华人民共和国法律。法律另有规定的，依照其规定。该规定对我国民事法律在空间上的适用范围作出了规定，即适用于中华人民共和国的领土、领空、领海，以及根据国际法、国际惯例应当视为我国领域的一切领域，如我国驻外使馆，我国航行或停泊于境外的船舶、飞机等。此外，在我国领域范围内从事民事活动，原则上需要适用我国的法律，但在法律另有规定时，则可能需要适用其他法律，譬如在我国领域内发生的涉外民事关系，适用《涉外民事关系法律适用法》。

第二节　自然人

一、自然人的民事权利能力

自然人即生物学意义上的人，是基于出生而取得民事主体资格的人，其外延包括本国公民、外国公民和无国籍人。自然人与公民不同，公民仅指具有一国国籍的人。

1. 自然人民事权利能力的开始

《民法典》第13条规定，自然人从出生时起到死亡时止，具有民事权利能力，依法享有民事权利，承担民事义务。可见，自然人的民事权利能力始于出生。第15条对自然人的出生时间进一步明确，自然人的出生时间和死亡时间，以出生证明、死亡证明记载的时间为准；没有出生证明、死亡证明的，以户籍登记或者其他有效身份登记记载的时间为准。有其他证据足以推翻以上记载时间的，以该证据证明的时间为准。

对未出生胎儿的法律地位的确认，《民法典》第16条规定，涉及遗产继承、接受赠与等胎儿利益保护的，胎儿视为具有民事权利能力。但是，胎儿娩出时为死体的，其民事权利能力自始不存在。

2. 自然人民事权利能力的终止

自然人民事权利能力终于死亡。民法上的死亡包括生理死亡和宣告死亡，而导致民事权利能力终止的，仅限于生理死亡。生理死亡又称自然死亡，它是指自然人的生命终结，在我国一般是以呼吸和心跳均告停止为自然人生理死亡的时间。

3. 自然人民事权利能力的平等原则

《民法典》第14条规定，自然人的民事权利能力一律平等。该规定与第4条均使用“一律平等”的措辞，这是关于平等原则的两种不同规定，它们共同涵盖了现代民法所蕴含的平等思想。其中，第4条“民事主体在民事活动中的法律地位一律平等”指民事主体所应当遵守的规定和所受到的限制相同，民事主体所受法律保护的方式和程序相同。本条所言“一律平等”，旨在强调自然人在主体资格或者法律人格的享有与丧失上应当具有相同的前提条件，不应存在歧视或等差。

二、自然人的民事行为能力

自然人的民事行为能力，是指自然人能够独立通过意思表示，进行民事行为的能力。自然人要有民事行为能力，一方面要达到一定的年龄，从而具备一定的社会活动经验，另一方面还要有正常的精神状态，能够理智地进行民事活动。《民法典》根据我国自然人的具体情况，按照年龄阶段的不同和理智是否正常，将自然人的民事行为能力划分为完全民事行为能力、限制民事行为能力和无民事行为能力三种。其中，无民事行为能力人、限制民事行为能力人的监护人是其法定代理人。

1. 完全民事行为能力

完全民事行为能力，是指自然人具有的通过自己独立的意思表示进行民事法律行为的能力。《民法典》第 18 条第 1 款规定，成年人为完全民事行为能力人，可以独立实施民事法律行为。因此，已达成年的自然人，一般被认为是具有完全民事行为能力的人。第 17 条规定，18 周岁以上的自然人为成年人，同时第 18 条第 1 款还规定 16 周岁以上的未成年人，以自己的劳动收入为主要生活来源的，视为完全民事行为能力人。

2. 限制民事行为能力

限制民事行为能力，是指自然人独立通过意思表示进行民事法律行为的能力受到一定的限制。《民法典》第 17 条第 2 句规定，不满 18 周岁的自然人为未成年人。第 19、第 22 条分别确认 8 周岁以上的未成年人为限制民事行为能力人，不能完全辨认自己行为的成年人为限制民事行为能力人。依据《民法典》第 19、第 22 条规定，限制民事行为能力人实施民事法律行为由其法定代理人代理或者经其法定代理人同意、追认；但是可以独立实施纯获利益的民事法律行为或者与其年龄、智力、精神健康状况相适应的民事法律行为。

3. 无民事行为能力

无民事行为能力，是指自然人不具有以自己独立的意思表示进行民事法律行为的能力。《民法典》第 20、第 21 条确认，不满 8 周岁的未成年人为无民事行为能力人，不能辨认自己行为的成年人以及 8 周岁以上的未成年人不能辨认自己行为的皆为无民事行为能力人。依据《民法典》第 20、第 21 条规定，无民事行为能力人由其法定代理人代理实施民事法律行为。

需要指出的是，《民法典》对自然人的无民事行为能力和限制民事行为能力采取认定制度。《民法典》第 24 条第 1、第 2 款规定，不能辨认或者不能完全辨认自己行为的成年人，其利害关系人或者有关组织，可以向人民法院申请认定该成年人为无民事行为能力人或者限制民事行为能力人。被人民法院认定为无民事行为能力人或者限制民事行为能力人的，经本人、利害关系人或者有关组织申请，人民法院可以根据其智力、精神健康恢复的状况，认定该成年人恢复为限制民事行为能力人或者完全民事行为能力人。依据《民法典》第 24 条第 3 款规定，本条规定的有关组织包括：居民委员会、村民委员会、学校、医疗机构、妇女联合会、残疾人联合会、依法设立的老年人组织、民政部门等。居民委员会和村民委员会涉及自然人的住所，依据《民法典》第 25 条规定，自然人以户籍登记或者其他有效身份登记记载的居所为住所；经常居所与住所不一致的，经常居所视为住所。

三、自然人的民事权利

民事权利是法律赋予民事主体享有的利益范围和实施一定行为或不为一定行为以实现某种利益的意志。以民事权利的内容为标准，可以将自然人的民事权利区分为人身权、财产权、知识产权。

1. 人身权①

人身权是指与人身不可分离而又没有直接的经济内容的权利，包括人格权和身份权。《民法典》第 110 条以及人格权编确认，自然人享有生命权、身体权、健康权、姓名权、肖像权、名誉权、荣誉权、隐私权、婚姻自主权等权利。

（1）一般人格权

一般人格权，是相对于具体人格权的概念，是指法律采用高度概括的方式赋予民事主体享有的具有权利集合性特点的人格权，是关于人的存在价值及尊严的权利。《民法典》第 109 条规定，自然人的人身自由、人格尊严受

① 王利明．民法［M］．北京：中国人民大学出版社，2020：363-385.

法律保护。该规定是对一般人格权的立法确认。据此，人身自由和人格尊严被明文宣示为一般人格权的价值基础。

《民法典》第990条规定，人格权是民事主体享有的生命权、身体权、健康权、姓名权、名称权、肖像权、名誉权、荣誉权、隐私权等权利。此外，自然人还享有基于人身自由、人格尊严产生的其他人格权益。自然人的人格权受法律保护，任何组织或者个人不得侵害。而且，自然人可以将人格标识许可使用，依据《民法典》第993条规定，自然人可以将自己的姓名、肖像等许可他人使用，但是依照法律规定或者根据其性质不得许可的除外。

《民法典》第995、第996条规定，人格权受到侵害的，受害人有权依照本法和其他法律的规定请求行为人承担民事责任。受害人的停止侵害、排除妨碍、消除危险、消除影响、恢复名誉、赔礼道歉请求权，不适用诉讼时效的规定。因当事人一方的违约行为，损害对方人格权并造成严重精神损害，受损害方选择请求其承担违约责任的，不影响受损害方请求精神损害赔偿。

此外，为公共利益实施新闻报道、舆论监督等行为的，依据《民法典》第999条规定，可以合理使用自然人的姓名、肖像、个人信息等；使用不合理侵害民事主体人格权的，应当依法承担民事责任。当然，行为人因侵害人格权承担消除影响、恢复名誉、赔礼道歉等民事责任的，依据《民法典》第1000条规定，应当与行为的具体方式和造成的影响范围相当。行为人拒不承担前款规定的民事责任的，人民法院可以采取在报刊、网络等媒体上发布公告或者公布生效裁判文书等方式执行，产生的费用由行为人负担。

（2）生命权、身体权和健康权

生命权是以自然人的生命安全利益为内容的权利。《民法典》第1002条规定，自然人享有生命权。自然人的生命安全和生命尊严受法律保护。任何组织或者个人不得侵害他人的生命权。

身体权是指自然人保持其身体组织完整并支配其肢体、器官和其他身体组织，行动自由受保护的权利。《民法典》第1003条规定，自然人享有身体权。自然人的身体完整和行动自由受法律保护。任何组织或者个人不得侵害他人的身体权。

健康权是指人体各器官系统良好发育及保持正常功能的状态，包括肉体组织和生理及心理机能三个方面。《民法典》第1004条规定，自然人享有健康权。自然人的身心健康受法律保护。任何组织或者个人不得侵害他人的健康权。

需要注意的是，一项行为可能同时侵害自然人的身体权和健康权。《民法典》第 1010 条第 1 款规定，违背他人意愿，以言语、文字、图像、肢体行为等方式对他人实施性骚扰的，受害人有权依法请求行为人承担民事责任。与身体权密切相关的还包括《民法典》第 1011 条规定的人身自由权，根据该条规定，非法拘禁等方式剥夺、限制他人的行动自由，或者非法搜查他人身体的，受害人有权依法请求行为人承担民事责任。

《民法典》第 1005 条规定，自然人的生命权、身体权、健康权受到侵害或者处于其他危难情形的，负有法定救助义务的组织或者个人应当及时施救。

（3）隐私权

《民法典》第 1032 条规定，自然人享有隐私权。任何组织或者个人不得以刺探、侵扰、泄露、公开等方式侵害他人的隐私权。隐私是自然人的私人生活安宁和不愿为他人知晓的私密空间、私密活动、私密信息。因此，隐私权是自然人享有的对其个人的、与公共利益无关的个人信息，私人活动和私有领域进行支配的一种人格权。

《民法典》第 1033 条规定，除法律另有规定或者权利人明确同意外，任何组织或者个人不得实施下列行为：①以电话、短信、即时通信工具、电子邮件、传单等方式侵扰他人的私人生活安宁；②进入、拍摄、窥视他人的住宅、宾馆房间等私密空间；③拍摄、窥视、窃听、公开他人的私密活动；④拍摄、窥视他人身体的私密部位；⑤处理他人的私密信息；⑥以其他方式侵害他人的隐私权。

（4）个人信息保护

《民法典》第 111 条规定，自然人的个人信息受法律保护。任何组织或者个人需要获取他人个人信息的，应当依法取得并确保信息安全，不得非法收集、使用、加工、传输他人个人信息，不得非法买卖、提供或者公开他人个人信息。第 1034 条规定，自然人的个人信息受法律保护。个人信息是以电子或者其他方式记录的能够单独或者与其他信息结合识别特定自然人的各种信息，包括自然人的姓名、出生日期、身份证件号码、生物识别信息、住址、电话号码、电子邮箱、健康信息、行踪信息等。个人信息中的私密信息，适用有关隐私权的规定；没有规定的，适用有关个人信息保护的规定。这两条规定确认了自然人的个人信息受法律保护，但未明确将个人信息直接规定为一项权利，多数观点认为个人信息应被规定为权利，以提高受保护程度，亦即应当明文创设个人信息权。

第一，处理个人信息的原则。依据《民法典》第 1035 条规定，处理个人信息的，应当遵循合法、正当、必要原则，不得过度处理，并符合下列条件：①征得该自然人或者其监护人同意，但是法律、行政法规另有规定的除外；②公开处理信息的规则；③明示处理信息的目的、方式和范围；④不违反法律、行政法规的规定和双方的约定。个人信息的处理包括个人信息的收集、存储、使用、加工、传输、提供、公开等。

第二，处理个人信息不承担民事责任的情形。依据《民法典》第 1036 条规定，处理个人信息，有下列情形之一的，行为人不承担民事责任：①在该自然人或者其监护人同意的范围内合理实施的行为；②合理处理该自然人自行公开的或者其他已经合法公开的信息，但是该自然人明确拒绝或者处理该信息侵害其重大利益的除外；③为维护公共利益或者该自然人合法权益，合理实施的其他行为。

第三，信息处理者的义务。依据《民法典》第 1038 条规定，信息处理者不得泄露或者篡改其收集、存储的个人信息；未经自然人同意，不得向他人非法提供其个人信息，但是经过加工无法识别特定个人且不能复原的除外。信息处理者应当采取技术措施和其他必要措施，确保其收集、存储的个人信息安全，防止信息泄露、篡改、丢失；发生或者可能发生个人信息泄露、篡改、丢失的，应当及时采取补救措施，按照规定告知自然人并向有关主管部门报告。

2. 财产权

财产权，是指以财产利益为内容，直接体现财产利益的民事权利，既包括物权、债权、继承权，也包括知识产权中的财产权利。《民法典》第 113 条规定，民事主体的财产权利受法律平等保护。

（1）物权

物权是民事主体在法律规定的范围内，直接支配特定的物而享受其利益，并得排除他人干涉的权利。《民法典》第 114 条规定，民事主体依法享有物权。物权是权利人依法对特定的物享有直接支配和排他的权利。

依据《民法典》第 115~117 条规定，物包括不动产和动产。法律规定权利作为物权客体的，依照其规定。物权的种类和内容，由法律规定。为了公共利益的需要，依照法律规定的权限和程序征收、征用不动产或者动产的，应当给予公平、合理的补偿。

（2）债权

债权，是指在债的关系中权利主体具备的能够要求义务主体为一定行为或不为一定行为的权利，债权和债务一起共同构成债的内容。债权与物权相对应，成为财产权的重要组成部分。《民法典》第 118 条规定，民事主体依法享有债权。债权是因合同、侵权行为、无因管理、不当得利以及法律的其他规定，权利人请求特定义务人为或者不为一定行为的权利。

《民法典》第 119~122 条规定，依法成立的合同，对当事人具有法律约束力。民事权益受到侵害的，被侵权人有权请求侵权人承担侵权责任。没有法定的或者约定的义务，为避免他人利益受损失而进行管理的人，有权请求受益人偿还由此支出的必要费用。因他人没有法律根据，取得不当利益，受损失的人有权请求其返还不当利益。

3. 知识产权

知识产权是指人们就其智力劳动成果所依法享有的专有权利，通常是国家赋予创造者对其智力成果在一定时期内享有的专有权或独占权。《民法典》第 123 条第 1 款规定，民事主体依法享有知识产权。

依据《民法典》第 123 条第 2 款规定，知识产权是权利人依法就下列客体享有的专有的权利：①作品；②发明、实用新型、外观设计；③商标；④地理标志；⑤商业秘密；⑥集成电路布图设计；⑦植物新品种；⑧法律规定的其他客体。

依据《民法典》第 128~132 条规定，民事权利可以依据民事法律行为、事实行为、法律规定的事件或者法律规定的其他方式取得。民事主体按照自己的意愿依法行使民事权利，不受干涉。法律对未成年人、老年人、残疾人、妇女、消费者等的民事权利保护有特别规定的，依照其规定。此外，《民法典》第 131~132 条还对民事权利的行使进行了义务性规定，即民事主体行使权利时，应当履行法律规定的和当事人约定的义务，同时不得滥用民事权利损害国家利益、社会公共利益或者他人合法权益。

第三节 民事法律行为

《民法典》第 133 条规定，民事法律行为是民事主体通过意思表示设立、变更、终止民事法律关系的行为。换言之，民事法律行为属于表示行为的一种，是指以意思表示为核心要素的表示行为。

一、民事法律行为的分类

1. 单方民事法律行为和多方民事法律行为

《民法典》第 134 条规定，民事法律行为可以基于双方或者多方的意思表示一致成立，也可以基于单方的意思表示成立。因此，以民事法律行为的成立所需意思表示的数量为标准，可以把民事法律行为区分为单方民事法律行为和多方民事法律行为。单方民事法律行为，是指根据一项意思表示就可成立的民事行为，既可以是须向特定人进行的单方民事行为，也可以是无须向特定人进行的单方民事行为。多方民事法律行为，是指通常需要两项以上意思表示才可成立的民事行为，包括双方民事行为、共同行为和决议。

2. 要式行为和不要式行为

《民法典》第 135 条规定，民事法律行为可以采用书面形式、口头形式或者其他形式；法律、行政法规规定或者当事人约定采用特定形式的，应当采用特定形式。因此，以民事法律行为是否需要特定形式或实质条件，可以把民事法律行为区分为要式行为和不要式行为。要式行为，是指依法律或行政法规的规定，应当或者必须采用特定形式的民事法律行为。不要式行为，是指法律或行政法规对其形式并无特别要求的民事法律行为。

二、意思表示的生效时间

意思表示属于民事法律行为的核心要素，指表意人将其期望发生某种法律效果的内心意思以一定方式表现于外部的行为，在形式上主要包括口头形式、书面形式、推定形式和沉默方式四种。其中，沉默只有在有法律规定、当事人约定或者符合当事人之间的交易习惯时，才可以视为意思表示。意思表示生效即意思表示效力的发生，与民事法律行为的生效不同。民事法律行为发生效力意味着该民事法律行为符合价值的法律取向，可以依照民事主体的预期产生相应的法律效果。意思表示生效仅仅指符合特定的形式要件，即可发生效力，只产生形式上的拘束力。

1. 有相对人的意思表示

《民法典》第137条规定，以对话方式作出的意思表示，相对人知道其内容时生效。以非对话方式作出的意思表示，到达相对人时生效。以非对话方式作出的采用数据电文形式的意思表示，相对人指定特定系统接收数据电文的，该数据电文进入该特定系统时生效；未指定特定系统的，相对人知道或者应当知道该数据电文进入其系统时生效。当事人对采用数据电文形式的意思表示的生效时间另有约定的，按照其约定。此外，有相对人的意思表示的解释，应当按照所使用的词句，结合相关条款、行为的性质和目的、习惯以及诚信原则，确定意思表示的含义。

2. 无相对人的意思表示

《民法典》第138条规定，无相对人的意思表示，表示完成时生效。法律另有规定的，依照其规定。此外，无相对人的意思表示的解释，不能完全拘泥于所使用的词句，而应当结合相关条款、行为的性质和目的、习惯以及诚信原则，确定行为人的真实意思。

3. 以公告方式作出的意思表示

《民法典》第139条规定，以公告方式作出的意思表示，公告发布时生效。

最后，行为人可以撤回意思表示，撤回后原意思表示不再发生效力。依据《民法典》第141条规定，撤回意思表示的通知应当在意思表示到达相对人前或者与意思表示同时到达相对人。

三、民事法律行为的生效条件

《民法典》第136条规定，民事法律行为自成立时生效，但是法律另有规定或者当事人另有约定的除外。行为人非依法律规定或者未经对方同意，不得擅自变更或者解除民事法律行为。依据《民法典》第143条规定，民事法律行为的生效要件包括：①行为人具有相应的民事行为能力；②意思表示真实；③不违反法律、行政法规的强制性规定，不违背公序良俗。

1. 行为人具有相应的行为能力

行为人具有相应的行为能力是对自然人提出的要求，法人和非法人组织不存在不具备相应行为能力的问题。在我国现行民事立法中，完全行为人可以独立实施民事法律行为，限制民事行为人和无民事行为人都有限制性规定。

《民法典》第 144 条规定，无民事行为能力人实施的民事法律行为无效。第 145 条规定，限制民事行为能力人实施的纯获利益的民事法律行为或者与其年龄、智力、精神健康状况相适应的民事法律行为有效；实施的其他民事法律行为经法定代理人同意或者追认后有效。相对人可以催告法定代理人自收到通知之日起 30 日内予以追认。法定代理人未作表示的，视为拒绝追认。民事法律行为被追认前，善意相对人有撤销的权利。撤销应当以通知的方式作出。

2. 当事人的意思表示真实

意思表示真实一般包括两个方面含义，一是指行为人的内心意思与外部的标识行为相一致的状态，二是指行为人是在意志自由的前提下，进行意思表示的状态。与此相对应，行为人意思表示不真实有两种情形，一是行为人意思与表示不一致，二是行为人意思表示不自由。

（1）行为人意思与表示不一致。①虚伪表示。《民法典》第 146 条规定，行为人与相对人以虚假的意思表示实施的民事法律行为无效，以虚假的意思表示隐藏的民事法律行为的效力依照有关法律规定处理。②错误。《民法典》第 147 条规定，基于重大误解实施的民事法律行为，行为人有权请求人民法院或者仲裁机构予以撤销。

（2）意思表示不自由。①欺诈。《民法典》第 148、第 149 条规定，一方以欺诈手段，使对方在违背真实意思的情况下实施的民事法律行为，受欺诈方有权请求人民法院或者仲裁机构予以撤销。第三人实施欺诈行为，使一方在违背真实意思的情况下实施的民事法律行为，对方知道或者应当知道该欺诈行为的，受欺诈方有权请求人民法院或者仲裁机构予以撤销。②胁迫。《民法典》第 150 条规定，一方或者第三人以胁迫手段，使对方在违背真实意思的情况下实施的民事法律行为，受胁迫方有权请求人民法院或者仲裁机构予以撤销。③利用对方处于围困状态、缺乏判断能力等。《民法典》第151条规定，一方利用对方处于危困状态、缺乏判断能力等情形，致使民事法律行为成立时显失公平的，受损害方有权请求人民法院或者仲裁机构予以撤销。

3. 不违反法律或行政法规的强制性规定，不违背公序良俗

作为民事法律行为的生效要件，所谓不违反法律或行政法规，并非指民事法律行为必须符合法律或行政法规的所有规定，而是指民事法律行为不存在违反与其效力相关的法律或行政法规的规定。与民事法律行为效力相关的规定，主要是指禁止当事人采用特定行为模式的强制性规定。

四、效力存在欠缺的民事法律行为

1. 绝对无效的民事法律行为

绝对无效的民事法律行为是指已经成立的民事法律行为，严重欠缺民事法律行为的生效条件，因而自始、绝对、确定、当然、永久不按照行为人设立、变更和终止民事法律关系的意思表示发生法律效力的民事法律行为。依据《民法典》第153、第154条规定，绝对无效的民事法律行为包括：①违反法律、行政法规的强制性规定的民事法律行为；②违背公序良俗的民事法律行为；③行为人与相对人恶意串通，损害他人合法权益的民事法律行为。依据《民法典》第155条规定，无效的或者被撤销的民事法律行为自始没有法律约束力。

2. 可撤销的民事法律行为

可撤销的民事法律行为是指民事法律行为虽已成立并生效，但因意思表示不真实，可以因行为人撤销权的行使，使其自始不发生效力的民事法律行为。依据《民法典》第147~151条规定，可撤销的民事法律行为包括：①基于重大误解实施的民事法律行为；②因一方或者第三人的欺诈、胁迫，当事人在违背真实意思的情况下实施的民事法律行为；③一方利用对方处于危困状态、缺乏判断能力等情形，致使成立时显失公平的民事法律行为。

依据《民法典》第152条规定，撤销权在出现下列情形之一的，撤销权消灭。①当事人自知道或者应当知道撤销事由之日起一年内、重大误解的当事人自知道或者应当知道撤销事由之日起90日内没有行使撤销权；②当事人受胁迫，自胁迫行为终止之日起一年内没有行使撤销权；③当事人知道撤销事由后明确表示或者以自己的行为表明放弃撤销权。当事人自民事法律行为发生之日起5年内没有行使撤销权的，撤销权消灭。第155条规定，被撤销的民事法律行为自始没有法律约束力。

3. 效力待定的民事法律行为

效力待定的民事法律行为是指民事法律行为虽已成立，但是否生效尚不确定，只有经由特定当事人的行为，才能确定生效或不生效的民事法律行为，主要是指限制民事行为能力人所实施的依法不能独立实施的民事法律行为。《民法典》第145条规定，限制民事行为能力人实施的纯获利益的民事法律行为或者与其年龄、智力、精神健康状况相适应的民事法律行为有效；实施的其他民事法律行为经法定代理人同意或者追认后有效。相对人可以催告法定代理人自收到通知之日起30日内予以追认。法定代理人未作表示的，视为拒绝追认。民事法律行为被追认前，善意相对人有撤销的权利。撤销应当以通知的方式作出。

4. 民事法律行为被确认绝对无效、被撤销或确定不发生效力的法律后果

《民法典》第157条规定，民事法律行为无效、被撤销或者确定不发生效力后，行为人因该行为取得的财产，应当予以返还；不能返还或者没有必要返还的，应当折价补偿。有过错的一方应当赔偿对方由此所受到的损失；各方都有过错的，应当各自承担相应的责任。法律另有规定的，依照其规定。民事法律行为部分无效，不影响其他部分效力的，其他部分仍然有效。

第四节　民事责任

民事责任是民事主体对于自己因违反合同，不履行其他民事义务，或者侵害国家、集体的财产，侵害他人的人身财产、人身权利所造成法律后果，依法应当承担的民事法律责任。《民法典》第176条规定，民事主体依照法律规定或者按照当事人约定，履行民事义务，承担民事责任。

一、承担民事责任的方式

《民法典》第179条规定，承担民事责任的方式主要有：①停止侵害；②排除妨碍；③消除危险；④返还财产；⑤恢复原状；⑥修理、重作、更换；

⑦继续履行；⑧赔偿损失；⑨支付违约金；⑩消除影响、恢复名誉；⑪赔礼道歉。法律规定惩罚性赔偿的，依照其规定。本条规定的承担民事责任的方式，可以单独适用，也可以合并适用。

二、承担民事责任的特殊情形

（1）按份责任。《民法典》第 177 条规定，二人以上依法承担按份责任，能够确定责任大小的，各自承担相应的责任；难以确定责任大小的，平均承担责任。

（2）连带责任。《民法典》第 178 条规定，二人以上依法承担连带责任的，权利人有权请求部分或者全部连带责任人承担责任。连带责任人的责任份额根据各自责任大小确定；难以确定责任大小的，平均承担责任。实际承担责任超过自己责任份额的连带责任人，有权向其他连带责任人追偿。连带责任，由法律规定或者当事人约定。

（3）保护他人民事权益使自己受到损害。《民法典》第 183 条规定，因保护他人民事权益使自己受到损害的，由侵权人承担民事责任，受益人可以给予适当补偿。没有侵权人、侵权人逃逸或者无力承担民事责任，受害人请求补偿的，受益人应当给予适当补偿。

（4）侵害英雄烈士民事权利。《民法典》第 185 条规定，侵害英雄烈士等的姓名、肖像、名誉、荣誉，损害社会公共利益的，应当承担民事责任。

三、不承担民事责任的特殊情形

（1）不可抗力。《民法典》第 180 条规定，因不可抗力不能履行民事义务的，不承担民事责任。法律另有规定的，依照其规定。不可抗力是不能预见、不能避免且不能克服的客观情况。

（2）正当防卫。《民法典》第 181 条规定，因正当防卫造成损害的，不承担民事责任。正当防卫超过必要的限度，造成不应有的损害的，正当防卫人应当承担适当的民事责任。

（3）紧急避险。《民法典》第 182 条规定，因紧急避险造成损害的，由引起险情发生的人承担民事责任。危险由自然原因引起的，紧急避险人不承担民事责任，可以给予适当补偿。紧急避险采取措施不当或者超过必要的限度，造成不应有的损害的，紧急避险人应当承担适当的民事责任。

（4）自助行为。《民法典》第184条规定，因自愿实施紧急救助行为造成受助人损害的，救助人不承担民事责任。

四、民事责任的竞合

1. 违约责任和侵权责任

《民法典》第186条规定，因当事人一方的违约行为，损害对方人身权益、财产权益的，受损害方有权选择请求其承担违约责任或者侵权责任。因此，在违约责任与侵权责任发生竞合的情况下，受损害方可以根据自己的利益判断，在违约责任和侵权责任两者中任选一种行使请求权。

2. 民事责任、行政责任和刑事责任

《民法典》第187条规定，民事主体因同一行为应当承担民事责任、行政责任和刑事责任的，承担行政责任或者刑事责任不影响承担民事责任；民事主体的财产不足以支付的，优先用于承担民事责任。因此，在民事责任、行政责任和刑事责任发生竞合的情况下，应当优先承担民事责任。

第九章
旅游法的基本知识

章节练习
视频课程

本章导读

【本章概述】 本章内容主要包括:《中华人民共和国旅游法》(以下简称《旅游法》)的立法背景及其特点,立法目的和适用范围;《旅游法》的基本原则和主要制度;旅游者的权利和义务;旅游规划与促进;旅游经营者及旅游市场规则,旅行社、旅游景区经营规则,道路旅游客运经营规范,城镇和乡村居民从事旅游经营的规则;旅游监督管理的主体及主体行为限制,实施监督检查的事项及措施,行业协会自律管理等。

【学习要求】 了解《旅游法》的框架及其修正的内容;熟悉《旅游法》关于立法目的、适用范围、总则及主要法律制度的规定;掌握《旅游法》关于旅游者权益保护制度及其相关法律责任的规定。

第一节 概 述

一、《旅游法》的立法背景及其特点

1.立法背景

(1)旅游法的概念。旅游法有广义和狭义之分。广义的旅游法,指调整旅游活动领域中各种社会关系的法律规范的总称,包括狭义的旅游法,以及其他调整旅游活动领域社会关系的法律、法规等规范性文件。狭义的旅游法,指调整游览、度假、休闲等形式的旅游活动以及为旅游活动提供相关服

务中发生的权利义务关系的基本法。本章所指旅游法为狭义的旅游法，即我国的《旅游法》。

我国《旅游法》设10章，共112条。具体包括：第一章总则，共8条，规定了立法目的、适用范围、原则等；第二章旅游者，共8条，规定了旅游者的权利和义务；第三章旅游规划和促进，共11条，规定了旅游规划的编制、与相关规划的衔接、旅游促进与保障等；第四章旅游经营，共29条，规定了旅行社的设立和经营业务范围、旅游经营的规则、旅游经营者和履行辅助人的权利义务和责任等；第五章旅游服务合同，共19条，规定了旅游服务合同的类别，包价旅游合同的内容和形式，合同当事人的权利、义务和责任等；第六章旅游安全，共7条，确立了旅游目的地安全风险提示制度、旅游突发事件监测评估等旅游安全保障制度，规定了旅游安全的责任主体；第七章旅游监督管理，共8条，确立了旅游综合监管制度，规定了行业组织自律规范；第八章旅游纠纷处理，共4条，规定了旅游投诉统一受理制度、纠纷处理途径和方法等；第九章法律责任，共16条，规定了违反本法应当承担的法律责任；第十章附则，共2条，规定了相关用语的含义、法律的生效。①

（2）立法背景与修法。改革开放以来，我国旅游业快速发展，产业规模不断扩大，产业体系日趋完善。旅游业对于保增长、扩内需、调结构、促就业的积极作用日益明显。国家高度重视旅游业发展，《国务院关于加快发展旅游业的意见》提出把旅游业培育成国民经济的战略性支柱产业和人民群众更加满意的现代服务业的发展目标，将发展旅游业作为推动经济结构调整、促进经济发展方式转变、丰富人民群众精神文化生活、促进社会和谐进步的重要举措。在经济新常态背景下，日益增长的大众化、多元化消费需求为旅游业发展提供了新机遇。随着我国经济的持续稳定增长、居民收入和生活水平的不断提高、全面建设小康社会的步伐加快，人民群众对旅游及

① 本章编写说明：为避免重复，本章设置了5节，第一节概述涵盖了《旅游法》总则的内容；第二节旅游者依据《旅游法》第二章编写；第三节旅游规划和促进依据《旅游法》第三章编写；第四节旅游经营依据《旅游法》第四章编写，其中的旅行社、导游和领队的相关规定，见本书第十二、十三章；第五节旅游监督管理依据《旅游法》第七章编写；《旅游法》第五章旅游服务合同的相关规定见本书第十章；《旅游法》第六章旅游安全的相关规定，见本书第十四章；《旅游法》第八章旅游纠纷处理的相关规定见本书第十八章；《旅游法》第九章法律责任、第十章附则的相关规定，归类编写至相关章节。

与之相关的精神文化的需求不断增长，对旅游业发展提出了更多希望、更高要求。

与此同时，旅游业还存在着服务质量不高、资源保护不力、产品不够丰富以及市场不规范等突出问题，社会各界迫切希望制定旅游法，全国人大代表多次提出相关议案、建议。实践中，对旅游活动的规范主要是国务院制定的行政法规、各省（区、市）制定的地方法规以及有关部门和地方政府制定的规章、规范性文件等。法律层级不高、权威性不够、系统性不强，欠缺基本的民事制度和规范，难以适应市场经济条件下旅游业快速发展的需要。亟待通过制定旅游法，提升法律层级，增强法律规范的权威性、系统性，完善我国旅游法律制度，促进旅游业健康持续发展。

《旅游法》是改革开放初期启动的立法项目之一，曾列入七届全国人大常委会立法计划和国务院立法计划。从八届全国人大一次会议至十一届全国人大五次会议，共有 1400 多名代表和 3 个代表团提交 48 件议案，建议制定《旅游法》。2009 年 12 月，全国人大财经委牵头组织国家发展和改革委员会、国家旅游局等 23 个部委和有关专家成立《旅游法》起草组，启动起草工作。《旅游法》起草组历时两年多，先后举行 5 次全体会议，到十几个省（区、市）调研考察，召开了数十次座谈会，深入研究国内外旅游业发展和旅游立法的情况和经验，先后形成三个阶段性草案文本和数十个修改稿并多次听取意见，2012 年 3 月 14 日，全国人大财经委第 64 次全体会议审议并通过《旅游法（草案）》，于同年 8 月 27 日提请十一届全国人大常委会第二十八次会议初次审议。2013 年 4 月 25 日下午，在充分吸收一审、二审、三审以及社会各方面意见和建议的基础上，十二届全国人大常委会第二次会议以 150 票赞成、5 票弃权表决通过了本届人大常委会通过的第一部法律——《旅游法》，该法于同年 10 月 1 日生效。

2016 年 11 月 7 日，国家主席习近平签署中华人民共和国主席令（第 57 号），公布了第十二届全国人民代表大会常务委员会第二十四次会议于同日通过并生效的对《旅游法》关于领队规定做出的修改。[①] 2018 年 10 月 26 日第十三届全国人民代表大会常务委员会第六次会议《关于修改〈中华人民

① 修改内容见本书第十三章。

共和国野生动物保护法〉等十五部法律的决定》第二次修正。对《旅游法》做出修改：将第83条中的“工商行政管理、产品质量监督”修改为“市场监督管理”；将第95条、第104条中的“工商行政管理部门”修改为“市场监督管理部门”。

2. 特点

（1）采取综合立法模式。究其原因：一是综合性产业特征的需要；二是跨部门、跨行业特征的需要；三是旅游业在促进、管理、民事等方面都有立法需求。《旅游法》规定的内容比较全面，涵盖发展原则、规划和促进、旅游者权利、旅游经营、旅游监管等，民事、行政、经济法律规范并重。综合立法的优点是，在同一部法律中将旅游业发展最主要、最根本的问题囊括其中，能够满足明确旅游业发展促进措施、确立统一的市场规则和规范的权利义务关系、建立国家旅游发展协调机制等方面紧迫的立法需求，立法成本小、效力高。

（2）在权益平衡基础上注重保护旅游者。表现在：一是坚持以人为本，安全第一，以保障旅游者合法权益为主线；二是注重平衡各方权益，厘清政府与旅游者和旅游经营者，旅游者和旅游经营者，旅游者和旅游从业人员、旅游经营者之间的权利、义务和责任；三是在维护权益总体平衡的基础上，更加突出以旅游者为本，在强化政府监管、公共服务、旅游经营规则、民事行为规范、各方旅游安全保障义务、旅游纠纷解决等方面均有多项保护旅游者权益的相关规定。

（3）规范市场秩序，完善市场规则。表现在：一是充分发挥市场配置资源的基础性要求，明确、细化各市场主体的权利义务关系，着力解决部门、行业和地区分割的问题，实行统一的服务标准和市场准则。二是在合同部分针对旅游活动的特殊性设定若干规范，使民事规范在维护市场秩序和保障各方权益方面的作用更充分、更贴合。三是坚持诚信经营、公平竞争，严格规范旅游经营者的经营行为，为逐步形成良好、有序的旅游市场环境提供制度保障。四是总结旅游业发展和旅游监管的经验，充分吸收行之有效的政策和制度，使之制度化、规范化。

（4）借鉴吸收国际立法经验。世界上有60多个国家制定了《旅游法》，国际组织也制定了相关规定。立足我国旅游业发展经验和现实需求，在借鉴的基础上，做好与国际通行的行业规则的衔接，对国际旅游法律法规进行了选择性的吸收和创新。表现在：一是在旅游者权益保护方面，借鉴了世界旅游组织《旅游权利法案和旅游者守则》的旅游者权利理念，强调为旅游者提供旅行便利和安全保障等。二是在资源的旅游利用方面，借鉴了《世界自然基金会关于旅游政策主张的声明》，提出了资源旅游利用的保护性开发原则。三是借鉴《欧盟一揽子旅游指令》，完善了旅游服务合同关于旅游者替换、旅行社协助返程、不可抗力等客观原因导致的变更等规定。四是借鉴美国、法国、巴西、西班牙、俄罗斯、中国台湾等国家和地区的经验，丰富和完善了旅游综合协调机制、市场监管、行业自律等内容。

二、立法目的和适用范围

1. 立法目的

立法目的也称立法宗旨，是制定法律所要达到的目标。立法目的统领一部法律全部规范的价值取向，决定法律其他具体规范的内容，贯穿于法律条文的始终，并指引法律的适用。《旅游法》第 1 条规定，为保障旅游者和旅游经营者的合法权益，规范旅游市场秩序，保护和合理利用旅游资源，促进旅游业持续健康发展，制定本法。这表明，立法目的包括以下内容：

（1）保障旅游者和旅游经营者的合法权益，规范旅游市场秩序。旅游者是游览、度假、休闲等旅游活动的主体，只有其合法权益得到充分保护，才能满足其参加旅游活动娱悦身心的目的，从而增强人们的旅游意愿，实现旅游业可持续发展。伴随着旅游消费需求的日益增长，旅游市场还存在着经营规则不健全、竞争秩序不够规范，尤其是“零负团费”等恶性竞争、强迫购物、过度开发旅游资源、景区生态环境被破坏等问题，不仅损害了旅游者的合法权益，也冲击了守法的旅游经营者的正当经营，影响了中国旅游形象，亟须通过制定旅游法保障旅游业的健康发展。

（2）保护和合理利用旅游资源。通过开发利用资源将其建设成为可供人们游览、参观、休闲、度假的旅游资源是旅游业发展不可或缺的，旅游资源是旅游者参加旅游活动的基础和前提条件，具有不可替代性，一些自然景观、文物古迹一旦被破坏，便不可再生，旅游业的发展也失去了可持续性。

保护资源是旅游开发利用的前提，合理利用是实现资源保护的有效途径。实践中，在资源的旅游利用中，存在盲目建设、过度开发、忽视资源的自然价值和人文内涵等问题，破坏了旅游资源的区域整体性、文化代表性、地域特殊性，影响了旅游资源的永续利用和旅游业的可持续发展。为此，立法强调在有效保护旅游资源的前提下，依法合理利用，实现保护和合理利用的有机统一。

（3）促进旅游业持续健康发展。旅游业是经济新常态背景下涉及领域广、产业带动强、消耗能源低、创造就业多、综合效益好的经济发展新的增长点。发展旅游业，可以有效拉动居民消费，优化产业结构，扩大就业途径，增加居民收入，促进社会科学和谐发展。通过立法促进旅游业健康、持续发展，充分发挥旅游业对经济、文化、社会、生态文明建设的综合推动作用成为旅游立法的重要目的。

2. 适用范围

法律的适用范围，指法律的效力范围，包括法律适用的地域范围和主体、行为范围。《旅游法》第 2 条规定，在中华人民共和国境内的和在中华人民共和国境内组织到境外的游览、度假、休闲等形式的旅游活动，以及为旅游活动提供相关服务的经营活动，适用本法。

（1）地域范围。作为国内法，《旅游法》的效力仅限于在我国境内开展的旅游活动和经营活动。具体而言：一是我国公民在境内的旅游活动和外国旅游者的入境旅游活动。二是在我国境内，通过旅行社等经营者组织的，由我国境内赴境外的团队旅游活动。

根据属地管辖原则，我国旅游者前往旅游目的地国参加旅游活动，应当遵守所在国或地区的法律。根据属人管辖原则，《旅游法》是我国公民在境外参加旅游活动的行为规范；我国其他出境入境管理法律、法规，出境旅游者也应当遵守。

（2）主体行为范围。《旅游法》的调整对象，一是从事游览、休闲、度假等形式的旅游活动；二是为这些活动提供相关服务的经营活动。①主体范围，由于《旅游法》未对适用主体做出限制，则凡从事上述活动的单位和个人都应遵守本法。②行为范围，由于旅游包括食、住、行、游、购、娱各环节，涉及面广，行为范围既包括观光、休闲、度假等有特定目的的旅游活动和经营行为，也包括为旅游活动提供相关服务的其他行业的经营行为。

三、《旅游法》的基本原则和主要制度

1. 基本原则

（1）发展旅游事业、完善旅游公共服务的原则。《旅游法》第 3 条规定，国家发展旅游事业，完善旅游公共服务。国家为加快旅游业发展出台了一系列支持政策，诸如《国务院关于加快发展旅游业的意见》《国民旅游休闲纲要（2013—2020 年）》等。随着我国旅游业的进一步发展，旅游者对旅游信息、交通服务、安全保障等旅游公共服务的需求越来越强烈。原国家旅游局推出的《关于进一步做好旅游公共服务工作的意见》，提出加快建设旅游信息咨询服务、旅游安全保障服务、旅游交通便捷服务、旅游便民惠民服务、旅游行政服务五大体系。上述政策性文件，为《旅游法》的实施奠定了基础。同时，《旅游法》在第三章旅游规划和促进中，对国家提供公共服务做出明确、具体的规定，是对本原则的具体化。

（2）依法保护旅游者在旅游活动中权利的原则。基于旅游者在旅游消费中的特殊性，旅游立法充分体现了对旅游者权利的保护。《旅游法》第 3 条规定，国家发展旅游业，依法保护旅游者在旅游活动中的权利。《旅游法》第二章专章规定了旅游者的权利与义务。为坚持该原则，《旅游法》对旅游公共服务提出明确要求，强调要满足旅游者的基本需求；对旅游经营者及旅游从业人员设定较为严格的义务，体现了对旅游者倾斜性的保护；根据旅游活动的特点，有针对性地规定了旅游者的权利，体现了以人为本，保护旅游者合法权益的立法宗旨。

（3）社会、经济、生态效益相统一的原则。《旅游法》第 4 条规定，旅游业发展应当遵循社会效益、经济效益和生态效益相统一的原则。国家鼓励各类市场主体在有效保护旅游资源的前提下，依法合理利用旅游资源。该原则包括三层意思：一是发展旅游业要注意平衡社会效益、经济效益和生态效益的关系，坚持三者的统一。二是鼓励各类市场主体在有效保护旅游资源的前提下，依法合理利用旅游资源，其目的是引导各类市场主体在遵守法律法规的前提下，更多地参与旅游发展，承担社会责任。三是利用公共资源建设

的游览场所应当更多地考虑社会效益，应当体现公益性质。

（4）国家鼓励全社会参与旅游业发展的原则。旅游日益成为人们生活中不可或缺的消费需求，发展旅游更需要全社会的共同参与。《旅游法》第5条规定，国家倡导健康、文明、环保的旅游方式，支持和鼓励各类社会机构开展旅游公益宣传，对促进旅游业发展做出贡献的单位和个人给予奖励。

健康：强调从事的旅游活动符合社会主义核心价值观，有利于身心愉悦。文明：指在旅游活动中要遵守社会公共秩序，遵守社会公德，遵守文明行为规范。环保：指开展旅游活动要保护生态环境、节约能源资源。为倡导健康、文明、环保的旅游方式，国家鼓励新闻媒体、公益组织及社会企业进行旅游公益宣传，促进旅游业发展。国家对做出突出贡献的单位和个人给予精神或者物质奖励，表彰其成绩，支持其工作。

2. 主要法律制度

（1）旅游综合管理制度。旅游活动涉及多个行业，为保障旅游与有关行业的工作协调，促进旅游业健康发展，《旅游法》第7条规定，国务院建立健全旅游综合协调机制，对旅游业发展进行综合协调。县级以上地方人民政府应当加强对旅游工作的组织和领导，明确相关部门或者机构，对本行政区域的旅游业发展和监督管理进行统筹协调。该制度的内容包括：国务院建立健全旅游综合协调机制；确立了地方政府统筹协调旅游业发展和管理的职能；旅游市场综合监管机制；整合投诉受理机构、投诉受理部门间转办、处理结果告知的旅游投诉统一受理制度。

（2）旅游者权益保护制度。《旅游法》以保护旅游者为主线设立了旅游者权益保护制度。该制度的内容包括：设旅游者专章，规定了旅游者的权利、义务和权利保障措施；对政府旅游公共服务及基础设施建设提出明确要求；对旅游经营者及其从业人员设定较为严格的行为规范和义务；在遵循《中华人民共和国消费者权益保护法》（以下本书简称《消费者权益保护法》）和相关合同法律一般性原则的基础上，根据旅游活动的特点，规定了针对性强的、特殊的旅游者的权利及其救助途径。

（3）旅游促进和公共服务制度。为满足日益增长的旅游消费需求，提高旅游服务质量，《旅游法》规定了旅游促进和公共服务制度。该制度的内容包括：对各级政府安排资金提出要求，并明确了资金用途；规定政府将旅游业发展纳入国民经济和社会发展规划，制定有利于旅游业持续健康发展的产业扶持政策；完善旅游基础设施建设；政府无偿向旅游者提供旅游景区、线路、交通、气象、住宿等必要的信息和咨询服务；建立统一的旅游形象宣传推广；鼓励和支持发展旅游职业教育和培训。

（4）资源保护和旅游利用制度。旅游业是凭借资源为旅游者提供服务的，资源通过旅游开发成为旅游资源，但资源的合理利用十分重要；我国的法律体系是统一的，《旅游法》与相关 20 多部资源保护法律、法规关系密切，资源的旅游利用、旅游者和旅游经营者在旅游活动中都应当依法履行相关保护义务。为此，《旅游法》规定了资源保护和旅游利用制度。该制度的内容包括：规定编制完整的规划体系，明确了编制主体和内容；明确旅游规划与其他规划的关系；规定了旅游资源事前、事中、事后保护利用的制度，资源的旅游利用的原则；规定了景区流量控制制度，完善了景区门票价格制度。

（5）旅游服务合同制度。针对旅游服务合同具有关系复杂性、主客体双方不完全对等性、合同的非物质性、合同履行人身关联性等特点，为平等保护合同主体利益，《旅游法》确立了旅游服务合同制度。该制度的内容包括：规范了旅游服务合同的类别、内容、形式；规范了旅游经营者与旅游者的合同权利与义务；规定特殊情况下对旅游者保护的规则，诸如告知、说明义务，协助返程义务，无正当理由不得拒绝旅游者替换的义务，规定时间内无条件退货、退费的义务等；规范了特殊的责任承担，包括旅行社与旅游者之间，诸如采取安全措施费用的合理分担，滞留安置返程费用的分担，自行安排活动期间的责任承担，旅游者自身原因导致责任的承担，委托社和代理社之间、组团社和地接社之间、旅行社和履行辅助人之间的特殊责任的承担；规定了特殊的合同变更、解除制度，诸如不能成团的特殊处理、单方解除合同、旅游者的任意解除合同权、旅行社的法定解除合同权、因不可抗力等影响行程的处理等。

（6）规范旅游市场、提高服务质量制度。为促进旅游市场健康发展，《旅游法》第 6 条规定了规范旅游市场、提高服务质量制度。该制度的主要内容包括：在平衡旅游者与旅游经营者权益的基础上，设立了相关民事法律规范，规范旅游经营者的经营行为；国家建立健全旅游服务标准，禁止行业垄断和地区垄断；旅游经营者应当诚信经营，公平竞争，承担社会责任，为旅游者提供安全、健康、卫生、方便的旅游服务；对旅游行业全链条重点领域的经营行为进行规范，尤其对旅行社、从业人员、其他经营者规定不得为的具体要求；规范了旅游综合监管机制；明确了旅游行业组织的自律规范。

（7）旅游安全保障制度。没有安全便没有旅游业的发展，安全是旅游业的生命线。《旅游法》专章规定了旅游安全要求，设立了旅游安全保障制度。该制度的主要内容包括：明确了包括政府统一负责、部门依法履职，旅游经营者主体责任，旅游者的自我保护义务的主体责任制度；规定了旅游安全的全程责任制度，诸如政府风险提示、流量控制、旅游经营者安全评估、说明警示和培训、高风险旅游项目许可、购买责任保险和提示旅游者购买意外保险、旅游者掌握相关信息和告知相关信息的事前预防，政府安全监管和救助、旅游经营者的报告和救助、旅游者遵守安全规定的义务的事中管理，政府、旅游经营者的事后处置，旅游者的配合和依法承担费用的义务。

第二节 旅游者

一、旅游者的属性与特征

1. 旅游者的属性

旅游者具备消费者的一般共性，本质上属于消费者。旅游消费，即旅游者通过购买旅游产品，满足自身旅游需求的过程。在现代社会，为了保持正常生活，人们已经无法摆脱对消费的依赖。尤其是旅游，是一种支出较高的精神文化消费。无论去哪里、采用何种形式旅游，都要通过消费来满足旅游者食、住、行、游、购、娱等最基本的需求。

2. 旅游者的特征

与一般消费者相比，旅游者的特征表现在：

（1）参加旅游活动的目的是获得精神上的愉悦，与满足人的基本需求有明显的不同。由此，对于提供旅游服务的经营者的要求更高。

（2）由于旅游活动的空间移动性和一定的时间性特征，旅游者的弱者地位更加明显。与一般消费者相比，他们不但会遭遇经济上的损害，还可能遇到生命安全的威胁，由此，特殊的安全保障措施必不可少。

（3）旅游消费的复杂性和专业性，先付费再旅游的特点，使旅游者对旅游经营者的依赖更加明显。实现旅游活动的最终目的，不仅需要经营者的诚信和努力，也需要旅游者的积极配合，更需要旅游者文明程度的不断提高。

在旅游活动中，旅游者作为一般消费者受《消费者权益保护法》等法律的保护。同时，针对旅游经营行为的特殊性和旅游活动的特点，为了保护旅游者的合法权益，《旅游法》不仅设专章规定了旅游者的权利和义务，还在其他章节规定了旅游者参加旅游活动的相关权利。

二、旅游者权利

1. 自主选择权

《旅游法》第9条规定，旅游者有权自主选择旅游产品和服务，有权拒绝旅游经营者的强制交易行为。这表明：旅游者在购买旅游产品和服务时，享有与旅游经营者进行公平交易的权利。该权利的主要内容：

（1）能够自主选择价格合理的旅游产品和服务。旅游者可以对旅游产品进行比较、鉴别和挑选，可以自主选择提供旅游产品和提供服务的经营者，可以自主选择旅游产品的品种和服务的方式，可以自主决定是否购买、是否接受任何一种产品和服务。即使是在旅游经营者已经事先拟定好的旅游产品和服务的格式合同中，也应当允许、尊重和保护旅游者按照自己的意志选择消费。

（2）有权拒绝旅游经营者的强制交易行为。实践中，有的旅游经营者擅自将旅游者转给其他经营者接待；有的违背市场交易原则，擅自在行程中增加购物或者自费项目等行为，损害了旅游者的自主选择权。

为保护旅游者的自主选择权，《旅游法》第35条明确规定，旅行社以低价组织旅游活动，诱骗旅游者，并通过安排购物或者另行付费旅游项目获取回扣等不正当利益；旅行社未与旅游者协商一致或未经旅游者要求，指定购物场所、安排旅游者参加另行付费项目的，旅游者有权在旅游行程结束后30

日内，要求旅行社为其办理退货并先行垫付退货货款，或者退还另行付费旅游项目的费用。

2. 知悉真情权

《旅游法》第 9 条规定，旅游者有权知悉其购买的旅游产品和服务的真实情况。了解和熟悉旅游产品和服务的真实情况，是旅游者将消费愿望付诸实施的前提，是自主选择权得以实现的保证。该权利的主要内容：

（1）有权要求宣传信息真实。由于旅游活动的跨区域性，多数旅游者往往通过旅游经营者提供的宣传手册了解旅游目的地的信息，信息的描述直接影响旅游者的购买行为。为此，《旅游法》第 32 条明确规定，旅行社为招徕、组织旅游者发布信息，必须真实、准确，不得进行虚假宣传，误导旅游者。旅游经营者应当保证所提供的诸如行程安排、价格、旅游活动中可能存在的风险等信息真实可靠。

（2）有权要求旅游经营者作为合同一方主体的情况真实。在包价旅游合同中，负责签约的旅行社将接待业务委托给地接社履行的，应当载明地接社的名称及相关信息；签约的旅行社是受其他旅行社的委托代理销售包价旅游产品的，应当载明委托社和签约旅行社的名称及相关信息。

（3）有权获得旅游产品和服务的真实详情。旅游者有权就包价旅游合同中的行程安排、成团最低人数、服务项目的具体内容和标准、自由活动时间安排、旅行社责任减免信息，以及旅游者应当注意的旅游目的地相关法律法规和风俗习惯、宗教禁忌、依照中国法律不宜参加的活动等内容，要求旅行社做出详细说明，并有权要求旅行社在旅游行程开始前提供旅游行程单。

3. 要求履约权

《旅游法》第 9 条规定，旅游者有权要求旅游经营者按照约定提供产品和服务。《合同法》规定，依法成立的合同，受法律保护；依法成立的合同，对当事人具有法律约束力。据此，当事人应当按照合同约定全面履行合同义务，否则，应当承担赔偿或者违约责任。具体而言：

（1）有权要求旅游经营者按照约定提供旅游产品和服务，无论约定是口头的还是书面的。包价旅游合同必须采用书面形式，该合同附随的旅游行程单是合同的重要组成部分。

（2）有权要求旅游经营者根据诚信原则，严格按照合同约定的旅游行程单的安排全面履行合同义务。

（3）有权要求旅游经营者不得任意解除合同。旅游者有任意解除合同的权利，除旅游者自己提出的、出现《旅游法》第66条规定的旅行社法定解除合同情形的、出现《旅游法》第67条规定的发生不可抗力或者旅游经营者已尽合理注意义务仍不能避免的事件等可以解除合同的法定情形外，旅游经营者不得擅自解除合同。

4. 被尊重权

《旅游法》第10条规定，旅游者的人格尊严、民族风俗习惯和宗教信仰应当得到尊重。旅游者有权要求旅游经营者依据《旅游法》第52条的规定，对在经营活动中知悉的旅游者个人信息予以保密。旅游者参加旅游活动是为了获得精神享受，是个体进行体验的经历，与旅游者的人格、习惯和信仰密切相关。该权利的主要内容：

（1）人格尊严得到尊重。人格尊严在法律上是人格权的一部分，是整个法律体系中的一种基础性权利，是社会个体生存和发展的基础。旅游者的人格尊严得到尊重意味着其在参加旅游活动中，应当受到旅游经营者和他人的尊重，任何人不得侵犯其姓名权、名誉权、荣誉权和肖像权。

（2）民族风俗习惯得到尊重。民族风俗习惯，是指一个民族在长期的生产生活中形成的风尚、礼节、行为、倾向等。我国是一个多民族的国家，来自各民族、各地区的旅游者要相互尊重，和睦相处，旅游经营者应当尊重旅游者的民族风俗习惯。

（3）宗教信仰得到尊重。宗教信仰，是指人们对某种特定宗教的信奉和皈依。旅游者在参加旅游活动时可以自由地表达其宗教信仰、表明其宗教身份，旅游经营者和其他人对其宗教信仰应当予以尊重。

5. 特殊群体的便利和优惠权

《旅游法》第11条规定，残疾人、老年人、未成年人等旅游者在旅游活动中依照法律、法规和有关规定享受便利和优惠。残疾人、老年人、未成年人等特殊群体有愿望、有条件参与旅游活动，为他们提供便利和优惠是社会文明的基本体现和要求。该权利的主要内容：

（1）重视对特殊群体的保护，满足其对精神文化生活的需求。残疾人、老年人、未成年人等特殊群体由于年龄和生理特点，在社会生活中属于应当受到照顾的群体。我国在立法、基础设施建设等方面，均体现了对该群体保护的重视。

（2）第11条采取“等旅游者”的表述方式，为实践中各地方、景区对诸如在校学生、现役军人、教师等身份的旅游者给予的优惠予以认可。

6. 救助请求权

旅游者的人身、财产安全是其参加旅游活动的前提和保障。人身安全，是指旅游者的生命、健康没有危险，免受威胁，不出事故。财产安全，是指旅游者随身携带的现金、银行卡、身份证件、携带物品等财产不受侵犯。《旅游法》不仅设置旅游安全专章、在相关条文中规定旅游者的安全权，且在第12条规定，旅游者在人身、财产安全遇有危险时，有请求救助和保护的权利。旅游者人身、财产受到侵害的，有依法获得赔偿的权利，以保障安全权的实现。该权利的主要内容：

（1）请求救助和保护。旅游者在人身、财产安全遇有危险时，即存在侵害旅游者的生命、健康、身体或者其财产的可能性时，有请求救助和保护的权利，以消除可能发生侵害的因素，防止侵害的实际发生，保护自己的人身、财产安全。

（2）依法获得赔偿。旅游者的人身、财产受到侵害时，有依法获得赔偿的权利。为保障该权利的实现，《旅游法》第54条，第70条第1款、第3款，第71条第2款等将该权利具体化。由于其他原因造成旅游者人身、财产损害的，旅游者还可以依据民法典等相关法律规定请求赔偿、维护其权利。

7. 其他权利

《旅游法》还在相关章节规定了旅游者的安全保障权、合同的任意解除权、合同的替换权、协助返程权、投诉举报权等权利，为旅游者参加旅游活动、实现旅游目的提供了保证。

三、旅游者义务

1. 遵纪守法、文明旅游的义务

《旅游法》第13条规定，旅游者在旅游活动中应当遵守公共秩序和社会公德，尊重当地风俗习惯、文化传统和宗教信仰，爱护旅游资源，保护生态环境，遵守旅游文明行为规范。公民的权利、义务相一致，旅游者享有权利的同时也应当履行义务。该义务的主要内容：

（1）遵守社会公共秩序和社会公德。社会公共秩序，指为维护社会公共生活所必需的秩序，包括生产、工作、营业、交通、娱乐、公共场所等方面；社会公德，是全体公民在社会交往和公共生活中应该遵守的行为准则。良好的公共秩序和高素质的旅游者，是旅游活动有序进行、旅游业健康发展的保证。

（2）尊重当地风俗习惯、文化传统和宗教信仰。无视旅游地风俗习惯、文化传统和宗教信仰，容易引发与当地居民的摩擦和矛盾，造成纠纷和冲突，不仅影响旅游质量，自身安全还可能受到威胁。

（3）爱护资源、保护生态。旅游资源是旅游业发展的前提；生态环境与人类关系密切，影响人类的生存和发展，杜绝旅游活动中旅游者的不良行为，有利于实现旅游业可持续发展。

（4）遵守旅游文明行为规范。少数旅游者旅游活动中的不文明行为，破坏了中国形象，为此，国家制定了《中国公民国内旅游文明行为公约》《中国公民出国（境）旅游文明行为指南》等文明旅游行为规范，旅游者应当遵守。

2. 不得损害他人合法权益

《旅游法》第 14 条规定，旅游者在旅游活动中或者在解决旅游纠纷时，不得损害当地居民的合法权益，不得干扰他人的旅游活动，不得损害旅游经营者和旅游从业人员的合法权益。处理好旅游活动中与旅游经营者及其从业人员、旅游目的地居民、同行旅游者的关系，既能保证旅游者舒心、愉快、顺利地实现旅游目的，也能维护良好的旅游市场秩序。该义务的主要内容：

（1）不得损害当地居民的利益。当地居民的利益是指旅游目的地或者纠纷发生地的居民，其受法律保护的权益，旅游者无论在旅游活动中或者在解决旅游纠纷时都不能损害当地居民的合法权益，否则应当承担赔偿责任。

（2）不得干扰他人的旅游活动。即旅游者不得因其行为而使他人的旅游活动难以顺利进行甚至无法进行。

（3）不得损害旅游经营者和从业人员的合法权益。旅游经营者和从业人员的合法权益受法律保护，损害其合法权益，应当依法承担法律责任。

为使旅游者更好地履行该项义务，《旅游法》第 66 条规定，旅游者从事严重影响其他旅游者权益的活动，且不听劝阻、不能制止的，旅行社可以解除合同；给旅行社造成损失的，旅游者应当依法承担赔偿责任。第72条规定，旅游者在旅游活动中或者在解决纠纷时，损害旅行社、履行辅助人、旅游从业人员或者其他旅游者的合法权益的，依法承担赔偿责任。

3. 安全配合义务

安全是旅游活动的基本要求，不仅仅是政府、旅游经营者的责任，旅游者也应当履行安全配合的义务。《旅游法》第15条规定，旅游者购买、接受旅游服务时，应当向旅游经营者如实告知与旅游活动相关的个人健康信息，遵守旅游活动中的安全警示规定。旅游者对国家应对重大突发事件暂时限制旅游活动的措施以及有关部门、机构或者旅游经营者采取的安全防范和应急处置措施，应当予以配合。旅游者违反安全警示规定，或者对国家应对重大突发事件暂时限制旅游活动的措施、安全防范和应急处置措施不配合的，依法承担相应责任。该项义务的主要内容：

（1）如实告知健康信息、遵守安全警示规定。旅游活动能带给人们精神享受，同时有的旅游产品和服务对参加者的身体条件有要求，需要旅游者积极配合，在购买旅游产品或者接受旅游服务时，如实告知。这既是对自身安全、其他旅游者负责，也是与旅游经营者诚信缔约、履约的要求。

（2）对相关措施予以配合的义务。旅游活动中可能遭遇突发事件，根据《中华人民共和国突发事件应对法》（以下本书简称《突发事件应对法》）的规定，有关人民政府会组织有关部门采取相应的应急处置措施，旅游经营者也会采取必要的处置措施，对旅游者做出妥善安排。为了保障旅游安全，旅游者应当服从指挥和安排，配合应对重大突发事件采取的措施。

（3）不履行配合义务应承担相应责任。旅游者如果违反安全警示规定，不配合政府、旅游经营者为应对突发事件采取的应急措施，可能给自身造成损害，也可能给他人或者国家造成损失，应当依法承担相应的民事甚至刑事法律责任。

4. 不得非法滞留、擅自分团或脱团

《旅游法》第16条规定，出境旅游者不得在境外非法滞留，随团出境的旅游者不得擅自分团、脱团。入境旅游者不得在境内非法滞留，随团入境的旅游者不得擅自分团、脱团。该规定既适用于我国旅游者前往其他国家和地区参加旅游活动，也适用于来中国参加旅游活动的外国人。其主要内容是：

出境旅游者前往其他国家或者地区参加旅游活动，应当按照证件载明的期限、从国家开放的口岸出入国边境，依据许可的期限在旅游目的地停留，按照旅游行程的安排参加旅游活动。不得非法滞留、擅自分团或脱团。同样，入境旅游者在我国境内参加旅游活动，也应当遵守本规定。

为规范出境、入境旅游者参加出境、入境旅游活动的行为，《旅游法》第 55 条规定，旅游经营者组织、接待出入境旅游，发现有非法滞留和擅自分团、脱团情形的，应当依法及时向公安机关、旅游主管部门或者我国驻外机构报告，未履行报告义务的，根据《旅游法》第 99 条的规定，由旅游主管部门对其及其直接负责的主管人员和其他责任人员依法追究责任。

第三节　旅游规划和促进

一、旅游规划

1. 旅游规划的编制主体

政府是组织编制旅游发展规划的主体。《旅游法》第 17 条规定，国务院和县级以上地方人民政府应当将旅游业发展纳入国民经济和社会发展规划。国务院和省、自治区、直辖市人民政府以及旅游资源丰富的设区的市和县，应当按照国民经济和社会发展规划的要求，组织编制旅游发展规划。对跨行政区域且适宜进行整体利用的旅游资源进行利用时，应当由上级人民政府组织编制或由相关地方政府协商编制统一的旅游发展规划。

2. 旅游规划的内容

《旅游法》第 18 条规定，旅游发展规划应当包括旅游业发展的总体要求和发展目标，旅游资源保护和利用的要求和措施，以及旅游产品开发、旅游服务质量提升、旅游文化建设、旅游形象宣传和推广、旅游基础设施和公共服务设施建设的要求和促进等内容。

根据旅游发展规划，县级以上人民政府可以编制重点旅游资源开发利用的专项规划，对特定区域内的旅游项目、设施和服务功能配套提出专门要求。

3. 旅游规划与相关规划的关系

《旅游法》确立了旅游发展规划的法定地位，并通过规定“相衔接”的工作要求处理好旅游规划与相关规划的关系。与此同时，规定政府通过其他规划的编制支持旅游业发展，进一步细化了第19条的规定。

（1）旅游规划与其他规划相衔接。《旅游法》第19条规定，旅游发展规划应当与土地利用总体规划、城乡规划、环境保护规划以及其他自然资源和文物等人文资源的保护和利用规划相衔接。

①与土地利用总体规划相衔接。土地利用总体规划要适当增加旅游业发展用地；涵养风景、适宜进行旅游利用的土地，应当尽量划定为旅游用地；旅游发展规划也应当根据土地利用总体规划合理确定旅游发展的目标和措施。

②与城乡规划相衔接。城乡规划要将促进旅游业发展作为城乡发展的重要目标之一，科学确定旅游功能分区、用地布局，合理配给和提供旅游基础设施、公共服务设施、建设旅游景观设施等，逐步完善城乡的"游憩"功能。

③与环境保护规划相衔接。主要体现在具体内容上，特别是旅游项目和设施的规划、建设要体现有关法律法规关于环境保护的要求，不得违反有关环境保护的禁止性规定。

④与其他自然资源、文物等保护和利用规划相衔接。旅游规划应当遵循不违反禁止性规定的原则，通过对资源合法、合理的利用，发挥最大效用，实现各产业共同发展，促进经济、环境、社会、文化效益和谐统一。

（2）政府编制其他规划支持旅游业发展。《旅游法》第20条规定，各级人民政府编制土地利用总体规划、城乡规划，应当充分考虑相关旅游项目、设施的空间布局和建设用地要求。规划和建设交通、通信、供水、供电、环保等基础设施和公共服务设施，应当兼顾旅游业发展的需要。

4. 旅游规划的评估

《旅游法》第22条规定，各级人民政府应当组织对本级政府编制的旅游发展规划的执行情况进行评估，并向社会公布。

（1）政府是旅游发展规划评估的组织主体。政府的组织职能包括：确定评估的周期，规划编制完成并开始执行后，即可以开始定期或不定期组织评估；确定参加评估的人员范围，并科学确定相应方面代表的比例；建立相应的评估工作机制和工作程序；确立评估标准和指标体系，以使评估工作有章可循；对评估成果的落实等情况进行监督和检查，并建立责任追究制。

（2）评估的内容及组织。评估的内容包括：规划确定的内容是否得到了严格执行，通过执行，发现规划本身存在哪些问题。发现规划没有得到严格执行的，政府应该建立严格的责任追究制，通过内部程序进行解决，纠正偏差；发现规划本身存在问题的，应该及时调整或修编。评估要按照公平的要求，合理选择政府及部门、第三方机构或专家学者、公众代表等评估人员，遵循以第三方和公众评价为主的原则。

（3）评估的结果应当向社会公布。引入公众监督，畅通公众表达渠道，搜集和反馈意见，吸纳合理内容，促进旅游规划的科学实施。公布的方式，可以通过政府网站、政府公报、新闻发布会以及报刊、广播、电视、网络等。

二、旅游促进

1. 旅游产业的政策扶持

《旅游法》第23条规定，国务院和县级以上地方人民政府应当制定并组织实施有利于旅游业持续健康发展的产业政策，推进旅游休闲体系建设，采取措施推动区域旅游合作，鼓励跨区域旅游线路和产品开发，促进旅游与工业、农业、商业、文化、卫生、体育、科教等领域的融合，扶持少数民族地区、革命老区、边远地区和贫困地区旅游业发展。

（1）推进旅游休闲体系建设。旅游休闲体系建设内涵丰富，从休息时间的保障到休闲设施的完善，再到休闲服务的体系性支撑，都需要政府给予政策支持。

（2）推动区域旅游合作。加强区域旅游合作，打破地区间的行政和非行政壁垒，有利于形成合力，促进旅游业发展。区域旅游合作不仅是为了解决旅游资源的跨区域问题，还在于实现不同地区的优势互补。

（3）促进与其他产业融合发展。实现旅游业与工业、农业、文化、体育、科教等领域的不断融合，丰富旅游产品类型，带动相关产业发展，需要相关政策的扶持和协调。

（4）扶持老少边穷地区旅游发展。革命老区、少数民族地区、边远地区和贫困地区社会经济发展还比较落后，基础设施差，但旅游资源丰富。促进这些地区旅游业的发展，具有重要的社会意义和政治意义。

2. 提供资金保障

促进旅游业发展需要资金保障。《旅游法》第24条规定，国务院和县级以上地方人民政府应当根据实际情况安排资金，加强旅游基础设施建设、旅游公共服务和旅游形象推广。确立了政府投入资金促进旅游业发展的职责。

政府投入资金需要根据实际情况，总体原则是根据旅游发展的需要，量力而行，因地制宜、因事制宜、以引导为主发挥市场的作用。投入资金的用途主要是：促进旅游基础设施建设、促进旅游公共服务、促进旅游形象推广。

3. 旅游形象推广

《旅游法》第25条规定，国家制定并实施旅游形象推广战略。国务院旅游主管部门统筹组织国家旅游形象的境外推广工作，建立旅游形象推广机构和网络，开展旅游国际合作与交流。县级以上地方人民政府统筹组织本地的旅游形象推广工作。

（1）制定旅游形象推广战略。国家旅游形象确立有特殊市场针对性、国家文化识别性和政治社会代表性，要根据旅游业发展的实际情况和国家整体战略来确立。将旅游形象推广纳入国家整体形象推广的战略布局，建立起国家层面的旅游形象推广工作机制，制定跨行业、跨部门旅游形象的总体规划，明确工作目标、工作任务、工作措施和各部门工作职责，实现各类对外宣传资源的优势互补、资源共享、效果增强。

（2）旅游形象推广战略内容。旅游形象推广战略的内容包括：将旅游形象推广纳入国家整体形象推广的战略布局；对旅游形象推广进行总体规划，明确工作的目标、推进的主要步骤、采取的主要措施、传播的主要渠道等；形成国家旅游形象统一，各地旅游形象各具特色，有重点、分层次的旅游对外形象体系；确定旅游形象推广重点工程；配套旅游形象推广的保障机制；转变推广理念，创新推广方式和手段，探索政府推力和市场动力相结合的旅游形象推广新路径。

（3）国务院旅游主管部门的主要职责。国务院旅游主管部门在旅游形象境外推广中的职责主要是：对国家旅游形象境外推广进行统筹组织、建立旅游形象推广机构和网络、开展旅游国际合作与交流。

4. 构建旅游公共服务体系

《旅游法》第26条规定，国务院旅游主管部门和县级以上地方人民政府应当根据需要建立旅游公共信息和咨询平台，无偿向旅游者提供旅游景区、线路、交通、气象、住宿、安全、医疗急救等必要信息和咨询服务。设区的市和县级人民政府有关部门应当根据需要在交通枢纽、商业中心和旅游者集中场所设置旅游咨询中心，在景区和通往主要景区的道路设置旅游指示标识。旅游资源丰富的设区的市和县级人民政府可以根据本地的实际情况，建立旅游客运专线或者游客中转站，为旅游者在城市及周边旅游提供服务。

（1）政府是旅游公共服务的主体。提供公共服务是政府应有职责，由于旅游公共服务的提供涉及多个部门、多个产业，应当由政府统一协调和推动，因而，《旅游法》规定了政府提供公共服务的统筹职责。

（2）旅游公共信息和咨询服务。旅游公共信息和咨询平台包括旅游咨询服务中心、旅游集散中心等实体，也包括网络、咨询电话等载体。信息和咨询服务的内容主要指：旅游目的地旅游景区、酒店、餐馆等的简介及价格信息；旅游景区及旅游目的地整体的交通布局、流量等相关信息，包括自驾游线路信息；旅游目的地气象信息；旅游景区及旅游目的地安全环境、不可抗力事件、突发事件、公共卫生事件等安全信息；旅游景区及旅游目的地紧急医疗救助机构等相关信息。

（3）建立旅游客运专线和游客中转站。旅游客运专线主要指联系城市中心区和城市及周边主要景区的专门客运服务；游客中转站一般是集旅游者集散、分流、旅游信息咨询服务等功能于一身的综合服务体。建立的目的是解决通往景区道路交通的拥堵问题。

5. 旅游职业教育和培训

《旅游法》第27条规定，国家鼓励和支持发展旅游职业教育和培训，提高旅游从业人员素质。通过立法促进旅游业人力资源的发展，是转变发展方式、增加劳动就业的迫切需要。旅游从业人员与旅游者直接接触，其服务水平关乎整体的旅游者满意度，有必要鼓励积极开展对从业人员的教育与培训工作，实现旅游从业人员综合素质与旅游者满意度的同步提升。需要在专项资金设立、规划指导、整合资源等方面，加强旅游职业教育和培训。

第四节 旅游经营

一、概述

1. 旅游经营者

（1）旅游经营者的含义。《旅游法》第111条第1项规定，旅游经营者是指旅行社、景区以及为旅游者提供交通、住宿、餐饮、购物、娱乐等服务的经营者。

（2）旅游经营者的义务。

①履行旅游合同。《旅游法》第49条规定，为旅游者提供交通、住宿、餐饮、娱乐等服务的经营者，应当符合法律、法规规定的要求，按照合同约定履行义务。

②提供合格产品。《旅游法》第50条规定，旅游经营者应当保证其提供的商品和服务符合保障人身、财产安全的要求。旅游经营者取得相关质量标准等级的，其设施和服务不得低于相应标准；未取得质量标准等级的，不得使用相关质量等级的称谓和标识。

③不得进行商业贿赂。《旅游法》第51条规定，旅游经营者销售、购买商品或者服务，不得给予或者收受贿赂。

④保护旅游者个人信息。《旅游法》第52条规定，旅游经营者对其在经营活动中知悉的旅游者个人信息，应当予以保密。

⑤承担连带责任。《旅游法》第54条规定，景区、住宿经营者将其部分经营项目或者场地交由他人从事住宿、餐饮、购物、游览、娱乐、旅游交通等经营的，应当对实际经营者的经营行为给旅游者造成的损害承担连带责任。

⑥履行报告义务。《旅游法》第55条规定，旅游经营者组织、接待出入境旅游，发现旅游者从事违法活动或者有违反本法第16条规定情形的，应当及时向公安机关、旅游主管部门或者我国驻外机构报告。

⑦投保责任险。《旅游法》第56条规定，国家根据旅游活动的风险程度，对旅行社、住宿、旅游交通以及本法第47条规定的高风险旅游项目等经营

者实施责任保险制度。

（3）旅游经营者的责任承担。违反《旅游法》规定的旅游经营者，将受到相应的处罚。构成犯罪的，依法追究刑事责任。《旅游法》第104条规定，旅游经营者给予或者收受贿赂的，由市场监督管理部门依照有关法律、法规的规定处罚；情节严重的，并由旅游主管部门吊销旅行社业务经营许可证。第107条规定，旅游经营者违反有关安全生产管理和消防安全管理的法律、法规或者国家标准、行业标准的，由有关主管部门依照有关法律、法规的规定处罚。第108条规定，对违反本法规定的旅游经营者及其从业人员，旅游主管部门和有关部门应当记入信用档案，向社会公布。

2. 旅游市场规则

《旅游法》第6条规定，国家建立健全旅游服务标准和市场规则，禁止行业垄断和地区垄断。旅游经营者应当诚信经营，公平竞争，承担社会责任，为旅游者提供安全、健康、卫生、方便的旅游服务。

（1）政府通过制定标准，引导旅游经营者提高服务质量，通过制定法律、法规完善市场规则，干预市场失灵。

（2）国家采取措施禁止旅游经营中的行业垄断和地区垄断，以保护市场公平竞争，提高市场效率。

（3）在经营活动中以诚为本，公平确定与交易对方的权利、义务，讲求信用，严格履行合同。

（4）在经营活动中应当公平对待竞争对手，不得以虚假宣传、假冒他人标识、贿赂等不当竞争手段参与市场竞争，损害竞争对手的合法权益，破坏市场秩序。

（5）旅游经营者在履行法律、行政法规规定的强制性服务的基础上，为实现自身和社会可持续发展，在道德规范、商业伦理方面应承担保护生态环境、维护职工权益及参与社会公益事业等社会责任。

二、旅行社经营规则

1. 旅行社及其经营业务范围

（1）设立条件。《旅游法》第28条规定了我国对旅行社实行许可制度，并规定了设立旅行社的条件。

（2）经营业务范围。《旅游法》第29条规定了旅行社的经营业务范围，并且明确规定，旅行社经营出境旅游、边境旅游业务的，应当取得相应的业务经营许可，遵守相关法规规定。

（3）法律责任。开设旅行社，经营旅行社业务，应当具备法律、法规规定的条件，否则，由旅游主管部门或者市场监督管理部门依据《旅游法》第95条追究违法经营者的法律责任。

2. 交纳旅游服务质量保证金

《旅游法》第31条将被实践证明行之有效的、保护旅游者合法权益的质量保证金制度法律化，规定旅行社应当按照规定交纳旅游服务质量保证金，并规定了质量保证金的适用范围。

3. 经营行为规范

《旅游法》第31~41条，规范了旅行社、导游与领队的行为规范，并规定了违反上述行为规范应当承担的法律责任，为矫正不规范的旅游市场，为旅游者提供优质服务，为旅游业持续、健康发展提供了法律保障。

三、景区经营规则

1. 开放条件

《旅游法》第42条规定，景区开放应当具备下列条件，并听取旅游主管部门的意见：一是有必要的旅游配套服务和辅助设施；二是有必要的安全设施及制度，经过安全风险评估，满足安全条件；三是有必要的环境保护设施和生态保护措施；四是法律、行政法规规定的其他条件。

（1）旅游配套服务和辅助设施。旅游配套服务和辅助设施是实现景区旅游功能的必备条件。一般包括：住宿接待设施及其服务、餐饮设施及其服务、旅游购物设施及其服务、文化娱乐设施及其服务、医疗设施及其服务、景区交通设施，具体如供水、排水、供电、停车场、通信、公厕、垃圾箱、无障碍设施，以及景区区域界限、服务设施、游览解说系统、通用指示标识、旅游者中心、求助电话等。

（2）安全设施及制度。景区要有安全设施及制度：①场所的安全保障，如景区内道路交通、卫生、环境、山体、植被、物种或水域、雷电等自然环境危害的防范设备等；②设施设备的安全保障，如工程管线、游乐设施设备、消防设施设备等；③针对旅游者的安全保障制度等，如治安保卫、安全救护、安全警示标识、安全使用说明、紧急救援配置、景区流量控制等安全制度和预案情况、安全操作从业人员和管理人员状况及安全培训。

景区安全风险评估，是指运用各相关领域的科学、专业方法和手段，系统地分析景区本身及开放接待旅游者可能面临的威胁及其存在的脆弱性，评估安全事件发生的可能性以及一旦发生可能造成的危害程度，景区是否具有针对性的抵御威胁的防护对策，有效地保护旅游者。

（3）有必要的环境保护设施和生态保护措施。景区应根据其资源的特质和要求，采取相关措施，包括必要的污水处理设施、生态公厕、旅游者容量控制、植被及绿地的保护、噪声的控制、空气质量的监控等，为旅游者创造良好的旅游环境，实现生态文明的要求。

（4）法律、行政法规规定的其他条件。开放各类型景区其他法律、法规有规定的，景区也应当遵守。

（5）法律责任。《旅游法》第 105 条第 1 款规定，景区不符合规定的开放条件接待旅游者的，由景区主管部门责令停业整顿直至符合开放条件，并处 2 万元以上 20 万元以下罚款。

2. 门票管理

《旅游法》第 43 条规定，利用公共资源建设的景区的门票以及景区内的游览场所、交通工具等另行收费项目，实行政府定价或者政府指导价，严格控制价格上涨。拟收费或者提高价格的，应当举行听证会，征求旅游者、经营者和有关方面的意见，论证其必要性、可行性。利用公共资源建设的景区，不得通过增加另行收费项目等方式变相涨价；另行收费项目已收回投资成本的，应当相应降低价格或者取消收费。公益性的城市公园、博物馆、纪念馆等，除重点文物保护单位和珍贵文物收藏单位外，应当逐步免费开放。

（1）严格控制景区的门票等收费项目价格上涨。随着我国经济快速增长以及发展方式的转变，旅游活动日益成为人民大众普遍的需求。“门票经济”已不符合我国旅游业转型升级、建设和谐社会、小康社会发展阶段的要求，需要对这种模式做出适当调整，为此，《旅游法》对门票问题做出规定。严格控制景区门票等价格上涨是基本原则和要求；在定价机制上，实行政府定价或者政府指导价；在定价程序上，拟收费或者提高价格的，应当举行听证会；为防止利用公共资源建设的景区变相涨价，在规定政府定价和政府指导价的基础上，明确景区不得通过增加另行收费项目等方式变相涨价。

（2）公益性城市公园、博物馆、纪念馆逐步免费开放。公益性主要是指非营利性和社会效益。城市公园与人民群众的生活密切相关，成为其日常休息、锻炼和放松的重要场所；博物馆、纪念馆免费开放有利于完善我国现代国民教育体系并充分利用其教育功能、发挥其社会价值的作用，符合世界文物展览业的发展趋势。

（3）门票价格公示、合并售票、减少收费的规定。《旅游法》第44条规定，景区应当在醒目位置公示门票价格、另行收费项目的价格及团体收费价格。景区提高门票价格应当提前6个月公布。将不同景区的门票或者同一景区内不同游览场所的门票合并出售的，合并后的价格不得高于各单项门票的价格之和，且旅游者有权选择购买其中的单项票。景区内的核心游览项目因故暂停向旅游者开放或者停止提供服务的，应当公示并相应减少收费。

（4）法律责任。《旅游法》第106条规定，景区违反规定，擅自提高门票或者另行收费项目的价格，或者有其他价格违法行为的，由有关主管部门依照有关法律、法规的规定处罚。

3. 承载量

《旅游法》第45条规定，景区接待旅游者不得超过景区主管部门核定的最大承载量。景区应当公布景区主管部门核定的最大承载量，制定和实施旅游者流量控制方案，并可以采取门票预约等方式，对景区接待旅游者的数量进行控制。旅游者数量可能达到最大承载量时，景区应当提前公告并同时向当地人民政府报告，景区和当地人民政府应当及时采取疏导、分流等措施。

（1）景区是流量控制的责任主体。景区的主要责任包括：接待旅游者不得超过景区主管部门核定的最大承载量；在其收费处、入口处、网站，必要时还要通过旅游公共服务信息平台、公共媒体等途径公布最大承载量，保障旅游者的知情权和选择权；制定并实施旅游者流量控制方案，做好各项预案；在旅游者数量可能达到最大承载量时，应当提前公告，并同时向当地人民政府报告，根据旅游流量控制方案、预案，采取切实可行的疏导、分流等措施，保障安全。

（2）当地人民政府对景区流量控制负有统筹职责。当景区旅游者数量可能达到最大承载量时，调动各方资源，与景区共同及时采取疏导、分流等措施。

（3）景区主管部门具有核定和监督景区承载量的职责。核定景区最大承载量有两种方式：一是在景区制定规划时核定旅游者容量；二是在景区开放时核定旅游者容量。景区主管部门可以通过专家评估等方式进行核定。

（4）景区采取流量控制的方式。景区应当公布景区主管部门核定的最大承载量，制定和实施旅游者流量控制方案，可以采取门票预约等方式对接待旅游者的数量进行控制。除此之外，景区还应当采取的其他措施，诸如合理设计景区内的游览线路，提高旅游者的流动率；设置明确、清晰的景区指示牌，避免误导旅游者，造成不必要的拥堵；提前、及时公布景区流量，保持景区流量信息实时畅通，供旅游者选择和参考；合理设计旅游者排队的方式和途径。

（5）法律责任。《旅游法》第105条第2款规定，景区在旅游者数量可能达到最大承载量时，未依照《旅游法》规定公告或者未向当地人民政府报告，未及时采取疏导、分流等措施，或者超过最大承载量接待旅游者的，由景区主管部门责令改正。情节严重的，责令停业整顿1～6个月。

四、道路旅游客运经营规则

《旅游法》第53条规定，从事道路旅游客运的经营者应当遵守道路客运安全管理的各项制度，并在车辆显著位置明示道路旅游客运专用标识，在车厢内显著位置公示经营者和驾驶人信息、道路运输管理机构监督电话等事项。明确了从事道路旅游客运的经营规范。

1. 遵守道路客运安全管理各项制度

我国现行规定道路客运安全管理相关制度的法律法规主要有《道路交通安全法》《道路运输条例》《道路旅客运输及客运站管理规定》和《关于加强道路交通安全工作的意见》，道路旅游客运经营者均应遵守。

2. 遵守旅游方面的道路客运安全管理制度

地方性旅游法规对道路旅游客运做出规定的，道路旅游客运经营者也应当遵守这些规定。

3. 明示道路旅游客运经营的相关信息

（1）明示专用标识。从事道路旅游客运的经营者应当在车辆显要位置明示道路旅游客运专用标识。其目的是加强道路旅游客运市场的管理，形成品牌效应，提升道路旅游客运服务水平。

（2）公布规定事项。从事道路旅游客运的经营者应当在车厢内显著位置公示经营者和驾驶人信息、道路运输管理机构监督电话。其目的是方便旅客在接受旅游客运服务过程中维护自身合法权益，加强对从事道路旅游客运经营者的监督。经营者的信息包括经营者的名称、性质、法人代表或者负责人、联系方式以及取得道路客运经营许可、线路、经营期限等内容。驾驶人信息包括驾驶人姓名、年龄、取得相应的机动车驾驶证，经道路运输管理机构对有关客运法规、机动车维修和旅客急救基本知识考核合格而取得的相应从业资格证书等内容。

五、城镇和乡村居民旅游经营规则

城镇和乡村居民利用自有住宅或者其他条件从事旅游经营的活动，在满足旅游发展需要的同时，在传承文化、解决就业、提高生活水平、增加收入等方面有着积极的作用。为鼓励、支持、引导和规范城镇和乡村居民从事旅游经营活动，《旅游法》第 46 条规定，城镇和乡村居民利用自有住宅或其他条件依法从事旅游经营，其管理办法由省、自治区、直辖市制定。

第五节　旅游监督管理

一、监督管理与监督检查

1. 主体

（1）监督管理的主体。《旅游法》第 83 条第 1 款规定，县级以上人民政府旅游主管部门和有关部门依据《旅游法》和有关法律、法规的规定，在各自职责范围内对旅游市场实施监督管理。这表明，对旅游市场实施监督管理的主体，为“县级以上人民政府旅游主管部门和有关部门”。

旅游主管部门，是指县级以上人民政府中负责旅游工作的机构。有关部门，是指县级以上人民政府旅游主管部门以外的其他涉及旅游工作的部门。诸如市场监督管理、交通等执法部门，以及景区主管部门、价格主管部门、负责安全生产监督管理的部门、公安机关等。

（2）监督检查的主体。《旅游法》第 83 条第 2 款规定，县级以上人民政府应当组织旅游主管部门、有关主管部门和市场监督管理、交通等执法部门对相关旅游经营行为实施监督检查。这表明：旅游主管部门、有关主管部门和市场监督管理、交通等执法部门是实施相关监督检查的主体。

2. 依据

监督管理、监督检查的法律依据，主要是指《旅游法》以及全国人大或者全国人大常委会通过的规范性文件，以及国务院制定的行政法规、地方人大及其常委会依法制定的地方性法规。

3. 对象

《旅游法》第 83 条规定的监督检查的对象，是“相关旅游经营行为”。根据《旅游法》的相关规定，相关旅游经营行为，主要包括旅行社及其从业人员、景区以及为旅游者提供交通、住宿、餐饮、娱乐等服务的经营者的经营行为。

二、旅游主管部门实施监督检查事项及措施

1. 监督检查事项

《旅游法》第 85 条规定了县级以上人民政府旅游主管部门监督检查的事项范围。主要包括：经营旅行社业务以及从事导游、领队服务是否取得经营、执业许可；旅行社的经营行为；导游和领队等旅游从业人员的服务行为；法律、法规规定的其他事项。

2. 实施监督检查可以采取的措施

监督检查也称现场检查，是旅游主管部门履行监督职责、实施监督管理的一种重要方式，同时也是旅游主管部门作为执法机关执行法律的一种重要手段。为防止旅游监督检查部门及其人员滥用职权，侵犯企业和个人的合法权益，《旅游法》第 85 条规定，旅游主管部门实施监督检查时可以对涉嫌违法的合同、票据、账簿及其他资料进行查阅、复制。所指合同，既包括旅行社与旅游者之间签订的包价旅游合同，也包括旅行社与其他经营者之间签订的订购产品和服务的合同。所指票据，是以支付金钱为目的的有价证券。所指账簿即会计账簿。所指其他资料，是指合同、票据、账簿之外，旅行社

在开展经营活动过程中产生或者形成的其他单据、凭证等材料，诸如原始凭证、记账凭证等。

三、监督检查主体的行为限制

1. 不得违法收费及参与旅游经营活动

为维护旅游行政执法的公正性、正义性，《旅游法》第 84 条规定，旅游主管部门履行监督管理职责，不得违反法律、行政法规的规定向监督管理对象收取费用。同时还规定，旅游主管部门及其工作人员不得参与任何形式的旅游经营活动。

2. 规范实施监督检查职责

《旅游法》第 86 条规定，旅游主管部门和有关部门依法实施监督检查，其监督检查人员不得少于两人，并应当出示合法证件。“两人以上”和“出示合法证件”必须同时具备，目的是防止监督检查人员独立执法可能出现的滥用权力，以保证监督检查行为及其获取证据的合法性。此处的合法证件是指地方政府法制部门或者国务院有关主管部门颁发的行政执法证件。

监督检查人员少于两人或者未出示合法证件的，被检查单位和个人有权拒绝。

3. 履行保密义务

行政机关及其工作人员在进行旅游监督检查时，可能需要查阅经营者的合同、票据、账簿等资料，这些资料有的可能是企业的商业秘密，一旦泄露将有可能给经营者造成损失；旅游经营者直接面对广大旅游者，旅行社、住宿等旅游经营者按照有关法律法规的规定，或者按照交易习惯，通常会要求旅游者向其提供必要的个人信息，并将信息在企业保存一段时间，由于数量较大，监督检查人员在检查中难免有所接触，不经当事人同意泄露，将可能给当事人的生产、生活造成麻烦，甚至带来损失。

4. 法律责任

《旅游法》第 109 条规定，旅游主管部门和有关部门工作人员在履行监督管理职责中，滥用职权、玩忽职守、徇私舞弊，尚不构成犯罪的，依法给予处分。

四、行业协会自律管理

《旅游法》第 8 条规定，依法成立的旅游行业组织，实行自律管理。第 90 条规定，依法成立的旅游行业组织依照法律、行政法规和章程的规定，制定行业经营规范和服务标准，对其会员的经营行为和服务质量进行自律管理，组织开展职业道德教育和业务培训，提高从业人员素质。

1. 自律管理的依据

旅游行业组织的自律管理应当依照法律、行政法规以及本行业组织的章程、自律管理规范。法律、行政法规是旅游行业组织及其会员必须遵守的规范，实行自律管理首先应当监督会员合法经营，履行法定义务。行业组织的章程和自律管理规范，是由会员共同制定、反映会员共同利益和意愿的行为规则，对全体会员具有约束力，也是行业组织进行自律管理的依据。旅游行业组织应当根据本行业的实际情况和需要，制定并不断完善行业经营规范和服务标准，作为自律管理的依据。

2. 监督会员的经营行为和服务质量

对会员的经营行为和服务质量进行监督，是旅游行业组织最重要的自律管理职能。一方面，旅游行业组织应当按照法律、行政法规和自律规范规定的要求和标准，对会员的经营行为和服务质量进行监督，考核其合法与合规性，对不合法不合规的会员，依照自律规范予以惩戒；另一方面，可以按照本行业组织制定的经营规范和服务标准，对会员的经营行为和服务质量进行考核与评价，对于服务质量优良的会员，可以向社会公示或者给予奖励。

3. 开展培训提高从业者素质

发展旅游业，培育人才、提高从业人员素质至关重要。旅游行业组织应当采取多种方式，对从业人员开展职业道德教育和业务培训，提高从业人员素质。旅游行业组织对从业人员进行职业道德教育和业务培训，属于公益性质，应当按照有关规定和本组织的规范进行。

第十章
合同[1]与旅游服务合同法律制度

章节练习
视频课程

本章导读

【**本章概述**】本章内容主要包括合同的定义、法律特征、法律效力，合同的订立和效力、合同的内容与形式，合同的变更、转让、解除和终止，合同的履行和违约责任，旅游服务合同等。

【**学习要求**】了解《民法典》关于合同的定义、法律效力、解释、订立合同的形式与内容、格式条款的规定；熟悉《民法典》关于合同的效力，合同的履行，合同的变更和转让、债权债务终止的法定情形、合同的约定解除和法定解除，违约责任的种类、承担的规定；掌握《民法典》关于不可抗力、不可抗力的责任、防止损失扩大义务、双方违约和过失相抵规则、第三人造成违约的责任承担的规定，《旅游法》关于旅游服务合同制度及其相关法律责任的规定。

第一节　概　　述

合同制度是社会主义市场经济的基本法律制度。《中华人民共和国民法典》第三编合同（以下简称“合同编”），在《中华人民共和国合同法》的基础上，完善了合同法律制度。合同编共3个分编29章526条，调整因合同

① 本章“合同”的编写参照：黄薇．中华人民共和国民法典释义（中）［M］．北京：法律出版社，2020.

产生的民事关系。

一、合同的定义和法律特征

1. 合同的定义

合同编第 464 条规定：合同是民事主体之间设立、变更、终止民事法律关系的协议。

2. 合同的法律特征

合同是平等主体的自然人、法人和非法人组织之间的协议。平等主体是民事关系的核心特征，从行政、企业管理的视角而言，行政机关与行政相对人、企业与职工之间为不平等主体，不属于“民事主体”；是两个或者两个以上当事人之间建立的一种民事法律关系；是两个或者两个以上当事人意思一致的表示；当事人在合同关系中的法律地位平等。

婚姻、收养、监护等有关身份关系的协议，适用有关该身份关系的法律规定，可以根据其性质参照合同编的规定。

二、合同的法律效力

合同的法律效力也称为法律约束力，是由国家保证执行的法律上的一种强制作用。[①] 合同编第 465 条规定，依法成立的合同，受法律保护。依法成立的合同，仅对当事人具有法律约束力，但是法律另有规定的除外。本条从依法成立的合同受法律保护以及合同的相对性原则两方面规定了合同的约束力。

1. 依法成立的合同受法律保护

合同依法成立，指合同是当事人意思表示一致的协议、符合合同编规定的合同成立时间和成立条件。“意思表示一致”是合同成立的核心要素，因此，合同当事人是合格的主体、基于双方或者多方意思表示一致、符合合同编规定的时间条件和成立条件，例如第 483 条规定：“承诺生效时合同成立……”；第 490 条规定“当事人采用合同书形式订立合同的，自当事人均签字、盖章或者按指印时合同成立”等要求，合同就是依法成立的。

受法律保护，一是指合同依法成立后，无论是否生效，均对当事人产生

① 全国人大常委会办公厅研究室经济室．中华人民共和国合同法［M］．北京：民主法制出版社，1999.

法律约束力。合同的法律约束力表现在：当事人必须尊重合同，按照合同的约定、全面履行合同义务；不允许任何一方当事人擅自解除或者变更合同；违反合同要采取补救措施或者承担违约责任；除当事人另有约定或法律另有规定。二是指当事人之外的任何第三人，均不得非法干预、阻止依法成立的合同正常履行。

2. 合同的相对性原则

合同的相对性原则，指依法成立的合同，仅对当事人具有法律约束力，只能由合同当事人享有合同上的权利、承担合同义务，对合同之外的第三人，包括任何组织或个人，不具有法律约束力。

一般而言，民事主体之间为了实现交易目的，自愿订立合同、约定合同内容，为了保护合同当事人的交易预期，合同编规定了合同相对性原则。由于民事活动纷繁复杂，合同当事人与第三人存在复杂的利益关系不可避免地与第三人产生联系，为保证合同相对性原则的有效实施，合同编作了例外规定，法律另有规定的除外。

三、合同的解释规则

合同解释，是对合同条款及其相关资料所做的分析和说明。蕴含了事实认定与法律适用的双重价值。当事人订立合同时，受语言表达、利益追求等因素限制，难免对部分条款的真实意思各执所见，从而导致争议发生。此时需要司法人员运用解释规则予以释明。合同编第 466 条规定了关于合同争议条款以及不同文字文本的解释规则。

1. 关于合同争议条款

合同编第 466 条第 1 款规定，当事人对合同条款的理解有争议的，应当依据本法第 142 条第 1 款的规定，确定争议条款的含义。合同编第 142 条第 1 款对合同争议条款的解释作了专门规定：有相对人的意思表示的解释，应当按照所使用的词句，结合相关条款、行为的性质和目的、习惯以及诚信原则，确定意思表示的含义。

2. 关于不同文字文本

合同编第 466 条第 2 款规定，合同文本采用两种以上文字订立并约定具有同等效力的，对各文本使用的词句推定具有相同含义。各文本使用的词句不一致的，应当根据合同的相关条款、性质、目的以及诚信原则等予以解释。

第二节　合同的订立和效力

一、合同的形式

1. 合同形式的含义

合同形式，指民事主体之间达成设立、变更、终止民事法律关系合意的外在表现形式，是合同内容的载体。合同编第 469 条规定，当事人订立合同，可以采用书面形式、口头形式或者其他形式。第 490 条第 2 款规定，法律、行政法规规定或者当事人约定合同采用书面形式订立，当事人未采用书面形式但是一方已经履行主要义务，对方接受的，该合同成立。

2. 合同形式的类别

（1）书面形式。合同编第469条规定，书面形式是合同书、信件、电报、电传、传真等可以有形地表现所载内容的形式。以电子数据交换、电子邮件等方式能够有形地表现所载内容，并可以随时调取查用的数据电文，视为书面形式。书面形式明确肯定，有据可查，有利于交易的安全，是诉讼中的重要证据。合同的书面形式中最典型的是合同书或者书面合同。合同编第 490 条规定，当事人采用合同书形式订立合同的，自当事人均签名、盖章或者按指印时合同成立。在签名、盖章或者按指印之前，当事人一方已经履行主要义务，对方接受时，该合同成立。

（2）口头形式。指面对面的谈话或者以电话交流等方式而不用文字表现合同主要内容的形式。口头形式的优点在于直接、简便、快捷，缺点在于没有凭证，容易发生争议，发生纠纷时难以取证，不易分清责任。口头形式适用于能即时清结的合同关系。

（3）其他形式。指除了书面形式、口头形式之外，合同还可以采取其他形式订立。合同当事人未使用语言或者文字明确表示成立合同，而是根据当事人的行为推定合同成立的合同，这类合同也被称为默示合同。

二、合同的内容

1. 合同的条款

合同的内容体现为合同条款，是经当事人协商一致、规定双方当事人权利义务的具体条文。合同的条款是否齐备、准确，决定合同能否成立及顺利履行从而实现订立合同的目的，是确定当事人权利义务关系的基本依据、判断合同是否有效的客观依据。

合同编第 470 条第 1 款规定了合同的 8 项内容，主要条款的规定具有提示性和示范性，合同的主要内容由当事人约定，一般包括以下条款：当事人的姓名或者名称和住所；标的；数量；质量；价款或者报酬；履行期限、地点和方式；违约责任；解决争议的方法。

2. 合同的示范文本

合同编第 470 条第 2 款规定，当事人可以参照各类合同的示范文本订立合同。合同示范文本是由市场监督管理部门单独或与有关行业主管部门联合，在广泛听取各方面意见后，按照一定程序制定的具有规范性、指导性的合同文本格式。一般都包含了合同的主要条款和样式，对于提示当事人在订立合同时更好地明确各自的权利义务有着积极的作用，但供当事人参考，并不强制当事人采用。

三、合同的格式条款

1. 格式条款的含义

合同编第 496 条第 1 款规定，格式条款是指当事人为了重复使用而预先拟定，并在合同订立时未与对方协商的条款。格式条款具有事先拟定的性质。采用格式条款，有利于减少交易成本，节约大量的人力、物力和时间，实现交易的便捷、高效，实践中应用较为广泛。

2. 格式条款提供方的提示、说明义务

格式条款由单方利用其优势地位事先拟定、并未经过与对方充分磋商，相对方往往只能接受或拒绝，不能实质上影响合同内容。提供者在拟定格式条款时，可能更多地考虑一方利益，减轻其责任，不合理地分配合同交易中的风险，从而对另一方当事人不利。民事活动应当遵守公平原则，为了防止格式条款提

供方利用单方拟定格式条款的机会，设计不公平条款内容，防止合同相对方忽视与其有重大利害关系的条款，充分注意并理解格式条款的内容，对签订合同的效果作出合理判断，法律规定了格式合同提供方的说明、提示义务。

合同编第 496 条第 2 款规定：采用格式条款订立合同的，提供格式条款的一方应当遵循公平原则确定当事人之间的权利和义务，并采取合理的方式提示对方注意免除或者减轻其责任等与对方有重大利害关系的条款，按照对方的要求，对该条款予以说明。提供格式条款的一方未履行提示或者说明义务，致使对方没有注意或者理解与其有重大利害关系的条款的，对方可以主张该条款不成为合同的内容。

3. 格式条款的无效

格式条款无效，指格式条款不具有法律效力。通过格式条款免除提供格式条款一方当事人的主要义务、排除合同另一方当事人的主要权利，严重地违反了民事活动应当遵守公平原则的法律规定，因而，合同编规定了格式条款的无效情形。合同编第 497 条规定，有下列情形之一的，该格式条款无效：具有本法第 1 编第 6 章第 3 节和本法第 506 条规定的无效情形；提供格式条款一方不合理地免除或者减轻其责任、加重对方责任、限制对方主要权利；提供格式条款一方排除对方主要权利。具体而言：

（1）格式条款具有《民法典》第 1 编第 6 章第 3 节规定的与其他民事法律行为通用的无效情形，包括无民事行为能力人实施的民事法律行为，限制民事行为人超出其年龄、智力、精神健康状况实施的民事法律行为，以虚假意思表示实施的民事法律行为，违反法律、行政法规的强制性规定的民事法律行为，违反公序良俗的民事法律行为等无效情形，该格式条款无效。依据总则编第 156 条的规定，格式条款无效，并不意味着含有格式合同条款整体无效，格式条款无效不影响合同其他部分效力，其他部分仍然有效。

（2）格式条款具有合同编第 506 条规定的下列免责条款：造成对方人身损害的、因故意或者重大过失造成对方财产损失的，该格式条款无效。

（3）合同编第 497 条第 2、第 3 项规定的“提供格式条款一方不合理地免除或者减轻其责任、加重对方责任、限制对方主要权利；提供格式条款一方排除对方主要权利”，属于格式条款特有的无效情形，均属于违反公平原则的情形。

4. 格式条款的解释

相对于一般合同条款，格式条款具有为了反复使用、单方事先拟定、未与对方协商的特殊性。合同双方当事人对格式条款的理解发生争议时，就需要对格式条款进行合理的解释，以平衡双方利益。合同编第 498 条针对格式条款的特点，对包括单一格式条款、既有格式条款也有非格式条款构成的合同，规定了专门的解释规则。

合同编第 498 条规定，对格式条款的理解发生争议的，应当按照通常理解予以解释。对格式条款有两种以上解释的，应当作出不利于提供格式条款一方的解释。格式条款和非格式条款不一致的，应当采用非格式条款。

（1）格式条款的解释规则。①当事人双方对格式条款的理解发生争议的，按照通常理解予以解释，是指格式条款是为了重复使用而拟定的，为了保护相对方的利益，既不按照提供方的理解也不按照个别相对方的理解予以解释，而是按照可能订立该格式条款的一般人的理解予以解释。②与处于优势地位的格式条款提供方不同，由于合同相对方不能实际参与格式条款内容的拟定与磋商，并影响格式条款而处于劣势地位，当对格式条款有两种以上解释的，有必要对合同相对方倾斜性保护：当对格式条款有两种以上解释的，应作出不利于提供格式条款一方的解释。

（2）格式条款与非格式条款不一致的处理。国际上普遍采用非格式条款优先采信规则，这也是由于格式条款事先拟定、单方提供的特点决定的。合同既有格式条款也有非格式条款时，由于非格式条款是双方当事人自愿协商的结果，更能体现双方当事人的真实意愿，据此，法律规定格式条款和非格式条款不一致时，应当采用非格式条款。

四、合同的效力

合同的效力问题，是指合同是否有效。有效合同对当事人有约束力，受法律保护。《民法典》总则编规定的民事法律行为和代理适用于合同领域。合同编分别对合同的生效时间、未办理合同生效的批准手续的法律后果、无权代理的追认、超越权限所订立合同的法律效果、超越经营范围所订立合同的效力、免责条款、争议解决条款效力的独立性等作了规定。合同编第 508 条还对合同效力没有规定的处理规则做了兜底性规定：本编对合同的效力没有规定的，适用本法第一编第六章的有关规定。

1. 合同的生效时间

（1）合同成立与合同生效。合同成立指双方当事人完成签订合同的全过程，并达到订立合同的预期目的。合同生效指合同产生法律上的效力，具有法律上的约束力。通常合同依法成立与合同生效在时间上是同步的，但有些合同在成立后还需要其他条件成就后才能生效。二者的区别在于，合同生效后，当事人才可以请求对方履行合同义务，合同成立尚未生效的，当事人不得请求对方履行合同主要义务。

（2）合同的生效时间。合同编第502条第1款规定，依法成立的合同，自成立时生效，但是法律另有规定或者当事人另有约定的除外。这表明：①依法成立的合同，自成立时生效。即合同的成立时间和生效时间是一致的，合同依法成立的同时即生效。②法律另有规定或者当事人另有约定的，依照法律规定或者当事人约定。例如，附生效条件和附生效时间期限的合同，合同成立并不立即生效，条件成就或者期限届至时合同方能生效。

2. 未办理批准手续的处理规则

法律、行政法规对有些合同规定需要办理特定的手续方能生效，未办理之前，合同虽已成立但还不能生效，但不是所有的批准等手续都能影响合同的生效，合同编第502条第2款专门对未办理批准等手续影响合同生效的情形作了规定：依照法律、行政法规的规定，合同应当办理批准等手续的，依照其规定。未办理批准等手续影响合同生效的，不影响合同中履行报批等义务条款以及相关条款的效力。应当办理申请批准等手续的当事人未履行义务的，对方可以请求其承担违反该义务的责任。

3. 无权代理所订合同的法律后果

合同编第503条在总则编规定的代理制度的框架下，对无权代理所订合同的法律后果作了规定：无权代理人以被代理人的名义订立合同，被代理人已经开始履行合同义务或者接受相对人履行的，视为对合同的追认。合同编第503条的规定表明：

（1）无权代理的含义。代理权的存在是代理法律关系产生的前提，行为人只有基于代理权才能以被代理人的名义从事代理行为，其行为对被代理人发生法律后果。无权代理行为，主要指行为人没有代理权、超越代理权限范围代理或者代理权终止仍然实施代理行为，未经被代理人追认的，对被代理人不发生效力。

（2）无权代理人以被代理人名义订立合同不符合被代理人的意愿，理应不对被代理人发生效力，鉴于实践中行为人实施的民事法律行为并非都是对被代理人不利，有些还可能是有利的，既然代理行为已经完成如果被代理人事后愿意承认，从鼓励交易、维护交易秩序稳定、更好地保护各方当事人的利益的角度出发，法律没有一概否定其效力。规定原则上无权代理人实施的代理行为不对被代理人发生效力，但是一旦经被代理人追认，就对被代理人发生效力，无权代理便成为有权代理。所谓“追认”，指被代理人对无权代理行为事后予以承认的一种单方意思表示。即法律规定了被代理人的对无权代理行为享有追认的权利。追认包括口头、书面等明示的方式，也包括“被代理人已经开始履行合同义务或者接受相对人履行”的默示的方式。

4. 超越权限所订合同的效力

合同编第 504 条规定，法人的法定代表人或者非法人组织的负责人超越权限订立的合同，除相对人知道或者应当知道其超越权限外，该代表行为有效，订立的合同对法人或者非法人组织发生效力。

法人或者非法人组织的民事活动是通过其法定代表人、负责人进行的，他们代表法人或者非法人组织进行谈判、签订合同等执行职务的行为所产生的法律后果法律予以认可、法人或其他组织应当承受。然而，法定代表人或者负责人应当在法律或者法人章程规定的范围内行使权限，如果超越权限，则相对人难以知晓或一般也没有义务知晓法定代表人或者负责人的权限范围，法人或者非法人组织的内部管理规定也不应对合同相对人形成约束力。如果法定代表人、负责人越权订立合同的行为无效、不发生法律效力，会严重损害合同相对人的利益。

5. 超越经营范围所订合同的效力

合同编第 506 条规定，当事人超越经营范围订立的合同的效力，应当依照本法第 1 编第 6 章第 3 节和本编的有关规定确定，不得仅以超越经营范围确认合同无效。

我国对于市场主体经营范围的管控较为严格，并规定了超过经营范围开展经营活动的要承担相应的法律责任。从 2005 年全面修订公司法后有所松动。《民法典》对当事人超越经营范围订立合同的效力作了较为全面的规定，对当事人该行为的判断，不得仅以超经营范围认定合同无效，应当依照《民法典》第 1 编第 6 章第 3 节民事法律行为的效力的有关规定确定。

6. 免责条款、争议解决条款的效力

（1）免责条款效力。合同编第 506 条规定：合同中的下列免责条款无效：造成对方人身损害的；因故意或者重大过失造成对方财产损失的。合同中的免责条款是指合同中的双方当事人在合同中约定的免除或者限制一方或者双方责任的条款。具有约定性、明示性、免责性的特点。一般而言，当事人在自愿的基础上、不违背诚信原则和社会公共利益、经过充分协商确定的免责条款，法律均承认其效力，否则，滥用免责条款，不仅损害另一方合同当事人的利益，也不利于保护正常的交易安全。

（2）争议解决条款效力。合同编第 507 条规定：合同不生效、无效、被撤销或者终止的，不影响合同中有关解决争议方法的条款的效力。“合同不生效”主要指：一是依法须办理批准等手续生效的合同，当事人未办理；二是附生效条件的合同，条件无法具备。合同不生效、无效、被撤销或者终止，不能产生当事人订立合同所预期的法律效果，此时如果双方之间存在民事争议，又在合同中约定了解决争议的条款，如合同中有仲裁协议条款、当事人选择的受诉人民法院的条款、选择检验和鉴定机构的条款、适用法律条款等，这些条款的效力独立于合同的效力，即合同生效、有效或者终止与否都不影响解决争议条款的效力。

第三节　合同的变更、转让、解除和终止

一、合同的变更

1. 合同变更的含义

合同的变更，是指合同内容的变化，在合同成立以后至未履行或者未完全履行之前，当事人经过协商对合同的内容进行修改或补充，不包括合同当事人或者合同主体的改变。

依法成立的合同，对当事人有法律约束力，双方必须严格按照合同约定

履行义务，任何一方均不得擅自变更依法成立的合同。实践中，合同双方当事人可能无法对涉及合同的所有问题都作出明确约定，也可能在合同履行中，遇到新的情况和新的变化，客观上需要调整合同内容，为此法律对合同变更做出限制性规定。

2. 合同变更的限制

（1）合同变更的条件。合同编第 543 条规定，当事人协商一致，可以变更合同。这表明，已成立的有效合同，当事人就变更事项协商一致可以对合同的内容进行变更。此外，合同编第 502 条第 3 款规定，法律、行政法规规定合同的变更等情形需要办理批准等手续的，应当依照其规定。

（2）合同变更的内容约定不明确。合同的变更直接关系到当事人的利益，会改变当事人之间的权利义务，为了减少在合同变更时可能发生的纠纷，合同编第 544 条规定，当事人对合同变更的内容约定不明确的，推定为未变更。这表明，即便当事人对变更合同形成合意，由于对变更的内容约定不明确，推定为未变更，当事人需按照原有合同的规定履行。

二、合同的转让

1. 合同转让的含义

合同的转让，是合同主体的变更，指在不变更合同内容即合同规定的权利义务的前提下，将合同的全部或者部分权利义务转让给第三人，由受让方承担合同的权利义务。合同的转让包括合同权利（债权）的转让、合同义务（债务）的转移、合同权利义务的概括转让。

2. 债权转让

（1）债权转让的条件。债权转让，指债权人将其合同权利义务转让给第三人的行为。合同编第 545 条规定，债权人可以将债权的全部或者部分转让给第三人，但是有下列情形之一的除外：根据债权性质不得转让；按照当事人约定不得转让；依照法律规定不得转让。这表明债权人有处分债权的权利；转让的债权具有可转让性。

（2）债权转让的程序。债权人转让债权有利于债权的流通，与此同时也会给债务人的利益造成一定的影响，为了保护债务人的利益，合同编第 546 条规定了债权转让程序：债权人转让债权，未通知债务人的，该转让对债务人不发生效力。债权转让的通知不得撤销，但经受让人同意的除外。此外，还应当依据合同编 502 条的规定，办理批准等手续。

（3）债权转让的效力。债权转让后，原合同法律关系当事人法律地位及相应权利发生变更，在债权转让人、债权受让人及债务人之间产生一系列法律后果。具体而言：①从权利转移，合同编第 547 条规定，债权人转让债权的，受让人取得与债权有关的从权利，但该从权利专属于债权人自身的除外。受让人取得从权利不因该从权利未办理转移登记手续或者未转移占有而受到影响。②抗辩权的转移，合同编第 548 条规定，债务人接到债权转让通知后，债务人对让与人的抗辩，可以向受让人主张。③抵销权的转移，如果债务人对债权人也享有债权，债务人可以依照合同编第 549 条的规定向受让人主张抵销：有下列情形之一的，债务人可以向受让人主张抵销：债务人接到债权转让通知时，债务人对让与人享有债权，且债务人的债权先于转让的债权到期或者同时到期；债务人的债权与转让的债权是基于同一合同产生。

（4）债权转让增加费用的负担。债权转让后，债务人履行债务的费用可能会有所增加，为了保护债务人的利益，合同编第 550 条规定，因债权转让增加的履行费用，由让与人负担。

3. 债务转移

（1）债务转移的条件。债务转移，指债务人经债权人同意将合同的债务全部或者部分转让给第三人。合同编第 551 条规定，债务人将合同的债务全部或者部分转移给第三人的，应当经债权人同意。这表明，债务人有处分债务的能力，转移的债务具有可转让性。

（2）债务转移的程序。债务人转让债务，须经债权人同意，未经债权人同意的债务转移，不具有法律效力。此外，还应当依据合同编 502 条的规定，办理批准等手续。

（3）债务转移的效力。债务转移后，原合同法律关系当事人法律地位及相应权利发生变更，在债务转让人、债务受让人及债权人之间产生一系列法律后果。具体而言：①债务加入。合同编第 552 条规定，第三人与债务人约定加入债务并通知债权人，或者第三人向债权人表示愿意加入债务，债权人未在合理期限内明确拒绝的，债权人可以请求第三人在其愿意承担的债务范围内和债务人承担连带债务。②新债务人抗辩和抵销。合同编第 553 条规定，债务人转移债务的，新债务人可以主张原债务人对债权人的抗辩；原债务人对债权人享有债权的，新债务人不得向债权人主张抵销。③新债务人的债务承担。合同编第 554 条规定，债务人转移义务的，新债务人应当承担与主债务有关的从债务，但是该从债务专属于原债务人自身的除外。

4. 债权债务的概括转让

（1）概括转让的含义。债权债务的概括转让也称合同权利义务的一并转让，不同于债权转让、债务转移，指合同一方当事人将其合同权利义务一并转移给第三人，由第三人全部承受这些权利义务。概括转让是一方当事人对其当事人地位的转让，其转让的内容不仅包括债权、债务，而且第三人成为新的当事人。

（2）概括转让的程序。债权债务的概括转让，可能会对对方当事人产生不利，合同编第 555 条规定，当事人一方经对方同意，可以将自己在合同中的权利和义务一并转让给第三人。这表明债权债务概括转让必须经对方当事人同意，否则不对对方当事人产生法律效力。此外，还应当依据合同编 502 条的规定，办理批准等手续。

（3）概括转让的法律适用。合同编第 556 条规定了债权债务概况转让的法律适用：合同的权利和义务一并转让的，适用债权转让、债务转移的有关规定。

三、合同的权利义务终止

1. 合同终止的含义

合同是一种债的关系，债是有期限的民事法律行为，有着产生和消灭的过程。合同的终止，指依法生效的合同，因具备法定情形或当事人约定的情形，使确立的权利义务关系消灭。

合同编第 7 章规定了合同的权利义务终止的一般事由和后果，并在合同法的基础上增加了债务清偿抵充规则，完善了合同解除、抵销、提存、免除等具体规则。

2. 债权债务终止的情形

合同编第 557 条第 1 款规定，有下列情形之一的，债权债务终止：债务已经履行；债务相互抵销；债务人依法将标的物提存；债权人免除债务；债权债务同归于一人；法律规定或者当事人约定终止的其他情形。

具体而言：债务已经履行，使债权得到满足，债务归于消灭，而产生债权债务终止的后果；债务相互抵消，指当事人互负债务、互享债权，以其到期债权充抵对方债权，使其债务与对方债务在等额内消灭；债务人依法将标的物提存，由于法律规定的原因债务人无法向债权人交付合同标的物时，债务人将该标的物交给提存部门而使债务消灭；债权人免除债务，指债权人放弃其债权而使债权债务消灭；债权债务同归于一人，由于某种事实的发生，使原本一方享有的债权、另一方负有的债务，归于一方当事人，债权债务自然终止；出现法律规定或者当事人约定终止的其他情形的，债权债务终止。

3. 合同因解除而终止

合同编第 557 条第 2 款规定，合同解除的，该合同的权利义务关系终止。合同的解除，指合同有效成立后，当具备合同解除条件后，因当事人一方的意思表示或者由当事人双方协商，使合同关系归于消灭。合同解除的条件包括约定解除和法定解除。

4. 合同的约定解除和法定解除

（1）约定解除。根据民事活动自愿原则，合同当事人在不违背法律和社会利益的条件下，可以在合同订立之前或订立之后，通过约定或协议使合同解除。合同编第 562 条规定，当事人协商一致，可以解除合同。当事人可以约定一方解除合同的事由。解除合同的事由发生时，解除权人可以解除合同。

（2）法定解除。指合同生效后，没有履行或未履行完毕前，当事人在法律规定的解除事由出现时，行使解除权而使合同关系消灭。合同编第 563 条第 1 款规定，有下列情形之一的，当事人可以解除合同：因不可抗力致使不能实现合同目的；在履行期限届满前，当事人一方明确表示或者以自己的行为表明不履行主要债务；当事人一方迟延履行主要债务，经催告后在合理期限内仍未履行；当事人一方迟延履行债务或者有其他违约行为致使不能实现合同目的；法律规定的其他情形。

合同编第 563 条第 2 款规定以持续履行债务为内容的不定期合同当事人的解除权：以持续履行的债务为内容的不定期合同，当事人可以随时解除合同，但是应当在合理期限之前通知对方。

5. 合同解除的法律后果

合同编第 566 条规定，合同解除后，尚未履行的，终止履行；已经履行的，根据履行情况和合同性质，当事人可以要求恢复原状或者采取其他补救措施，并有权要求赔偿损失。合同因违约解除的，解除权人可以请求违约方承担违约责任，但是当事人另有约定的除外。主合同解除后，担保人对债务人应当承担的民事责任仍应当承担担保责任，但是担保合同另有约定的除外。

第四节　合同的履行和违约责任

一、合同的履行

1. 合同履行的含义和原则

（1）合同履行，指合同生效以后，债务人通过完成合同规定的义务，使债权人的合同权利得以实现的行为。合同的履行既是订立合同的出发点，也是订立合同的最终目的，是整个合同制度的核心，对于保护合同当事人的合法权益、维护经济秩序有着重要的意义。

（2）合同履行的原则。合同编第 509 条规定，当事人应当按照约定全面履行自己的义务。当事人应当遵循诚信原则，根据合同的性质、目的和交易习惯履行通知、协助、保密等义务。当事人在履行合同过程中，应当避免浪费资源、污染环境和破坏生态。这表明，合同履行的原则包括：全面履行原则、诚实信用原则和绿色原则。

2. 合同约定不明的补救与其他处理规则

（1）合同没有约定或者约定不明的补救。合同编第 510 条规定，合同生效后，当事人就质量、价款或者报酬、履行地点等内容没有约定或者约定不明确的，可以协议补充；不能达成补充协议的，按照合同相关条款或者交易习惯确定。

（2）合同约定不明的处理。合同编第 511 条规定，当事人就有关合同的内容约定不明确，依照前条规定（第 510 条）仍然不能确定的，适用下列规定：①质量要求不明确的，按照强制性国家标准履行；没有强制性国家标准的，按照推荐性国家标准履行；没有推荐性国家标准的，按照行业标准履行。②价款或者报酬不明确的，按照订立合同时履行地的市场价格履行；依法应当执行政府定价或者政府指导价的，按照规定履行。③履行地点不明确，给付货币的，在接受货币一方所在地履行；交付不动产的，在不动产所在地履行；其他标的，在履行义务一方所在地履行。④履行期限不明确的，债务人可以随时履行，债权人也可以随时请求履行，但是应当给对方必要的准备时间。⑤履行方式不明确的，按照有利于实现合同目的的方式履行。⑥履行费用的负担不明确的，由履行义务一方负担；因债权人原因增加的履行费用，由债权人负担。

（3）执行政府定价、指导价价格调整的处理。合同编第 513 条规定，执行政府定价或者政府指导价的，在合同约定的交付期限内政府价格调整时，按照交付时的价格计价。逾期交付标的物的，遇价格上涨时，按照原价格执行；价格下降时，按照新价格执行。逾期提取标的物或者逾期付款的，遇价格上涨时，按照新价格执行；价格下降时，按照原价格执行。

（4）履行金钱债务的处理。合同编第 514 条规定，以支付金钱为内容的债，除法律另有规定或者当事人另有约定外，债权人可以请求债务人以实际履行地的法定货币履行。

3. 电子合同履行规则

电子合同成立并生效后，即进入合同履行阶段。合同编规定了电子合同交付商品或提供服务的方式、时间；标的为提供服务的情形；采用在线传输方式交付标的物的情形等。第 512 条规定，通过互联网等信息网络订立的电子合同的标的为交付商品并采用快递物流方式交付的，收货人的签收时间为交付时间。电子合同的标的为提供服务的，生成的电子凭证或者实物凭证中载明的时间为提供服务时间；前述凭证没有载明时间或者载明时间与实际提供服务时间不一致的，以实际提供服务的时间为准。电子合同的标的物为采用在线传输方式交付的，合同标的物进入对方当事人指定的特定系统且能够检索识别的时间为交付时间。电子合同当事人对交付商品或者提供服务的方式、时间另有约定的，按照其约定。

4. 债法的一般规则

合同编在合同法的基础上增加了债的一般规则，包括选择之债、按份之债与连带之债、具有合法利益的第三人代为履行规则，使合同编通则能够发挥债法总则的作用。

（1）选择之债。①选择权归属与转移。合同编第515条规定，标的有多项而债务人只需履行其中一项的，债务人享有选择权；但是，法律另有规定、当事人另有约定或者另有交易习惯的除外。享有选择权的当事人在约定期限内或者履行期限届满未作选择，经催告后在合理期限内仍未选择的，选择权转移至对方。②选择权的行使。合同编第516条规定，当事人行使选择权应当及时通知对方，通知到达对方时，标的确定。标的确定后不得变更，但是经对方同意的除外。可选择的标的发生不能履行情形的，享有选择权的当事人不得选择不能履行的标的，但是该不能履行的情形是由对方造成的除外。

（2）按份之债与连带之债。①按份债权和按份债务的定义。合同编第517条规定，债权人为二人以上，标的可分，按照份额各自享有债权的，为按份债权；债务人为二人以上，标的可分，按照份额各自负担债务的，为按份债务。按份债权人或者按份债务人的份额难以确定的，视为份额相同。②连带债权和连带债务的定义。合同编第518条规定，债权人为二人以上，部分或者全部债权人均可以请求债务人履行债务的，为连带债权；债务人为二人以上，债权人可以请求部分或者全部债务人履行全部债务的，为连带债务。连带债权或者连带债务，由法律规定或者当事人约定。③连带债务份额的确定规则。合同编第519条规定，连带债务人之间的份额难以确定的，视为份额相同。实际承担债务超过自己份额的连带债务人，有权就超出部分在其他连带债务人未履行的份额范围内向其追偿，并相应地享有债权人的权利，但是不得损害债权人的利益。其他连带债务人对债权人的抗辩，可以向该债务人主张。被追偿的连带债务人不能履行其应分担份额的，其他连带债务人应当在相应范围内按比例分担。④部分连带债务人与债权人之间发生的事项对其他连带债务人的效力。合同编第520条规定，部分连带债务人履行、抵销债务或者提存标的物的，其他债务人对债权人的债务在相应范围内消灭；该债务人可以依据前条规定向其他债务人追偿。部分连带债务人的债务被债权人免除的，在该连带债务人应当承担的份额范围内，其他债务人对债权人的债务消灭。部分连带债务人的债务与债权人的债权同归于一人的，在扣除该债务人应当承担的份额后，债权人对其他债务人的债权继续存在。债权人对部分连带债务人的给付受领迟延的，对其他连带债务人发生效力。⑤连带债权份额的确定规则。合同编第 521 条规定，连带债权人之间的份额难以确定的，视为份额相同。实际受领债权的连带债权人，应当按比例向其他连带债权人返还。连带债权参照适用本章连带债务的有关规定。

（3）合同履行中的第三人。①向第三人履行。合同编第 522 条规定，当事人约定由债务人向第三人履行债务，债务人未向第三人履行债务或者履行债务不符合约定的，应当向债权人承担违约责任。法律规定或者当事人约定第三人可以直接请求债务人向其履行债务，第三人未在合理期限内明确拒绝，债务人未向第三人履行债务或者履行债务不符合约定的，第三人可以请求债务人承担违约责任；债务人对债权人的抗辩，可以向第三人主张。②第三人履行。合同编第 523 条规定，当事人约定由第三人向债权人履行债务，第三人不履行债务或者履行债务不符合约定的，债务人应当向债权人承担违约责任。③第三人代为履行。合同编第 524 条规定，债务人不履行债务，第三人对履行该债务具有合法利益的，第三人有权向债权人代为履行；但是，根据债务性质、按照当事人约定或者依照法律规定只能由债务人履行的除外。债权人接受第三人履行后，其对债务人的债权转让给第三人，但是债务人和第三人另有约定的除外。

5. 合同履行中的抗辩权

抗辩权，指双方合同履行中，当事人一方就对方未履行或者不能保证履行时一方可以不履行的保留性权利。抗辩权包括同时履行、后履行、不安抗辩权三类。

（1）同时履行抗辩权。合同编第 525 条规定，当事人互负债务，没有先后履行顺序的，应当同时履行。一方在对方履行之前有权拒绝其履行请求，一方在对方履行债务不符合约定时，有权拒绝其相应的履行请求。

（2）后履行抗辩权。合同编第 526 条规定，当事人互负债务，有先后履行顺序，应当先履行债务一方未履行的，后履行一方有权拒绝其履行请求。先履行一方履行债务不符合约定的，后履行一方有权拒绝其相应的履行请求。

（3）不安抗辩权。合同编第 527 条规定，应当先履行债务的当事人，有确切证据证明对方有下列情形之一的，可以中止履行：经营状况严重恶化；

转移财产、抽逃资金，以逃避债务；丧失商业信誉；有丧失或者可能丧失履行债务能力的其他情形。当事人没有确切证据中止履行的，应当承担违约责任。合同编第528条规定，当事人依据前条规定中止履行的，应当及时通知对方。对方提供适当担保的，应当恢复履行。中止履行后，对方在合理期限内未恢复履行能力且未提供适当担保的，视为以自己的行为表明不履行主要债务，中止履行的一方可以解除合同并可以请求对方承担违约责任。

6. 合同履行中的几种情况处理

合同编针对履行中可能出现的特殊情况做出了规定。

（1）债权人分立、合并、变更住所。合同编第529条规定，债权人分立、合并或者变更住所没有通知债务人，致使履行债务发生困难的，债务人可以中止履行或者将标的物提存。

（2）提前履行债务。合同编第530条规定，债权人可以拒绝债务人提前履行债务，但是提前履行不损害债权人利益的除外。债务人提前履行债务给债权人增加的费用，由债务人负担。

（3）部分履行债务。合同编第531条规定，债权人可以拒绝债务人部分履行债务，但是部分履行不损害债权人利益的除外。债务人部分履行债务给债权人增加的费用，由债务人负担。

（4）当事人名称变更、经办人变动。合同编第532条规定，合同生效后，当事人不得因姓名、名称的变更或者法定代表人、负责人、承办人的变动而不履行合同义务。

（5）利用合同实施危害国家、社会利益的。合同编第534条规定，对当事人利用合同实施危害国家利益、社会公共利益行为的，市场监督管理和其他有关行政主管部门依照法律、行政法规的规定负责监督处理。

7. 情势变更

情势变更，指合同依法成立后，客观情况发生了无法预见的重大变化，致使原来订立合同的基础丧失或者动摇，如继续履行合同则对一方当事人明显不公平，因此允许合同变更或者解除以维护当事人之间的公平。

（1）情势变更制度。合同编第533条规定，合同成立后，合同的基础条件发生了当事人在订立合同时无法预见的、不属于商业风险的重大变化，继续履行合同对于当事人一方明显不公平的，受不利影响的当事人可以与对方重新协商；在合理期限内协商不成的，当事人可以请求人民法院或者仲裁机构变更或者解除合同。人民法院或者仲裁机构应当结合案件的实际情况，根据公平原则变更或者解除合同。

（2）情势变更与不可抗力。①相同之处：均不属商业风险，且当事人事先无法预见的情形；发生及影响均不可归责于当事人；均可能对合同的履行和责任承担造成影响，并产生相应法律后果；对合同的影响均出现于合同订立之后履行完毕之前。②不可抗力与情势变更的区别：制度价值不同，前者是免责事由，后者是合同变更或者解除；适用范围不同，除法律有特别规定外，前者是民事责任的一般免责事由，后者是合同领域的特殊制度；对合同的影响方式和程度不同，前者的适用前提是造成当事人不能履行合同的后果，后者合同基础条件发生了变化；法律效果不同，前者体现为免责，后者体现为合同变更或者解除；当事人行使方式和程度不同，前者在合同不能履行时，受影响方要发出通知、提供证明，后者通过协商、协商不成请求法院或仲裁机构变更或解除合同。

二、违约责任

1. 违约责任的概念和特征

违约责任，指合同当事人因违反合同义务所应承担的责任。法律对于违约责任的规定双重性和补偿性。具有以下特点：①违约责任以合同的有效存在为前提；②是合同当事人不履行合同义务所产生的责任；③具有相对性，即违约责任只能在合同关系的当事人之间发生；④可以由当事人约定。合同编第 578 条规定，当事人一方明确表示或者以自己的行为表明不履行合同义务的，对方可以在履行期限届满前请求其承担违约责任。预期违约降低了另一方享有的合同权利的价值，构成对债权人的侵害和对合同关系的破坏，并影响交易的正常进行。

2. 违约责任的承担方式

合同编第 577 条规定，当事人一方不履行合同义务或者履行合同义务不符合约定的，应当承担继续履行、采取补救措施或者赔偿损失等违约责任。

（1）继续履行。①金钱债务，合同编第 579 条规定，当事人一方未支付价款、报酬、租金、利息，或者不履行其他金钱债务的，对方可以请求其支付。②非金钱债务，合同编第580条规定，当事人一方不履行金钱债务未支付价款或报酬的，对方可以要求其支付价款或者报酬。当事人一方不履行非金钱债务或者履行非金钱债务不符合约定的，对方可以请求履行，但是有下列情形之一的除外：法律上或者事实上不能履行；债务的标的不适于强制履行或者履行费用过高；债权人在合理期限内未请求履行。有前款规定的除外情形之一，致使不能实现合同目的的，人民法院或者仲裁机构可以根据当事人的请求终止合同权利义务关系，但是不影响违约责任的承担。此外，合同编第581条规定，当事人一方不履行债务或者履行债务不符合约定，根据债务的性质不得强制履行的，对方可以请求其负担由第三人替代履行的费用。

（2）采取补救措施。合同编第582条规定，履行不符合约定的，应当按照当事人的约定承担违约责任。对违约责任没有约定或者约定不明确，依照本法第510条的规定仍不能确定的，受损害方根据标的的性质以及损失的大小，可以合理选择请求对方承担修理、重做、更换、退货、减少价款或者报酬等违约责任。

（3）赔偿损失。①采取措施后还有损失的赔偿。合同编第583条规定，当事人一方不履行合同义务或者履行合同义务不符合约定的，在履行义务或者采取补救措施后，对方还有其他损失的，应当赔偿损失。②法定的违约赔偿损失。合同编第584条规定，当事人一方不履行合同义务或者履行合同义务不符合约定，造成对方损失的，损失赔偿额应当相当于因违约所造成的损失，包括合同履行后可以获得的利益；但是，不得超过违约一方订立合同时预见到或者应当预见到的因违约可能造成的损失。③债权人受领迟延。合同编第589条规定，债务人按照约定履行债务，债权人无正当理由拒绝受领的，债务人可以请求债权人赔偿增加的费用。在债权人受领迟延期间，债务人无须支付利息。

3. 违约金与定金

（1）违约金与定金的含义。违约金，指当事人在合同中约定的或者由法律直接规定的一方违反合同时应向对方支付一定数额的金钱，是违反合同可以采用的承担民事责任的方式，存在于当事人有违约金约定或者法律规定违反合同应支付违约金的情形。定金，指当事人约定的，为保证债权的实现，由一方在履行前预先向对方给付的一定数量的货币或者其他替代物。

（2）违约金的约定及调整。合同编第585条规定，当事人可以约定一方违约时应当根据违约情况向对方支付一定数额的违约金，也可以约定因违约产生的损失赔偿额的计算方法。约定的违约金低于造成的损失的，人民法院或者仲裁机构可以根据当事人请求予以增加；约定的违约金过分高于造成的损失的，人民法院或者仲裁机构可以根据当事人的可以请求予以适当减少。当事人就迟延履行约定违约金的，违约方支付违约金后，还应当履行债务。

（3）定金。①定金数额的确定。合同编第586条规定，当事人可以约定一方向对方给付定金作为债权的担保。定金合同自实际交付定金时成立。定金的数额由当事人约定；但是，不得超过主合同标的额的20%，超过部分不产生定金的效力。实际交付的定金数额多于或者少于约定数额的，视为变更约定的定金数额。②定金罚则。合同编第587条规定，债务人履行债务的，定金应当抵作价款或者收回。给付定金的一方不履行债务或者履行债务不符合约定，致使不能实现合同目的的，无权请求返还定金；收受定金的一方不履行债务或者履行债务不符合约定，致使不能实现合同目的的，应当双倍返还定金。

（4）违约金与定金竞合选择权。合同编第588条规定，当事人既约定违约金，又约定定金的，一方违约时，对方可以选择适用违约金或者定金条款。定金不足以弥补一方违约造成的损失的，对方可以请求赔偿超过定金数额的损失。

4. 不可抗力、防止损失扩大、双方违约和过错相抵、第三方造成的违约

（1）不可抗力。①不可抗力的含义。总则编第180条规定，不可抗力是不能预见、不能避免且不能克服的客观情况。②不可抗力的后果。合同编第590条规定，当事人一方因不可抗力不能履行合同的，根据不可抗力的影响，部分或者全部免除责任，但是法律另有规定的除外。因不可抗力不能履行合同的，应当及时通知对方，以减轻可能给对方造成的损失，并应当在合理期限内提供证明。当事人迟延履行后发生不可抗力的，不免除其违约责任。

（2）防止损失扩大义务。合同一方当事人违约给对方造成了损失尽管可以从违约方获得赔偿，但是如果可以采取适当措施防止和减轻损失却不采取，致损失扩大，再让违约方按照实际损失赔偿，则显失公平，于国家、社会公共利益都是不利的。为此，合同编第591条规定，当事人一方违约后，对方应当采取适当措施防止损失的扩大；没有采取适当措施致使损失扩大的，不得就扩大的损失请求赔偿。当事人因防止损失扩大而支出的合理费用，由违约方承担。

（3）双方违约和违约过错相抵规则。①双方违约。违约可以分为单方违约和双方违约，双方当事人都违约的，称为双方违约。合同编第 592 条第 1 款规定，当事人都违反合同的，应当各自承担相应的责任。②过错相抵。指受损害一方对于损害结果的发生存在过错的，在计算损失赔偿时应当予以相应减少。合同编第 592 条第 2 款规定，当事人一方违约造成对方损失，对方对损失的发生有过错的，可以减少相应的损失赔偿额。

（4）第三方原造成的违约。合同编第 593 条规定，当事人一方因第三人的原因造成违约的，应当向对方承担违约责任。当事人一方和第三人之间的纠纷，依照法律规定或者按照约定处理。

第五节　旅游服务合同

一、旅游服务合同及与合同的关系

1. 旅游服务合同

《旅游法》专章规定了旅游服务合同，第 57 条规定，旅行社组织和安排旅游活动，应当与旅游者签订合同。为保护旅游者、旅游经营者合法权益，规范旅游市场提供了法律依据。

（1）概念。旅游服务合同，指旅游经营者与旅游者约定旅游活动过程中旅行社和旅游者之间权利义务关系的协议。

（2）法律特征。旅游服务合同具有以下法律特征：①是双务、有偿、诺成合同；②合同标的具有特殊性，是一种旅游经历以及为获得这种经历所必需的食、住、行、游、购、娱等旅游服务条件；③多为格式合同。

2. 旅游服务合同类型

《旅游法》规定的旅游服务合同主要是指包价旅游合同、委托旅游合同、旅游代订合同和旅游设计、咨询合同等。本节重点介绍包价旅游合同。

（1）委托旅游合同。《旅游法》第 60 条规定，旅行社委托其他旅行社代理销售包价旅游产品，并与旅游者订立包价旅游合同的，应当在包价旅游合同中载明委托社和代理社的基本信息；旅行社将包价旅游合同中的接待义务，委托给地接社履行的，应当在包价旅游合同中载明地接社的基本信息。同时《旅游法》第63条第2款规定，旅行社因未达到约定人数不能出团的，组团社征得旅游者书面同意，可以委托其他旅行社履行合同。组团社对旅游者承担责任，受委托的旅行社对组团社承担责任。

（2）旅游代订合同。是指旅行社接受旅游者的委托，为其代订交通、住宿、餐饮、游览、娱乐等旅游服务，旅游者支付代办费用的合同，是《合同法》规定的委托合同的一种类型。《旅游法》第74条第1款规定，旅行社接受旅游者的委托，为其代订交通、住宿、餐饮、游览、娱乐等旅游服务，收取代办费用的，应当亲自处理委托事务。因旅行社的过错给旅游者造成损失的，旅行社应当承担赔偿责任。

旅游代订合同是建立在旅游者（委托人）与旅行社（受托人）相互信任的基础上的。根据《合同法》的规定，受托人应当亲自处理受托的事务，不经委托人同意，不能转托他人处理受托之事。旅行社作为旅游者的受托人，其行为后果由旅游者承担，旅行社仅对其代订行为承担责任。对旅行社而言，为旅游者提供代订相关服务是其经营活动，可以收取代办费用，二者之间成立的旅游代订合同属于有偿合同。

（3）旅游设计、咨询合同。是指旅行社接受旅游者的委托，为旅游者提供旅游行程设计、旅游信息咨询等服务，旅游者为此支付相应服务费用的合同。《旅游法》第74条第2款规定，旅行社接受旅游者的委托，为其提供旅游行程设计、旅游信息咨询等服务的，应当保证设计合理、可行，信息及时、准确。

3. 合同与旅游服务合同的关系

旅游服务合同属于典型的合同，具有合同的法律属性，又因为旅游服务的特殊性使旅游服务合同成为典型合同的一种。与旅游服务合同相关的当事人之间确立合同关系、明确权利义务，首先适用《旅游法》的规定，《旅游法》没有规定的，适用《民法典》合同编的规定。此外，国务院于2009年颁布施行的《旅行社条例》，国家旅游局于1997年发布的《旅行社国内旅游服务质量要求》、2002年发布的《旅行社出境旅游服务质量》等法规、行业标准对旅游服务合同的有关内容做了专门规定。

二、包价旅游合同的概念及特征

1. 包价旅游合同的概念

在各国立法中，包价旅游合同的称谓不尽相同。德国、日本称之为“旅行契约”“旅游契约”；欧盟称之为“一揽子包价旅游合同”；英美国家多称之为“一揽子旅行”“一揽子旅游”“一揽子度假”等，以突出旅游由多项给付结合的特征；《关于包价旅游合同的布鲁塞尔公约》则称之为“组织包价旅游合同”，突出旅游经营者组织旅游活动的行为特征。

《旅游法》第111条第3款对包价旅游合同做出界定：包价旅游合同，是指旅行社预先安排行程，提供或者通过履行辅助人提供交通、住宿、餐饮、游览、导游或领队等两项以上旅游服务，旅游者以总价支付旅游费用的合同。

2. 包价旅游合同的特征

根据《旅游法》的规定，包价旅游合同的特征表现在以下三个方面：

（1）内容预先安排。合同内容中的旅游行程及相关服务是由旅行社预先安排的。不论是旅行社自主设计还是根据旅游者具体要求安排的线路和日程，都需要旅行社预先确定行程和安排吃住，并通过向交通、食宿、游览等经营者订购相关服务，使旅游行程及完成行程所必需的相关服务共同组成一个完整的旅行社服务。

（2）服务的数量符合法律规定。旅行社所提供的服务应当包括两项或两项以上。交通、住宿、餐饮、游览、导游或者领队服务中任意两项或以上服务的组合，是包价旅游合同服务要素的构成要件，不论其中的服务是由旅行社直接提供，还是旅行社向相关经营者订购后间接提供。

（3）价款以总价方式一揽子支付。包价旅游合同的价款中，既包括旅行社向交通、住宿、餐饮、游览经营者订购服务的成本，也包括旅行社自身的经营成本，如运营费用、人员工资等，还包括其合理利润。由于旅行社向其他经营者的采购批量大、能获得一定的折扣，加上其经营成本和利润，旅游者以总价支付购买一个完整的旅游线路产品较旅游者个人逐项支出的总额要低，这也是旅行社的市场优势所在。

三、包价旅游合同的订立

1. 包价旅游合同的形式

《旅游法》规定，包价旅游合同应当采用书面形式。签订包价旅游合同是旅行社与旅游者之间做出意思表示、达成合意，最终签订书面合同的过程。

订立书面形式的包价旅游合同，最常见的是采用国家或地方政府相关部门发布的示范文本。例如，在旅游合同方面，原国家工商总局和国家旅游局联合发布的有2014年版《团队境内旅游合同（示范文本）》《团队出境旅游合同（示范文本）》《大陆居民赴台湾地区旅游合同（示范文本）》和《境内旅游组团社与地接社合同（示范文本）》等。依据《民法典》合同编470条第2款的规定，当事人可以参照各类合同示范文本，并不强制当事人采用。

在实践中，如果旅行社设计使用格式条款性质的包价旅游合同条款，则应当符合《民法典》合同编、《旅游法》及相关法律、法规的规定。

2. 包价旅游合同的内容

《旅游法》第58条第1款规定，包价旅游合同应当包括下列内容：①旅行社、旅游者的基本信息；②旅游行程安排；③旅游团成团的最低人数；④交通、住宿、餐饮等旅游服务安排和标准；⑤游览、娱乐等项目的具体内容和时间；⑥自由活动时间安排；⑦旅游费用及其交纳的期限和方式；⑧违约责任和解决纠纷的方式；⑨法律、法规规定和双方约定的其他事项。

《旅游法》第59条规定，旅行社应当在旅游行程开始前向旅游者提供旅游行程单。旅游行程单是包价旅游合同的组成部分。实践中，旅行社通过提供旅游行程单以说明具体旅游服务时间、地点、内容、顺序等，是对包价旅游合同的履行所做的承诺，是对包价旅游合同中旅行社义务的具体化。因此，合同与行程单虽有先后，但内容、标准和权利义务必须是一致的；旅行社不仅应当按照包价旅游合同履行合同义务，而且应当按照旅游行程单的规定履行合同；如果旅行社提供的实际旅游服务与旅游行程单载明的内容不一致，旅行社应承担相应的违约责任。

3. 旅行社的订约说明告知义务

（1）说明义务。《旅游法》第58条第2款规定，在订立包价旅游合同时，旅行社负有向旅游者详细说明本条第1款所规定的第2~8项相关内容的义务；未履行该义务的，即可能因为违反说明义务而导致包价旅游合同不成立、被撤销等，因此造成旅游者损失的，应当承担赔偿损失的责任。

（2）告知事项。《旅游法》第62条规定，订立包价旅游合同时，旅行社还应当向旅游者告知下列事项：①旅游者不适合参加旅游活动的情形；②旅游活动中的安全注意事项；③旅行社依法可以减免责任的信息；④旅游者应当注意的旅游目的地相关法律、法规和风俗习惯、宗教禁忌，依照中国法律不宜参加的活动等；⑤法律、法规规定的其他应当告知的事项。

四、包价旅游合同的履行

1. 履行原则

旅游者与旅行社订立包价旅游合同，其目的是通过接受旅行社提供的服务，进而满足其精神享受的需求，不论组团社直接履行合同，还是委托地接社履行合同，都应当全面、适当地履行合同中对旅游者承诺的义务，以实现旅游者参加包价旅游活动的目的。因此，《旅游法》第69条规定，旅行社应当按照包价旅游合同的约定履行义务，不得擅自变更旅游行程安排。经旅游者同意，旅行社将包价旅游合同中的接待业务委托给其他具有相应资质的地接社履行的，应当与地接社订立书面委托合同，约定双方的权利和义务，向地接社提供与旅游者订立的包价旅游合同的副本，并向地接社支付不低于接待和服务成本的费用。地接社应当按照包价旅游合同和委托合同提供服务。

2. 履行规则

（1）组团社必须根据合同约定的内容、标准提供服务。合同的履行，是合同目的的基本要求，合同不履行，合同目的就无法实现。作为旅游者一方，通常在订立包价旅游合同时，完成团费的缴纳，即已适当履行；而旅行社一方，除由于旅游者个人的原因或不可抗力等客观因素可以解除、变更合同外，必须根据合同所约定的服务内容和标准，向旅游者提供其所承诺的相关服务，且不得降低档次、增减项目。实践中，一些旅行社以满足旅游者个性化需求为借口，或者以多数旅游者的要求为理由，擅自减少合同约定的项目，增加购物和自费旅游项目，以获取不正当利益，损害旅游者权益。因此，《旅游法》特别强调不得擅自变更旅游行程安排。

（2）组团社将接待业务必须委托给有资质的地接社履行。基于旅游活动的跨地域性特征，旅行社在履行旅游合同的过程中，通常由旅游者所在地的旅行社与旅游者签订旅游合同，该旅行社并不直接到旅游目的地为旅游者提供旅游服务，而是交由旅游目的地的旅行社负责接待旅游者。

组团社将接待业务委托地接社履行时应当遵守下列规定：一是缔约对象应当选择具有相应资质的旅行社；二是应当采取书面形式约定双方的权利和义务；三是应当向地接社提供与旅游者订立的包价旅游合同的副本；四是应当向地接社支付不低于接待和服务成本的费用。

（3）地接社必须按包价旅游合同履行义务。在履行旅游合同、向旅游者提供旅游服务的过程中，地接社扮演着在旅游目的地实际接待旅游者、具体执行旅游行程安排的重要角色。按照法律规定，地接社应当按照组团社与旅游者签订的包价旅游合同和组团社与地接社签订的委托合同提供服务。该规定有利于明确包价旅游合同履行过程中当事人之间的法律关系。

如果严格根据合同的相对性原则，地接社只需履行与组团社之间的委托合同义务。但是，旅游者在旅游目的地接受旅游服务的过程中，必然与地接社之间发生关系，如果要求旅游者必须先向组团社提出请求，再由组团社向地接社转达，这不符合现实。因此，法律规定地接社应当按照包价旅游合同和委托合同提供服务，也有利于保护旅游者的权益。

五、包价旅游合同的转让、解除及法律后果

1. 旅游者转让、解除合同权的行使及法律后果

（1）旅游者转让包价旅游合同及法律后果。旅游者需要以亲自参加的方式才能完成旅游行程，但可能会由于不可预见的情势变化，在行程开始前无法参加原定行程。一方面，由于大部分旅行社已向履行辅助人支付旅游团费且难以退还，若旅游者此时解除合同，将承担较大损失。另一方面，多数旅游活动对于旅游者并无特殊要求，旅游者将合同权利义务转让给第三人，由其替代参加旅游活动，尽管可能需要增加部分费用，但与可能产生的损失相比更可接受。为此，《旅游法》第 64 条规定，旅游行程开始前，旅游者可以将包价旅游合同中自身的权利义务转让给第三人，旅行社没有正当理由的不得拒绝，因此增加的费用由旅游者和第三人承担。

需要注意的是，旅游者行使包价旅游合同的转让权并不是绝对的，旅行社如有正当、合理的理由，有权拒绝转让请求。正当、合理的理由主要有两类：一是对应原报名者办理的相关服务、手续不能变更或者不能及时变更，例如出团前无法为第三人办妥签证等；二是旅游活动对于旅游者的身份、资格等有特殊要求的，第三人并不具备相应身份、资格等。

旅游者转让合同中自身权利义务的，应当符合两个要求：一是向旅行社提出转让的请求；二是在“旅游行程开始前”提出。由于旅游者发生了替换，可能会发生旅游费用增加的情形，对于增加的部分，旅游者与第三人应当向旅游经营者补交。

（2）旅游者解除包价旅游合同及法律后果。包价旅游合同具有旅游者必须亲自参加才能得到履行的性质，当旅游者出现因个人原因不能成行，或者已出行却必须终止行程的情形时，《旅游法》第 65 条规定，旅游行程结束前，旅游者解除合同的，组团社应当在扣除必要的费用后，将余款退还旅游者。

包价旅游合同因旅游者行使合同解除权而终止，合同规定的旅游服务已经提供的、旅游者已经享受其利益的，旅游者应当依据解除前的包价旅游合同支付相应的费用；对于尚未提供的旅游服务，旅游经营者无须继续提供，旅游者也无须就未提供的服务向旅游经营者给付报酬。实践中，由于旅游行程开始前，旅游者已预交全部旅游费用，因此，旅游经营者应当向旅游者退还相关费用。

依照法律规定，组团社应当在扣除必要的费用后，将余款退还旅游者。必要费用包括两个部分：一是组团社已向地接社或者履行辅助人支付且不可退还的费用；二是旅游行程中已实际发生的费用。

2. 旅行社转让、解除合同权的行使及法律后果

（1）因未达到约定成团人数不能出团而解除合同及法律责任。包价旅游合同的价格是预先固定的，旅行社是根据形成团队的旅游者数量，与每一履行辅助人商定价格的；只有达到一定数量，履行辅助人才会提供相应的价格折扣，旅行社以此确定报价；一旦达不到人数的约定，履行辅助人则将相应调高价格，致使旅行社不能再以原报价提供服务。旅游团队的规模化才有履行辅助人的价格优惠，这与现实中的团购情况是相同的。因此，《旅游法》

第63条规定：旅行社招徕旅游者组团旅游，因未达到约定人数不能出团的，组团社可以解除合同。但是，境内旅游应当至少提前7日通知旅游者，出境旅游应当至少提前30日通知旅游者。因未达到约定人数不能出团的，组团社经征得旅游者书面同意，可以委托其他旅行社履行合同。组团社对旅游者承担责任，受委托的旅行社对组团社承担责任。旅游者不同意的，可以解除合同。因未达到约定的成团人数解除合同的，组团社应当向旅游者退还已收取的全部费用。

（2）因旅游者原因导致合同解除及法律责任。包价旅游合同关系中，除因不可抗力等导致合同不能履行外，旅行社通常无权解除合同。但是，因旅游者的原因也可能导致合同不能履行，为了保护大多数旅游者的合法权益，法律赋予旅行社在法定情形下的单方解除权。《旅游法》第66条规定，旅游者有下列情形之一的，旅行社可以解除合同：①患有传染病等疾病，可能危害其他旅游者健康和安全的；②携带危害公共安全的物品且不同意交有关部门处理的；③从事违法或者违反社会公德的活动的；④从事严重影响其他旅游者权益的活动，且不听劝阻、不能制止的；⑤法律规定的其他情形。因前款规定情形解除合同的，组团社应当在扣除必要的费用后，将余款退还旅游者；给旅行社造成损失的，旅游者应当依法承担赔偿责任。

3. 包价旅游合同解除后旅行社的协助义务及费用承担

在旅游行程中，由于各种原因导致行程终止、合同解除的情形时有发生。旅游者跟随旅行社统一安排出游，一旦行程终止，其对后续事项的处置，特别是返回出发地的安排，通常需要得到旅行社的协助。为此，《旅游法》第68条规定，旅游行程中解除合同的，旅行社应当协助旅游者返回出发地或者旅游者指定的合理地点。由于旅行社或者履行辅助人的原因导致合同解除的，返程费用由旅行社承担。

（1）旅行社协助旅游者返回的义务。旅游的本质是旅游者离开常住地、前往异地活动。因此，在旅游行程中，无论基于何种原因解除合同，旅游者都会因身处异地而面临信息缺乏甚至语言不通等多方面的困难。作为专门从事旅游服务的经营者，旅行社对旅游目的地的信息掌握较为全面，为保护旅游者的权益和安全，有必要要求旅行社协助安排旅游者返程。

旅游者的返回地，应不限于旅游出发地，也可由旅游者指定合理的地点以方便旅游者。协助旅游者返回出发地或者旅游者指定的合理地点，是《旅游法》基于保护旅游者利益而规定旅行社必须履行的法定义务。

应当指出，不论何种情形导致行程中合同解除、旅游者需要返程的，旅行社都必须协助其返程。

（2）旅游者返程费用的承担。返程费用的负担，需要根据不同情形分别处理：①旅游者因个人原因主动解除合同或者旅行社根据《旅游法》第66条规定行使解除权的，返程费用由旅游者自己承担。②因不可抗力或者旅行社、履行辅助人已尽合理注意义务仍不能避免的事件，导致合同不能继续履行，或者旅游者不同意调整行程而解除合同的，应根据《旅游法》第67条，返程费用由旅行社与旅游者合理分担。③由于旅行社或履行辅助人的原因导致合同解除的，返程费用由旅行社承担。

六、包价旅游合同的违约责任

1. 旅行社的违约责任

违反合同约定应当承担相应责任是民事法律的基本原则。包价旅游合同，除一般性违约外，故意违约，甚至造成严重后果的，例如旅行社无正当理由拒绝履行合同义务甚至甩团等，仅承担违约、赔偿责任不能体现公平、合理的原则，需要法律予以特殊规定。《旅游法》第70条针对不同情形下旅行社的违约责任做出了具体的规定。

（1）旅行社在一般情形下应当承担的责任。旅行社的违约行为是旅行社承担违约责任的客观前提，是指旅行社不履行包价旅游合同义务或者履行合同义务不符合约定，主要表现为旅行社擅自改变旅游行程、遗漏旅游景点、减少旅游服务项目、降低旅游服务标准等。

《旅游法》第70条第1款中对旅行社在一般情形下的违约责任做了规定，即旅行社不履行包价旅游合同义务或者履行合同义务不符合约定的，应当依法承担继续履行、采取补救措施或者赔偿损失等违约责任。继续履行，是指违约方不履行合同时，另一方当事人要求违约方按合同规定的标的履行义务，而不得以支付违约金或赔偿金的方式代替履行的违约责任承担方式。旅行社承担继续履行责任，应当以旅游者在合理期限内请求且旅行社能够继续履行合同为前提。采取补救措施作为一种独立的违约责任形式，是矫正合同不适当履行，使履行缺陷得以消除的具体措施。具体在包价旅游合同中，通常为合理的服务项目的替代。旅游者要求旅行社采取补救措施的，应当在发现旅游服务不符合包价旅游合同约定后的合理期限内提出。损害赔偿责任，是指违约方因不履行或不完全履行合同义务而给对方造成损失，依法或根据合同约定承担赔偿对方当事人所受损失的责任。具体在包价旅游合同中，承担损害赔偿的范围通常是指旅游者的实际损失，主要包括未完成约定旅游服务项目的费用，以及降低旅游服务标准的差价等。如果因旅行社违约导致旅游者食宿费用的增加，以及产生误工等费用的，也在此范围内。

因旅行社的违约行为，还可能造成旅游者的人身损害或者财产损失，旅行社也应当依法承担赔偿责任。

（2）旅行社的惩罚性赔偿责任。《旅游法》第 70 条第 1 款规定，旅行社具备履行条件，经旅游者要求仍拒绝履行合同，造成旅游者人身损害、滞留等严重后果的，旅游者还可以要求旅行社支付旅游费用 1 倍以上 3 倍以下的赔偿金。这即是对旅行社惩罚性赔偿责任的规定。该规定针对的主要是“旅行社具备履行条件，经旅游者要求仍拒绝履行合同”的行为，该行为在旅游行业中通常被称为甩团。甩团往往是由于旅游者拒绝购物或者参加另行付费项目，导游、领队未能从中获得回扣等不正当利益所引起的，这种行为性质恶劣，有时会发生旅游者走失、人身伤害、滞留等严重后果。因此，法律规定了对旅行社的惩罚性赔偿。

旅行社承担惩罚性赔偿责任的构成要件包括：①旅行社具备履行条件但拒不履行合同。若旅行社因为不可抗力以及尽到合理注意义务仍因不可预见的事件而无法履行，则不能认为旅行社拒不履行合同。②经旅游者要求仍然拒绝履行合同。旅游者要求旅行社继续履行合同，是旅行社承担惩罚性赔偿责任的必经程序。经旅游者要求仍然拒绝履行合同，并不要求旅行社明确做出拒不履行的意思表示，只要存在不履行合同的事实即可。③旅游者发生人身损害、滞留等严重后果。旅游者因旅行社甩团等原因造成人身损害、滞留异地、境外等严重后果，可要求旅行社承担惩罚性赔偿责任。④拒绝履行与人身损害、滞留之间存在因果关系。

需要说明的是，旅游者要求旅行社承担旅游费用 1 倍以上 3 倍以下的赔偿金，是惩罚性赔偿，不影响旅游者依照《旅游法》第 70 条第 1 款的前述规定要求旅行社承担人身损害、财产损失赔偿的一般性违约责任。

（3）旅行社不承担违约责任的情形。《旅游法》第 70 条第 2 款规定，由于旅游者自身原因导致包价旅游合同不能履行或者不能按照约定履行，或者造成旅游者人身损害、财产损失的，旅行社不承担责任。

旅游者自身的原因包括：旅游者未尽其应尽的配合、协助履行义务，例如擅自脱团、自行参加行程外的活动等主客观原因，以及《旅游法》第 66 条规定的情形。发生上述情形造成旅行社无法履行包价旅游合同时，根据法律规定，旅游者应自负责任，旅行社不承担违约责任。

（4）旅游者自行安排活动期间的旅行社责任。《旅游法》第 70 条第 3 款规定，在旅游者自行安排活动期间，旅行社未尽到安全提示、救助义务的，应当对旅游者的人身损害、财产损失承担相应责任。

旅游者自行安排活动期间，包括旅行社安排的在旅游行程中独立的自由活动期间、旅游者不参加旅游行程的活动期间以及旅游者经导游或者领队同意暂时离队的个人活动期间，也包括旅行社开发的“机票＋酒店”的包价自助旅游产品（小包价）等。旅游者自行安排活动期间的本质是，旅行社在此期间不提供旅游服务，由旅游者自己安排自己的旅游活动，这些旅游活动与包价旅游合同没有紧密的关系，不属于包价旅游合同服务的组成部分。尤其是在此期间，团队中所有旅游者的活动是个性化的，离开了旅行社、导游、领队或履行辅助人的视线，既不可预期其活动内容，也不可控制其活动风险。因此，旅行社在此期间无须承担包价旅游合同所要求的全部安全保障义务，只需承担安全提示、救助义务；如果旅行社未尽到安全提示、救助义务，则应承担相应的法律责任。

要求旅行社不提供旅游服务期间承担提示义务，是因为作为提供专业服务的旅行社，对旅游目的地的自然、社会环境较为熟悉，对于该地区容易造成旅游者人身损害、财产损失的风险比较了解，旅游者却可能不完全知悉将会面临的危险。为此，从保护旅游者合法权益的角度考虑，赋予旅行社必要的提示义务，是有其合理性的。对于救助义务，旅游者在自行安排活动期间，即使听从了旅行社的提示，仍然可能遭受各种人身伤害、财产损失。在此情况下，旅行社就负有必要、合理的救助义务，不论此种损害是何种原因造成，旅行社均负有相应的救助义务。

2. 旅游者的违约责任

旅游者在旅游活动中或者在解决纠纷时，享有法定的权利，同时也应承担相应的义务。违反相关义务，给他人造成损害的，应承担相应责任。因此,《旅游法》第 72 条规定，旅游者在旅游活动中或者在解决纠纷时，损害旅行社、履行辅助人、旅游从业人员或者其他旅游者的合法权益的，依法承担赔偿责任。

（1）旅游者的不当行为。由于旅游者在旅游活动中或者在解决纠纷时的不当行为，可能导致损害旅行社、履行辅助人、旅游从业人员或者其他旅游者的合法权益的情形，主要有三种类型：

①影响行程，阻碍合同的正常履行。旅游者不遵守行程时间安排的，擅自脱团不归的，违反目的地法律、法规或风俗习惯、禁忌被当地部门处理的，采取“霸机”、阻止经营者或从业人员正常服务等不正当手段解决纠纷的等，都会造成团队无法按照行程计划顺利进行活动甚至滞留的后果，给旅行社和同团旅游者的利益带来损失。

②侵害他人的财产权。旅游者在行程中故意或过失侵害他人的财产，包括对旅行社、履行辅助人、旅游从业人员或者其他旅游者在内的公私财物的侵犯。例如，拿走飞机上配备的救生衣、损毁酒店或客房物品、在景区内乱涂乱画等。

③侵害他人的人身权。旅游者侮辱、打骂旅游从业人员或其他旅游者等的行为，都属于侵犯人身权的行为。

（2）旅游者的侵权损害赔偿责任。旅游者承担赔偿责任，原则上应具备四个要件：①实施了侵害他人民事权益的行为；②旅行社、履行辅助人、旅游从业人员或者其他旅游者遭受了损害；③旅游者的行为与旅行社、履行辅助人、旅游从业人员或者其他旅游者所受损害之间存在因果关系；④主观上存在过错。

3. 地接社、履行辅助人的违约责任

包价旅游合同中，由于服务内容包含食、住、行等多个方面，旅行社虽然已承诺向旅游者提供这些服务，但实际是委托地接社以及通过交通、餐饮、住宿、景区等履行辅助人直接为旅游者提供合同约定服务的方式实现的。当包价旅游合同的履行是由于地接社或其他直接提供服务的履行辅助人的原因，出现履行瑕疵或者障碍时，在实践中，因在确定承担责任的主体时，极易产生纠纷，为有效保护旅游者的合法权益，《旅游法》第71条第1款规定，由于地接社、履行辅助人的原因导致违约的，由组团社承担责任；组团社承担责任后可以向地接社、履行辅助人追偿。第71条第2款规定，由于地接社、履行辅助人的原因造成旅游者人身损害、财产损失的，旅游者可以要求地接社、履行辅助人承担赔偿责任，也可以要求组团社承担赔偿责任；组团社承担责任后可以向地接社、履行辅助人追偿。但是，由于公共交通经营者的原因造成旅游者人身损害、财产损失的，由公共交通经营者依法承担赔偿责任，旅行社应当协助旅游者向公共交通经营者索赔。

（1）组团社应当为地接社、履行辅助人的违约行为承担责任。在包价旅游合同关系中，无论相关旅游服务是由组团社提供的，还是由组团社通过其选择的地接社、履行辅助人提供的，违约责任均由组团社承担。因为，旅游者与地接社、履行辅助人之间并无直接的合同关系，即使后者违约，旅游者也难以依据合同要求其承担责任。但旅游者与组团社存在合同关系，地接社、履行辅助人又是组团社选择、确定的，是代表或者协助组团社履行合同义务的，因此，其行为的后果应当由组团社负责，旅游者有权要求组团社承担因地接社、履行辅助人违约造成损失的责任。

（2）组团社向地接社、履行辅助人行使追偿权。为了通过地接社、履行辅助人向旅游者提供服务，组团社也需根据包价旅游合同中的服务内容与提供服务的经营者订立合同。地接社、履行辅助人的服务不符合包价旅游合同要求的，也就违反了其与组团社订立的合同，组团社可以据此要求地接社、履行辅助人承担该合同约定的违约责任，形成组团社向旅游者承担包价旅游合同责任后，再向地接社、履行辅助人行使追偿权的机制。

（3）人身损害、财产损失责任的承担。在包价旅游合同的履行中，若旅行社提供的服务存在缺陷，旅游者除不能享受旅游服务外，还可能会受到人身损害、财产损失。根据《民法典》侵权责任编的规定，旅游者可以以被侵权为由，直接要求作为侵权行为人的地接社、履行辅助人承担侵权赔偿责任，即《旅游法》第71条规定的可以要求地接社、履行辅助人承担赔偿责任。但是，地接社、履行辅助人都在旅游目的地经营，直接要求其承担赔偿责任，往往会给异地旅游者造成困难和不便。在此情况下，旅游者也可以要求与其订立合同的组团社承担责任。这就是法律关系中出现的违约与侵权责任竞合的问题。同样地，组团社承担赔偿责任后，有权向地接社、履行辅助人追偿。

（4）旅行社协助旅游者索赔义务。《旅游法》第 71 条第 2 款规定，由于公共交通经营者的原因造成旅游者人身损害、财产损失的，由公共交通经营者依法承担赔偿责任。所指公共交通包括航空、铁路、航运客轮、城市公交、地铁等。之所以将由于公共交通经营者的原因造成的旅游者的损害，排除在旅行社的责任范围之外，其理由主要在于：与其他履行辅助人不同，旅行社对公共交通经营者基本没有选择余地，更无控制能力。虽然不承担赔偿责任，但由于旅行社组织旅游的特性，因此，法律规定其有义务协助旅游者向公共交通经营者索赔。

4. 因不可抗力或者其他原因导致合同解除、变更的法律责任

旅游活动中经常会发生意外状况，导致行程改变以至取消。遇此情形，团队旅游者可能各执己见难以形成统一意见，而旅行社又不可能满足每位旅游者的诉求。为此，《民法典》合同编、《旅游法》相关条款作出了明确规定。

（1）影响旅游行程的客观因素。①不可抗力。《民法典》第 563 条规定，因不可抗力致使不能实现合同目的，当事人可以解除合同。《民法典》合同编第 590 条规定，当事人因不可抗力不能履行合同的，根据不可抗力的影响，部分或者全部免除责任，但是法律另有规定的除外。《旅游法》也将不可抗力作为当事人可以解除合同的法定情形之一。②旅行社、履行辅助人已尽合理注意义务仍不能避免的事件。除不可抗力外，合同履行过程中，还可能发生其他旅行社、履行辅助人已尽合理注意义务仍不能避免的事件，导致合同不能履行，或者合同虽能履行，但会产生对一方当事人极不公平的后果，依法则应允许变更合同或者解除合同。

（2）因客观原因解除包价旅游合同的法律后果。《旅游法》第 67 条第 1 款规定，由于不可抗力或者旅行社、履行辅助人已尽合理注意义务仍不能避免的事件，致使包价旅游合同无法继续履行的，旅行社和旅游者可以解除合同。合同解除的法律后果，主要体现在以下几个方面：①合同尚未履行的部分，终止履行。②不可抗力等客观原因解除合同，不可归责于旅行社和履行辅助人，旅行社因此不承担解除合同的违约责任。③组团社应当在扣除已向地接社或者履行辅助人支付且不可退还的费用后，将余款退还旅游者。实践中，旅游者在签订旅游合同时，大多已经全部支付旅游费用，因此享有请求旅行社返还旅游费用的权利，组团社应当从旅游费用中扣除已经提供服务的部分和已向地接社或者履行辅助人支付且不可退还的费用。

（3）因客观原因变更包价旅游合同的法律后果。包价旅游合同通常包含多个阶段的旅游活动，而不可抗力等客观原因，有可能仅影响部分阶段的活动，在对合同做部分变更后，旅游合同其他部分依然可以继续履行。据此，《旅游法》第 67 条规定了合同不能完全履行的，旅行社可以在合理范围内变更合同，但应当向旅游者做出说明；旅游者不同意变更的，可以解除合同。在部分旅游者同意变更、部分旅游者不同意变更时，旅行社依法应当仅对同意变更行程的旅游者根据变更后的行程履行旅游合同；对于不同意变更的，则应当根据第 67 条规定，解除旅游合同。

旅游合同变更的法律后果，主要体现在《旅游法》第 67 条第 2 项关于费用增加、减少的处理上。因为变更旅游行程，可能会因此导致旅游费用的增减，按照本条规定，增加的费用由旅游者承担，对于减少的费用应当退还旅游者。

（4）因客观原因需要采取的安全、安置措施与相关费用承担。由于不可抗力或者旅行社、履行辅助人已尽合理注意义务仍不能避免的事件，不仅可能影响旅游行程，还可能发生危及旅游者人身、财产安全，造成旅游者滞留的情况。对此，《旅游法》第 67 条第 3 项和第 4 项分别做了相应的规定。即在发生危及旅游者人身、财产安全的情况下，旅行社应当采取相应的安全措施，因此支出的费用，由旅行社与旅游者分担；在造成旅游者滞留的情况下，旅行社应当采取相应的安置措施，因此增加的食宿费用，由旅游者承担；增加的返程费用，由旅行社与旅游者分担。发生上述情形，旅行社和旅游者双方都无过错，按照公平原则，相关费用应主要由双方分担。

第十一章
侵权责任法律制度

章节练习
视频课程

本章导读

【本章概述】 本章内容主要包括：侵权责任的一般规定；侵权责任的损害赔偿规定；监护人、用人单位，宾馆等经营场所、公共场所的经营者、管理者或者群众性活动的组织者责等责任主体的特殊规定；机动车交通事故责任、高度危险责任、饲养动物损害责任、建筑物和物件损害责任等特殊侵权责任的规定。

【学习要求】 了解《中华人民共和国民法典》(以下简称《民法典》)关于侵权责任一般规定的内容以及人身损害、财产损失、精神损害的责任承担的规定；熟悉《民法典》关于监护人、用人单位责任，宾馆等经营场所、公共场所的经营者、管理者或者群众性活动的组织者责任，机动车交通事故责任，高度危险活动损害责任的规定；掌握《民法典》关于饲养动物损害、建筑物和物件损害责任的规定。

第一节 概　　述

一、侵权责任的立法

随着经济社会的发展，新的侵权类型不断出现，现行法律规定较为原则，缺乏可操作性。根据十届、十一届全国人大常委会的立法规划和立法计划，法制工作委员会启动立法工作。2009 年 12 月 26 日，十一届全国人大常委会第12次会议通过了自2010年7月1日起施行的《侵权责任法》。2020年5月28日，十三届全国人民代表大会第三次会议通过《民法典》，“侵权责任”成为《民法典》第七编（以下简称侵权责任编），并于2021年1月1日起施行，《侵权责任法》同时废止。

侵权责任是民事主体侵害他人权益应当承担的法律后果。侵权责任编共10章95条，在总结侵权责任法实践的基础上，针对侵权领域出现的新问题做出了相应的规定，回应了社会。

二、调整范围、侵权行为分类

1. 调整范围[①]

侵权责任编第1164条规定，本编调整因侵害民事权益产生的民事关系。这表明侵权责任编保护的对象为民事权益，范围宽泛；在保护程度和侵权构成要件上，侵权责任编没有对民事权利和民事权益作出区分；侵权责任编不调整因违约产生的责任问题。

侵权责任编保护的民事权利权益应参照总则编的规定。总则编第5章民事权利的规定表明，民事主体享有的权益主要包括：第110条规定，自然人享有生命权、身体权、健康权、姓名权、肖像权、名誉权、荣誉权、隐私权、婚姻自主权等权利，法人、非法人组织享有名称权、名誉权和荣誉权；第111条规定的自然人的个人信息受法律保护的权利；第113条规定的财产权利；第114条规定的物权；第18条规定的债权；第123条规定的知识产权；第124条规定的继承权；第125条规定的股权和其他投资性权利；第126条规定的法律规定的其他民事权利和权益；第127条规定的数据、网络虚拟财产。

2. 一般侵权行为和特殊侵权行为

依据不同标准，侵权行为划分为不同类型，以归责原则为标准则划分为一般侵权行为和特殊侵权行为。凡适用过错责任原则的侵权行为属于一般侵权行为，这些侵权行为在法律中并不逐一列举；适用作为例外的无过错责任、过错推定责任原则的侵权行为，需要由法律做出特别规定的，称为特殊侵权行为。

---

① 本章编写参照黄薇．中华人民共和国民法典释义［M］．北京：法律出版社，2020.

三、侵权损害赔偿的归责原则[①]

归责原则是确认和追究行为人侵权责任的基本规则。归责是指行为人因其行为或者物件致使他人损害的事实发生以后，应依何种根据使之负责，从而体现出法律的价值判断。

1. 过错责任原则

过错责任原则，指以行为人在主观上是否存在过错作为判断侵权行为是否成立的必要条件，并以此确定行为人是否承担侵权责任。侵权责任编第1165条第1款规定，行为人因过错侵害他人民事权益，应当承担侵权责任。

2. 过错推定责任

过错推定责任，指在法律有特别规定的情形下。行为人的行为造成他人民事权益损害的，推定行为人具有过错，并据此判断行为人承担侵权责任。侵权责任编第1165条第2款规定，依照法律规定推定行为人有过错，其不能证明自己没有过错的，应当承担侵权责任。

3. 无过错责任原则

无过错责任原则，也称严格责任，指不管行为人在主观上有无过错，只要其行为损害了他人的民事权益，都必须依照法律规定承担侵权责任。侵权责任编第1166条规定，行为人造成他人民事权益损害，不论行为人有无过错，法律规定应当承担侵权责任的，依照其规定。

4. 公平责任原则

公平责任原则，指在法律规定的情形下，根据当事人双方的财产状况等因素，由双方公平合理地分担损失。侵权责任编第1186条规定，受害人和行为人对损害的发生都没有过错的，依照法律的规定由双方分担损失。

第二节　一般侵权责任

一般侵权责任，指行为人因过错侵害他人民事权益，并适用过错责任原则而依法应当承担的民事责任。

① 张新宝．侵权责任法［M］．北京：中国人民大学出版社，2020：13-21.

一、构成要件

1. 加害行为

加害行为是行为人实施的加害于受害人民事权益的不法行为，其不具有意思表示的要素，属于一种事实行为。

2. 损害

损害也称损害后果，指受害人一方因他人的侵害行为或者准侵害行为而遭受的人身、精神或财产方面的不利后果。依据侵权责任编第 1179～1184 条规定，损害可以分为人身损害、财产损失和精神损害。

3. 因果关系

法律上的因果关系指损害结果和造成损害的原因之间的关联性，它是各种法律责任中确定责任归属的基础。侵权责任中的因果关系，指行为或物件与损害事实之间的前因后果的联系。

4. 过错

过错，指行为人的一种可归责的心理状况，表现为故意和过失两种形态。故意是指行为人预见到损害结果的发生并希望或放任该结果发生的心理状态，分为直接故意和间接故意。过失指行为人因疏忽或轻信而未达到应有的注意程度的一种不正常或不良的心理状态，分为疏忽大意的过失和过于自信的过失。

二、免责和减轻责任的事由

免责事由指减轻或免除行为人责任的事由，也称抗辩事由。免责事由在广义上既包括免除行为人责任的事由，也包括减轻行为人责任的事由。

1. 受害人故意

受害人故意指受害人明知自己的行为会发生损害后果，仍然追求损害后果的发生，或者放任损害后果的发生。侵权责任编第 1174 条规定，损害是因受害人故意造成的，行为人不承担责任。

2. 受害人过失

受害人过失指受害人疏忽大意或者盲目自信，实施某种积极作为行为或者消极不作为行为，该行为对损害的发生具有原因力的情况。侵权责任编第 1173 条规定，被侵权人对同一损害的发生或者扩大有过错的，可以减轻侵权人的责任。

3. 第三人的原因

第三人的原因指除原告和被告之外的第三人对原告的损害的发生或扩大具有过错，此种过错包括故意和过失。侵权责任编第1175条规定，损害是因第三人造成的，第三人应当承担侵权责任。

4. 不可抗力

总则编第180条规定，因不可抗力不能履行民事义务的，不承担民事责任。法律另有规定的，依照其规定。不可抗力是不能预见、不能避免且不能克服的客观情况。据此，在法律没有特别规定的情况下，原则上不可抗力可以作为免责事由。

5. 正当防卫

正当防卫指公共利益、他人或本人的人身或其他利益受到不法侵害时，行为人所采取的一种防卫措施。总则编第181条规定，因正当防卫造成损害的，不承担责任。正当防卫超过必要的限度，造成不应有损害的，正当防卫人应当承担适当的责任。

6. 紧急避险

紧急避险是指为了使公共利益、本人或他人的合法权益免受正在发生的损害为限，不得已而采取的致公共利益、他人或本人损害的行为。总则编第182条规定，因紧急避险造成损害的，由引起险情发生的人承担责任。危险由自然原因引起的，紧急避险人不承担民事责任，可以给予适当补偿。紧急避险采取措施不当或者超过必要的限度，造成不应有的损害的，紧急避险人应当承担适当的民事责任。

7. 受害人自甘风险

我国民法典规定的自甘风险作为侵权责任的抗辩事由，仅适用于“具有一定风险的文体活动”，这种活动应当是合法的文体活动，至少是不为法律、行政法规和管理性规定禁止的活动。[①] 侵权责任编第1176条规定，自愿参加具有一定风险的文体活动，因其他参加者的行为受到损害的，受害人不得请求其他参加者承担侵权责任；但是，其他参加者对损害的发生有故意或者重大过失的除外。活动组织者的责任适用本法第1198～1201条的规定，此处是指自甘

① 张新宝. 侵权责任法［M］. 北京：中国人民大学出版社，2020：66-68.

风险的具有一定风险的文体活动的组织者，对于造成受害人损害是否承担侵权责任，应当适用违反安全保障义务侵权责任和教育机构损害责任的规定。

8. 自助行为

自助行为是我国民法典新规定的抗辩事由，自助行为具有正当性，造成他人损害时，行为人不承担侵权责任。侵权责任编第 1177 条规定，合法权益受到侵害，情况紧迫且不能及时获得国家机关保护，不立即采取措施将使其合法权益受到难以弥补的损害的，受害人可以在保护自己合法权益的必要范围内采取扣留侵权人的财物等合理措施；但是，应当立即请求有关国家机关处理。受害人采取的措施不当造成他人损害的，应当承担侵权责任。

三、数人侵权责任

数人侵权是与单独侵权相对应的，它是指行为人是两个或两个以上的人。数人侵权主要包括三种类型：①共同侵权行为，其中包括共同加害、教唆帮助侵权；②共同危险行为；③无意思联络的数人侵权行为。

1. 共同侵权行为

共同侵权行为是指数人基于共同过错而侵害他人的合法权益，依法应当承担连带赔偿责任的侵权行为。侵权责任编第 1168 条规定，二人以上共同实施侵权行为，造成他人损害的，应当承担连带责任。可见，共同侵权行为的本质特征在于数人致人损害，在主观上具有共同的过错。

在上述简单的共同侵权中，数人之间没有明确的分工，但是在一些事前通谋或者基于其他共同故意的共同侵权中，数人之间可能会具有不同的分工。侵权责任编第 1169 条规定，教唆、帮助他人实施侵权行为的，应当与行为人承担连带责任。教唆、帮助无民事行为能力人、限制民事行为能力人实施侵权行为的，应当承担侵权责任；该无民事行为能力人、限制民事行为能力人的监护人未尽到监护责任的，应当承担相应的责任。

2. 共同危险行为

共同危险行为是指数人实施的危险行为都有造成他人损害的可能，其中一人或数人的行为造成他人损害，但是不知造成实际损害的人。侵权责任编第 1170 条规定，二人以上实施危及他人人身、财产安全的行为，其中一人或者数人的行为造成他人损害，能够确定具体侵权人的，由侵权人承担责任；不能确定具体侵权人的，行为人承担连带责任。

3. 无意思联络的数人侵权行为

无意思联络的数人侵权行为是指数个行为人并无共同的过错，而因为偶然结合的行为致受害人遭受同一损害。侵权责任编第 1171 条规定，二人以上分别实施侵权行为造成同一损害，每个人的侵权行为都足以造成全部损害的，行为人承担连带责任。侵权责任编第 1172 条规定，二人以上分别实施侵权行为造成同一损害，能够确定责任大小的，各自承担相应的责任；难以确定责任大小的，平均承担责任。

在法律规定承担连带责任情况下，总则编第 178 条第 1 款规定，二人以上依法承担连带责任的，权利人有权请求部分或者全部连带责任人承担责任。同时，在连带责任人内部责任上，总则编第 178 条第 2 款规定，连带责任人的责任份额根据各自责任大小确定；难以确定责任大小的，平均承担责任。实际承担责任超过自己责任份额的连带责任人，有权向其他连带责任人追偿。

四、侵权责任的承担

1. 侵权责任承担的方式

侵权责任承担的方式，指侵权人承担侵权责任的具体方法。总则编第 179 条规定，承担侵权责任的方式主要有：①停止侵害；②排除妨碍；③消除危险；④返还财产；⑤恢复原状；⑥赔偿损失；⑦赔礼道歉；⑧消除影响、恢复名誉。法律规定惩罚性赔偿的，依照其规定。以上承担侵权责任的方式，可以单独适用，也可以合并适用。

依据总则编第 187 条，侵权人因同一行为应当承担民事责任、行政责任和刑事责任的，承担行政责任或者刑事责任不影响承担侵权责任。因同一行为应当承担侵权责任和行政责任、刑事责任，侵权人的财产不足以支付的，优先用于承担民事责任。

2. 侵权损害赔偿

侵权损害赔偿，指因侵权人侵害他人民事权益造成他人财产损害和精神损害而应承担的损害赔偿责任，通过损害赔偿责任的承担，使受害人遭受的损害得以恢复。

（1）人身损害赔偿。依据侵权责任编第 1179 ~ 1181 条，侵害他人造成人身损害的，应当赔偿医疗费、护理费、交通费、营养费、住院伙食补助费等为治疗和康复支出的合理费用，以及因误工减少的收入。造成残疾的，还应当赔偿辅助器具费和残疾赔偿金；造成死亡的，还应当赔偿丧葬费和死亡赔偿金。因同一侵权行为造成多人死亡的，可以以相同数额确定死亡赔偿金。被侵权人死亡的，其近亲属有权请求侵权人承担侵权责任。被侵权人为组织，该组织分立、合并的，承继权利的组织有权请求侵权人承担侵权责任。被侵权人死亡的，支付被侵权人医疗费、丧葬费等合理费用的人有权请求侵权人赔偿费用，但是侵权人已经支付该费用的除外。

（2）财产损害赔偿。依据侵权责任编第 1182、第 1184 条，侵害他人财产的，财产损失按照损失发生时的市场价格或者其他合理方式计算；侵害他人人身权益造成财产损失的，按照被侵权人因此受到的损失或者侵权人因此获得的利益赔偿；被侵权人因此受到的损失以及侵权人因此获得的利益难以确定，被侵权人和侵权人就赔偿数额协商不一致，向人民法院提起诉讼的，由人民法院根据实际情况确定赔偿数额。

（3）精神损害赔偿。精神损害赔偿，指自然人因人身权益受到不法侵害而导致严重精神痛苦，受害人因此可以就其精神痛苦要求金钱上的赔偿，以对受害人予以抚慰并制裁不法行为人。侵权责任编第 1183 条规定，侵害自然人人身权益造成严重精神损害的，被侵权人有权请求精神损害赔偿。因故意或者重大过失侵害自然人具有人身意义的特定物造成严重精神损害的，被侵权人有权请求精神损害赔偿。

第三节　特殊侵权责任

特殊侵权责任，指行为人因侵害或者损害他人民事权益，依照法律规定采取过错推定方式，或者无论行为人是否有过错，都应当依法承担的民事责任。

一、监护人责任

1. 概念

监护人责任，指监护人就无民事行为能力人或限制民事行为能力人造成他人的损害，依法所应承担的责任。侵权责任编第 1188 条第 1 款规定，无民事行为能力人、限制民事行为能力人造成他人损害的，由监护人承担侵权责任。监护人尽到监护责任的，可以减轻其侵权责任。这就在法律上确立了监护人责任制度，该制度有利于督促监护人履行其监护责任，避免被监护人侵害他人权益，也有利于对受害人进行救济。

2. 构成要件

（1）加害人是无民事行为能力人、限制民事行为能力人。

（2）只有在无民事行为能力人或限制民事行为能力人造成他人损害的时候，监护人才承担侵权责任。

（3）侵权责任编第 1188 条第 2 款规定，有财产的无民事行为能力人、限制民事行为能力人造成他人损害的，从本人财产中支付赔偿费用。不足部分，由监护人赔偿。据此，如果被监护人有自己的独立财产，则不能要求监护人承担完全责任。

3. 监护人责任的承担

依据侵权责任编第 1188 条第 2 款，监护人的责任范围是以被监护人能否承担责任、承担多大的责任为前提。而且，第 1 款规定，监护人尽到监护责任的，可以减轻其侵权责任。该规则将公平理念引入无过错责任中，缓解了监护人责任的严格性。此外，侵权责任编第 1169 条第 2 款规定，教唆、帮助无民事行为能力人、限制民事行为能力人实施侵权行为的，应当承担侵权责任；该无民事行为能力人、限制民事行为能力人的监护人未尽到监护责任的，应当承担相应的责任。侵权责任编第 1189 条规定，无民事行为能力人、限制民事行为能力人造成他人损害，监护人将监护职责委托给他人的，监护人应当承担侵权责任；受托人有过错的，承担相应的责任。

二、用人责任

1. 概念

用人责任，指被用工者因执行工作任务或劳务造成他人损害，用工者所应承担的侵权责任。侵权责任编第 1191 条第 1 款规定，用人单位的工作人员因执行工作任务造成他人损害的，由用人单位承担侵权责任。用人单位承担侵权责任后，可以向有故意或者重大过失的工作人员追偿。第 1192 条规定，个人之间形成劳务关系，提供劳务一方因劳务造成他人损害的，由接受劳务一方承担侵权责任。接受劳务一方承担侵权责任后，可以向有故意或者重大过失的提供劳务一方追偿。提供劳务一方因劳务受到损害的，根据双方各自的过错承担相应的责任。提供劳务期间，因第三人的行为造成提供劳务一方损害的，提供劳务一方有权请求第三人承担侵权责任，也有权请求接受劳务一方给予补偿。接受劳务一方补偿后，可以向第三人追偿。

上述对单位和个人用工责任的规定，对于保护受害人的合法权益，维护正常的用工关系，促进社会生活的和谐发展具有重要意义。

2. 构成要件

（1）用人责任成立的前提是被用工者实施了侵权行为，如果被用工者没有实施侵权行为，则无法成立用工责任。"被用工者"是指为他人提供劳务或工作，并受他人指挥或监督的人。如果被用工者的行为虽然造成了损害，但是存在法定的免责事由，自然也不构成用人责任。

（2）存在用工关系。用工关系指用工者和被用工者之间因用工而形成的关系，用工关系的存在并不一定以劳动合同的存在为前提，即使在临时用工中，当事人没有签订劳动合同，也可以形成用工关系。因此《民法典》中的用工关系比《劳动法》中的劳动关系的范围更宽泛。

（3）被用工者因执行工作任务或劳务造成他人损害。在单位用工关系中，用人责任必须是单位的工作人员执行职务造成他人损害；在个人劳务关系中，被用工者因提供劳务而造成他人损害，用工者也要承担责任。

3. 劳务派遣相关的责任承担

劳务派遣，指由劳务派遣机构与被派遣劳动者签订劳动合同，由劳动者向接受劳务派遣的实际用工单位给付劳动的特殊劳动关系。侵权责任编第1191条第2款规定，劳务派遣期间，被派遣的工作人员因执行工作任务造成他人损害的，由接受劳务派遣的用工单位承担侵权责任；劳务派遣单位有过错的，承担相应的责任。此外，《民法典》对被派遣个人的责任没有规定，可以参照《最高人民法院关于审理人身损害赔偿案件适用法律若干问题的解释》第9条关于雇员的规定来处理：雇员在从事雇佣活动中致人损害的，雇主应当承担赔偿责任；雇员因故意或者重大过失致人损害的，应当与雇主承担连带赔偿责任。雇主承担连带赔偿责任的，可以向雇员追偿。

三、违反安全保障义务的责任

1. 概念

违反安全保障义务的责任，指侵权人未尽到法律、合同、习惯等产生的对他人的安全保障义务，造成他人损害时应承担的赔偿责任。侵权责任编第1198条第1款规定，宾馆、商场、银行、车站、机场、体育场馆、娱乐场所等经营场所、公共场所的经营者、管理者或者群众性活动的组织者，未尽到安全保障义务，造成他人损害的，应当承担侵权责任。

2. 构成要件

（1）经营场所、公共场所的经营者、管理者或者群众性活动的组织者。负有安全保障义务之人是特定的主体，即"宾馆、商场、银行、车站、机场、体育场馆、娱乐场所等经营场所、公共场所的经营者、管理者或者群众性活动的组织者"。

（2）未尽到安全保障义务。《民法典》并没有对此做出明确规定，从我国司法实践来看，在判断行为人是否违反安全保障义务时，应当考虑行为人安全保障义务的范围、损害的来源、侵害的强度以及损害预防的能力等多种因素，综合加以判断。

（3）他人遭受了损害。"他人"指安全保障义务人及其工作人员之外的人，这些人可能与安全保障义务人有某种合同关系，也可能曾经有合同关系但已经消灭，也可能完全没有任何合同关系。此外，无论受害人是因安全保障义务人的行为直接遭受侵害，还是因第三人的侵权行为遭受损害，该损害都必须与安全保障义务人未尽安全保障义务的行为之间存在因果关系。

3. 违反安全保障义务责任的承担

依据侵权责任编第1198条第1款的规定，在没有直接侵权人时，安全保障义务人违反了安全保障义务，就要承担全部侵权责任。第2款规定，因第三人的行为造成他人损害的，由第三人承担侵权责任；经营者、管理者或组织者未尽到安全保障义务的，承担相应的补充责任。经营者、管理者或者组织者承担补充责任后，可以向第三人追偿。据此，实施行为的第三人所承担的责任为第一顺序的责任，且是独立的责任。只有在受害人无法从第三人那里获得救济的情况下，才应当要求违反安全保障义务的人承担责任，即所谓的补充责任，而且在承担以后可以向第三人追偿。

四、机动车交通事故责任

1. 概念

机动车交通事故责任，指因机动车在道路上运行造成交通事故，导致他人人身或财产的损害，机动车一方所应承担的侵权责任。“机动车”包括汽车、摩托车、非农用拖拉机、各种专用机械车、特种车等用于载人、载物和从事某种作业的轮式车辆。

2. 构成要件

（1）机动车因交通事故造成损害。侵权责任编第1208条规定，机动车发生交通事故造成损害的，依照道路交通安全法律和本法的有关规定承担赔偿责任。依据《中华人民共和国道路交通安全法》第119条第5项规定，“交通事故”是指车辆在道路上因过错或者意外造成的人身伤亡或者财产损失的事件。

（2）机动车运行与损害之间具有因果联系。在机动车一方与非机动车、行人之间发生交通事故的情况下，需要强调机动车运行造成了损害。实践中，机动车交通事故责任在因果关系判断上往往需要借助于公安交通机关对交通事故的认定。

（3）机动车一方不能证明自己没有过错。在机动车与非机动车或行人之间发生事故时，机动车致人损害的责任主要是过错推定责任，机动车一方必须在事故发生之后证明自己没有过错，才能在法定的范围内减轻其责任。

3. 机动车一方侵权责任主体的确定[①]

依据侵权责任编第1208条，机动车一方包括机动车所有人、驾驶人、承租人、借用人、买受人、盗窃者等主体。

（1）租赁、借用机动车情况下侵权责任主体之确定。侵权责任编第1209条规定，因租赁、借用等情形机动车所有人、管理人与使用人不是同一人时，发生交通事故造成损害，属于该机动车一方责任的，由机动车使用人承担赔偿责任；机动车所有人、管理人对损害的发生有过错的，承担相应的赔

① 王利明. 民法［M］. 北京：中国人民大学出版社，2020：586-591.

偿责任。

（2）转让而未过户情况下侵权责任主体之确定。侵权责任编第 1210 条规定，当事人之间已经以买卖或者其他方式转让并交付机动车但是未办理登记，发生交通事故造成损害，属于该机动车一方责任的，由受让人承担赔偿责任。

（3）挂靠营运情况下侵权责任主体之确定。侵权责任编第 1211 条规定，以挂靠形式从事道路运输经营活动的机动车，发生交通事故造成损害，属于该机动车一方责任的，由挂靠人和被挂靠人承担连带责任。

（4）转让拼装车、报废车造成损害情形下侵权责任主体之确定。侵权责任编第 1214 条规定，以买卖或者其他方式转让拼装或者已经达到报废标准的机动车，发生交通事故造成损害的，由转让人和受让人承担连带责任。

（5）机动车被盗窃、抢劫或者抢夺，以及盗开他人机动车情况下侵权责任主体之确定。侵权责任编第 1215 条规定，盗窃、抢劫或者抢夺的机动车发生交通事故造成损害的，由盗窃人、抢劫人或者抢夺人承担赔偿责任。盗窃人、抢劫人或者抢夺人与机动车使用人不是同一人，发生交通事故造成损害，属于该机动车一方责任的，由盗窃人、抢劫人或者抢夺人与机动车使用人承担连带责任。保险人在机动车强制保险责任限额范围内垫付抢救费用的，有权向交通事故责任人追偿。第 1212 条规定，未经允许驾驶他人机动车，发生交通事故造成损害，属于该机动车一方责任的，由机动车使用人承担赔偿责任；机动车所有人、管理人对损害的发生有过错的，承担相应的赔偿责任，但是本章另有规定的除外。

4. 责任保险与赔付顺序

我国法律规定了机动车道路交通事故强制责任保险制度，此外，机动车所有人等还可以从保险公司购买自愿性质的机动车交通事故责任商业第三者责任险。在发生机动车交通事故赔偿责任时，法律规定了赔付顺序。侵权责任编第 1213 条规定，机动车发生交通事故造成损害，属于该机动车一方责任的，先由承保机动车强制保险的保险人在强制保险责任限额范围内予以赔偿；不足部分，由承保机动车商业保险的保险人按照保险合同的约定予以赔偿；仍然不足或者没有投保机动车商业保险的，由侵权人赔偿。

五、高度危险活动损害责任

1. 概念

高度危险活动损害责任，指从事法律明确规定的高度危险活动（包括高空、高压、地下挖掘活动或者使用高速轨道运输工具），经营者应当承担的严格责任。高度危险活动损害责任适用无过错责任原则。

2. 构成要件

（1）必须是从事高空、高压、地下挖掘活动或者使用高速轨道运输工具。从事高度危险活动是高度危险活动致害责任的基础和前提。依据侵权责任编第 1240 条，高度危险活动是法律具体列举的活动，包括高空作业、高压活动、地下挖掘活动和使用高速轨道运输工具。从规定来看，属于封闭性列举，没有兜底规定。

（2）因高度危险活动造成他人损害。此处的损害既包括财产损害，也包括人身损害。

（3）高度危险活动与损害后果之间存在因果关系。高度危险活动责任无须证明责任人的主观过错，但是仍然要以高度危险活动与受害人的损害之间具有因果关系为前提。如果完全是因为受害人的故意行为、不可抗力造成了损害，将导致因果关系中断，行为人不承担侵权责任。

3. 高度危险活动责任

侵权责任编第 1240 条规定，从事高空、高压、地下挖掘活动或者使用高速轨道运输工具造成他人损害的，经营者应当承担侵权责任；但是，能够证明损害是因受害人故意或者不可抗力造成的，不承担责任。被侵权人对损害的发生有重大过失的，可以减轻经营者的责任。第 1244 条规定，承担高度危险责任，法律规定赔偿限额的，依照其规定，但是行为人有故意或者重大过失的除外。这是对最高赔偿限额的确认，主要考虑到高度危险责任的特殊性，因为这种活动是对社会有益的活动，法律要给予其特殊的保护。此外，第 1243 条规定，未经许可进入高度危险活动区域受到损害，管理人能够证明已经采取足够安全措施并尽到充分警示义务的，可以减轻或者不承担责任。

六、饲养动物损害责任

1. 概念

饲养动物致人损害责任，指饲养的动物造成他人人身或财产损害。侵权责任编规定的饲养动物还包括了遗弃、逃逸的动物致害，这对于规范人们饲养动物的行为、救济受害人的损害都具有十分重要的意义。

2. 构成要件

（1）必须是饲养的动物造成损害。侵权责任编中动物的概念有其特定的含义，其主要限定于饲养的动物。野生动物致人损害，不属于饲养动物致人损害的范围。

（2）必须是基于动物固有危险的实现而造成的损害。动物的固有危险是指基于动物的固有本性，脱离于具体的人的指使和控制而造成对他人的损害。

（3）造成了受害人的损害。侵权责任编第 1245 条规定，饲养的动物造成他人损害的，动物饲养人或者管理人应当承担侵权责任；但是，能够证明损害是因被侵权人故意或者重大过失造成的，可以不承担或者减轻责任。

（4）饲养的动物与损害之间存在因果关系。在饲养动物致人损害的情况下，因果关系是指动物致害与损害之间引起与被引起的关系。按照举证责任的一般规则，原告应当举证证明被告饲养的动物造成其损害。

3. 饲养动物致人损害责任的特殊规则

（1）违反管理规定饲养动物和禁止饲养的危险动物致人损害的责任。侵权责任编第 1246 条规定，违反管理规定，未对动物采取安全措施造成他人损害的，动物饲养人或者管理人应当承担侵权责任；但是，能够证明损害是因被侵权人故意造成的，可以减轻责任。第 1247 条规定，禁止饲养的烈性犬等危险动物造成他人损害的，动物饲养人或者管理人应当承担侵权责任。这两条规定采用的是严格的无过错责任原则，即便受害人对于损害的发生具有重大过失，也不能减轻侵权人的责任，只有受害人存在故意时才能免责。

（2）动物园的动物致人损害的责任。侵权责任编第 1248 条规定，动物园的动物造成他人损害的，动物园应当承担侵权责任；但是，能够证明尽到管理职责的，不承担侵权责任。该条规定采用的是过错推定责任原则，动物园可以通过证明尽到管理职责而免除责任，但是鉴于动物园所承担的独特的社会功能，不应该只是承担善良管理人的注意义务，而应该承担更高的符合其专业管理动物的注意义务。此外，依据侵权责任编第 1173、第 1174、第 1250 条规定，如果动物园能够证明被侵权人或者被害人对于损害的发生也有过错的，可以减轻动物园的责任；能够证明损害是受害人故意造成的，动物园不承担责任；如果是第三人过错致使动物造成他人损害的，被侵权人可以选择向动物园请求赔偿，也可以向第三人请求赔偿，在选择向动物园请求赔偿时，动物园不能以第三人的过错提出抗辩。

（3）遗弃或逃逸的动物致人损害的责任。侵权责任编第 1249 条规定，遗弃、逃逸的动物在遗弃、逃逸期间造成他人损害的，由动物原饲养人或者管理人承担侵权责任。本条规定采用的是无过错责任原则。

（4）因第三人过错致使动物致害的责任。侵权责任编第 1250 条规定，因第三人的过错致使动物造成他人损害的，被侵权人可以向动物饲养人或者管理人请求赔偿，也可以向第三人请求赔偿。动物饲养人或者管理人赔偿后，有权向第三人追偿。

七、建筑物和物件损害责任

1. 概念

建筑物和物件损害责任，指建筑物或物件的所有人、管理人或者其他主体对其所管领的建筑物或物件致人损害承担的侵权责任。建筑物和物件损害责任适用过错责任或过错推定责任。

2. 构成要件

（1）建筑物、构筑物或者其他设施及其搁置物、悬挂物致人损害责任。①必须是物件；②受害人遭受损害；③建筑物、构筑物或者其他设施及其搁置物、悬挂物倒塌、塌陷、脱落、坠落与受害人遭受损失之间存在因果关系；④所有人、管理人或者使用人存在推定的过失。

（2）抛掷物或坠物致人损害责任。①发生高楼抛掷物或坠物的情形；②受害人遭受损害；③从建筑物抛掷物品或坠物与受害人损害之间具有因果关系；④难以确定具体侵权人。

（3）堆放物致人损害责任。①堆放物倒塌、滚落或者滑落；②受害人遭受损害；③堆放物倒塌、滚落或者滑落与受害人遭受损害之间存在因果关系；④堆放人有过错。

（4）妨碍通行物致人损害责任：①在公共道路上堆放、倾倒、遗撒妨碍通行的物品；②受害人遭受损害；③妨碍通行的物品与受害人遭受损害之间存在因果关系；④堆放人、倾倒人、遗撒人有过错。

（5）林木致人损害责任。①林木发生折断、倾倒或者果实坠落；②受害人遭受损害；③折断、倾倒的林木或者坠落的果实与受害人遭受损害之间存在因果关系；④林木的所有人或者管理人存在推定的过失。

（6）地面施工致人损害责任。①行为人是在公共场所或者道路上从事挖掘、修缮安装地下设施等作业的施工人；②行为人违反设置明显标志和采取安全措施的注意义务；③受害人遭受损害；④行为人违反注意义务之不作为与受害人所受损害之间有因果关系。

（7）窨井等地下设施致人损害责任。①窨井等地下设施欠缺覆盖物或者覆盖物有缺陷；②受害人遭受损失；③窨井等地下设施欠缺覆盖物或者覆盖物有缺陷与受害人遭受损失之间存在因果关系；④管理人存在推定的过失。

3. 建筑物和物件损害责任的承担

（1）建筑物、构筑物或者其他设施及其搁置物、悬挂物致人损害责任。依据侵权责任编第 1252~1253 条规定，损害责任如下：①所有人、管理人或者使用人的责任。建筑物、构筑物或者其他设施及其搁置物、悬挂物发生脱落、坠落造成他人损害，所有人、管理人或者使用人不能证明自己没有过错的，应当承担侵权责任。②所有人、管理人或者使用人的追偿权。所有人、管理人或者使用人赔偿后，有其他责任人的，有权向其他责任人追偿。③建设单位与施工单位的连带责任。建筑物、构筑物或者其他设施倒塌、塌陷造成他人损害的，由建设单位与施工单位承担连带责任，但是建设单位与施工单位能够证明不存在质量缺陷的除外。④其他责任人的责任。因所有人、管理人、使用人或者第三人的原因，建筑物、构筑物或者其他设施倒塌、塌陷造成他人损害的，由所有人、管理人、使用人或者第三人承担侵权责任。建设单位、施工单位赔偿后，有其他责任人的，有权向其他责任人追偿。

（2）抛掷物或坠物致人损害责任。侵权责任编第 1254 条规定，禁止从建筑物中抛掷物品。从建筑物中抛掷物品或者从建筑物上坠落的物品造成他人损害的，由侵权人依法承担侵权责任；经调查难以确定具体侵权人的，除能够证明自己不是侵权人的外，由可能加害的建筑物使用人给予补偿。可能加害的建筑物使用人补偿后，有权向侵权人追偿。发生前款规定的情形的，公安等机关应当依法及时调查，查清责任人。

（3）堆放物致人损害责任。侵权责任编第 1255 条规定，堆放物倒塌、滚落或者滑落造成他人损害，堆放人不能证明自己没有过错的，应当承担侵权责任。

（4）妨碍通行物致人损害责任。侵权责任编第 1256 条规定，在公共道路上堆放、倾倒、遗撒妨碍通行的物品造成他人损害的，由行为人承担侵权责任。公共道路管理人不能证明已经尽到清理、防护、警示等义务的，应当承担相应的责任。

（5）林木致人损害责任。侵权责任编第 1257 条规定，因林木折断、倾倒或者果实坠落等造成他人损害，林木的所有人或者管理人不能证明自己没有过错的，应当承担侵权责任。

（6）地面施工致人损害责任。侵权责任编第 1258 条规定，在公共场所或者道路上挖掘、修缮安装地下设施等造成他人损害，施工人不能证明已经设置明显标志和采取安全措施的，应当承担侵权责任。

（7）地下设施致人损害责任：侵权责任编第 1258 条规定，窨井等地下设施造成他人损害，管理人不能证明尽到管理职责的，应当承担侵权责任。

第十二章
旅行社法律制度

章节练习
视频课程

本章导读

【本章概述】 本章内容主要包括旅行社概念及其立法、经营范围、经营原则，旅行社（包括分支机构）设立与变更；旅行社经营许可、公告、旅游服务质量保证金、市场监督管理、文化和旅游市场黑名单信用管理等法律制度；旅行社权利与义务、经营规范及服务质量赔偿标准；在线旅游经营服务的适用范围，文化和旅游主管部门支持在线旅游行业发展政策，在线旅游经营者、平台经营者的界定及管理制度、在线旅游经营服务监督检查及法律责任等规定。

【学习要求】 了解《旅行社条例》和《旅行社条例实施细则》关于旅行社（包括分支机构）设立与变更的规定;《文化和旅游市场信用管理规定》关于总则的规定;《在线旅游经营服务管理暂行规定》关于适用范围、在线旅游经营者、平台经营者、文化和旅游主管部门支持在线旅游行业发展、监督检查的规定。熟悉《旅游法》关于规范旅游市场提高服务质量制度;《旅游市场黑名单管理办法（试行）》关于旅游市场黑名单列入和移除原则、程序、基本信息、动态管理、修复信用的规定，对列入黑名单的旅游市场主体和从业人员实施的惩戒措施;《文化和旅游市场信用管理规定》关于文化和旅游市场信用信息采集与归集、失信主体认定、信用管理措施、信用信息公开与共享的规定。掌握《旅行社条例实施细则》《旅游服务质量保证金存取管理办法》关于旅行社经营范围、经营原则、经营规范、旅游服务质量保证金制度的规定、旅行社权利和义务等法律制度及其相关法律责任;《旅行社服务质量赔偿标准》关于旅游主管部门调解旅游纠纷时执行的赔偿依据的规定;《文化和旅游市场信用管理规定》关于文化和旅游市场信用修复、信用评价与信用承诺的规定;《在线旅游经营服务管理暂行规定》关于在线旅游经营者运营、法律责任的规定。

第一节 概　　述

一、旅行社及其立法

1. 我国的旅行社立法

为了加强对旅行社的管理，保障旅游者和旅行社的合法权益，维护旅游市场秩序，促进旅游业的健康发展，2009 年 2 月 20 日，国务院发布于同年 5 月 1 日起施行的《旅行社条例》(以下简称《条例》)。2009 年 4 月 3 日，国务院旅游主管部门发布于 5 月 3 日起施行同年《旅行社条例实施细则》(以下简称《实施细则》)。根据 2016 年 2 月 6 日《国务院关于修改部分行政法规的决定》和 2017 年 3 月 1 日《国务院关于修改和废止部分行政法规的决定》，对《条例》的部分内容进行了修改；根据 2016 年 12 月 12 日国务院旅游主管部门发布的修改《实施细则》的决定，对部分条款进行修改。

2. 旅行社的概念

《旅游法》第 29 条和《条例》第 2 条的规定，旅行社是指从事招徕、组织、接待旅游者等活动，为旅游者提供相关旅游服务，开展境内旅游业务、入境旅游业务或者出境旅游业务、边境旅游业务和其他旅游业务的企业法人。

《实施细则》第 2 条规定，招徕、组织、接待旅游者提供的相关旅游服务主要包括：①安排交通服务；②安排住宿服务；③安排餐饮服务；④安排观光游览、休闲度假等服务；⑤导游、领队服务；⑥旅游咨询、旅游活动设计服务。旅行社还可以接受委托提供的旅游服务包括：①接受旅游者的委托，代订交通客票、代订住宿和代办出境、入境、签证手续等(出境、签证手续等服务，应当由具备出境旅游业务经营权的旅行社代办)；②接受机关、事业单位和社会团体的委托，为其差旅、考察、会议、展览等公务活动，代办交通、住宿、餐饮、会务等事务；③接受企业委托，为其各类商务活动、奖励旅游等，代办交通、住宿、餐饮、会务、观光游览、休闲度假等事务；④其他旅游服务。

3.《条例》的适用范围

《条例》第2条规定，本条例适用于中国境内旅行社的设立及经营活动。第67条规定，香港特别行政区、澳门特别行政区和台湾地区的投资者在内地投资设立旅行社，参照适用《条例》。

二、旅行社的经营范围和经营原则

1. 旅行社的经营范围

《旅游法》第29条规定，旅行社可以经营下列业务：①境内旅游；②出境旅游；③边境旅游；④入境旅游；⑤其他旅游业务。旅行社经营出境与边境旅游业务，应当取得相应的业务经营许可，具体条件由国务院规定。

《实施细则》第3条规定，国内旅游业务，指旅行社招徕、组织和接待中国内地居民在境内旅游的业务。入境旅游业务，指旅行社招徕、组织、接待外国旅游者来我国旅游，香港特别行政区、澳门特别行政区旅游者来内地旅游，台湾地区居民来大陆旅游，以及招徕、组织、接待在中国内地的外国人，在内地的香港特别行政区、澳门特别行政区居民和在大陆的台湾地区居民在境内旅游的业务。出境旅游业务，指旅行社招徕、组织、接待中国内地居民出国旅游，赴香港特别行政区、澳门特别行政区和台湾地区旅游，以及招徕、组织、接待在中国内地的外国人、在内地的香港特别行政区、澳门特别行政区居民和在大陆的台湾地区居民出境旅游的业务。

2. 旅行社的经营原则

《条例》第4条规定，旅行社在经营活动中应当遵循自愿、平等、公平、诚信的原则，提高服务质量，维护旅游者的合法权益。

三、旅行社的设立与变更

1. 旅行社的设立

（1）设立条件。《旅游法》第28条规定，设立旅行社，招徕、组织、接待旅游者，为其提供旅游服务，应当具备下列条件，取得旅游主管部门的许可，依法办理工商登记：①有固定的经营场所；②有必要的营业设施；③有符合规定的注册资本；④有必要的经营管理人员和导游；⑤法律、行政法规规定的其他条件。

《实施细则》第6条规定，旅行社的经营场所应当符合下列要求：①申请者拥有产权的营业用房，或者申请者租用的、租期不少于1年的营业用房；②营业用房应当满足申请者业务经营的需要。

《实施细则》第7条规定，旅行社的营业设施应当至少包括下列设施、设备：①2部以上的直线固定电话；②传真机、复印机；③具备与旅游行政管理部门及其他旅游经营者联网条件的计算机。

《条例》第6条规定，申请经营国内旅游业务和入境旅游业务的，应当取得企业法人资格，并且注册资本不少于30万元。

（2）提交的文件。依据《实施细则》第8条的规定，申请设立旅行社，经营境内旅游业务和入境旅游业务的，应当向省、自治区、直辖市旅游行政管理部门（以下简称省级旅游行政管理部门）提交下列文件：①设立申请书。内容包括申请设立的旅行社的中英文名称及英文缩写，设立地址，企业形式、出资人、出资额和出资方式，申请人、受理申请部门的全称、申请书名称和申请的时间；②法定代表人履历表及身份证明；③企业章程；④经营场所的证明；⑤营业设施、设备的证明或者说明；⑥工商行政管理部门出具的企业法人营业执照。

2. 旅行社的许可

（1）申请经营国内旅游业务和入境旅游业务。《条例》第7条规定，应当向所在地省级旅游主管部门或者其委托的设区的市级旅游主管部门提出申请，并提交符合"取得企业法人资格并且注册资本不少于30万元"的相关证明文件。

受理申请的旅游主管部门应当自受理申请之日起20个工作日内做出许可或者不予许可的决定。予以许可的，向申请人颁发旅行社业务经营许可证；不予许可的，书面通知申请人并说明理由。

（2）申请经营出境旅游业务的特别规定。《实施细则》第10条规定，应当向国务院旅游行政主管部门提交经营旅行社业务满两年、且连续两年未因侵害旅游者合法权益受到行政机关罚款以上处罚的承诺书和经工商行政管理部门变更经营范围的企业法人营业执照。

《条例》第 9 条的规定，申请经营出境旅游业务的，应当向国务院旅游主管部门或者其委托的省级旅游主管部门提出申请，受理申请的旅游主管部门应当自受理申请之日起 20 个工作日内做出许可或者不予许可的决定。予以许可的，向申请人换发旅行社业务经营许可证；不予许可的，书面通知申请人并说明理由。

旅行社取得出境旅游经营业务许可的，由国务院旅游行政主管部门换发旅行社业务经营许可证。

3. 通过网络经营旅行社业务的规定

通过网络经营旅行社业务属于在线旅游。

为规范发展在线旅游，《旅游法》第 48 条规定，通过网络经营旅行社业务的，应当依法取得旅行社业务经营许可，并在其网站主页的显著位置标明其业务经营许可证信息。发布旅游经营信息的网站，应当保证其信息真实、准确。

通过网络经营旅游业务的旅行社按照法律规定，必须依法取得旅行社业务经营的许可，与此同时在其网站主页要标明其业务经营许可证信息，并应当载明旅行社的名称、法定代表人、许可证编号和业务经营范围，以及原许可的旅游行政管理部门的投诉电话。并且保证自己发布的旅游经营信息真实、准确，维护旅游者的合法权益并有利于行政部门与社会的有效监督。

4. 登记事项变更及注销登记

《条例》第 12 条规定：旅行社变更名称、经营场所、法定代表人等登记事项或者终止经营的，应当到工商行政管理部门办理相应的变更登记或者注销登记，并在登记办理完毕之日起 10 个工作日内，向原许可的旅游主管部门备案，换领或者交回旅行社业务经营许可证。

四、旅行社的分支机构

1. 分支机构的管理

（1）类别及法律属性。旅行社的分支机构包括分社和服务网点，依据《实施细则》第 18 条规定，不具有法人资格，以设立分社、服务网点的旅行社（简称设立社，下同）的名义从事《条例》规定的经营活动，其经营活动的责任和后果，由设立社承担。

（2）备案登记。依据《条例》第 10 条及《实施细则》第 19、23 条，设立分社和服务网点的旅行社，在向分社或者服务网点所在地工商行政管理部门办理分社或者服务网点设立登记后，应当在3个工作日内持规定的文件向分社或者服务网点所在地与工商登记同级的旅游主管部门备案并领取备案登记证明。若没有同级旅游主管部门的，向上一级旅游主管部门备案。

分社、服务网点备案后，受理备案的旅游主管部门应当向旅行社颁发旅行社分社备案登记证明或者旅行社服务网点备案登记证明；分支机构登记证明与营业执照中所载明的经营范围与设立社应当一致。

2. 旅行社分社的设立

（1）设立条件。分社的设立应符合下列条件：①固定的经营场所：申请者拥有产权的营业用房，或者申请者租用的、租期不少于1年的营业用房；营业用房应当满足申请者业务经营的需要。②必要的营业设施：2部以上的直线固定电话；传真机、复印机；具备与旅游主管部门及其他旅游经营者联网条件的计算机。③分社的名称中应当包含设立社名称、分社所在地地名和“分社”或者“分公司”字样。

（2）设立登记与备案登记。①设立登记。依据《实施细则》第19条，设立社应当向分社所在地的工商行政管理部门办理设立登记。②备案登记。设立社应当在设立登记之后持法定文件办理备案登记。法定文件包括：分社的营业执照；分社经理的履历表和身份证明；增存质量保证金的证明文件。

分社的设立不受地域限制，但是其经营范围不得超出设立社的经营范围，不得设立服务网点。设立社应当加强对分社的管理，对分社实行统一的人事、财务、招徕、接待制度规范。

3. 服务网点的设立

《实施细则》第21条规定，服务网点是指旅行社设立的，为旅行社招徕旅游者，并以旅行社的名义与旅游者签订旅游合同的门市部等机构。

（1）设立条件。服务网点应当设在方便旅游者认识和出入的公众场所。服务网点的名称、标牌应当包括设立社名称、服务网点所在地地名等，不得含有使消费者误解为是旅行社或者分社的内容，也不得做易使消费者误解的简称。服务网点应当在设立社的经营范围内，招徕旅游者、提供旅游咨询服务。

（2）设立登记与备案登记。①设立登记。依据《实施细则》第23条，设立社应当向服务网点所在地的工商行政管理部门办理设立登记。②备案登记。设立社应当在设立登记之后，3个工作日之内，持法定文件办理备案登记。法定文件包括：服务网点的营业执照；服务网点经理的履历表和身份证明。

依据《实施细则》第21条规定：设立社可以在其所在地的省、自治区、直辖市行政区划内设立服务网点；设立社在其所在地的省、自治区、直辖市行政区划外设立分社的，可以在该分社所在地设区的市的行政区划内设立服务网点。设立社不得在前款规定的区域范围外，设立服务网点。

设立社应当加强对服务网点的管理，对服务网点实行统一管理、统一财务、统一招徕和统一咨询服务规范。

五、外商投资旅行社

由于外商投资旅行社在许可主体、许可程序和经营范围等方面的特殊性，《条例》专设“第三章外商投资旅行社”。

1. 外商投资旅行社的界定

根据《中华人民共和国外商投资法》第2条规定，外商投资旅行社，指全部或者部分由外国的自然人、企业或者其他组织（简称“外国投资者”）投资，依照中国法律在中国境内经登记注册设立的旅行社。

2. 设立与经营范围

（1）设立条件。依据《旅游法》《条例》，我国对外商投资旅行社的设立已经实行了国民待遇，外商投资旅行社设立的条件与我国旅行社的设立条件相同。此外，《条例》第22条规定，设立外商投资旅行社，还应当遵守有关外商投资的法律、法规。

外商投资企业申请经营旅行社业务，应当向所在地省、自治区、直辖市旅游行政管理部门提出申请，并提交符合《条例》第6条规定条件的相关证明文件。省、自治区、直辖市旅游行政管理部门应当自收到受理申请之日起30个工作日内审查完毕。予以许可的，颁发旅行社业务经营许可证；不予许可的，书面通知申请人并说明理由。

（2）经营范围。外商投资旅行社可以经营入境旅游业务和国内旅游业务，不得经营中国内地居民出国旅游业务以及赴香港特别行政区、澳门特别行政区和台湾地区旅游的业务，但是国务院决定或者我国签署的自由贸易协定和内地与香港、澳门关于建立更紧密经贸关系的安排另有规定的除外。

第二节　旅行社管理法律制度

一、旅行社经营许可证管理制度

《旅游法》第28条规定，设立旅行社，应当具备规定的条件，取得旅游主管部门许可，依法办理工商登记。这表明，在我国旅行社业为许可经营行业。

1. 旅行社业务经营许可证的定义

旅行社业务经营许可证（以下简称许可证），指有许可权的旅游主管部门颁发的，证明持证人具有从事旅游业务经营资格的凭证。为保证许可证的权威性、严肃性和统一性，许可证和副本由国务院旅游主管部门制定统一样式，国家旅游主管部门和省级旅游主管部门分别印制。未取得旅行社业务经营许可证的，不得从事旅行社业务经营活动。

2. 旅行社业务经营许可证的管理

（1）明示。旅行社及其分社、服务网点应当将旅行社业务经营许可证、旅行社分社备案登记证明或旅行社服务网点备案登记证明，与营业执照一起悬挂在经营场所的显要位置，以便有关部门监督检查以及旅游者和其他企业识别。

《旅游法》第95条规定，旅行社违反本法规定，未经许可经营旅行社业务的，由旅游主管部门或者市场监督管理部门责令改正，没收违法所得，并处1万元以上10万元以下罚款；违法所得10万元以上的，并处违法所得1倍以上5倍以下罚款；对有关责任人员，处2000元以上2万元以下罚款。未经许可经营出境旅游、边境旅游业务的，除依照以上规定处罚外，并责令停业整顿；情节严重的，吊销旅行社业务经营许可证；对直接负责的主管人员，处2000元以上2万元以下罚款。依据《实施细则》第57条，旅行社及其分社、服务网点未悬挂旅行社业务经营许可证、备案登记证明的，由县级以上旅游主管部门责令改正，可以处1万元以下的罚款。

（2）不得非法转让、出租或者出借。《旅游法》第30条规定，旅行社不得出租、出借旅行社业务经营许可证，或者以其他形式非法转让旅行社业务经营许可。

非法转让是指旅行社没有通过法律、法规允许的转让方式、程序等要求转让业务经营许可的非法行为。出租是指将旅行社业务经营许可证件租赁给他人使用并收取租金的非法行为。出借是指无偿将旅行社业务经营许可证借给他人使用的非法行为。

《旅游法》第 95 条规定，旅行社违反本法规定，出租、出借旅行社业务经营许可证，或者以其他方式非法转让旅行社业务经营许可证的，由旅游主管部门或者市场监督管理部门责令停业整顿，没收违法所得，并处 1 万元以上 10 万元以下罚款；违法所得 10 万元以上的，并处违法所得 1 倍以上 5 倍以下罚款；对有关责任人员，处 2000 元以上 2 万元以下罚款；情节严重的，吊销旅行社业务经营许可证；对直接负责的主管人员，处 2000 元以上 2 万元以下罚款。

违反《旅游法》《条例》及《实施细则》关于许可证规定的旅行社，被吊销旅行社业务经营许可证的，由做出处理决定的旅游主管部门通知市场监督管理部门吊销其营业执照。

《旅游法》第 103 条规定，旅行社违反本法规定受到吊销旅行社业务经营许可证处罚的旅行社的有关管理人员，自处罚之日起未逾 3 年的，不得重新从事旅行社业务。

二、旅游服务质量保证金制度

为加强对旅行社服务质量的监督和管理，保护旅游者的合法权益，《旅游法》第 31 条规定，旅行社应当按照规定交纳旅游服务质量保证金（以下简称保证金），用于旅游者权益损害赔偿和垫付旅游者人身安全遇有危险时紧急救助的费用。《条例》《实施细则》《旅游服务质量保证金存取管理办法》（旅办发〔2013〕170 号，以下简称《办法》）均对旅行社质量保证金制度的内容进行了明确规定与完善。

1. 保证金的使用

（1）保证金的含义。《办法》第 2 条规定，旅游服务质量保证金是指根据《旅游法》及《条例》，由旅行社在指定银行缴存或由银行担保提供的一定数额用于旅游服务质量赔偿支付和团队旅游者人身安全遇有危险时紧急救助费用垫付的资金。

（2）保证金的使用范围。《旅游法》第31条规定：旅行社应当按照规定交纳旅游服务质量保证金，用于旅游者权益损害赔偿和垫付旅游者人身安全遇有危险时紧急救助的费用。

2. 保证金的交纳

《条例》第13条规定了保证金交纳的期限、标准、方法以及存期。

（1）交纳期限。旅行社应当自取得旅行社业务经营许可证之日起3个工作日内，在国务院旅游主管部门指定的银行开设专门的质量保证金账户，存入质量保证金，或者向做出许可的旅游行政管理部门提交依法取得的担保额度不低于相应质量保证金数额的银行担保。

（2）交纳标准。经营国内旅游业务和入境旅游业务的旅行社，应当存入保证金20万元；经营出境旅游业务的旅行社，应当增存保证金120万元，经营国内旅游业务、入境旅游业务和出境旅游业务的旅行社，应当存入保证金140万元。

旅行社每设立一个经营国内旅游业务和入境旅游业务的分社，应当向其保证金账户增存5万元；每设立一个经营出境旅游业务的分社，应当向其保证金账户增存30万元。

（3）交纳方法。旅行社可从规定的两种交纳方法中自行选择。①将现金存入指定银行的专门账户。国务院旅游主管部门本着公开、公平、公正的原则，指定符合法律、法规规定并提出申请的中国国内商业银行作为保证金的存储银行。接受存储的银行应当为旅行社开设保证金专用账户。②提交银行担保。由旅行社向做出许可的旅游主管部门提交担保数额不低于保证金交纳标准的银行担保。规定该交纳方法的目的，是降低旅行社的经营成本、避免资金闲置而允许的一种信用支持。

（4）存期。依据《实施细则》第14条，旅行社在指定范围内选择银行存入保证金的，应当设立独立账户，存期由旅行社确定，但不得少于1年。账户存期届满1个月前，旅行社应当办理续存手续或者提交银行担保。

3. 保证金的管理

（1）所有权归属。根据《办法》第2条，保证金属于交纳的旅行社所有。《条例》第13条规定，质量保证金的利息属于旅行社所有。

（2）取款。《办法》第11条规定，旅行社因解散或破产清算、业务变更或撤减分社减交、三年内未因侵害旅游者合法权益受到行政机关罚款以上处罚而降低保证金数额 50% 等原因，需要支取保证金时，须向许可的旅游行政主管部门提出，许可的旅游行政主管部门审核出具旅游服务质量保证金取款通知书。银行根据旅游服务质量保证金取款通知书，将相应数额的保证金退还给旅行社。

（3）动态管理。为激励旅行社合法经营，形成有序的市场环境，促进旅游业健康发展，我国对保证金实行动态管理。具体方式包括降低交纳标准、退还已交纳的保证金和补足保证金两方面。

①标准降低和退还。《条例》第 17 条规定，旅行社自交纳或者补足质量保证金之日起 3 年内未因侵害旅游者合法权益受到行政机关罚款以上处罚的，旅游行政管理部门应当将旅游服务质量保证金的缴存数额降低 50%，并向社会公告。旅行社可凭省级旅游行政管理部门出具的凭证减少其质量保证金。

②补足规定。旅行社在旅游行政管理部门使用质量保证金赔偿旅游者的损失，或者依法减少质量保证金后，因侵害旅游者合法权益受到行政机关罚款以上处罚的，应当在收到旅游行政管理部门补交质量保证金的通知之日起 5 个工作日内补足质量保证金。

③存入、续存、增存规定。旅行社存入、续存、增存保证金后 7 个工作日内，应当向做出许可的旅游行政管理部门提交存入、续存、增存保证金的证明文件，以及与银行达成的使用保证金的协议。

《实施细则》第 16 条规定，旅行社符合《条例》第 17 条降低质量保证金数额规定条件的，原许可的旅游行政管理部门应当根据旅行社的要求，在 10 个工作日内向其出具降低质量保证金数额的文件。

《条例》第 48 条，旅行社未在规定期限内向其质量保证金账户存入、增存、补足质量保证金或者提交相应的银行担保的，由旅游行政管理部门责令改正；拒不改正的，吊销旅行社业务经营许可证。

三、旅行社公告制度

1. 旅行社公告制度的含义

旅行社公告制度，是指相关行政管理部门对其具体行政行为，通过报刊、网络或者其他形式向社会公开发布告知的管理制度。

2. 旅行社公告制度的内容

《条例》第42条，旅游、工商、价格等行政管理部门应当及时向社会公告监督检查的情况。公告的内容包括旅行社业务经营许可证的颁发、变更、吊销、注销情况，旅行社的违法经营行为以及旅行社的诚信记录、旅游者投诉信息等。

（1）公告的部门。公告制度中，旅游、工商、价格等行政管理部门是履责部门，应当在县级以上或者上级旅游主管部门的政府网站向社会发布检查的公告。

（2）具体内容和期限。

国家或者省级旅游主管部门应当在做出许可决定或者备案后20个工作日内向社会公告：保证金存缴数额降低，旅行社业务经营许可证颁发、变更和注销的。

做出处理决定的旅游主管部门，在处罚生效后10个工作日内向社会公告：旅行社违法经营或者被吊销旅行社业务经营许可证的。

处理投诉的旅游主管部门每季度向社会公告：旅游者对旅行社的投诉信息。

旅行社的诚信记录是一个系统的、综合相关要素形成的完整表现，可定期进行公告。

四、旅行社市场监督管理制度

1. 旅行社的监管部门及其职责

旅行社市场监督管理制度是指对旅行社及旅行社业务经营活动进行监督管理。实行以旅游管理部门为主管部门的分级管理、相关行政部门与旅游主管部门共同负责监管，在各自的权限范围内依法对旅行社行使监管权，对违法行为做出处理的制度。

（1）职责。国务院旅游主管部门负责全国旅行社的监督管理工作。按照属地管理的原则，地方各级旅游主管部门负责本行政辖区内旅行社的监管工作。

①国务院旅游主管部门的主要监管职责是：贯彻执行相关旅行社的法律、法规；制定有关旅行社监管的部门规章、政策、标准；审批旅行社经营出境旅游业务；依法对旅行社及其业务经营活动行使监管权；负责查处违反

条例并在全国范围内有重大影响的违法行为。

②县级以上地方人民政府旅游主管部门的主要监管职责是：贯彻执行相关旅行社的法律、法规和规章；依法对旅行社及其业务经营活动行使监管权；负责查处本行政区域内违反条例的违法行为。其中，对在全省或全市范围内有重大影响的，由省级或者市级旅游局负责查处。

（2）相关行政管理部门及其职责。市场监督、价格、商务、外汇等相关部门应按职责分工，依法对旅行社进行监管。例如，市场监督管理机关作为企业登记的主管部门，有权对旅行社相关登记事宜实施监管；企业低于成本经营的违法行为，价格部门依法有权监管。

2. 旅行社的监管部门的权利与义务

（1）监管部门的权利

①依据《旅游法》第 85 条、第 87 条，县级以上人民政府旅游主管部门有权对下列事项实施监督检查：经营旅行社业务是否取得经营、执业许可；旅行社的经营行为。在实施监督检查时，可以对涉嫌违法的合同、票据、账簿以及其他资料进行查阅、复制。有关单位和个人应当配合依法实施的监督检查，如实说明情况并提供文件、资料，不得拒绝、阻碍和隐瞒。

②依据《条例》第 44 条，旅游主管部门对旅行社及其分社的旅游合同、服务质量、旅游安全、财务账簿等情况有权进行监督检查，旅行社应当按照国家有关规定向旅游主管部门报送经营和财务信息等统计资料。

（2）监管部门的义务

①及时公告的义务。旅游主管部门和有关部门应当按照各自职责，及时向社会公布监督检查的情况。

②持证监管的义务。旅游主管部门和有关部门依法实施监督检查，其监督检查人员不得少于 2 人，并应当出示合法证件。监督检查人员少于 2 人或者未出示合法证件的，被检查单位和个人有权拒绝。

③秉公执法的义务。旅游主管部门履行监督管理职责，不得违反法律、行政法规的规定向监督管理对象收取费用。旅游主管部门及其工作人员不得参与任何形式的旅游经营活动。

④依法保密的义务。监督检查人员对在监督检查中知悉的被检查单位的商业秘密和个人信息应当依法保密。

3. 旅行社行业组织的监督管理

旅行社行业组织，指旅行社为实现本行业的共同利益和共同目标，在自愿加入的基础上组成的民间组织。

依据《旅游法》第 90 条，依法成立的旅行社行业组织依照法律、行政法规和章程的规定，应当制定行业经营规范和服务标准，对其会员的经营行为和服务质量进行自律管理，组织开展职业道德教育和业务培训，提高旅行社从业人员素质。

五、文化和旅游市场信用管理制度

为规范和加强文化和旅游市场信用管理，保护各类市场主体、从业人员和消费者合法权益，维护文化和旅游市场秩序，促进文化和旅游市场高质量发展，文化和旅游部于 2021 年 11 月 1 日发布了《文化和旅游市场信用管理规定》(以下简称《规定》)。

(一) 实施原则、适用范围及管理主体

1. 实施原则

《规定》第 2 条规定，文化和旅游主管部门实施信用管理，应当坚持依法行政、合理关联、保护权益、审慎适度原则，确保奖惩措施与守信失信行为相当。

2. 适用范围

《规定》第 3 条规定，本规定适用于文化和旅游市场主体和从业人员的信用信息的采集、归集、公开和共享，守信激励和失信惩戒，信用修复，信用承诺和信用评价等活动。其中，文化市场主体包括从事营业性演出、娱乐场所、艺术品、互联网上网服务、网络文化、社会艺术水平考级等经营活动的法人或者其他组织；从业人员包括上述市场主体的法定代表人、主要负责人、实际控制人等有关人员。旅游市场主体包括从事旅行社经营服务、A 级旅游景区经营服务、旅游住宿经营服务、在线旅游经营服务的法人或者其他组织；从业人员包括上述市场主体的法定代表人、主要负责人、实际控制人以及导游等有关人员。

3. 管理主体及职责

(1) 国家主管部门。文化和旅游部信用管理部门负责指导协调和监督管

理全国文化和旅游市场信用管理工作。

具体职责包括：①承担文化和旅游行业信用体系建设工作，拟定行业信用体系建设规划并组织实施，实施行业信用监管，统筹推进信用联合奖惩；②组织起草文化和旅游市场信用管理规章制度、标准规范等，开展信用监督检查；③承担社会信用体系建设部际联席会议相关工作，开展文化和旅游市场失信主体认定工作；④负责管理文化和旅游市场信用信息采集、归集、公开和共享工作；⑤负责管理信用承诺、信用评价、守信激励和失信惩戒、信用修复等工作；⑥负责建设管理全国文化和旅游市场信用管理系统，负责信用信息安全管理，组织开展信用信息分析与监测工作；⑦开展诚信文化建设，指导组织信用培训和宣传等工作。

（2）地方政府。县级以上地方人民政府文化和旅游主管部门负责本行政区域内文化和旅游市场信用管理工作。

具体职责包括：①负责本行政区域文化和旅游市场信用管理制度规范的组织实施，开展本行政区域文化和旅游市场失信主体认定工作；②开展本行政区域内信用信息采集、归集、公开和共享工作，组织开展信用承诺、信用评价、守信激励和失信惩戒、信用修复等工作；③组织开展本行政区域诚信文化建设、信用信息分析与监测、信用培训和宣传等工作。

（3）其他机构。鼓励行业协会商会、第三方信用服务机构、金融机构、新闻媒体等各类单位和个人依法参与信用管理。鼓励各类市场主体在生产经营活动中广泛、主动地应用信用报告。支持行业协会商会开展行业信用建设。支持行业协会商会对认定为失信主体的会员采取公开谴责、取消评优评先资格等行业自律措施，加强诚信宣传教育。

（二）信用信息采集与归集

1. 分工及原则

（1）分工。文化和旅游部建立全国文化和旅游市场主体和从业人员信用信息记录。地方各级文化和旅游主管部门负责补充完善信用信息记录，管理本行政区域内信用信息有关工作。文化和旅游主管部门应当通过全国文化和旅游市场信用管理系统归集职责范围内的相关信用信息。

（2）原则。文化和旅游主管部门应当按照“谁管理、谁采集”的要求，依法依职责采集相关信用信息，任何单位和个人不得违法违规采集。

2. 信息内容

文化和旅游市场信用信息包括下列信息：①注册登记、备案等用以识别、记载市场主体和从业人员基本情况的信息；②司法裁判仲裁执行信息；③行政许可、行政处罚信息；④与其他部门实施联合奖惩的信息；⑤信用评价结果信息、信用承诺履行情况信息；⑥其他反映市场主体和从业人员信用状况的相关信息。

（三）失信主体认定

1. 认定类别

文化和旅游市场失信主体分为严重失信主体和轻微失信主体。

2. 严重失信主体认定情形

（1）文化市场类。文化市场主体和从业人员有下列情形之一的，应当将其认定为严重失信主体：①因欺骗、故意隐匿、伪造、变造材料等不正当手段取得许可证、批准文件的，或者伪造、变造许可证、批准文件的；②提供含有法律、行政法规、规章禁止的内容，造成严重后果的；③受到文化和旅游主管部门吊销许可证行政处罚的；④擅自从事营业性演出、娱乐场所、互联网上网服务等文化市场经营活动，特别是造成重大事故或者恶劣社会影响的；⑤其他应当认定为严重失信主体的情形。

（2）旅游市场类。旅游市场主体和从业人员有下列情形之一的，应当将其认定为严重失信主体：①因欺骗、故意隐匿、伪造、变造材料等不正当手段取得许可证、批准文件的，或者伪造、变造许可证、批准文件的；②发生重大安全事故，属于旅游市场主体主要责任的；③因侵害旅游者合法权益，造成游客滞留或者严重社会不良影响的；④受到文化和旅游主管部门吊销旅行社业务经营许可证、导游证行政处罚的；⑤未经许可从事旅游市场经营活动，特别是造成重大事故或者恶劣社会影响的；⑥其他应当认定为严重失信主体的情形。

3. 轻微失信主体认定情形

文化和旅游市场主体和从业人员有下列情形之一的，应当认定为轻微失信主体：①存在“捂票炒票”、虚假宣传、未履行相关义务、违反公序良俗等行为，造成不良社会影响的；②因故意或者重大过失严重损害旅游者合法权益，但尚不符合严重失信主体认定情形的；③在旅游经营活动中存在安全隐患，未在指定期限内整改完毕的；④拒不配合投诉处置、执法检查，拒不履行行政处罚决定，造成不良社会影响的；⑤ 12 个月内受到文化和旅游主管部门两次较大数额罚款行政处罚，造成不良社会影响的；⑥其他应当认定为轻微失信主体的情形。12 个月内第 3 次认定为轻微失信主体的，应当认定为严重失信主体。

4. 认定程序

（1）严重失信主体认定程序。文化和旅游主管部门将市场主体和从业人员认定为严重失信主体，应当遵守以下程序规定：①告知。经查证符合严重失信主体认定标准的，应当向文化和旅游市场主体和从业人员送达《严重失信主体认定告知书》，载明认定理由、依据、惩戒措施和当事人享有的陈述、申辩权利。②陈述与申辩。当事人在被告知的 10 个工作日内有权向认定部门提交书面陈述、申辩及相关证明材料，逾期不提交的，视为放弃。认定部门应当在 15 个工作日内给予答复。陈述、申辩理由被采纳的，不认定为严重失信主体。③认定。符合严重失信主体认定标准的，经专家评估、法制审核、集体讨论等程序，依法在 15 个工作日内作出决定。④决定与送达。认定部门应当向当事人出具《严重失信主体认定决定书》并送达。

（2）轻微失信主体认定程序。符合轻微失信主体认定标准的，由县级以上地方人民政府文化和旅游主管部门依法作出决定。认定部门应当向行政相对人出具《轻微失信主体认定决定书》并送达。

符合轻微失信主体认定标准的，在作出决定前，经文化和旅游主管部门约谈督促，改正违法行为、履行赔偿补偿义务、挽回社会不良影响的，可以不认定为轻微失信主体。

（四）信用管理措施

1. 守信良好主体

文化和旅游主管部门对守信情况良好的市场主体和从业人员，可以采取加强宣传、公开鼓励、提供便利服务等激励措施。

2. 对严重失信主的体管理措施

（1）文化市场类。文化和旅游主管部门对文化市场严重失信主体实施期限为 3 年的下列管理措施：①适当提高抽查比例和频次，纳入重点监管对象；②将失信信息提供给有关部门查询，供其在相关行政管理、公共服务、评优评先等活动中参考使用；③将失信信息提供给各类市场主体查询，供其在市场活动中参考使用；④因擅自从事娱乐场所经营活动而被认定为严重失信主体的，其投资人和负责人终身不得投资开办娱乐场所或者担任娱乐场所的法定代表人、负责人；⑤因擅自设立互联网上网服务营业场所经营单位而被认定为严重失信主体的，其法定代表人或者主要负责人 5 年内不得担任互联网上网服务营业场所经营单位的法定代表人或者主要负责人；⑥因被吊销营业性演出许可证而被认定为严重失信主体的，当事人为单位的，其法定代表人、主要负责人 5 年内不得担任文艺表演团体、演出经纪机构或者演出场所经营单位的法定代表人、主要负责人；⑦因营业性演出含有禁止内容被吊销营业性演出许可证而被认定为严重失信主体的，不得再次从事营业性演出或者营业性演出的居间、代理、行纪活动；⑧因被吊销或者撤销娱乐经营许可证而被认定为严重失信主体的，其法定代表人、主要负责人 5 年内不得担任娱乐场所的法定代表人、负责人；⑨因被吊销《网络文化经营许可证》而被认定为严重失信主体的，其法定代表人或者主要负责人 5 年内不得担任互联网上网服务营业场所经营单位的法定代表人或者主要负责人；⑩法律、行政法规和党中央、国务院政策文件规定的其他管理措施。

（2）旅游市场类。文化和旅游主管部门对旅游市场严重失信主体实施期限为 3 年的下列管理措施：①适当提高抽查比例和频次，纳入重点监管对象；②将失信信息提供给有关部门查询，供其在相关行政管理、公共服务、评优评先等活动中参考使用；③将失信信息提供给各类市场主体查询，供其在市场活动中参考使用；④旅行社因被吊销旅行社业务经营许可证而被认定为严重失信主体的，其主要负责人 5 年内不得担任任何旅行社的主要负责人；⑤导游、领队因被吊销导游证而被认定为严重失信主体的，旅行社有关管理人员因旅行社被吊销旅行社业务经营许可证而被认定为严重失信主体的，自处罚之日起 3 年内不得重新申请导游证或者从事旅行社业务；⑥旅行社因侵犯旅游者合法权益受到罚款以上行政处罚而被认定为严重失信主体的，自处罚之日起 2 年内不得申请出境旅游业务；⑦法律、行政法规和党中央、国务院政策文件规定的其他管理措施。

3. 对轻微失信主体的管理措施

文化和旅游主管部门对轻微失信主体实施期限为 1 年的下列管理措施：

①依据法律、行政法规和党中央、国务院政策文件，在审查行政许可、资质资格等时作为参考因素；②加大日常监管力度，提高随机抽查的比例和频次；③将失信信息提供给有关部门查询，供其在相关行政管理、公共服务等活动中参考使用；④在行政奖励、授予称号等方面予以重点审查；⑤法律、行政法规和党中央、国务院政策文件规定的其他管理措施。

（五）信用信息公开与共享

1. 公开与共享原则

文化和旅游市场信用信息的公开与共享坚持合法、必要、安全原则，防止信息泄露，不得侵犯商业秘密和个人隐私。

失信主体信息应当按照“谁认定、谁公开”原则通过全国文化和旅游市场信用管理系统等渠道公开。

文化和旅游部信用管理部门应当建立健全信用信息查询、应用和反馈机制，推进信用信息与其他有关部门共享，实施信用联合奖惩。

2. 信用信息查询及更正

公民、法人和其他组织有权查询与自身相关的信用信息。文化和旅游主管部门应当依法依规为查询提供便利。认定部门或者信用信息归集管理部门发现信用信息有误的，应当及时主动更正。公民、法人和其他组织认为自己的信用信息有误时，有权向认定部门申请更正相关信息。认定部门应当在收到实名提交的书面更正申请之日起 5 个工作日内作出是否更正的决定。

（六）信用修复

1. 修复条件

信用修复应当通过全国文化和旅游市场信用管理系统进行。符合以下条件的，认定部门应当主动进行信用修复：①实施信用管理措施期限届满；②认定为失信主体的依据被撤销或者变更，不符合认定为失信主体标准的；③因为政策变化或者法律法规修订，已经不适宜认定为失信主体的；④其他应当主动修复的情形。

2. 修复程序

失信主体积极进行合规整改、纠正失信行为、消除不良影响、接受信用修复培训、作出信用承诺的，可以向认定部门提出信用修复申请，并遵循以下程序：

（1）申请。有关市场主体和从业人员可以向认定部门提出信用修复申请，说明事实和理由，提交信用修复申请书、培训记录、纠正失信行为等有关材料。

（2）受理。认定部门收到申请后，应当于10个工作日内予以受理。不符合条件的不予受理并说明理由。

（3）核查。认定部门应当自受理之日起10个工作日内，采取线上、书面、实地等方式检查核实。必要时，可以组织开展约谈或者指导。

（4）决定。认定部门应当自核查完成之日起5个工作日内作出准予信用修复或者不予信用修复的决定，不予信用修复的应当说明理由。

（5）修复。认定部门应当自作出准予信用修复决定之日起5个工作日内，解除对失信主体的相关管理措施。

3. 不予修复的情形

具有下列情形之一的，不予信用修复：①认定为严重失信主体不满6个月的、认定为轻微失信主体不满3个月的；②因违反相关法律法规规定，依法被限制或者禁止行业准入期限尚未届满的；③距离上一次信用修复时间不到1年的；④申请信用修复过程中存在弄虚作假、故意隐瞒事实等欺诈行为的；⑤申请信用修复过程中又因同一原因受到行政处罚，造成不良社会影响的；⑥法律法规和党中央、国务院政策文件明确规定不可修复的。

（七）信用评价与信用承诺

1. 信用评价

文化和旅游部根据工作需要，制定行业信用评价制度和规范，组织开展信用评价，实施分级分类管理。各级文化和旅游主管部门在职责范围内开展信用评价工作。鼓励行业协会商会、第三方信用服务机构等具备条件的机构依法依规参与信用评价。鼓励各部门在评优评先、人员招聘、试点示范等方面优先选择信用评价较好的市场主体和从业人员。鼓励和支持有关机构积极利用信用评价结果，拓展信用应用场景。

2. 信用承诺

文化和旅游主管部门在行政管理、政务服务等工作中应当规范应用信用承诺，将旅游市场主体和从业人员的承诺履约情况记入信用信息记录，作为监督管理的重要依据。旅游市场主体和从业人员被认定为严重失信主体或者曾经作出虚假承诺的，不适用信用承诺的有关规定。

第三节　旅行社经营规则

一、旅行社的权利

1. 自主签订旅游合同的权利

旅行社有权自主地与任何团体和个人（旅游者）签订旅游服务合同。在此类合同关系中，旅行社与合同另一方当事人法律地位平等，应按平等、自愿、等价有偿的原则履行合同。

2. 收取合理旅游费用的权利

旅游费用是作为旅行社提供服务的报酬，也是合同价金。合理的旅游费用必须与旅行社提供的服务相称，必须符合国家有关法律和物价政策的规定。

3. 要求旅游者正确履行旅游合同的权利

旅行社有权要求旅游者按照包价旅游合同规定的时间、路线、方式进行旅游，有权要求旅游者遵守法律、法规的相关规定。具体包括：①要求旅游者如实提供旅游所必需的个人信息，按时提交相关证明文件；②要求旅游者遵守旅游合同约定的旅游行程安排，妥善保管随身物品；③出现突发公共事件或者其他危急情形，以及旅行社因违反旅游合同约定采取补救措施时，要求旅游者配合处理防止扩大损失，以将损失降到最低限度；④拒绝旅游者提出的超出旅游合同约定的不合理要求；⑤制止旅游者违背旅游目的地的法律、风俗习惯的言行；⑥对于损害其合法权益的旅游者，有权要求赔偿其合理损失。

二、旅行社的义务

1. 警示、告知义务

在旅游活动中，为了保障旅游者的人身、财产安全，规范旅行社的应急处置行为。依据《条例》第 39 条，旅行社对可能危及旅游者人身、财产安全的事项，应当向旅游者做出真实的说明和明确的警示，并采取防止危害发生的必要措施。发生危及旅游者人身安全的情形时，旅行社及其委派的导游人员、领队人员应当采取必要的处置措施并及时报告旅游行政主管部门；在境外发生的，还应当及时报告中华人民共和国驻该国使领馆、相关驻外机构、当地警方。

2. 报告及协助义务

为维护国家利益，保障旅游市场健康有序发展，《旅游法》第55条规定，旅游经营者组织、接待出入境旅游，发现旅游者从事违法活动；出境旅游者在境外非法滞留，随团出境的旅游者擅自分团、脱团；入境旅游者在境内非法滞留，随团入境的旅游者擅自分团、脱团的，应当及时向公安机关、旅游主管部门或者我国驻外机构报告。

《条例》第 40 条规定，旅游者在境外滞留不归的，旅行社委派的领队人员应当及时向旅行社和中华人民共和国驻该国使领馆、相关驻外机构报告。旅行社接到报告后应当及时向旅游行政管理部门和公安机关报告，并协助提供非法滞留者的身份、出境时间和地点、所属旅游团队、游览线路、滞留地点等信息。旅行社接待入境旅游发生旅游者非法滞留我国境内的，应当及时向旅游行政管理部门、公安机关和外事部门报告，并协助提供非法滞留者的身份、入境时间和地点、所属旅游团队、游览线路、滞留地点等信息。

《旅游法》第 99 条规定，旅行社未履行报告义务的，由旅游主管部门处 5000 元以上 5 万元以下罚款；情节严重的，责令停业整顿或者吊销旅行社业务经营许可证；对直接负责的主管人员和其他直接责任人员，处 2000 元以上 2 万元以下罚款，并暂扣或者吊销导游证。《条例》第 64 条规定，因妨害国（边）境管理受到刑事处罚的，在刑罚执行完毕之日起 5 年内不得从事旅行社业务经营活动；旅行社被吊销旅行社业务经营许可证的，其主要负责人在旅行社业务经营许可证被吊销之日起 5 年内不得担任任何旅行社的主要负责人。

3. 提示义务

（1）提示旅游意外险。《旅游法》第 61 条规定，旅行社应当提示参加团队旅游的旅游者按照规定投保人身意外伤害保险。《实施细则》第 46 条规定，为减少自然灾害等意外风险给旅游者带来的损害，旅行社在招徕、接待旅游者时，可以提示旅游者购买旅游意外保险。鼓励旅行社依法取得保险代理资格，并接受保险公司的委托，为旅游者提供购买人身意外伤害保险的服务。

（2）提示文明旅游。《实施细则》第48条规定，在旅游行程中，旅行社及其委派的导游人员、领队人员应当提示旅游者遵守文明旅游公约和礼仪。

三、旅行社的经营规范

1. 依法从事旅游经营活动

（1）按照核定的业务范围开展经营活动。《旅游法》《条例》《实施细则》规定了旅行社业务范围。旅行社应当按照核定的业务范围开展经营活动，严禁超范围经营。

超范围经营包括：①未取得相应的旅行社业务经营许可，经营境内旅游、出境旅游、边境旅游、入境旅游、其他旅游业务；②分社超出设立分社的旅行社的经营范围经营旅游业务的；③旅行社服务网点从事招徕、咨询以外的旅行社业务经营活动的；④外商投资旅行社违规经营中国内地居民出境、边境旅游业务及赴港、澳、台旅游业务；⑤经营出境、边境旅游业务的旅行社组织旅游者到国务院旅游主管部门公布的中国公民出境、边境旅游目的地之外的国家和地区旅游。

依据《旅游法》第95条规定，未经许可经营旅行社业务的，由旅游主管部门或者市场监督管理部门责令改正，没收违法所得，并处1万元以上10万元以下罚款；违法所得10万元以上的，并处违法所得1倍以上5倍以下罚款；对有关责任人员，处2000元以上2万元以下罚款。旅行社未经许可经营出境旅游、边境旅游业务的，除依照前款规定处罚外，并责令停业整顿；情节严重的，吊销旅行社业务经营许可证；对直接负责的主管人员，处2000元以上2万元以下罚款。

（2）安排的旅游活动不得含有违法或违反社会公德的内容。依据《旅游法》第33条，旅行社及其从业人员组织、接待旅游者，不得安排参观或者参与违反我国法律、法规和社会公德的项目或者活动。依据《条例》第26条，旅行社为旅游者安排或者介绍的旅游活动不得含有违反有关法律、法规规定的内容。

《旅游法》第101条规定，旅行社安排旅游者参观或者参与违反我国法律、法规和社会公德的项目或者活动的，由旅游主管部门责令改正，没收违法所得，责令停业整顿，并处2万元以上20万元以下罚款；情节严重的，吊销旅行社业务经营许可证；对直接负责的主管人员和其他直接责任人员，处2000元以上2万元以下罚款，并暂扣或者吊销导游证。

（3）选择合格的供应商。旅行社组织旅游活动所提供的旅游产品和服务，绝大多数是向旅游活动的要素供应商订购的。选择的餐饮、住宿、交通运输、景区景点、娱乐场所供应商所提供的旅游产品和服务的质量，直接影响旅游市场的经营秩序与旅游者的旅游权益。因此，《旅游法》第34条规定，旅行社组织旅游活动应当向合格的供应商订购产品和服务。

《旅游法》第97条规定，旅行社向不合格的供应商订购产品和服务的，由旅游主管部门或者有关部门责令改正，没收违法所得，并处5000元以上5万元以下的罚款；违法所得5万元以上的，并处违法所得1倍以上5倍以下罚款；情节严重的，责令停业整顿或者吊销旅行社业务经营许可证；对直接负责的主管人员和其他直接责任人员，处2000元以上2万元以下罚款。

（4）依法委托旅游业务

旅行社需要将在旅游目的地接待旅游者的业务委托给地接社，是旅行社业的通行做法。为保护旅游者合法权益，《条例》规定委托旅游业务，要选择具有相应资质的旅行社，支付合理的费用。

《条例》第36条规定，旅行社需要对旅游业务做出委托的，应当委托给具有相应资质的旅行社，征得旅游者的同意，并与接受委托的旅行社就接待旅游者的事宜签订委托合同，确定接待旅游者的各项服务安排及其标准，约定双方的权利、义务。《条例》第55条规定，旅行社将旅游业务委托给不具有相应资质的旅行社，由旅游主管部门责令改正，处2万元以上10万元以下罚款；情节严重的，责令停业整顿1个月至3个月。

《条例》第37条规定，旅行社将旅游业务委托给其他旅行社的，应当向接受委托的旅行社支付不低于接待和服务成本的费用；接受委托的旅行社不得接待不支付或者不足额支付接待和服务费用的旅游团队。接受委托的旅行社违约，造成旅游者合法权益受到损害的，做出委托的旅行社应当承担相应的赔偿责任。做出委托的旅行社赔偿后，可以向接受委托的旅行社追偿。接受委托的旅行社故意或者重大过失造成旅游者合法权益受损害的，应当承担连带责任。旅行社、接受委托的旅行社违反《条例》费用支付规定的，由旅游主管部门责令改正，停业整顿1个月至3个月；情节严重的，吊销旅行社业务经营许可证。

2. 依法提供诚信服务

（1）发布真实、准确的信息。依据《旅游法》第32条，旅行社为招徕、组织旅游者发布信息，必须真实、准确，不得进行虚假宣传，误导旅游者。第48条第2款规定，发布旅游经营信息的网站，应当保证其信息真实、准确。《条例》第24条规定，旅行社向旅游者提供的旅游服务信息必须真实可靠，不得做虚假宣传。

《旅游法》的规定既适用于通过网络经营旅行社业务的旅行社，也适用于不经营旅行社业务，仅为旅行社提供平台，代为发布线路、产品信息的互联网。此外，实体旅行社在其网站发布相关旅游经营信息也应当遵守该规定。

《旅游法》第97条规定，旅行社进行虚假宣传，误导旅游者的，由旅游主管部门或者有关部门责令改正，没收违法所得，并处5000元以上5万元以下罚款；违法所得5万元以上的，并处违法所得1倍以上5倍以下罚款；情节严重的，责令停业整顿或者吊销旅行社业务经营许可证；对直接负责的主管人员和其他直接责任人员，处2000元以上2万元以下罚款。

（2）合理报价。《旅游法》第35条规定，旅行社不得以不合理的低价组织旅游活动，诱骗旅游者，并通过安排购物或者另行付费旅游项目获取回扣等不正当利益。旅行社组织、接待旅游者，不得指定具体购物场所，不得安排另行付费旅游项目。但是，经双方协商一致或者旅游者要求，且不影响其他旅游者行程安排的除外。旅行社若违反上述规定，旅游者有权在旅游行程结束后30日内，要求旅行社为其办理退货并先行垫付退货货款，或者退还另行付费旅游项目的费用。

《条例》第27条规定，旅行社不得以低于旅游成本的报价招徕旅游者。未经旅游者同意，旅行社不得在旅游合同约定之外提供其他有偿服务。《旅游法》第98条规定，旅行社违反本法第35条规定的，由旅游主管部门责令改正，没收违法所得，责令停业整顿，并处3万元以上30万元以下罚款；违法所得30万元以上的，并处违法所得1倍以上5倍以下罚款；情节严重的，吊销旅行社业务经营许可证；对直接负责的主管人员和其他直接责任人员，没收违法所得，处2000元以上2万元以下罚款，并暂扣或者吊销导游证。

（3）安排持有效证件的领队或者导游全程陪同。《旅游法》第36条规定，旅行社组织团队出境旅游或者组织、接待团队入境旅游，应当按照规定安排领队或者导游全程陪同。《条例》第31条规定，旅行社为接待旅游者委派的导游人员，应当持有国家规定的导游证。取得出境旅游业务经营许可的旅行社为组织旅游者出境旅游委派的领队，应当取得导游证，具有相应的学历、语言能力和旅游从业经历，并与委派其从事领队业务的旅行社订立劳动合同。旅行社应当将本单位领队名单报所在地设区的市级旅游行政管理部门备案。

《旅游法》第96条规定，旅行社违反本法规定的，由旅游主管部门责令改正，没收违法所得，并处5000元以上5万元以下罚款；情节严重的，责令停业整顿或者吊销旅行社业务经营许可证；对直接负责的主管人员和其他直接责任人员，处2000元以上2万元以下罚款。

3. 依法规范内部管理

（1）维护导游、领队的合法权益。为提高导游、领队的服务质量，维护导游、领队的合法权益，《旅游法》第38条、《条例》第32、34条规定：

①旅行社应当与其聘用的导游、领队依法订立劳动合同；②应当向其支付劳动报酬，不得低于当地最低工资标准，并且按照劳动合同约定和国家规定，进行及时足额的支付；③应当为其缴纳社会保险费用；④旅行社临时聘用导游为旅游者提供服务的，应当向导游全额支付在包价旅游合同中载明导游服务费用；⑤旅行社安排导游、领队为团队旅游提供服务的，不得要求导游、领队垫付或者向导游收取任何费用。

《旅游法》第96条规定，旅行社未向临时聘用的导游支付导游服务费用或要求导游垫付或者向导游收取费用的，由旅游主管部门责令改正，没收违法所得，并处5000元以上5万元以下罚款；情节严重的，责令停业整顿或者吊销旅行社业务经营许可证；对直接负责的主管人员和其他直接责任人员，处2000元以上2万元以下罚款。

（2）妥善保存旅游者信息。旅行社应当妥善保存招徕、组织、接待旅游者的各类合同及相关文件、资料，以备县级以上旅游行政管理部门核查。保存期应当不少于两年。旅行社不得向其他经营者或者个人，泄露旅游者因签订旅游合同提供的个人信息；超过保存期限的旅游者个人信息资料，应当妥善销毁。

未妥善保存各类旅游合同及相关文件、资料，保存期不够两年，或者泄露旅游者个人信息的，由县级以上旅游行政管理部门责令改正，没收违法所得，处违法所得 3 倍以下但最高不超过 3 万元的罚款；没有违法所得的，处 1 万元以下的罚款。

四、旅行社服务质量赔偿标准

1.《旅行社服务质量赔偿标准》的制定目的

为了提高旅游服务质量，规范旅行社经营，保护旅游者合法权益，2011 年 4 月 12 日，国务院旅游主管部门印发《旅行社服务质量赔偿标准》（旅办发〔2011〕44 号）。旅行社不履行合同或者履行合同不符合约定的服务质量标准，旅游者和旅行社对赔偿标准未做出合同约定的，旅游主管部门或者旅游质监执法机构在处理相关旅游投诉时，参照适用赔偿标准。

2.《旅行社服务质量赔偿标准》的具体内容

（1）因旅行社的原因不能成行的。旅行社与旅游者订立合同或收取旅游者预付旅游费用后，因旅行社原因不能成行的，旅行社应在合理期限内通知旅游者，否则按下列标准承担赔偿责任：

①境内旅游应提前 7 日（不含 7 日）通知旅游者，否则应向旅游者全额退还预付旅游费用，并按下述标准向旅游者支付违约金：出发前 7 日（含 7 日）至 4 日，支付旅游费用总额 10% 的违约金；出发前 3 日至 1 日，支付旅游费用总额 15% 的违约金；出发当日，支付旅游费用总额 20% 的违约金。

②出境旅游（含赴台游）应提前 30 日（不含 30 日）通知旅游者，否则应向旅游者全额退还预付旅游费用，并按下述标准向旅游者支付违约金：出发前 30 日至 15 日，支付旅游费用总额 2% 的违约金；出发前 14 日至 7 日，支付旅游费用总额 5% 的违约金；出发前 6 日至 4 日，支付旅游费用总额 10% 的违约金；出发前 3 日至 1 日，支付旅游费用总额 15% 的违约金；出发当日，支付旅游费用总额 20% 的违约金。

（2）旅行社擅自转、拼团的。旅行社未经旅游者同意，擅自将旅游者转团、拼团的，旅行社应向旅游者支付旅游费用总额 25% 的违约金。解除合同的，还应向未随团出行的旅游者全额退还预付旅游费用，向已随团出行的旅游者退还未实际发生的旅游费用。

（3）歧视性收费的。在同一旅游行程中，旅行社提供相同服务，因旅游者的年龄、职业等差异增收费用的，旅行社应返还增收的费用。

（4）因旅行社的原因未乘坐交通工具的。因旅行社原因造成旅游者未能乘坐预定的公共交通工具的，旅行社应赔偿旅游者的直接经济损失，并支付直接经济损失 20% 的违约金。

（5）安排的旅游活动和服务不符合约定的。旅行社安排的旅游活动及服务档次与合同不符，造成旅游者经济损失的，旅行社应退还旅游者合同金额与实际花费的差额，并支付同额违约金。

（6）提供的服务不符合标准的。领队未按照国家或旅游行业对旅游者服务标准提供导游或者领队服务，影响旅游服务质量的，旅行社应向旅游者支付旅游费用总额 1%～5% 的违约金，本赔偿标准另有规定的除外。

（7）违反合同约定的。旅行社及导游或领队违反旅行社与旅游者的合同约定，损害旅游者合法权益的，旅行社按下述标准承担赔偿责任：①擅自缩短游览时间、遗漏旅游景点、减少旅游服务项目的，旅行社应赔偿未完成约定旅游服务项目等合理费用，并支付同额违约金。遗漏无门票景点的，每遗漏一处旅行社向旅游者支付旅游费用总额 5% 的违约金。②未经旅游者签字确认，擅自安排合同约定以外的用餐、娱乐、医疗保健、参观等另行付费项目的，旅行社应承担另行付费项目的费用。③未经旅游者签字确认，擅自违反合同约定增加购物次数、延长停留时间的，每次向旅游者支付旅游费用总额 10% 的违约金。④强迫或者变相强迫旅游者购物的，每次向旅游者支付旅游费用总额 20% 的违约金。⑤旅游者在合同约定的购物场所所购物品系假冒伪劣商品的，旅行社应负责挽回或赔偿旅游者的直接经济损失。⑥私自兜售商品，旅行社应全额退还旅游者购物价款。

（8）中止提供旅游服务的。旅行社违反合同约定，中止对旅游者提供住宿、用餐、交通等旅游服务的，应当负担旅游者在被中止旅游服务期间所订的同等级别的住宿、用餐、交通等必要费用，并向旅游者支付旅游费用总额 30% 的违约金。

第四节　在线旅游经营服务管理法律制度

为保障旅游者合法权益，规范在线旅游市场秩序，促进在线旅游行业可持续发展，加强法治建设、强化行业监管、规范市场秩序成为社会共识。文化和旅游部发布自2020年10月1日起施行《在线旅游经营服务管理暂行规定》(以下简称《暂行规定》)，对在线旅游经营者的经营规范做出了规定。

一、在线旅游经营者的概念

在线旅游经营者，指从事在线旅游经营服务的自然人、法人和非法人组织，包括在线旅游平台经营者、平台内经营者以及通过自建网站、其他网络服务提供旅游服务的经营者。

平台经营者，是指为在线旅游经营服务交易双方或者多方提供网络经营场所、交易撮合、信息发布等服务的法人或者非法人组织。

平台内经营者，是指通过平台经营者提供旅游服务的在线旅游经营者。

二、适用范围、经营原则及政策支持

1. 适用范围

《暂行规定》第2条规定，在线旅游经营服务是指通过互联网等信息网络为旅游者提供包价旅游服务或者交通、住宿、餐饮、游览、娱乐等单项旅游服务的经营活动。在中华人民共和国境内提供在线旅游经营服务，均适用《暂行规定》。

2. 经营原则

《暂行规定》第4条规定，在线旅游经营者提供在线旅游经营服务，应当遵守社会主义核心价值观的要求，坚守人身财产安全、信息内容安全、网络安全等底线，诚信经营、公平竞争，承担产品和服务质量责任，接受政府和社会的监督。

3. 监管与支持

在线旅游经营服务的监管主体为文化和旅游部、县级以上地方文化和旅

游主管部门。《暂行规定》第5条规定，文化和旅游部按照职责依法负责全国在线旅游经营服务的指导、协调、监管工作。县级以上地方文化和旅游主管部门按照职责分工负责本辖区内在线旅游经营服务的监督管理工作。

文化和旅游主管部门支持在线旅游行业高质量发展。《暂行规定》第6条规定，各级文化和旅游主管部门应当积极协调相关部门在财政、税收、金融、保险等方面支持在线旅游行业发展，保障在线旅游经营者公平参与市场竞争，充分发挥在线旅游经营者在旅游目的地推广、旅游公共服务体系建设、旅游大数据应用、景区门票预约和流量控制等方面的积极作用，推动旅游业高质量发展。

三、在线旅游经营者的经营管理制度

1. 信息采集、核验与信息监管管理

（1）游客信息采集。《暂行规定》第14条规定，在线旅游经营者应当保护旅游者个人信息等数据安全，在收集旅游者信息时事先明示收集旅游者个人信息的目的、方式和范围，并经旅游者同意。同时，在签订包价旅游合同或者出境旅游产品代订合同时，应当提示旅游者提供紧急联络人信息。

（2）在线旅游经营者信息管理。《暂行规定》第8条规定，一方面，在线旅游经营者发现法律、行政法规禁止发布或者传输的信息，应当立即停止传输该信息，采取消除等处置措施防止信息扩散，保存有关记录并向主管部门报告；另一方面，平台经营者应当对上传至平台的文字、图片、音视频等信息内容加强审核，确保平台信息内容安全。

依据《中华人民共和国网络安全法》（以下简称《网络安全法》）第68条有关规定，在线旅游经营者对法律、行政法规禁止发布或者传输的信息未停止传输、采取消除等处置措施、保存有关记录的，由县级以上文化和旅游主管部门依照处理。由有关主管部门责令改正，给予警告，没收违法所得；拒不改正或者情节严重的，处10万元以上50万元以下罚款，并可以责令暂停相关业务、停业整顿、关闭网站、吊销相关业务许可证或者吊销营业执照，对直接负责的主管人员和其他直接责任人员处1万元以上10万元以下罚款。

（3）平台经营者信息核验与监管。《暂行规定》第11条，平台经营者核验信息主要包含两个方面：一是平台经营者应当对平台内经营者的身份、地

址、联系方式、行政许可、质量标准等级、信用等级等信息进行真实性核验、登记，建立登记档案，并定期核验更新。依据第28条第2款规定，平台经营者未对平台内经营者资质进行审核，造成旅游者合法权益损害的，依法承担相应责任。二是平台经营者应当督促平台内经营者对其旅游辅助服务者的相关信息进行真实性核验、登记。依照《中华人民共和国电子商务法》（以下简称《电子商务法》）第80条规定，平台经营者不依法履行核验、登记义务的，由县级以上文化和旅游主管部门责令限期改正；逾期不改正的，处2万元以上10万元以下的罚款；情节严重的，责令停业整顿，并处10万元以上50万元以下的罚款。

2. 预案预警、网络安全等级保护、保险投保等安全管理

（1）安全保护义务。《暂行规定》第7条，在线旅游经营者应当依法建立旅游者安全保护制度，制定应急预案，结合有关政府部门发布的安全风险提示等信息进行风险监测和安全评估，及时排查安全隐患，做好旅游安全宣传与引导、风险提示与防范、应急救助与处置等工作。第28条第2款规定，平台经营者未对旅游者尽到安全提示或保障义务，依法承担相应责任。

《暂行规定》第30条，因不可抗力或者第三人造成旅游者损害的，在线旅游经营者应当及时进行救助。在线旅游经营者未及时进行救助造成旅游者损害的，依法承担相应责任。旅游者接受救助后，依法支付应当由个人承担的费用。

（2）网络安全等级保护制度。《暂行规定》第9条，在线旅游经营者应当按照《网络安全法》等相关法律规定，贯彻网络安全等级保护制度，落实网络安全管理和技术措施，制定网络安全应急预案，并定期组织开展演练，确保在线旅游经营服务正常开展。

（3）保险制度。《暂行规定》第17条，经营旅行社业务的在线旅游经营者应当投保旅行社责任险。在线旅游经营者应当提示旅游者投保人身意外伤害保险。销售出境旅游产品时，应当为有购买境外旅游目的地保险需求的旅游者提供必要协助。

在线旅游经营者未依法投保旅行社责任保险的，《旅游法》第97条，由县级以上文化和旅游主管部门责令改正，没收违法所得，并处5000元以上5万元以下罚款；违法所得5万元以上的，并处违法所得1倍以上5倍以下罚款；情节严重的，责令停业整顿或者吊销旅行社业务经营许可证；对直接负责的主管人员和其他直接责任人员，处 2000 元以上 2 万元以下罚款。

3. 打击虚假宣传、不合理低价游、价格歧视（大数据杀熟）等管理制度

（1）虚假宣传。为防止虚假宣传，《暂行规定》对在线旅游经营服务提供的信息、平台性质及预订渠道做出详细规定。依据第 12 条规定，在线旅游经营者应当提供真实、准确的旅游服务信息，不得进行虚假宣传。具体包括未取得质量标准、信用等级的，不得使用相关称谓和标识；平台经营者应当以显著方式区分标记自营业务和平台内经营者开展的业务；在线旅游经营者为旅游者提供交通、住宿、游览等预订服务的，应当建立公开、透明、可查询的预订渠道，促成相关预订服务依约履行。

在线旅游经营者未取得质量标准、信用等级使用相关称谓和标识的，依据《暂行规定》第 34 条，由县级以上文化和旅游主管部门责令改正，给予警告，可并处 3 万元以下罚款。

（2）不合理低价游。为治理依托在线平台的不合理低价行为，《暂行规定》第 18 条规定，在线旅游经营者应当协助文化和旅游主管部门对不合理低价游进行管理，不得为其提供交易机会。

在线旅游经营者违反本规定，为以不合理低价组织的旅游活动提供交易机会的，依据《暂行规定》第 36 条，由县级以上文化和旅游主管部门责令改正，给予警告，可并处 3 万元以下罚款。

（3）价格歧视。为防止利用大数据等对旅游者价格歧视等行为，依据《暂行规定》第 15 条，在线旅游经营者不得滥用大数据分析等技术手段，基于旅游者消费记录、旅游偏好等设置不公平的交易条件，侵犯旅游者合法权益。

4. 处理措施规定

《暂行规定》第 20 条，社交网络平台、移动应用商店等信息网络提供者知道或者应当知道他人利用其服务从事违法违规在线旅游经营服务，或者侵害旅游者合法权益的，应当采取删除、屏蔽、断开链接等必要措施。第 28 条第 1 款规定，平台经营者未及时采取必要措施的，依法与该平台内经营者承担连带责任。

《暂行规定》第 22 条，平台经营者发现以下情况，应当立即采取必要的救助和处置措施，并依法及时向县级以上文化和旅游主管部门报告：提供的旅游产品或者服务存在缺陷，危及旅游者人身、财产安全的；经营服务过程中发生突发事件或者旅游安全事故的；平台内经营者未经许可经营旅行社业务的；出现法律、法规禁止交易的产品或者服务的；其他应当报告的事项。违反本规定，不依法对违法情形采取必要处置措施或者未报告的，参照《电子商务法》第80条的处罚规定。

5. 其他规定

（1）保障旅游者的评价权。《暂行规定》第13条，在线旅游经营者应当保障旅游者的正当评价权，不得擅自屏蔽、删除旅游者对其产品和服务的评价，不得误导、引诱、替代或者强制旅游者做出评价，对旅游者做出的评价应当保存并向社会公开。在线旅游经营者删除法律、法规禁止发布或者传输的评价信息的，应当在后台记录和保存。

（2）信用监管。平台经营者应依据《暂行规定》第19条承担信用监管职责，对平台内经营者服务情况、旅游合同履行情况以及投诉处理情况等产品和服务信息、交易信息依法进行记录、保存，进行动态管理。不依法履行商品和服务信息、交易信息保存义务的，依照《电子商务法》第80条的处罚规定。

（3）资质审核。《暂行规定》第10条，在线旅游经营者经营旅行社业务的，应当依法取得旅行社业务经营许可。在线旅游经营者未依法取得旅行社业务经营许可开展相关业务的，依照《旅游法》第95条的规定，由县级以上文化和旅游主管部门责令改正，没收违法所得，并处1万元以上10万元以下罚款；违法所得10万元以上的，并处违法所得1倍以上5倍以下罚款；对有关责任人员，处2000元以上2万元以下罚款。

（4）纠纷解决。《暂行规定》第21条，平台经营者应当在首页显著位置公示全国旅游投诉渠道。平台内经营者与旅游者发生旅游纠纷的，平台经营者应当积极协助旅游者维护合法权益。鼓励平台经营者先行赔付。

（5）合同签订。《暂行规定》第16条，在线旅游经营者为旅游者提供包价旅游服务的，应当依法与旅游者签订合同，并在全国旅游监管服务平台填报合同有关信息。未在全国旅游监管服务平台填报包价旅游合同有关信息的，《暂行规定》第35条由县级以上文化和旅游主管部门责令改正，给予警告；拒不改正的，处1万元以下罚款。

四、监督检查

在线旅游经营服务的监督检查主体主要有县级以上文化和旅游主管部门、在线旅游经营行业组织。

1. 文化和旅游主管部门

（1）执法检查及权利、义务。《暂行规定》第23条，各级文化和旅游主管部门应当建立日常检查、定期检查以及与相关部门联合检查的监督管理制度，依法对在线旅游经营服务实施监督检查，查处违法违规行为；在监督检查过程中，县级以上文化和旅游主管部门要求在线旅游经营者提供相关数据信息的，在线旅游经营者应当予以配合。县级以上文化和旅游主管部门应当采取必要措施保护数据信息的安全。

（2）监督执法及惩罚。《暂行规定》第24条，县级以上文化和旅游主管部门对有不诚信经营、侵害旅游者评价权、滥用技术手段设置不公平交易条件等违法违规经营行为的在线旅游经营者，可以通过约谈等行政指导方式予以提醒、警示、制止，并责令其限期整改。

（3）管辖范围。《暂行规定》第25条，在线旅游经营服务违法行为由实施违法行为的经营者住所地县级以上文化和旅游主管部门管辖。不能确定经营者住所地的，由经营者注册登记地或者备案地、旅游合同履行地县级以上文化和旅游主管部门管辖。受理在线旅游经营服务相关投诉参照处理。

（4）信用监管。《暂行规定》第26条，县级以上文化和旅游主管部门依法建立在线旅游行业信用档案，将在线旅游经营者市场主体登记、行政许可、抽查检查、列入经营异常名录或者严重违法失信企业名单、行政处罚等信息依法列入信用记录，适时通过全国旅游监管服务平台或者本部门官方网站公示，并与相关部门建立信用档案信息共享机制，依法对严重违法失信者实施联合惩戒措施。

2. 行业组织管理

《暂行规定》第27条，支持在线旅游经营者成立行业组织，并按照本组织章程依法制定行业经营规范和服务标准，加强行业自律，推动行业诚信建设和服务质量评价，监督、引导本行业经营者公平参与市场竞争。

第十三章
导游管理法律制度

章节练习
视频课程

本章导读

【本章概述】 本章内容主要包括导游的概念及管理主体、导游管理及立法沿革，导游资格考试与执业许可制度，导游的权利义务及相关法律责任，导游执业保障制度等。

【学习要求】 熟悉《旅游法》《旅行社条例》《导游人员管理条例》《导游管理办法》关于导游资格考试制度的规定；掌握导游执业许可和导游执业管理、导游执业保障与激励、导游从事领队服务的条件、导游的权利和义务及其相关法律责任。

第一节 概　　述

一、导游的概念

《导游人员管理条例》(以下简称《条例》) 第 2 条规定，导游是指依照条例规定取得导游证，接受旅行社委派，为旅游者提供向导、讲解及相关旅游服务的人员。具体而言：

(1) 依法取得导游证，是担任导游工作的前提条件。只有参加导游资格考试合格，并取得导游证的人，才能从事导游工作。

(2) 接受旅行社委派，是导游的主要特征。只有接受旅行社的委派从事导游活动的人，其合法从业权才能受到法律保护，私自承揽导游业务进行导游活动的行为将受到法律的追究。

（3）为旅游者提供向导、讲解及相关旅游服务，是导游的工作范围。向导是指引路、带路；讲解是指解说、指点风景名胜；相关旅游服务一般是指代办各种旅行证件和手续、代购交通票据、安排旅游行程等与旅行游览有关的各种活动。

二、导游管理立法简况

1987年，为了规范导游活动，保障旅游者和导游人员的合法权益，促进旅游业的健康发展，国务院批准国家旅游局发布实施《导游人员管理暂行规定》。1999年，国务院发布《导游人员管理条例》。2001年颁布《导游人员管理实施办法》。2013年，《旅游法》将经过实践证明行之有效的政策、制度上升为法律制度，规定了导游证的申领、导游的权益保障、导游和领队的行为规范、导游、领队的法律责任等。

2016年9月，国务院旅游主管部门发布《关于废止〈导游人员管理实施办法〉的决定》，同时导游岗前培训考核制度、计分管理制度、年审管理制度和导游资格证3年有效等制度停止实施。2017年10月，根据《国务院关于修改部分行政法规的决定》，将“登记”改为“注册”，并取消临时导游证的规定。2017年11月1日国家旅游局公布了自2018年1月1日起施行的《导游管理办法》。

第二节　导游资格考试与执业许可制度

一、导游资格考试制度

资格考试制度即导游从业资格核准制度，指欲从事导游职业者通过本人申请并按照规定的程序参加全国统一的导游资格考试，考试合格并经国务院旅游主管部门审核批准，方可取得从业资格的管理制度。

1. 导游资格考试的报考条件

《条例》第3条规定，国家实行全国统一的导游人员资格考试制度。具有高级中学、中等专业学校或者以上学历，身体健康，具有适应导游需要的基本知识和语言表达能力的中华人民共和国公民，可以参加导游人员资格考试。

2. 导游资格考试的监督管理

《管理办法》第 6 条规定，国务院旅游主管部门负责制定全国导游资格考试政策、标准，组织导游资格统一考试，以及对地方各级旅游主管部门导游资格考试实施工作进行监督管理。省、自治区、直辖市旅游主管部门负责组织、实施本行政区域内导游资格考试具体工作。

3. 导游资格证书的颁发

经导游人员资格考试合格的人员，方可取得导游资格证书。《条例》第 3 条规定，经考试合格的，由国务院旅游主管部门或者国务院旅游主管部门委托省、自治区、直辖市人民政府旅游主管部门颁发导游人员资格证书。导游资格证由国务院旅游主管部门统一印制，在中华人民共和国全国范围内使用。2016 年 8 月，国家旅游局《关于深化导游体制改革加强导游队伍建设的意见》（旅发〔2016〕104 号）提出改革导游注册制度，取消导游资格证三年有效的规定，明确导游资格证终身有效。2016 年 9 月 27 日，国家旅游局发布第 40 号令《关于废止〈导游人员管理实施办法〉的决定》，明确停止实施导游人员资格证 3 年有效制度。

二、导游执业许可制度

1. 从事导游、领队服务的条件

（1）从事导游服务的执业条件。《旅游法》第 37 条规定，参加导游资格考试成绩合格，与旅行社订立劳动合同或者在相关旅游行业组织注册的人员，可以申请取得导游证。

第一，参加导游资格考试成绩合格。经过导游资格考试合格，取得国务院旅游主管部门颁发的导游资格证书，是从事导游职业的前提条件。导游资格是衡量一个公民是否具备从事导游业务应当具有的基本政治思想、道德品质、遵纪守法观念等基本素质，以及必备的专业知识和技能的标准。

第二，取得导游证。依法取得导游证是进行导游活动的必备条件，没有取得导游证，不得为谋取经济利益从事导游活动。申领导游证有两种途径：①与旅行社订立劳动合同；②在相关旅游行业组织注册。相关旅游行业组织可以是导游协会、旅游协会的导游分会或导游工作部门等。

（2）导游从事领队服务的执业条件。《旅游法》第39条规定，从事领队业务，应当取得导游证，具有相应的学历、语言能力和旅游从业经历，并与委派其从事领队业务的取得出境旅游业务经营许可的旅行社订立劳动合同。这表明，从事领队服务应当具备以下三个条件：

取得导游证。这是导游从事领队服务的前提条件。领队的执业特点和导游类似，由于领队工作的区域有别于导游，因此对领队有更高的政策水平、语言、专业能力要求。取得导游证，表明具备了从事领队职业的基本素质。

具有相应的学历、语言能力和旅游从业经历。根据《旅行社条例实施细则》第31条规定，导游从事领队业务应当具有大专以上学历；取得相关语言水平测试等级证书或通过外语语种导游资格考试，但为赴港澳台地区旅游委派的领队除外；具有两年以上旅行社业务经营、管理或导游等相关从业经历。

与旅行社订立劳动合同。导游从事领队业务应与取得出境旅游业务经营许可的旅行社订立劳动合同，这也表明我国目前只允许旅行社的正式员工从事领队职业。

2. 不予颁发导游证的情形

《条例》第5条、《管理办法》第12条，规定了不予颁发导游执业证书的四种情形：

（1）无民事行为能力或者限制民事行为能力的。执业的导游要行使法定权利，承担法定义务，不具备完全民事行为能力的人是不能履行导游职务的。

（2）患有甲类、乙类以及其他可能危害旅游者人身健康安全的传染性疾病的。传染性疾病是指由病原体侵入生物体，使生物体产生病理反应而引起的疾病。根据《中华人民共和国传染病防治法》规定，甲类传染病是指鼠疫、霍乱；乙类传染病是指新型冠状病毒感染的肺炎、传染性非典型肺炎、艾滋病、病毒性肝炎、脊髓灰质炎、人感染高致病性禽流感、麻疹、流行性出血热、狂犬病、流行性乙型脑炎、登革热、炭疽、细菌性和阿米巴性痢疾、肺结核、伤寒和副伤寒、流行性脑脊髓膜炎、百日咳、白喉、新生儿破伤风、猩红热、布鲁氏菌病、淋病、梅毒、钩端螺旋体病、血吸虫病、疟疾。旅游主管部门不得向患有传染性疾病的申请人颁发导游证，是由导游这一职业的特性决定的。导游为旅游者提供向导、讲解及相关旅游服务，在旅游活动中与旅游者朝夕相处，若患有传染性疾病，就可能将其患有的疾病传染给旅游者，造成交叉传染。

（3）受过刑事处罚的。此类人员曾因其行为触犯了国家刑法依法受到刑罚制裁，旅游主管部门不对这类人员颁发导游证。《条例》及《管理办法》同时又规定"过失犯罪的除外"。规定除外情形的理由是，根据《中华人民共和国刑法》规定，犯罪分为故意犯罪和过失犯罪，明知自己的行为会发生危害社会的结果，并且希望或者放任这种结果发生，因而构成犯罪的，是故意犯罪；应当预见自己的行为可能发生危害社会的结果，因为疏忽大意而没有预见，或者已经预见而轻信能够避免，以致发生这种结果的是过失犯罪。因此，过失犯罪的人虽然也受到过刑罚的制裁，但仍然可以申请领取导游证，旅游主管部门也可以对其颁发导游证。

（4）被吊销导游证之日起未逾 3 年的。这是指曾经取得导游证的人员，因违反有关导游管理法律、法规，被旅游主管部门处以吊销导游证的处罚，需经过一段从业禁止的期限方可重新申请导游证。此类人员在进行导游活动中有过不良记录、受过被吊销导游证的处罚，表明已不适合继续从事该职业。关于导游的从业禁止期限，《旅游法》第 103 条规定，违反本法规定被吊销导游证的导游、领队，自处罚之日起未逾 3 年的，不得重新申请导游证。

3. 导游证的核发

（1）电子导游证。为进一步规范导游证管理，《管理办法》也对电子导游证做出了规范和要求。

《管理办法》第 7 条规定，导游证采用电子证件形式，由国务院旅游主管部门制定格式标准，由各级旅游主管部门通过全国旅游监管服务信息系统实施管理。电子导游证以电子数据形式保存于导游个人移动电话等移动终端设备中。导游在执业过程中应当携带电子导游证、佩戴导游身份标识，并开启导游执业相关应用软件。其中导游身份标识，是指标识有导游姓名、证件号码等导游基本信息，以便于旅游者和执法人员识别身份的工作标牌，具体标准也由国务院旅游主管部门制定。

（2）核发程序。根据《管理办法》第 10 条规定，申请取得导游证，申请人应当通过全国旅游监管服务信息系统填写申请信息，并提交规定的材料。

提交申请材料包括：①身份证的扫描件或者数码照片等电子版；②未患

有传染性疾病的承诺；③无过失犯罪以外的犯罪记录的承诺；④与经常执业地区的旅行社订立劳动合同或者在经常执业地区的旅游行业组织注册的确认信息。

申请电子导游证者，可下载“全国导游之家”APP 申领电子导游证，也可登录网站“全国旅游监管服务平台”，进入“导游入口”在线申领电子导游证，旅游主管部门审核完毕后，导游可在 APP 上获取电子导游证。

根据新法优于旧法的原则，根据《管理办法》第 10、11 条规定，所在地旅行社或者旅游行业组织应当自申请人提交申请之日起 5 个工作日内确认劳动合同或注册信息。所在地旅游主管部门应当自受理申请之日起 10 个工作日内，做出准予核发或者不予核发导游证的决定，并依法出具受理或者不予受理的书面凭证。需补正相关材料的，应当自收到申请材料之日起 5 个工作日内一次性告知申请人需要补正的全部内容；逾期不告知的，收到材料之日起即为受理。

4. 导游证的变更

《管理办法》第 13 ~ 15 条规定了导游证变更信息的内容，导游证在有效期满前、与旅行社劳动合同或行业组织注册信息有变化时，应当通过全国旅游监管服务信息系统提出申请。导游申请变更导游证信息，应当在变更发生的 10 个工作日内，通过全国旅游监管服务信息系统提交相应材料。

变更信息或情况包括：①姓名、身份证号、导游等级和语种等信息；②与旅行社订立的劳动合同解除、终止或者在旅游行业组织取消注册后，在 3 个月内与其他旅行社订立劳动合同或者在其他旅游行业组织注册的；③经常执业地区发生变化的；④其他导游身份信息发生变化的。

旅行社或者旅游行业组织应当自收到申请之日起 3 个工作日内对信息变更情况进行核实。所在地旅游主管部门应当自旅行社或者旅游行业组织核实信息之日起 5 个工作日内予以审核确认。

5. 导游证的撤销

导游证的撤销指依法取消导游证行政许可法律效力的行为。根据《管理办法》第 16 条规定，所在地旅游主管部门应当对以下情形给予导游证撤销：①对不具备申请资格或者不符合法定条件的申请人核发导游证的；②申请人以欺骗、贿赂等不正当手段取得导游证的；③依法可以撤销导游证的其他情形。

6. 导游证的注销

导游证的注销指一种程序性的行为，主要针对导游证行政许可已经失去法律效力或者在事实上导游证无法使用的情况下，行政机关履行取消登记的一种行政管理行为。

根据《管理办法》第 17 条规定，所在地旅游主管部门应当对以下情形给予导游证注销：①导游死亡的；②导游证有效期届满未申请换发导游证的；③导游证依法被撤销、吊销的；④导游与旅行社订立的劳动合同解除、终止或者在旅游行业组织取消注册后，超过 3 个月未与其他旅行社订立劳动合同或者未在其他旅游行业组织注册的；⑤取得导游证后出现无民事行为能力或限制行为能力，患有甲类、乙类以及其他可能危害旅游者人身健康安全的传染性疾病的，受过刑事处罚情形的；⑥依法应当注销导游证的其他情形。导游证被注销后，导游符合法定执业条件需要继续执业的，应当依法重新申请取得导游证。

第三节　导游的权利义务及执业管理制度

一、导游的权利

1. 含义与特征

（1）含义。导游的权利，主要指导游的法律权利。表现为权利享有者可以做出一定的行为，也可以要求他人做出或不做出一定的行为。例如，旅游活动中导游享有调整或变更接待计划的权利；又如，导游进行导游活动时，有权拒绝旅游者提出的侮辱其人格尊严的要求。

导游的权利主要包括三个方面的内容：导游依法实施一定行为的可能性和限度；可以请求他人为一定行为或不为一定行为的范围；在权利受到侵犯时，有请求有关机关保护的可能性。法律、法规确定的导游的权利，是上述三方面内容的具体化。

（2）特征。①主要指导游在履行职务时所具有的权能，本章所指导游的权利主要是指来自《旅游法》《条例》《管理办法》及有关法律的规定，因而得到国家确认和保证。②是保障权利人利益的法律手段。③权利与义务是对立统一、相辅相成、缺一不可的。④确定权利人从事法律允许的行为范围。⑤在有些情况下，导游的权利是与职责相连的，是履行职务时的权利，是代表所属企业的权利，因而与一般权利相比，具有不能轻易放弃的性质。

2. 导游的权利

（1）人身权。《条例》第10条、《管理办法》第26条规定，导游进行导游活动时，其人格尊严应当受到尊重，人身安全不受侵犯，合法权益受到保障。导游有权拒绝旅游者提出的侮辱其人格尊严、违反其职业道德、不符合我国民族风俗习惯或者危害其人身安全的不合理要求。旅行社等用人单位应当维护导游执业安全、提供必要的职业安全卫生条件，并为女性导游提供执业便利、实行特殊劳动保护。

（2）劳动报酬权。为保护导游获取劳动报酬的权利，《旅游法》第38条规定，旅行社应当与其聘用的导游依法订立劳动合同，支付劳动报酬，缴纳社会保险费用。旅行社临时聘用导游为旅游者提供服务的，应当全额向导游支付在包价旅游合同中载明的导游服务费。旅行社安排导游为团队旅游提供服务的，不得要求导游垫付或者向导游收取任何费用。这表明：①旅行社对与其明确了劳动合同关系的导游，应当支付劳动报酬、缴纳社会保险费用。②旅行社对其临时聘用的导游，应当支付包价旅游合同约定的导游服务费。③为确保导游获取劳动报酬的权利，旅行社不得要求导游垫付或者向导游收取费用。

《旅游法》第96条规定，旅行社发生未向临时聘用的导游支付导游服务费用的；要求导游垫付或者向导游收取费用的行为的，旅游主管部门将责令改正，没收违法所得，并处5000元以上5万元以下罚款；情节严重的，责令停业整顿或者吊销旅行社业务经营许可证；对直接负责的主管人员和其他直接责任人员，处2000元以上2万元以下罚款。

（3）履行职务权。《旅行社条例实施细则》第49条规定，履行职务权包括：①要求旅游者如实提供旅游所必需的个人信息，按时提交相关证明文件。②要求旅游者遵守旅游合同约定的旅游行程安排，妥善保管随身物品。③出现突发公共事件或者其他危急情形，以及旅行社因违反旅游合同约定采取补救措施时，要求旅游者配合处理防止扩大损失，以将损失降到最低限度。④拒绝旅游者提出的超出旅游合同约定的不合理要求。⑤制止旅游者违背旅游目的地的法律、风俗习惯的言行。

（4）调整或变更接待计划权。《条例》第13条第2款规定，导游人员在引导旅游者旅行、游览过程中，遇有可能危及旅游者人身安全的紧急情形时，经征得多数旅游者的同意，可以调整或者变更接待计划，但是应当立即报告旅行社。

导游行使调整或变更接待计划权，应当特别注意四个限制条件：①必须在引导旅游者旅行、游览的过程中。即旅游活动开始后、结束前。在旅游合同订立后，旅游活动开始前出现不利于旅游活动的情形，应由旅行社与旅游者协商，达成一致意见后，由旅行社调整、变更旅游接待计划。②必须是遇到有可能危及人身安全的紧急情形。③必须征得多数旅游者同意。通常，旅游合同包括旅游接待计划一经双方确认后，应严格按约定履行，但发生了法定的紧急情形，为保证旅游者的人身安全，导游只要征得多数旅游者的同意，就可以行使该项权利。④必须立即报告旅行社。旅游接待计划是旅行社确定，并得到旅游者认可的，导游受旅行社委派执行旅游接待计划本无变更权，在法定情形下行使该权利应当立即报告旅行社，以得到旅行社的认可。

二、导游的职责与义务

1. 职责与义务的含义

导游的职责指为完成工作任务，在执业过程中应承担的工作任务及完成这些需承担的法律责任。

导游的法律义务指导游必须依法履行的责任，包括必须做出的行为和不得做出的行为。导游的义务同权利一样，都是国家以法律、法规的形式加以确认的，所不同的是，导游的义务是导游在进行导游活动时所必须行为的范围；而导游的权利则是导游可以行为的范围，这是导游义务区别于权利的最主要的特征。旅游业是凭借旅游资源，依靠从业人员提供服务来满足旅游者旅游需求的，导游只有严格按照法律、法规的规定履行义务，才能使旅游者的旅游愿望得以实现，不履行义务应受到国家强制力的制裁。当然，导游的必要行为也是在一定范围内的，超过这一范围，则属于义务人的自由，导游有权拒绝旅游者在这一范围之外的利益要求。

2. 导游职责

（1）提高业务素质和职业技能。《条例》第7条第1款规定，导游人员应当不断提高自身业务素质和职业技能。导游自身业务素质的高低、职业技能的优劣，直接关系导游服务的质量，影响到能否为旅游者提供优良的导游服务。因此，提高导游业务素质及职业技能，对旅游业的发展至关重要。

（2）维护国家利益和民族尊严。《条例》第11条、《管理办法》第22条第1项规定，导游进行导游活动时，应当自觉维护国家利益和民族尊严，不得有损害国家利益和民族尊严的言行。热爱祖国、拥护社会主义制度、维护国家利益和民族尊严，不得有损害国家利益和民族尊严的言行，是导游必须具备的政治条件和业务要求。为此，导游在进行导游活动时，应当自觉履行该项义务。

《条例》第20条规定，导游人员进行导游活动时，有损害国家利益和民族尊严的言行的，由旅游主管部门责令改正；情节严重的，由省、自治区、直辖市人民政府旅游主管部门吊销导游证并予以公告；对该导游人员所在旅行社予以警告直至责令停业整顿。

（3）依约提供服务和讲解。《管理办法》第22条第3项规定，导游在执业过程中应按照旅游合同提供导游服务，讲解自然和人文资源知识、风俗习惯、宗教禁忌、法律法规和有关注意事项。根据《旅游法》第58条、《条例》第13条规定，包价旅游合同包含旅游行程安排，交通、住宿、餐饮等旅游服务安排和标准，游览、娱乐等项目的具体内容和时间，自由活动时间安排等内容，导游在执业过程中应当严格按照合同规定和旅行社确定的接待计划提供服务，安排旅游者的旅行、游览活动，不得擅自更改行程计划，不得诱导、欺骗、强迫或者变相强迫旅游者消费。

讲解是导游服务的核心，对导游服务质量起着决定作用。导游在执业过程中进行导游讲解，应当严格按照《导游服务规范》（GB/T 15971—2010）的要求，在行前、行中、行后各环节提供相应的景点讲解和注意事项的说明。进行导游活动时，应当遵守《条例》第12条第2款规定，向旅游者讲解旅游地点的人文和自然情况，介绍风土人情和习俗；但是，不得迎合个别旅游者的低级趣味，在讲解、介绍中掺杂庸俗下流的内容。

《条例》第22条规定，导游擅自增加或者减少旅游项目的、擅自变更接待计划的、擅自中止导游活动的，由旅游行政部门责令改正，暂扣导游证3至6个月；情节严重的，由省、自治区、直辖市人民政府旅游行政部门吊销导游证并予以公告。

（4）尊重旅游者的权利。根据《旅游法》第二章对旅游者的权利义务所做的具体规定，旅游者的权利包含自主选择权、知情权、获得诚信服务权、被尊重权、遭遇危险与损害时要求救助和赔偿的权利等。

其中人格尊严、民族风俗习惯、宗教信仰应当得到尊重，是旅游者基本权利的重要体现，也与导游服务密切相关。《条例》第12条第1款、《管理办法》第22条第4项规定，导游人员进行导游活动时，应当遵守职业道德，着装整洁，礼貌待人，尊重旅游者的人格尊严、宗教信仰、民族风俗和生活习惯。

（5）引导文明旅游。《旅游法》第41条第1款规定，导游、领队应当向旅游者告知和解释旅游文明行为规范，引导旅游者健康、文明旅游，劝阻旅游者违反社会公德的行为。导游、领队在执业活动中，应当严格按照《导游领队引导文明旅游规范》（LB/T 039—2015）的规定，率先垂范遵守文明旅游行为，告知旅游者《中国公民国内旅游文明行为公约》和《中国公民出国（境）旅游文明行为指南》等所明确的旅游文明行为规范。

（6）警示、处置风险及突发事件。《条例》第14条规定，导游人员在引导旅游者旅行、游览过程中，应当就可能发生危及旅游者人身、财物安全的情况，向旅游者做出真实说明和明确警示，并按照旅行社的要求采取防止危害发生的措施。导游应当严格遵守《旅游安全管理办法》（国家旅游局第41号令）、《管理办法》第24条规定的旅游突发事件报告制度、突发事件应急处置措施进行处理。《管理办法》第33条规定，突发事件发生后导游未采取必要处置措施的，由县级以上旅游主管部门责令改正，并可以处1000元以下罚款；情节严重的，可以处1000元以上5000元以下罚款。

旅游项目中如含有危险因素，导游应事先将危险程度和安全防护措施向旅游者交代清楚，对于参加危险活动的旅游者要特别注意保护。说明和警示要真实、准确、通俗易懂，不致发生歧义。旅游突发事件发生后，导游应当立即采取必要措施，内容包括：①向本单位负责人报告，情况紧急或者发生重大、特别重大旅游突发事件时，可以直接向发生地、旅行社所在地县级以上旅游主管部门、安全生产监督管理部门和负有安全生产监督管理职责的其他相关部门报告；②救助或者协助救助受困旅游者；③根据旅行社、旅游主管部门及有关机构的要求，采取调整或者中止行程、停止带团前往风险区域、撤离风险区域等避险措施。

3. 导游义务

本书所指的导游义务，主要是指《旅游法》《条例》《管理办法》及有关法律所规定的义务。

（1）提供导游服务应当接受委派。《旅游法》第 40 条规定，导游为旅游者提供服务必须接受旅行社委派，不得私自承揽导游和领队业务。导游服务并不是独立的，而是从属于旅行社，必须经过旅行社委派方能执业。只有接受旅行社的委派从事导游活动的人，其合法从业权才能受到法律保护，私自承揽导游业务进行导游活动的行为将受到法律的追究。

《旅游法》第 102 条第 2 款规定，导游、领队违反规定，私自承揽业务的，由旅游主管部门责令改正，没收违法所得，处 1000 元以上 1 万元以下罚款，并暂扣或者吊销导游证。

（2）携带、佩戴有效执业证件。《旅游法》第 41 条第 1 款规定，导游和领队从事业务活动，应当佩戴导游证。根据《管理办法》第 7、20 条规定，导游证均采用电子导游证的形式，由国务院旅游主管部门制定格式标准，同时向导游发放导游身份标识。导游在执业过程中应当携带电子导游证、佩戴导游身份标识，并开启导游执业相关应用软件。以醒目、直观地向旅游者证明其具有合法资格，便于旅游者、旅游经营者和旅游主管部门识别和监管。

《条例》第 21 条规定，导游人员进行导游活动时未佩戴导游证的，由旅游行政部门责令改正；拒不改正的，处 500 元以下的罚款。

（3）不安排违反法律和社会公德的旅游活动。《旅游法》第 33 条、《旅行社条例》第 26 条、《管理办法》第 23 条第 1 项规定，旅行社及其从业人员组织、接待旅游者，不得安排参观或者参与涉及色情、赌博、毒品等违反我国法律、法规和社会公德的项目或者活动。

《旅行社条例实施细则》第 30 条将《条例》第 26 条的规定具体化，规定旅行社不得安排的活动包括：含有损害国家利益和民族尊严内容的；含有民族、种族、宗教歧视内容的；含有淫秽、赌博、涉毒内容的；其他含有违反法律、法规规定内容的行为。

（4）严格执行旅游行程安排。《旅游法》第41条第2款、《条例》第13条、《管理办法》第23条第2项规定，导游应当严格执行旅游行程安排，不得擅自变更旅游行程或者中止服务活动。旅游行程安排，是旅行社确定的接待计划，是经旅游者认可的，是旅行社与旅游者订立的旅游合同的一部分，对双方都有约束力。为保证旅游者合法权利，导游应当严格按照旅行社确定的接待计划安排旅游者的旅行游览活动。但导游在引导旅游者旅行、游览过程中，遇有可能危及旅游者人身安全的紧急情形时，经征得多数旅游者的同意，可以调整或者变更接待计划，并应立即报告旅行社。

导游不得擅自中止导游活动。通常，构成中止导游活动的行为，必须同时具备下列条件：①必须在导游活动已经开始尚未结束之前，是出现在执行接待计划过程中；②必须是擅自中止，这是中止导游活动的最主要特征。这就排除了由于旅行社的决定和其他外部作用的影响而导致的导游中止导游活动；③必须是彻底中止，即导游彻底放弃了原来的导游活动。如果导游因某种原因暂时放弃了正在进行的导游活动，待该原因消失后又继续进行导游活动的，是导游活动的中断。

根据《旅游法》第100条规定，在旅游行程中擅自变更旅游行程安排，严重损害旅游者权益的，由旅游主管部门对直接负责的主管人员和其他直接责任人员，处2000元以上2万元以下罚款，并暂扣或者吊销导游证。《条例》第22条规定，导游有擅自增加或者减少旅游项目的、擅自变更接待计划的、擅自中止导游活动情形之一的，由旅游主管部门责令改正，暂扣导游证3～6个月；情节严重的，由省、自治区、直辖市人民政府旅游主管部门吊销导游证并予以公告。

（5）不兜售物品及索要小费。《旅游法》第41条第2款、《条例》第15条、《管理办法》第23条第8、9项规定，导游不得向旅游者兜售物品或者购买旅游者的物品，不得向旅游者索要小费。

该义务的履行是以“不作为”的形式表现的，有两层含义：

一是向旅游者兜售物品或购买旅游者的物品，不属于导游的职责范围，与其导游身份亦不相称。尤其是以导游这一特定身份向旅游者兜售物品或购买旅游者的物品，极易造成交易上的不公平和不公正，从而侵害旅游者的合法权益，损害导游的职业形象，并因此产生纠纷。

二是索要小费，历来为我国旅游法规所禁止。无论导游采用语言、文字或其他直接表达意思的方法明确地向旅游者索要小费，还是采取其他方式索要小费，都是法律不允许的。

《条例》第 23 条规定，导游向旅游者兜售物品或购买旅游者的物品，或者以明示或者暗示的方式向旅游者索要小费的，由旅游主管部门责令改正，处 1000 元以上 3 万元以下罚款；有违法所得的，并处没收违法所得；情节严重的，由省、自治区、直辖市人民政府旅游主管部门吊销导游证并予以公告；对委派该导游的旅行社予以警告，直至责令停业整顿。此外，《旅游法》第 102 条规定，导游向旅游者索要小费的，由旅游主管部门责令退还，处 1000 元以上 1 万元以下罚款，情节严重的，并暂扣或者吊销导游证。按照上位法优于下位法的原则，对于导游向旅游者索要小费的行为，应当按照《旅游法》对导游实施行政处罚。

（6）不诱导、欺骗、强迫或变相强迫消费。《旅游法》第 41 条第 2 款、《条例》第 16 条、《管理办法》第 23 条第 3 ~ 6 项规定，导游不得诱导、欺骗、强迫或者变相强迫旅游者购物或者参加另行付费旅游项目。诱导也是采用引诱和引导方式的一种欺骗；胁迫是指以给旅游者及其亲友的生命健康、名誉、荣誉、财产等造成损害为要挟，迫使旅游者做出违背真实消费意思表示的行为；欺骗是指故意告知旅游者虚假的情况，或者隐瞒真实情况，诱使旅游者做出错误消费意思表示的行为。诱导、欺骗、胁迫旅游者消费，是严重侵犯旅游者合法权益的行为，理应为法律、法规所禁止。

《旅游法》第 98 条规定，由旅游主管部门对直接负责的主管人员和其他直接责任人员，没收违法所得，处 2000 元以上 2 万元以下罚款，并暂扣或者吊销导游证。《条例》第 24 条规定，导游进行导游活动，欺骗、胁迫旅游者消费或者与经营者串通欺骗、胁迫旅游者消费的，由旅游主管部门责令改正，处 1000 元以上 3 万元以下的罚款；有违法所得的，并处没收违法所得；情节严重的，由省、自治区、直辖市人民政府旅游主管部门吊销导游证并予以公告；对委派该导游的旅行社予以警告，直至责令停业整顿；构成犯罪的，依法追究其刑事责任。

（7）法律法规规定的其他义务。导游除了要遵守以上义务，还应遵守按期报告信息变更情况、申请变更导游证信息、申请更换导游身份标识、依规参加培训、提供真实材料及信息等法律法规规定的其他义务。

三、执业保障制度

1. 签订劳动合同

导游劳动报酬及相关权益的实现，主要依靠劳动合同得以保障。《旅游法》第38条、《管理办法》第28条规定，旅行社应当与其聘用的导游依法订立劳动合同，旅行社应当与通过其取得导游证的导游订立不少于1个月期限的劳动合同，并支付基本工资、带团补贴等劳动报酬，缴纳社会保险费用。旅行社临时聘用在旅游行业组织注册的导游为旅游者提供服务的，应当依照旅游和劳动相关法律、法规的规定足额支付导游服务费用；旅行社临时聘用的导游与其他单位不具有劳动关系或者人事关系的，旅行社应当与其订立劳动合同。

2. 执业安全保障

导游带团过程中的安全事件频发引起了对导游执业安全保障的关注。《管理办法》第26条第2款、第29条就导游执业安全对旅行社提出了要求，旅行社等用人单位应当维护导游执业安全、提供必要的职业安全卫生条件，并为女性导游提供执业便利、实行特殊劳动保护。国家旅游局与交通运输部联合下发了《关于进一步规范导游专座等有关事宜的通知》（旅发〔2016〕51号），旅行社应当提供设置“导游专座”的旅游客运车辆，安排的旅游者与导游总人数不得超过旅游客运车辆核定乘员数。导游应当在旅游车辆“导游专座”就座，避免在高速公路或者危险路段站立讲解。

3. 星级评价

导游星级评价制度是一种与导游服务质量直接相关，通过市场化方式对导游服务水平进行标识的评价模式，以便于旅行社、旅游消费者对导游进行辨识和选择。星级评价与等级评价的不同之处在于，星级评价侧重于导游服务水平，而等级评价侧重于导游技能水平的评价和考量。星级评价制度有利于促进导游诚实劳动、至诚服务，赢得更好的社会评价，取得更高的星级，获取更多的就业机会。

导游星级以游客满意度为导向，包括若干客观性评价指标。《管理办法》

第 30 条规定，星级评价指标由技能水平、学习培训经历、从业年限、奖惩情况、执业经历和社会评价等构成。导游服务星级根据星级评价指标通过全国旅游监管服务信息系统自动生成，并根据导游执业情况每年度更新一次。旅游主管部门、旅游行业组织和旅行社等单位应当通过全国旅游监管服务信息系统，及时、真实地备注各自获取的导游奖惩情况等信息。

4. 教育培训

国家鼓励支持旅游教育与培训，《旅游法》第 27、90 条对旅游培训教育做出了规定，《管理办法》第 31 条明确了旅游部门、旅行社、行业组织的培训义务，并对导游提出了接受培训的要求。

各级旅游主管部门应当积极组织开展导游培训，培训内容应当包括政策法规、安全生产、突发事件应对和文明服务等，培训方式可以包括培训班、专题讲座和网络在线培训等，每年累计培训时间不得少于 24 小时。培训不得向参加人员收取费用。

旅游行业组织和旅行社等应当对导游进行包括安全生产、岗位技能、文明服务和文明引导等内容的岗前培训和执业培训。最后，导游应当参加旅游主管部门、旅游行业组织和旅行社开展的有关政策法规、安全生产、突发事件应对和文明服务内容的培训；鼓励导游积极参加其他培训，提高服务水平。

第十四章 旅游安全管理与责任保险法律制度

章节练习
视频课程

本章导读

【本章概述】 本章内容主要包括旅游安全与责任保险的定义与立法沿革;《中华人民共和国突发事件应对法》关于突发事件的界定、种类、级别以及公民、法人和其他组织参与突发事件应对的义务、突发事件预警制度、突发事件应急处置与救援制度的规定等内容;旅游经营者的概念界定及其安全责任、义务与保障;政府及旅游相关部门的安全职责,旅游目的地安全风险提示制度,旅游突发事件的等级、应急处理及相关罚则;旅行社责任保险与其他旅游经营者责任保险等。

【学习要求】 了解《旅游安全管理办法》关于旅游突发事件等级及相关罚则的规定;熟悉《旅游法》《旅行社条例》《旅游安全管理办法》《旅行社责任保险管理办法》关于旅游安全保障、安全管理、责任保险制度的规定;掌握《旅游安全管理办法》关于旅游经营者安全经营义务与责任、旅游目的地安全风险提示制度的规定,《中华人民共和国突发事件应对法》关于突发事件的界定、种类、级别以及公民、法人和其他组织参与突发事件应对的义务、突发事件预警制度、突发事件应急处置与救援制度的规定等内容。

第一节 概 述

一、旅游安全

1. 旅游安全的概念

旅游安全，指旅游活动可以容忍的风险程度，是对旅游活动处于平衡、稳定、正常发展状态的统称，主要表现为旅游者、旅游企业和旅游地等主体不受威胁和外界因素干扰而免于承受身心压力、伤害或财物损失的自然状态。

旅游安全管理，指面向整个旅游行业，通过提高旅游行业的安全管理水平，预防和减少旅游突发事件，以保障旅游者和旅游从业人员的人身、财产安全，保障旅游企业安全运营为目标的各项工作的统称。

2. 旅游安全立法概况

我国历来重视旅游安全，通过立法和采取相关措施保障旅游业健康发展。1990 年 2 月 20 日，国务院旅游主管部门发布了《旅游安全管理暂行办法》，此后相继发布一系列配套或相关规范性文件，初步形成旅游安全管理的基本制度。

2013 年出台的《旅游法》，旅游安全单设一章，使旅游安全管理规范日趋完善，为构建我国旅游安全管理制度体系提供了法律依据和基础。2016 年 9 月 27 日，为了加强旅游安全管理，提高应对旅游突发事件的能力，保障旅游者的人身、财产安全，促进旅游业持续健康发展，国务院旅游主管部门公布了同年 12 月 1 日起施行的《旅游安全管理办法》（以下简称《办法》)。《办法》分为总则、经营安全、风险提示、安全管理、罚则和附则六章，基本覆盖了旅游安全管理的各项工作。

二、责任保险

1. 责任保险的概念

《中华人民共和国保险法》（以下本书简称《保险法》）第 65 条第 4 款规定，责任保险是指以被保险人对第三者依法应负的赔偿责任为保险标的的保险，即保险人与投保人签订保险合同，约定由投保人缴纳保险费，由保险人承担投保人（被保险人）在生产、业务活动或日常生活中，由于疏忽、过失等行为造成他人财产或人身伤亡时所应承担的赔偿责任。

2. 旅游经营者责任保险立法概况

旅游经营者保险制度经历了从外国旅游者旅游意外保险，旅游者旅游意外保险，旅行社责任保险到住宿、旅游交通、高风险旅游项目责任保险四个阶段，保险形式为强制保险，对保障旅游者权益，化解旅游经营者与旅游者的矛盾纠纷发挥了重要作用。

1990 年 2 月 7 日，国务院旅游主管部门、中国人民保险公司发布了《关于旅行社接待的海外旅游者在华旅游期间统一实行旅游意外保险的通知》。1997 年 5 月 13 日，国务院旅游主管部门第 9 号局长令发布了《旅行社办理旅游意外保险暂行规定》。2001 年 5 月 15 日，国家旅游局第 14 号局长令发布了《旅行社投保旅行社责任保险规定》，开始实行旅行社责任保险制度。2010 年 10 月，由国务院旅游主管部门、中国保监会联合发布《旅行社责任保险管理办法》。2013 年颁布的《旅游法》第 56 条规定，国家根据旅游活动的风险程度，对住宿、旅游交通以及本法第 47 条规定的高风险旅游项目等经营者实施责任保险制度，其中第 47 条规定的高风险旅游项目包括高空、高速、水上、潜水、探险等高风险旅游项目。此外，根据《旅游法》第 61 条规定，旅行社应当提示参加团队旅游的旅游者按照规定投保人身意外伤害保险。

第二节　突发事件应对法律制度

2007 年 8 月 30 日十届全国人大常委会第 29 次会议通过并于同年 11 月 1 日施行的《中华人民共和国突发事件应对法》（以下简称《突发事件应对法》）。2020 年 4 月，为贯彻落实习近平总书记关于依法防控疫情、强化公共卫生法治保障重要指示精神和党中央决策部署，全国人大正式启动《突发事件应对法》的修改工作，重点围绕新型冠状病毒肺炎疫情防控暴露出来的短板和不足，补短板、堵漏洞、强弱项，切实增强法律的完整性、可操作性、统一性，为“依法防控、依法治理”提供有力法治保障。

一、突发事件的概念、种类与级别

1. 概念

《突发事件应对法》第3条第1款规定，突发事件是指突然发生，造成或者可能造成严重社会危害，需要采取应急处置措施予以应对的自然灾害、事故灾难、公共卫生事件和社会安全事件。通过概括和列举相结合的方式对突发事件的概念进行了阐述，包含的主要核心要素是：

（1）具有明显的公共性或社会性。国家启动制定突发事件应对法的核心目的是应对突发公共危机。

（2）具有突发性和紧迫性。突发事件的发生往往是突如其来的，如果不能及时采取应对措施，危机就会迅速扩大和升级，造成更大的危害和损害。

（3）具有危害性和破坏性。这是突发事件的本质特征，一旦发生就会对生命财产、社会秩序、公共安全构成严重威胁，如应对不当就会造成巨大的生命、财产损失或社会秩序的严重动荡。

（4）必须借助于公权力的介入或动用社会人力、物力才能解决。公权力在突发事件应对过程中发挥着领导、组织、指挥、协调等功能，公权力介入既是政府的权力也是政府的义务。

2. 种类

《突发事件应对法》第3条第1款规定，按照突发事件的性质、过程和机制的不同，将其分为自然灾害、事故灾难、公共卫生事件和社会安全事件。

（1）自然灾害。主要包括水旱灾害、气象灾害、地震灾害、地质灾害、海洋灾害、生物灾害和森林草原火灾等。

（2）事故灾难。主要包括工矿商贸等企业的各类安全事故、交通运输事故、公共设施和设备事故、环境污染和生态破坏事件等。

（3）公共卫生事件。主要包括传染病疫情、群体性不明原因疾病、食品安全和职业危害、动物疫情以及其他严重影响公共健康和生命安全的事件。

（4）社会安全事件。主要包括严重危害社会治安秩序的突发事件。

3. 级别

《突发事件应对法》第3条第2、3款规定，按照社会危害程度、影响范围等因素，自然灾害、事故灾难、公共卫生事件分为特别重大、重大、较大和一般四级。法律、行政法规或者国务院另有规定的，从其规定。突发事件分级标准由国务院或者国务院确定的部门制定。

二、公民、法人和其他组织参与突发事件应对的义务

《突发事件应对法》第11条第2款规定，公民、法人和其他组织有义务参与突发事件应对工作。在突发事件的处置过程中，政府处置突发事件的权力具有优先性，公民、法人和其他组织要自觉接受来自政府权力的限制，并且根据本法和其他有关法律、法规、规范性文件的要求负有较平常时期更多、更严格的法律义务，以来配合应急权力的行使。

1. 信息报告义务

《突发事件应对法》第38条第3款规定，获悉突发事件信息的公民、法人或者其他组织，应当立即向所在地人民政府、有关主管部门或者指定的专业机构报告。社会动员和参与机制，体现了信息报告义务主体的广泛性。突发事件的信息报告需要群众的参与，应充分发挥人民群众的作用，拓宽收集突发事件信息的渠道。在政府管治中，成熟而广泛的公民参与可以丰富和充实公共管理的内容，强化政府的公共责任，提升公共服务的品质，推进和保证公共利益的实现。

2. 制定、演练应急预案与排查、消除风险隐患义务

《突发事件应对法》第22~24条规定，各类企业、事业单位，高危行业企业，公共交通工具、公共场所和其他人员密集场所的经营单位或者管理单位的预防突发事件的义务规定，具体包括制定、演练应急预案与排查、消除风险隐患。①所有单位应当建立健全安全管理制度，定期检查本单位各项安全防范措施的落实情况，及时消除事故隐患；掌握并及时处理本单位存在的可能引发社会安全事件的问题，防止矛盾激化和事态扩大；对本单位可能发生的突发事件和采取安全防范措施的情况，应当按照规定及时向所在地人民政府或者人民政府有关部门报告。②矿山、建筑施工单位和易燃易爆物品、危险化学品、放射性物品等危险物品的生产、经营、储运、使用单位，应当制定具体应急预案，并对生产经营场所、有危险物品的建筑物、构筑物及周边环境开展隐患排查，及时采取措施消除隐患，防止发生突发事件。③公共交通工具、公共场所和其他人员密集场所的经营单位或者管理单位应当制

定具体应急预案，为交通工具和有关场所配备报警装置和必要的应急救援设备、设施，注明其使用方法，并显著标明安全撤离的通道、路线，保证安全通道、出口的畅通。有关单位应当定期检测、维护其报警装置和应急救援设备、设施，使其处于良好状态，确保正常使用。

《突发事件应对法》第64条规定，有关单位未按规定采取预防措施，导致发生严重突发事件的；未及时消除已发现的可能引发突发事件的隐患，导致发生严重突发事件的；未做好应急设备、设施日常维护、检测工作，导致发生严重突发事件或者突发事件危害扩大的，由所在地履行统一领导职责的人民政府责令停产停业，暂扣或者吊销许可证或者营业执照，并处5万元以上20万元以下的罚款；构成违反治安管理行为的，由公安机关依法给予处罚。

3. 参加应急专、兼职或志愿者救援队伍义务

在建立综合性应急救援队伍的基础上，应逐步建立社会化的应急救援机制，推动企事业单位专兼职应急队伍建设，以壮大救援队伍力量。《突发事件应对法》第26条第2款规定，“单位应当建立由本单位职工组成的专职或者兼职应急救援队伍”。各单位都应当根据本单位的实际情况，建立由本单位职工组成的专职或者兼职应急救援队伍。而一些从事危险物品生产、经营的大型企业和人员密集场所的经营或者管理单位，还应当考虑自行组建专职应急救援队伍。

4. 为应急处置提供科研、宣传、医疗、物质、技术、生产能力等义务

《突发事件应对法》第36条规定，国家鼓励、扶持具备相应条件的教学科研机构培养应急管理专门人才，鼓励、扶持教学科研机构和有关企业研究开发用于突发事件预防、监测、预警、应急处置与救援的新技术、新设备和新工具。《突发事件应对法》第29条第3款规定，新闻媒体应当无偿开展突发事件预防与应急、自救与互救知识的公益宣传；其他方面，如《突发事件应对法》第34条规定，国家鼓励公民、法人和其他组织为人民政府应对突发事件工作提供物资、资金、技术支持和捐赠。

5. 执行有关决定和命令义务

公民、法人、其他组织应服从人民政府的决定、命令，服从人民政府关于疏散、撤离的安排。《突发事件应对法》第56、57条规定，在突发事件应急处置中，突发事件发生地的其他单位应当服从人民政府发布的决定、命

令，配合人民政府采取的应急处置措施。公民应当服从所在地人民政府、居民委员会、村民委员会或者所属单位的指挥和安排等。

《突发事件应对法》第 66 条规定，单位或者个人违反本法规定，不服从所在地人民政府及其有关部门发布的决定、命令或者不配合其依法采取的措施，构成违反治安管理行为的，由公安机关依法给予处罚。

6. 服从征用措施义务

征用是负责突发事件应急处置工作的人民政府在突发事件应急处置与救援过程中，通过行使行政权，强制征用单位、个人的财产。《突发事件应对法》第 12 条规定，有关人民政府及其部门为应对突发事件，可以征用单位和个人的财产。被征用的财产在使用完毕或者突发事件应急处置工作结束后，应当及时返还。财产被征用或者征用后毁损、灭失的，应当给予补偿。《突发事件应对法》第 52 条规定，履行统一领导职责或者组织处置突发事件的人民政府，必要时可以向单位和个人征用应急救援所需设备、设施、场地、交通工具和其他物资。有关人民政府及部门为了应对突发事件，征用单位和个人的财产的具体行政行为属于应急征用。这种强制征用措施的采取是通过给行政管理相对人设定一项法律义务的方式实现的，被征用的单位、个人必须服从。

三、突发事件预警制度

突发事件的早发现、早报告、早预警，是及时做好应急准备、有效处置突发事件、减少人员伤亡和财产损失的前提。我国建立健全突发事件预警制度，目的在于及时向公众发布突发事件即将发生的信息，使公众为应对突发事件做好准备。

1. 突发事件预警级别

《突发事件应对法》第 42 条第 2 款规定，可以预警的自然灾害、事故灾难和公共卫生事件的预警级别，按照突发事件发生的紧急程度、发展势态和可能造成的危害程度分为一级、二级、三级和四级，分别用红色、橙色、黄色和蓝色标示，一级为最高级别。

2. 预警信息的发布和报告、通告

（1）自然灾害、事故灾难或者公共卫生事件。《突发事件应对法》第 43

条规定，可以预警的自然灾害、事故灾难或者公共卫生事件即将发生或者发生的可能性增大时，县级以上地方各级人民政府应当根据有关法律、行政法规和国务院规定的权限和程序，发布相应级别的警报，决定并宣布有关地区进入预警期，同时向上一级人民政府报告，必要时可以越级上报，并向当地驻军和可能受到危害的毗邻或者相关地区的人民政府通报。

（2）社会安全事件。《突发事件应对法》第46条规定，对即将发生或者已经发生的社会安全事件，县级以上地方各级人民政府及其有关主管部门应当按照规定向上一级人民政府及其有关主管部门报告，必要时可以越级上报。

《突发事件应对法》第63条规定，地方各级人民政府和县级以上各级人民政府有关部门违反本法规定，不履行法定职责的，由其上级行政机关或者监察机关责令改正；迟报、谎报、瞒报、漏报有关突发事件的信息，或者通报、报送、公布虚假信息造成后果的，或未按规定及时发布突发事件警报、采取预警期的措施，导致损害发生的，根据情节对直接负责的主管人员和其他直接责任人员依法给予处分。

3. 突发事件发布应采取的措施

（1）三级、四级警报。《突发事件应对法》第44条规定，发布三级、四级警报，宣布进入预警期后，县级以上地方各级人民政府应当根据即将发生的突发事件的特点和可能造成的危害，采取下列措施：①启动应急预案；②责令有关部门、专业机构、监测网点和负有特定职责的人员及时收集、报告有关信息，向社会公布反映突发事件信息的渠道，加强对突发事件发生、发展情况的监测、预报和预警工作；③组织有关部门和机构、专业技术人员、有关专家学者，随时对突发事件信息进行分析评估，预测发生突发事件可能性的大小、影响范围和强度以及可能发生的突发事件的级别；④定时向社会发布与公众有关的突发事件预测信息和分析评估结果，并对相关信息的报道工作进行管理；⑤及时按照有关规定向社会发布可能受到突发事件危害的警告，宣传避免、减轻危害的常识，公布咨询电话。

（2）一级、二级警报。《突发事件应对法》第45条规定，发布一级、二级警报，宣布进入预警期后，县级以上地方各级人民政府除采取本法第44条规定的措施外，还应当针对即将发生的突发事件的特点和可能造成的危害，采取下列一项或者多项措施：①责令应急救援队伍、负有特定职责的人员进入待命状态，并动员后备人员做好参加应急救援和处置工作的准备；②调集应急救援所需物资、设备、工具，准备应急设施和避难场所，并确保其处于良好状态、随时可以投入正常使用；③加强对重点单位、重要部位和重要基础设施的安全保卫，维护社会治安秩序；④采取必要措施，确保交通、通信、供水、排水、供电、供气、供热等公共设施的安全和正常运行；⑤及时向社会发布有关采取特定措施避免或者减轻危害的建议、劝告；⑥转移、疏散或者撤离易受突发事件危害的人员并予以妥善安置，转移重要财产；⑦关闭或者限制使用易受突发事件危害的场所，控制或者限制容易导致危害扩大的公共场所的活动；⑧法律、法规、规章规定的其他必要的防范性、保护性措施。根据《突发事件应对法》第 63 条规定，地方各级人民政府和县级以上各级人民政府有关部门违反本法规定，不履行法定职责的，由其上级行政机关或者监察机关责令改正；未按规定及时发布突发事件警报、采取预警期的措施，导致损害发生的，或未按规定及时采取措施处置突发事件或者处置不当，造成后果的，根据情节对直接负责的主管人员和其他直接责任人员依法给予处分。

4. 预警级别的调整及解除

突发事件预警在发布之后应根据发展情况进行动态调整或解除。《突发事件应对法》第 47 条规定，发布突发事件警报的人民政府应当根据事态的发展，按照有关规定适时调整预警级别并重新发布。有事实证明不可能发生突发事件或者危险已经解除的，发布警报的人民政府应当立即宣布解除警报，终止预警期，并解除已经采取的有关措施。

四、突发事件应急处置与救援制度

1. 应急处置制度

应急处置措施是一种暂时的强制性行政应急措施，根据《突发事件应对法》第 48 条，应急处置制度的法定条件是突发事件发生；实施的主体是履行统一领导职责或者组织处置突发事件的人民政府；具体要求是应当针对突发事件的性质、特点和危害程度；途径是组织有关部门，调动应急救援队伍和社会力量。

（1）自然灾害、事故灾难或者公共卫生事件的应急处置措施

《突发事件应对法》第49条规定，自然灾害、事故灾难或者公共卫生事件发生后，履行统一领导职责的人民政府可以采取下列一项或者多项应急处置措施：①救助性措施：组织营救和救治受害人员，疏散、撤离并妥善安置受到威胁的人员以及采取其他救助措施；②控制性措施：迅速控制危险源，标明危险区域，封锁危险场所，划定警戒区，实行交通管制以及其他控制措施；③保障性措施：立即抢修被损坏的交通、通信、供水、排水、供电、供气、供热等公共设施，向受到危害的人员提供避难场所和生活必需品，实施医疗救护和卫生防疫以及其他保障措施；④保护性措施：禁止或者限制使用有关设备、设施，关闭或者限制使用有关场所，中止人员密集的活动或者可能导致危害扩大的生产经营活动以及采取其他保护措施；⑤启用本级人民政府设置的财政预备费和储备的应急救援物资，必要时调用其他急需物资、设备、设施、工具；⑥组织公民参加应急救援和处置工作，要求具有特定专长的人员提供服务；⑦保障食品、饮用水、燃料等基本生活必需品的供应；⑧经济性管制措施：依法从严惩处囤积居奇、哄抬物价、制假售假等扰乱市场秩序的行为，稳定市场价格，维护市场秩序；⑨依法从严惩处哄抢财物、干扰破坏应急处置工作等扰乱社会秩序的行为，维护社会治安；⑩采取防止发生次生、衍生事件的必要措施。根据《突发事件应对法》第63条规定，地方各级人民政府和县级以上各级人民政府有关部门违反本法规定，不履行法定职责的，由其上级行政机关或者监察机关责令改正；未采取必要的防范措施，导致发生次生、衍生事件的，或截留、挪用、私分或者变相私分应急救援资金、物资的，根据情节对直接负责的主管人员和其他直接责任人员依法给予处分。

（2）社会安全事件的应急处置措施

《突发事件应对法》第50条规定，社会安全事件发生后，组织处置工作的人民政府应当立即组织有关部门并由公安机关针对事件的性质和特点，依照有关法律、行政法规和国家其他有关规定，采取下列一项或者多项应急处置措施：①强制隔离使用器械相互对抗或者以暴力行为参与冲突的当事人，妥善解决现场纠纷和争端，控制事态发展；②对特定区域内的建筑物、交通工具、设备、设施以及燃料、燃气、电力、水的供应进行控制；③封锁有关

场所、道路，查验现场人员的身份证件，限制有关公共场所内的活动；④加强对易受冲击的核心机关和单位的警卫，在国家机关、军事机关、国家通讯社、广播电台、电视台、外国驻华使领馆等单位附近设置临时警戒线；⑤法律、行政法规和国务院规定的其他必要措施。严重危害社会治安秩序的事件发生时，公安机关应当立即依法出动警力，根据现场情况依法采取相应的强制性措施，尽快使社会秩序恢复正常。

（3）严重影响国民经济事件的应急处置措施

国家经济安全是现代公共安全的核心内容，一些突发事件的发生可能会影响到国民经济的正常运行。《突发事件应对法》第51条对关于影响国民经济事件的应急处置措施作了授权性规定。"发生突发事件，严重影响国民经济正常运行时，国务院或者国务院授权的有关主管部门可以采取保障、控制等必要的应急措施，保障人民群众的基本生活需要，最大限度地减轻突发事件的影响。"在没有法律、行政法规规定的情况下，为了保障人民群众的基本生活需要，最大限度地减轻突发事件的影响，规定了国务院或者国务院授权的有关主管部门可以采取保障、控制等必要的应急措施。这是根据我国的实际情况作出的规定，以做好经济领域的预防和应急机制，有利于增强我国国民经济体系的抗外部冲击能力。

2. 救援制度

突发事件的应急处置与救援是一个复杂的系统工程，政府在应急处置与救援中扮演了主要角色，同时居民委员会、村民委员会、有关单位、公民及其他组织在救援中也贡献着重大的力量。

（1）居民委员会、村民委员会及其他组织

居民委员会、村民委员会是城市居民、农村村民自我管理、自我教育、自我服务的基层群众性自治组织。其他社会组织包括工会、共青团、妇联等群众团体。《突发事件应对法》第55条规定，突发事件发生地的居民委员会、村民委员会和其他组织应当按照当地人民政府的决定、命令，进行宣传动员，组织群众开展自救和互救，协助维护社会秩序。

（2）有关单位

《突发事件应对法》第56条规定，受到自然灾害危害或者发生事故灾难、公共卫生事件的单位，应当立即组织本单位应急救援队伍和工作人员营救受害人员，疏散、撤离、安置受到威胁的人员，控制危险源，标明危险区域，封锁危险场所，并采取其他防止危害扩大的必要措施，同时向所在地县级人民政府报告；对因本单位的问题引发的或者主体是本单位人员的社会安全事件，有关单位应当按照规定上报情况，并迅速派出负责人赶赴现场开展劝解、疏导工作。

突发事件发生地的其他单位应当服从人民政府发布的决定、命令，配合人民政府采取的应急处置措施，做好本单位的应急救援工作，并积极组织人员参加所在地的应急救援和处置工作。

根据《突发事件应对法》第64条规定，突发事件发生后，不及时组织开展应急救援工作，造成严重后果的。由所在地履行统一领导职责的人民政府责令停产停业，暂扣或者吊销许可证或者营业执照，并处5万元以上20万元以下的罚款；构成违反治安管理行为的，由公安机关依法给予处罚。

（3）公民

公民在政府处理突发事件应急处置过程中，也有积极配合、积极参与救援工作的义务。《突发事件应对法》第57条规定，突发事件发生地的公民应当服从人民政府、居民委员会、村民委员会或者所属单位的指挥和安排，配合人民政府采取的应急处置措施，积极参加应急救援工作，协助维护社会秩序。

第三节　旅游经营者安全责任

一、旅游经营者的界定

《旅游法》第111条第1项界定了旅游经营者。实践中，旅游主管部门对部分旅游经营者并没有直接的安全监管权力和责任，《办法》第2条第2款旅游经营者是指旅行社及地方性法规规定旅游主管部门负有行业监管职责的景区和饭店等单位。从安全责任的角度，进一步对旅游经营者作了限制界定，明确旅游主管部门的有效安全监管对象，使监管对象的设立更为合理，也更具有法律依据。

二、旅游经营者的安全责任

《办法》第4条规定，旅游经营者应当承担旅游安全的主体责任，加强安全管理，建立、健全安全管理制度，关注安全风险预警和提示，妥善应对旅游突发事件。旅游从业人员应当严格遵守本单位的安全管理制度，接受安全生产教育和培训，增强旅游突发事件防范和应急处理能力。

三、旅游经营者的安全义务

1. 安全防范、管理和保障义务

《旅游法》第79条规定，旅游经营者应当严格执行安全生产管理和消防安全管理的法律、法规和国家标准、行业标准，具备相应的安全生产条件，制定旅游者安全保护制度和应急预案。旅游经营者应当对直接为旅游者提供服务的从业人员开展经常性应急救助技能培训，对提供的产品和服务进行安全检验、监测和评估，采取必要措施防止危害发生。旅游经营者组织、接待老年人、未成年人、残疾人等旅游者，应当采取相应的安全保障措施。

《办法》对《旅游法》上述规定进行了细化。《办法》第6条规定，旅游经营者应当遵守下列要求：①服务场所、服务项目和设施设备符合有关安全法律、法规和强制性标准的要求；②配备必要的安全和救援人员、设施设备；③建立安全管理制度和责任体系；④保证安全工作的资金投入。第7条规定，旅游经营者应当定期检查本单位安全措施的落实情况，及时排除安全隐患；对可能发生的旅游突发事件及采取安全防范措施的情况，应当按照规定及时向所在地人民政府或者人民政府有关部门报告。

《办法》第9条规定，旅游经营者应当对从业人员进行安全生产教育和培训，保证从业人员掌握必要的安全生产知识、规章制度、操作规程、岗位技能和应急处理措施，知悉自身在安全生产方面的权利和义务。旅游经营者应建立安全生产教育和培训档案，如实记录安全生产教育和培训的时间、内容、参加人员以及考核结果等情况。未经安全生产教育和培训合格的旅游从业人员，不得上岗作业；特种作业人员必须按照国家有关规定经专门的安全作业培训，取得相应资格。第11条规定，旅行社组织和接待旅游者，应当合理安排旅游行程，向合格的供应商订购产品和服务。旅行社及其从业人员发现履行辅助人提供的服务不符合法律、法规规定或者存在安全隐患的，应当予以制止或者更换。

《办法》第8条第2款规定，经营高风险旅游项目或者向老年人、未成年人、残疾人提供旅游服务的，应当根据需要采取相应的安全保护措施。

《旅行社条例》亦涉及安全防范、管理和保障义务相关规定。第38条规定，旅行社应当投保旅行社责任险。旅行社责任险的具体方案由国务院旅游行政主管部门会同国务院保险监督管理机构另行制定。

第39条规定，旅行社对可能危及旅游者人身、财产安全的事项，应当向旅游者作出真实的说明和明确的警示，并采取防止危害发生的必要措施。发生危及旅游者人身安全的情形的，旅行社及其委派的导游人员、领队人员应当采取必要的处置措施并及时报告旅游行政管理部门；在境外发生的，还应当及时报告中华人民共和国驻该国使领馆、相关驻外机构、当地警方。

第40条规定，旅游者在境外滞留不归的，旅行社委派的领队人员应当及时向旅行社和中华人民共和国驻该国使领馆、相关驻外机构报告。旅行社接到报告后应当及时向旅游行政管理部门和公安机关报告，并协助提供非法滞留者的信息。旅行社接待入境旅游发生旅游者非法滞留我国境内的，应当及时向旅游行政管理部门、公安机关和外事部门报告，并协助提供非法滞留者的信息。《旅行社责任保险管理办法》为呼应《旅行社条例》，在第2条中规定：在中华人民共和国境内依法设立的旅行社，应当依照《旅行社条例》和本办法的规定，投保旅行社责任保险。

2. 安全说明或警示义务

《旅游法》第80条规定，旅游经营者应当就旅游活动中的下列事项，以明示的方式事先向旅游者做出说明或者警示：①正确使用相关设施、设备的方法；②必要的安全防范和应急措施；③未向旅游者开放的经营、服务场所和设施、设备；④不适宜参加相关活动的群体；⑤可能危及旅游者人身、财产安全的其他情形。本条规定重在强调"明示"和"事先"，明示主要指旅游经营者或其从业人员用积极的、直接的、明确的方式，将说明或者警示的内容表达、告知给旅游者，具体包括口头明示、书面明示、警示牌标示等方式，与默示相对；事先主要是指预先防范，在旅游者开始进行某项旅游活动前的时间区间，包括旅游行程开始前或者某一个具体旅游项目开始前。

旅游经营者按照“明示”和“事先”的原则，合理履行说明或警示义务，既可以保证消费者知情权的实现，也体现了旅游经营者的安全保障义务。为此，《办法》第 8 条第 1 款规定，旅游经营者应当对其提供的产品和服务进行风险监测和安全评估，依法履行安全风险提示义务，必要时应当采取暂停服务、调整活动内容等措施。第 10 条规定，旅游经营者应当主动询问与旅游活动相关的个人健康信息，要求旅游者按照明示的安全规程，使用旅游设施和接受服务，并要求旅游者对旅游经营者采取的安全防范措施予以配合。第 12 条规定，旅行社组织出境旅游，应当制作安全信息卡。安全信息卡应当包括旅游者姓名、出境证件号码和国籍，以及紧急情况下的联系人、联系方式等信息，使用中文和目的地官方语言（或者英文）填写。旅行社应当将安全信息卡交由旅游者随身携带，并告知其自行填写血型、过敏药物和重大疾病等信息。可见，旅游经营者合理履行说明或警示义务，既可以保证消费者知情权的实现，也体现了旅游经营者的安全保障义务。

3. 安全救助、处置和报告义务

《旅游法》第 81 条规定，突发事件或者旅游安全事故发生后，旅游经营者应当立即采取必要的救助和处置措施，依法履行报告义务，并对旅游者做出妥善安排。旅游经营者作为旅游安全工作的责任主体，在突发事件或者旅游安全事故发生后，在第一现场、第一时间实施安全救助、处置，并报告相关情况，是其应当履行的基本义务，这也有利于有关部门第一时间掌握事件情况，启动相应的旅游应急处置方案，合理安排人力、物力、财力，顺利开展安全救援工作。

为贯彻落实《旅游法》的精神，进一步阐明安全救助、处置和报告的程序和内容，《办法》第 13 条规定，旅游经营者应当依法制定旅游突发事件应急预案，与所在地县级以上地方人民政府及其相关部门的应急预案相衔接，并定期组织演练。第 14 条规定，旅游突发事件发生后，旅游经营者及其现场人员应当采取合理、必要的措施救助受害旅游者，控制事态发展，防止损害扩大。旅游经营者应当按照履行统一领导职责或者组织处置突发事件的人民政府的要求，配合其采取的应急处置措施，并参加所在地人民政府组织的应急救援和善后处置工作。旅游突发事件发生在境外的，旅行社及其领队应当在中国驻当地使领馆或者政府派出机构的指导下，全力做好突发事件应对处置工作。

《办法》第15条规定，旅游突发事件发生后，旅游经营者的现场人员应当立即向本单位负责人报告，单位负责人接到报告后，应当于1小时内向发生地县级旅游主管部门、安全生产监督管理部门和负有安全生产监督管理职责的其他相关部门报告；旅行社负责人应当同时向单位所在地县级以上地方旅游主管部门报告。情况紧急或者发生重大、特别重大旅游突发事件时，现场有关人员可直接向发生地、旅行社所在地县级以上旅游主管部门、安全生产监督管理部门和负有安全生产监督管理职责的其他相关部门报告。旅游突发事件发生在境外的，旅游团队的领队应当立即向当地警方、中国驻当地使领馆或者政府派出机构，以及旅行社负责人报告。旅行社负责人应当在接到领队报告后1小时内，向单位所在地县级以上地方旅游主管部门报告。

第四节　旅游安全管理制度

一、政府及其部门的安全职责

1. 政府的安全职责

《旅游法》第76条规定，县级以上人民政府统一负责旅游安全工作。县级以上人民政府有关部门依照法律、法规履行旅游安全监管职责。旅游安全是一项综合性强、涉及面广、管理难度大的工作，需要由各级人民政府担当统一领导者和负责人，全面扎实推进旅游安全工作。县级以上人民政府统一负责旅游安全工作，主要体现在以下两个方面：①加强对旅游安全和应急工作的领导，督促有关部门履行旅游安全的监管职责；②对旅游安全监管和应急管理中存在的重大问题及时予以协调、解决。

2. 部门的安全职责

《旅游法》第76条规定，旅游安全工作涉及县级以上人民政府安监、公安、消防、交通、卫生、质监、农业、住建、旅游等众多管理部门，各有关部门应当在本级人民政府的统一领导下，按照本法及其他法律、法规和国务院规定的职责，切实履行旅游安全的监督管理和突发事件应对职能。

2015年8月，国务院安全生产委员会印发了《国务院安全生产委员会成员单位安全生产工作职责分工》，在文件中明确了国务院旅游主管部门的安全生产工作职责分工。

二、目的地安全风险提示制度

1. 概念

《旅游法》第77条规定，国家建立旅游目的地安全风险提示制度。旅游目的地安全风险提示制度，主要指预先发现境内外旅游目的地对旅游者的人身、财产可能造成损害的自然灾害、事故灾难、公共卫生事件和社会安全事件等潜在的或者已经存在的安全风险，运用定性和定量分析相结合的方法，识别旅游安全风险的类别、等级，提出旅游出行的建议，并按规定的权限和程序，向社会发布相关提示信息的制度。

2. 安全风险提示的级别划分

《办法》第16条第2、3款规定，根据可能对旅游者造成的危害程度、紧急程度和发展态势，风险提示级别分为一级（特别严重）、二级（严重）、三级（较重）和四级（一般），分别用红色、橙色、黄色和蓝色标示。风险提示级别的划分标准，由国务院旅游主管部门会同外交、卫生、公安、国土、交通、气象、地震和海洋等有关部门制定或者确定。这些风险等级的划分为旅游目的地安全风险提示级别的划分提供了借鉴，国务院旅游主管部门应当会同有关部门按照本法规定，在综合各方面风险级别的基础上，划分旅游目的地的安全风险等级，并正式公开相关信息。

3. 风险提示信息的内容

《办法》第17条规定，风险提示信息，应当包括风险类别、提示级别、可能影响的区域、起始时间、注意事项、应采取的措施和发布机关等内容。一级、二级风险的结束时间能够与风险提示信息内容同时发布的，应当同时发布；无法同时发布的，待风险消失后通过原渠道补充发布。三级、四级风险提示可以不发布风险结束时间，待风险消失后自然结束。

4. 风险提示信息的应对措施

（1）旅行社。《办法》第18条第1款规定，风险提示发布后，旅行社应当根据风险级别采取下列措施：①四级风险的，加强对旅游者的提示。②三级风险的，采取必要的安全防范措施。③二级风险的，停止组团或者带团前往风险区域；已在风险区域的，调整或者中止行程。④一级风险的，停止组团或者带团前往风险区域，组织已在风险区域的旅游者撤离。

（2）其他旅游经营者。《办法》第 18 条第 2 款规定，其他旅游经营者应当根据风险提示的级别，加强对旅游者的风险提示，采取相应的安全防范措施，妥善安置旅游者，并根据政府或者有关部门的要求，暂停或者关闭易受风险危害的旅游项目或者场所。

（3）旅游者。《办法》第 19 条规定，风险提示发布后，旅游者应当关注相关风险，加强个人安全防范，并配合国家应对风险暂时限制旅游活动的措施，以及有关部门、机构或者旅游经营者采取的安全防范和应急处置措施。

5. 风险提示信息的发布权限与发布渠道

（1）发布权限。《办法》第 20 条规定，国务院旅游主管部门负责发布境外旅游目的地国家（地区），以及风险区域范围覆盖全国或者跨省级行政区域的风险提示。发布一级风险提示的，需经国务院批准；发布境外旅游目的地国家（地区）风险提示的，需经外交部门同意。地方各级旅游主管部门应当及时转发上级旅游主管部门发布的风险提示，并负责发布前款规定之外涉及本辖区的风险提示。

（2）发布渠道。《办法》第 21 条规定，风险提示信息应当通过官方网站、手机短信及公众易查阅的媒体渠道对外发布。一级、二级风险提示应同时通报有关媒体。

三、旅游突发事件的应急处理

1. 旅游突发事件的含义及分类

（1）旅游突发事件的含义。《办法》第 39 条第 1 款规定，旅游突发事件，是指突然发生，造成或者可能造成旅游者人身伤亡、财产损失，需要采取应急处置措施予以应对的自然灾害、事故灾难、公共卫生事件和社会安全事件。

（2）旅游突发事件的分类。《办法》第 39 条第 2 款规定，根据旅游突发事件的性质、危害程度、可控性以及造成或者可能造成的影响，旅游突发事件一般分为特别重大、重大、较大和一般四级。

①特别重大旅游突发事件包括下列情形：造成或者可能造成人员死亡

（含失踪）30 人以上或者重伤 100 人以上；旅游者 500 人以上滞留超过 24 小时，并对当地生产生活秩序造成严重影响；其他在境内外产生特别重大影响，并对旅游者人身、财产安全造成特别重大威胁的事件。

②重大旅游突发事件包括下列情形：造成或者可能造成人员死亡（含失踪）10 人以上 30 人以下或者重伤 50 人以上 100 人以下；旅游者 200 人以上滞留超过 24 小时，对当地生产生活秩序造成较严重影响；其他在境内外产生重大影响，并对旅游者人身、财产安全造成重大威胁的事件。

③较大旅游突发事件包括下列情形：造成或者可能造成人员死亡（含失踪）3 人以上 10 人以下或者重伤 10 人以上 50 人以下；旅游者 50 人以上 200 人以下滞留超过 24 小时，并对当地生产生活秩序造成较大影响；其他在境内外产生较大影响，并对旅游者人身、财产安全造成较大威胁的事件。

④一般旅游突发事件包括下列情形：造成或者可能造成人员死亡（含失踪）3 人以下或者重伤 10 人以下；旅游者 50 人以下滞留超过 24 小时，并对当地生产生活秩序造成一定影响；其他在境内外产生一定影响，并对旅游者人身、财产安全造成一定威胁的事件。

2. 旅游突发事件的应急管理

加强旅游应急管理是我国旅游产业发展与旅游突发事件治理的要求，而旅游突发事件应对的基本要求是采取措施开展救援，特殊要求是协助旅游者返回。为此，《旅游法》第 78 条规定，县级以上人民政府应当依法将旅游应急管理纳入政府应急管理体系，制定应急预案，建立旅游突发事件应对机制。突发事件发生后，当地人民政府及其有关部门和机构应当采取措施开展救援，并协助旅游者返回出发地或者旅游者指定的合理地点。

《办法》第 25 条进一步规定，旅游突发事件发生后，发生地县级以上旅游主管部门应当根据同级人民政府的要求和有关规定，启动旅游突发事件应急预案，并采取下列一项或者多项措施：①组织或者协同、配合相关部门开展对旅游者的救助及善后处置，防止次生、衍生事件；②协调医疗、救援和保险等机构对旅游者进行救助及善后处置；③按照同级人民政府的要求，统一、准确、及时发布有关事态发展和应急处置工作的信息，并公布咨询电话。

3. 旅游突发事件的调查

《办法》第 26 条规定，旅游突发事件发生后，发生地县级以上旅游主管部门应当根据同级人民政府的要求和有关规定，参与旅游突发事件的调查，配合相关部门依法对应当承担事件责任的旅游经营者及其责任人进行处理。

4. 旅游突发事件的报告和通报

《办法》第27条规定，各级旅游主管部门应当建立旅游突发事件报告制度。第28条规定，旅游主管部门在接到旅游经营者依据本办法第15条规定的报告后，应当向同级人民政府和上级旅游主管部门报告。其中，一般旅游突发事件上报至设区的市级旅游主管部门，较大旅游突发事件逐级上报至省级旅游主管部门，重大和特别重大旅游突发事件逐级上报至国务院旅游主管部门。向上级旅游主管部门报告旅游突发事件，应当包括下列内容：①事件发生的时间、地点、信息来源；②简要经过、伤亡人数、影响范围；③事件涉及的旅游经营者、其他有关单位的名称；④事件发生原因及发展趋势的初步判断；⑤采取的应急措施及处置情况；⑥需要支持协助的事项；⑦报告人姓名、单位及联系电话。前款所列内容暂时无法确定的，应当先报告已知情况；报告后出现新情况的，应当及时补报、续报。

《办法》第29条规定，各级旅游主管部门应当建立旅游突发事件信息通报制度。旅游突发事件发生后，旅游主管部门应当及时将有关信息通报相关行业主管部门。

5. 旅游突发事件总结报告的提交

《办法》第30条规定，旅游突发事件处置结束后，发生地旅游主管部门应当及时查明突发事件的发生经过和原因，总结突发事件应急处置工作的经验教训，制定改进措施，并在30日内按照下列程序提交总结报告：①一般旅游突发事件向设区的市级旅游主管部门提交；②较大旅游突发事件逐级向省级旅游主管部门提交；③重大和特别重大旅游突发事件逐级向国务院旅游主管部门提交；④旅游团队在境外遇到突发事件的，由组团社所在地旅游主管部门提交总结报告。第31条规定，省级旅游主管部门应当于每月5日前，将本地区上月发生的较大旅游突发事件报国务院旅游主管部门备案，内容应当包括突发事件发生的时间、地点、原因及事件类型和伤亡人数等。

6. 旅游突发事件的统计分析

《办法》第32条规定，县级以上地方各级旅游主管部门应当定期统计分析本行政区域内发生旅游突发事件的情况，并于每年1月底前将上一年度相关情况逐级报国务院旅游主管部门。

四、相关罚则

1. 违反安全生产和消防安全管理

《旅游法》第 107 条规定，旅游经营者违反有关安全生产管理和消防安全管理的法律、法规或者国家标准、行业标准的，由有关主管部门依照有关法律、法规的规定处罚。《办法》第 33 条进一步规定，旅游经营者及其主要负责人、旅游从业人员违反法律、法规有关安全生产和突发事件应对规定的，依照相关法律、法规处理。

2. 未制止履行辅助人的非法或不规范行为

《办法》第 34 条规定，旅行社未制止履行辅助人的非法、不安全服务行为，或者未更换履行辅助人的，由旅游主管部门给予警告，可并处 2000 元以下罚款；情节严重的，处 2000 元以上 10000 元以下罚款。

3. 不按要求制作安全信息卡

《办法》第 35 条规定，旅行社不按要求制作安全信息卡，未将安全信息卡交由旅游者，或者未告知旅游者相关信息的，由旅游主管部门给予警告，可并处 2000 元以下罚款；情节严重的，处 2000 元以上 10000 元以下罚款。

4. 针对风险提示不采取相应措施

《办法》第 36 条规定，旅行社针对旅游目的地安全风险提示，不采取相应措施的，由旅游主管部门处 2000 元以下罚款；情节严重的，处 2000 元以上 10000 元以下罚款。

5. 按国家标准、行业标准评定的旅游经营者违法

《办法》第 37 条规定，按照旅游业国家标准、行业标准评定的旅游经营者违反本办法规定的，由旅游主管部门建议评定组织依据相关标准做出处理。

6. 旅游主管部门及其工作人员违法

《办法》第 38 条规定，旅游主管部门及其工作人员违反相关法律、法规及本办法规定，玩忽职守，未履行安全管理职责的，由有关部门责令改正，对直接负责的主管人员和其他直接责任人员依法给予处分。

第五节　责任保险管理制度

一、旅行社责任保险

1. 责任保险的法律依据

（1）《旅行社条例》第38条规定，旅行社应当投保旅行社责任险。旅行社责任险的具体方案由国务院旅游主管部门会同国务院保险监督管理机构另行制定。

（2）《旅行社责任保险管理办法》（以下简称《管理办法》）具体规定了旅行社责任险的含义，投保范围，保险合同的成立、变更和解除，发生保险事故的赔偿，行政机关的监督管理，以及违法的相应处罚。

（3）《旅游法》第56条规定，国家根据旅游活动的风险程度，对旅行社等经营者实施责任保险制度。可见，《旅游法》将责任保险法律制度进一步规范到高风险旅游项目，这将会极大地提高旅游经营者的风险防范和保险意识。

2. 旅行社责任保险的含义及监管

（1）含义特征。《管理办法》所称旅行社责任保险，是指旅行社因其组织的旅游活动对旅游者和受其委派并为旅游者提供服务的导游或者领队人员依法应当承担的赔偿责任为保险标的的保险。

（2）旅行社责任保险是旅游保险中的重要险种之一，具有下列特征：①旅行社责任保险属于强制保险。依据《旅行社条例》第38条规定，旅行社责任保险属于强制保险。旅行社从事旅游业务经营活动，应当履行投保责任险的义务。《旅游法》规定，国家根据旅游活动的风险程度，对旅行社等经营者实施责任保险制度。②是财产保险。所谓财产保险是以财产及其有关利益为保险标的的保险。旅行社通过购买旅行社责任保险，将自身的赔偿风险转嫁给保险公司，保险公司所承保的是旅行社的赔偿责任，因此，旅行社责任保险属于财产保险。③投保人和被保险人是旅行社。旅行社向保险公司投保并支付保险费，目的在于转嫁赔偿责任的风险。根据谁投保谁受益的原则，旅行社在组织旅游活动中依法应承担的赔偿责任，属于保险责任的，保险公司将在责任限额内对旅行社予以赔偿，从而实现了集合危险、分散损失的保险的基本功能。④保险人是保险公司，因此责任险的赔付主体是保险公司。通过投保责任险，旅行社将发生事故之后的损害赔偿责任转移给保险公司。

（3）法律责任。对旅行社未按照规定投保旅行社责任保险的，《旅游法》第 97 条规定，由旅游主管部门或者有关部门责令改正，没收违法所得，并处 5000 元以上 5 万元以下罚款；违法所得 5 万元以上的，并处违法所得 1 倍以上 5 倍以下罚款；情节严重的，责令停业整顿或者吊销旅行社业务经营许可证；对直接负责的主管人员和其他直接责任人员，处 2000 元以上 2 万元以下罚款。

3. 旅行社责任保险的监管体制

《管理办法》为保监机构和旅游主管部门联合发布的部门规章，对旅游行业和保险行业都具有约束作用。为此，我国对责任险的监管实行"旅保合作"机制，两部门依法在各自职权范围内共同对责任险行使监管权。监管权包括监督检查和行使行政处罚权。

（1）监管主体及职责。①县级以上旅游主管部门依法对旅行社投保责任险情况实施监督管理。②中国保监会及其派出机构依法对旅行社责任险的保险条款和保险费率进行管理；依法对保险公司开展旅行社责任保险业务实施监督管理。

（2）行政处罚权限。①县级以上旅游主管部门对旅行社解除保险合同但未同时订立新的保险合同，保险合同期满前未及时续保，或者人身伤亡责任限额低于 20 万元的，依据《旅行社条例》第 49 条规定责令改正；拒不改正的，吊销旅行社业务经营许可证。②保监会或者其派出机构对保险公司经营旅行社责任保险，违反有关保险条款和保险费率管理规定的，依据《保险法》和中国保监会的有关规定予以处罚；保监会或者其派出机构对保险公司拒绝或者妨碍依法监督检查的，依据《保险法》的有关规定予以处罚。

4. 旅行社责任保险的投保

（1）赔偿责任。保险责任，是保险人依照保险合同的规定，在旅行社组织旅游业务经营活动中依法对旅游者的人身伤亡、财产损失承担的赔偿责任和依法对接受旅行社委派并为旅游者提供服务的导游或者领队人员的人身伤亡承担的赔偿责任。

保险责任范围是确定保险人合同义务的基本依据。保险公司是否向旅行社赔偿，以及赔偿的具体数额，要由双方在合同中约定，但不得小于《管理办法》第 4 条第 2 款所规定的赔偿范围：①因旅行社疏忽或过失应当承担赔偿责任的；②因发生意外事故旅行社应当承担赔偿责任的；③国务院旅游主管部门会同中国保险监督管理委员会规定的其他情形。

（2）保险责任种类。《管理办法》第4条第1款规定，保险责任包括两类：①对旅游者的责任。即旅行社在组织旅游活动中依法对旅游者的人身伤亡、财产损失承担的赔偿责任。对旅游者的责任包括：对旅游者的人身伤亡所承担的赔偿责任和对旅游者的财产损失所承担的赔偿责任。②对导游或者领队人员的责任。即依法对受旅行社委派并为旅游者提供服务的导游或者领队人员的人身伤亡所承担的赔偿责任。对导游或者领队人员的责任仅限于其人身伤亡所应承担的赔偿责任，而不包括导游或者领队人员的财产损失所应承担的赔偿责任。

5. 保险费率和赔偿限额

（1）保险费率。是应缴纳保险费与保险金额的比率，换言之，是保险人用以计算保险费的标准，一般由纯费率和附加费率两部分组成。保险费率应当遵循市场化原则，并与旅行社经营风险相匹配。

（2）赔偿限额。是经保险人和投保人协商约定的、作为保险人承担保险责任的最高限额。旅行社在组织旅游活动中发生保险责任范围情形的，保险公司依法根据保险合同约定，在旅行社责任保险责任限额内予以赔偿。

依据《管理办法》第 18 条第 2 款规定，责任限额可以根据旅行社业务经营范围、经营规模、风险管控能力、当地经济社会发展水平和旅行社自身需要，由旅行社与保险公司协商确定，但每人人身伤亡责任限额不得低于 20 万元。此即构成了旅行社的最低投保义务，如果旅行社不足额投保，则需要承担相应的责任。

6. 投保旅行社责任保险当事人的义务

投保责任保险的当事人，是指旅行社（投保人）和保险公司（承保人）。双方应当依法订立书面旅行社责任保险合同（保险合同）；应当依照《保险法》的有关规定履行告知和说明义务。旅行社投保责任险，可以依法自主投保，也可以由组织统一投保。

《管理办法》第10~14条做了相应的规定。

（1）旅行社的义务。①保险合同成立后，按照约定交付保险费。②解除保险合同的，应当同时订立新的保险合同，并书面通知所在地县级以上旅游主管部门，但因旅行社业务经营许可证被依法吊销或注销而解除合同的除外。三是名称、法定代表人或者业务经营范围等重要事项变更时，应及时通知保险公司，必要时，应办理责任险变更合同手续。

（2）保险公司的义务。①订立保险合同时，不得强迫旅行社投保其他商业保险。②对旅行社按照约定交付保险费的，应当及时签发载明当事人约定的合同内容的保险单或者其他保险凭证，同时按照约定的时间开始承担保险责任。③除符合《保险法》规定的情形，不得解除保险合同。四是保险合同解除的，应当收回保险单，并书面通知旅行社所在地县级以上旅游主管部门。

7. 保险期限

保险期限，又称保险期间，是指保险合同的有效期限，也叫保险责任的起讫期限。既是保险合同当事人履行义务的重要根据（只有在保险期限内发生的保险事故，才能导致保险人承担保险责任），又是计算保险费的根据。《管理办法》第15条规定，旅行社责任保险的保险期限为1年。即旅行社投保责任险后，在1年的保险期限内，如果发生投保范围内的赔偿责任，由承保的保险公司承担赔偿责任。

8. 旅行社责任保险的赔偿

《管理办法》规范了请求赔偿人在责任险索赔过程中旅行社与保险公司的责任与行为。请求赔偿人，是指旅行社、受害人（受害的旅游者、导游及领队人员）。

（1）旅行社的责任与行为

①通知保险事故。在发生保险事故时，旅行社或者受害的旅游者、导游及领队人员应及时通知保险公司。

②提供证明和资料。保险事故发生后，按照保险合同请求保险公司赔偿保险金时，应当向保险公司提交其所能提供的与确认保险事故的性质、原因、损失程度等有关的证明和资料。

③依法解决争议。双方对赔偿有争议的，可以按照双方的约定申请仲

裁，或者依法向人民法院提起诉讼。

（2）保险公司的责任与行为

①及时告知。旅行社组织的旅游活动中发生保险事故，旅行社或受害的旅游者、导游及领队人员通知保险公司的，保险公司应当及时告知具体的赔偿程序等有关事项。

保险公司按照保险合同约定，认为有关证明和资料不完整的，应当及时一次性通知旅行社补充提供。

②直接赔偿。旅行社对受害人应负的赔偿责任确定的，根据旅行社的请求，直接向受害人赔偿保险金。旅行社怠于请求的，受害人有权就其应获赔偿部分直接向保险公司请求赔偿。

③履行赔偿义务。《管理办法》第21条规定，保险公司收到赔偿保险金的请求和相关证明、资料后，应当及时做出核定；情形复杂的，应当在30日内做出核定，但合同另有规定的除外。保险公司应当及时将核定结果通知旅行社以及受害人；对属于保险责任的，在与旅行社达成赔偿保险金的协议后10日内，履行赔偿保险金义务。

④代位请求赔偿权。《管理办法》第22、23条规定，因抢救受伤人员需要保险公司先行赔付保险金用于支付抢救费用的，保险公司在接到旅行社或者受害人通知后，经核定属于保险责任的，可以在责任限额内先向医疗机构支付必要的费用。其中，因第三人损害而造成保险事故的，保险公司自直接赔偿保险金或者先行支付抢救费用之日起，在赔偿、支付金额范围内代为行使对第三者请求赔偿的权利。旅行社以及受害人应当向保险公司提供必要的文件和所知道的有关情况。

二、其他旅游经营者责任保险

1. 确立其他旅游经营者责任保险的立法背景

旅游活动具有群体性、异地性的特点，旅游经营场所属于公众聚集场所，容易发生旅游安全事故。基于以下原因我国确立其他旅游经营者实行责任保险制度：

（1）有的经营场所属于人员密集场所，有的经营活动风险程度较高，一旦发生群体性伤亡事故，需要大量赔付资金。实行责任保险制度，有利于旅游经营者转移风险，提高赔付能力，保障旅游者的利益。

（2）法定强制责任险有利于降低单个经营者投保责任险的保费。责任保险费率的制定，通常根据责任保险的风险大小、损失率的高低及投保人的数量等来确定。目前，一些住宿、景区、高风险旅游项目经营者愿意投保责任险，但是由于投保人基数过低，导致保费数额巨大，企业难以承受。

（3）我国旅游者投保商业险的意识相对较低，规定强制责任保险制度，有利于提高经营者的风险防范和保险意识。

2. 其他旅游者实施责任保险的规定

《旅游法》第 56 条规定，国家根据旅游活动的风险程度，对住宿、旅游交通以及本法第 47 条规定的高风险旅游项目等经营者实施责任保险制度，即旅行社、住宿、旅游交通以及高空、高速、水上、潜水、探险等高风险旅游项目的经营者应投保责任保险。

随着《旅行社条例》和《管理办法》对旅行社责任保险制度的规范，我国实行旅行社责任保险制度已有多年，特别是近年来在全国旅行社推广的责任险统保示范项目得到了社会的充分认可，积累了丰富的经验，因此《旅游法》在法律的层面上予以了确认。

在旅游交通方面，我国目前已经对客运经营者实行了承运人责任保险制度。《道路运输条例》第 36 条规定，客运经营者、危险货物运输经营者应当分别为旅客或危险货物投保承运人责任险，这一点在《旅游法》中得以明确。

考虑到住宿场所容易发生群死群伤事件，一旦发生事故，住宿经营者难以赔偿对住宿客人造成的损害，需要通过责任保险的方式转移风险，而高风险旅游项目的风险程度以及发生事故的概率比较高，也宜采用责任保险法律制度。

第十五章
出入境与交通法律制度

章节练习
视频课程

本章导读

【本章概述】 本章内容主要包括出境入境的含义和立法概况，旅游交通的含义、特点及立法概况，中国公民出境入境和外国人入境出境义务性规定和禁止性规定及相关法律责任，航空、铁路、道路和水路运输承运人和旅客之间的权利和义务关系及相关法律责任。

【学习要求】 了解《公共航空运输旅客服务管理规定》《铁路旅客运输规程》《道路旅客运输及客运站管理规定》《国内水路运输管理规定》关于航空、铁路、道路和水路运输承运人和旅客之间的权利和义务关系及相关法律责任的规定；熟悉《中华人民共和国出境入境管理法》《中华人民共和国护照法》关于中国公民出境入境和外国人入境出境的证件制度、义务性规定和禁止性规定及相关法律责任。

第一节　概　　述

一、旅游出入境

1. 出境入境的含义

出入国境不仅关系到国家的主权、安全、人民的健康，也直接关系到旅游者的合法权益的保障。为了维护正常的国际交往秩序，保护旅游者的合法权益，对于旅游从业人员，应当掌握相关出入境管理法律知识。

通常，“出境入境”简称“出入境”指出入国境。《中华人民共和国出境入境管理法》（以下简称《出入境管理法》）第 89 条规定，出境，是指中国内地前往其他国家或者地区，由中国内地前往香港特别行政区、澳门特别行政区，由大陆前往台湾地区；入境，是指由其他国家或地区进入中国内地，由香港特别行政区、澳门特别行政区进入中国内地，由台湾地区进入中国大陆。

2. 出入境立法概况

出入境法律事关国家主权、安全和社会秩序。尽管相关法律法规并不是为旅游业的发展而制定的，但旅游业必须遵守，特别是对于经营入境旅游接待、出境旅游组团的旅行社而言。出入境法律、法规制度是与旅游业发展关系密切的相关法律制度的重要组成部分，2006 年 4 月 29 日，全国人大常委会通过了自 2007 年 1 月 1 日起施行的《中华人民共和国护照法》（以下简称《护照法》），规定了出入境证件制度。2012 年 6 月，全国人大常委会通过了自 2013 年 7 月 1 日生效的《中华人民共和国出境入境管理法》，规定了中国公民出境入境和外国人入境出境的义务性规定、禁止性规定以及违反这些法律制度所应当承担的法律责任。实践中，涉及出境入境的法律法规还包括《中华人民共和国海关法》《中华人民共和国国境卫生检疫法》《中华人民共和国进出境动植物检疫法》《中华人民共和国出境入境边防检查条例》等。

二、旅游交通

1. 旅游交通的含义及特点

（1）含义。旅游交通，是指利用一定的载运工具，通过一定的交通线路和场、站、港等设施，在约定的期限内，为旅游者提供空间位置转移的服务活动。通常包括航空运输、铁路运输、道路运输、水路运输等。旅游交通是构成旅游业的基础要素，是实现旅游者空间移动的主要手段。

（2）特点。旅游交通具有游览性、舒适性、有明显的淡旺季之分的特点。

2. 旅游交通立法概况

（1）航空运输。1995 年 10 月 30 日，全国人大常委会审议通过了自 1996 年 3 月 1 日起施行的《中华人民共和国民用航空法》（以下简称《航空法》），之后进行了 5 次修正。中国民用航空总局依据《航空法》，陆续发布相关规范性文件。2021 年 2 月 24 日，交通运输部发布了自 2021 年 9 月 1 日起施行的《公共航空运输旅客服务管理规定》（以下简称《航空旅客服务规定》）。

（2）铁路运输。1990 年 9 月 7 日，全国人大常委会审议通过了自 1991 年 5 月 1 日起施行的《中华人民共和国铁路法》，之后进行了 2 次修正。此后，国务院及其铁道部相继发布相关法规、部门规章，1997 年发布了自同年 12 月 1 日起施行的《铁路旅客运输规程》，2010 年《铁路旅客运输规程》依法修订。

（3）道路运输。1997 年 7 月 3 日，全国人大常委会审议通过了《中华人民共和国公路法》,2017 年依法修订。国务院于 2004 年 4 月 30 日公布了《中华人民共和国道路运输条例》，并依法进行了 3 次修订。2020 年 7 月 2 日，交通运输部通过了自同年 9 月 1 日起施行的《道路旅客运输及客运站管理规定》（以下简称《道路旅客运输规定》）。

（4）水路运输。1995 年 12 月 12 日，交通运输部发布了自 1996 年 6 月 1 日起施行的《水路旅客运输规则》，后 2 次修正。2012 年 9 月 26 日，国务院通过了自 2013 年 1 月 1 日起施行的《国内水路运输管理条例》，后 3 次修订。2014 年 1 月 3 日，交通运输部发布了自同年 3 月 1 日起施行的《国内水路运输管理规定》，后 3 次修订。

第二节　出入境管理法律制度

一、出入境证件制度

1. 出入境证件的含义

出入境证件，是指政府有关主管部门颁发给旅游者的，用于在旅行、旅游过程中证明旅游者合法身份的有效证件。我国与出入境旅游直接相关的旅行证件主要有护照、签证、入出境通行证、旅行证等。

2. 出入境证件的管理

《出入境管理法》第 9 条第 1、第 2 款规定，中国公民出境入境，应当依法办理护照或者其他旅行证件。中国公民前往其他国家和地区，还需要取得前往国签证或者其他入境许可证明。但是，中国政府与其他国家政府签订互免签证协议或者公安部、外交部另有规定的除外。

（1）护照

①含义。《护照法》第2条规定，中华人民共和国护照是中华人民共和国公民出入国境和在国外证明国籍和身份的证件。任何组织或者个人不得伪造、变造、转让、故意损毁或者非法扣押护照。据此，护照是主权国家政府发给本国公民出入国境和在国外居留、旅行等合法的身份证件以其证明该公民的国籍、身份及出国目的。凡出国人员均须持有有效护照，以备有关当局查验。

②类别及签发机构。根据持照人的出国目的和颁证机关的不同，护照分为普通护照、外交护照和公务护照。旅游者参加出国旅游活动持普通护照。《护照法》第4条规定，普通护照由公安机关出入境管理机构或者公安部委托的县级以上地方人民政府公安机关出入境管理机构以及中华人民共和国驻外使领馆和外交部委托的其他驻外机构签发。

③登记项目和有效期。《护照法》第7条规定，登记项目包括持有人的姓名、性别、出生日期、出生地，护照的签发日期、有效期、签发地点和签发机关。护照持有人未满16周岁的，有效期为5年；16周岁以上的，有效期为10年。

④申请办理。国内申请护照，根据《护照法》第5条规定，公民因前往外国定居、探亲、学习、就业、旅行、从事商务活动等非公务原因出国的，由本人向户籍所在地的县级以上地方人民政府公安机关出入境管理机构申请普通护照。第6条规定，公民申请普通护照，应当提交本人的居民身份证、户口簿、近期免冠照片以及申请事由的相关材料。国家工作人员因非公务原因出境申请普通护照的，还应当按照国家有关规定提交相关证明文件。公安机关出入境管理机构应当自收到申请材料之日起15日内签发普通护照；对不符合规定不予签发的，应当书面说明理由，并告知申请人享有依法申请行政复议或者提起行政诉讼的权利。在偏远地区或者交通不便的地区或者因特殊情况，不能按期签发护照的，经护照签发机关负责人批准，签发时间可以延长至30日。公民因合理紧急事由请求加急办理的，公安机关出入境管理机构应当及时办理。境外申请护照，中国公民在境外申请护照，应当直接向我国驻外使领馆、外交代表机关及外交部授权的其他驻外机关提出申请，由这些机关或部门进行审核和颁发护照。

⑤换发或补发。《护照法》第 11 条规定，有下列情形之一的，护照持有人可以按照规定申请换发或者补发：因护照有效期即将届满的、护照签证页即将使用完毕的、护照损毁不能使用的、护照遗失或者被盗的、有正当理由需要换发或者补发的其他情形。持证人可以在护照期满前申请延期。

⑥不予签发的情形。《护照法》第 13 条规定，有下列情形之一的，护照签发机关不予签发护照：不具有中国国籍的；无法证明身份的；在申请过程中弄虚作假的；被判处刑罚正在服刑的；人民法院通知有未了结的民事案件不能出境的；属于刑事案件被告人或者犯罪嫌疑人的；国务院有关主管部门认为出境后将对国家安全造成危害或者对国家利益造成重大损失的。

《护照法》第 14 条规定，有下列情形之一的，护照签发机关自刑罚执行完毕或者被遣返回国之日起 6 个月至 3 年以内不予签发护照：因妨害国（边）境管理受到刑事处罚的；因非法出境、非法居留、非法就业被遣返回国的。

⑦依法扣押情形。《护照法》第 15 条规定，人民法院、人民检察院、公安机关、国家安全机关、行政监察机关因办理案件需要，可以依法扣押案件当事人的护照。案件当事人拒不交出护照，前款规定的国家机关可以提请护照签发机关宣布护照作废。

（2）签证

①含义。《出入境管理法》第 15 条规定，外国人入境，应当向驻外签证机关申请办理签证，但是本法另有规定的除外。签证是主权国家官方机构发给申请者出入该国国境或外国人在该国国内停留、居住的许可证明，是附签于申请人所持入出境通行证件上的文字注明，也是一个国家检查进入或经过这个国家的人员身份和目的的合法性证明。

②类别。《出入境管理法》第 16 条第 1 款规定，签证分为外交签证、礼遇签证、公务签证、普通签证。对因外交、公务事由入境的外国人，签发外交、公务签证；对因身份特殊需要给予礼遇的外国人，签发礼遇签证。对因工作、学习、探亲、旅游、商务活动、人才引进等非外交、公务事由入境的外国人，签发相应类别的普通签证。

③登记项目。《出入境管理法》第 17 条规定，签证的登记项目包括：签证种类，持有人姓名、性别、出生日期、入境次数、入境有效期、停留期限，签发日期、地点，护照或者其他国际旅行证件号码等。

④申请办理。《出入境管理法》第18条规定，外国人申请办理签证，应当向驻外签证机关提交本人的护照或者其他国际旅行证件，以及申请事由的相关材料，按照驻外签证机关的要求办理相关手续、接受面谈。

《出入境管理法》第20条规定，旅行社按照国家有关规定组织入境旅游的，可以向口岸签证机关申请办理团体旅游签证。

⑤免办情形。《出入境管理法》第22条规定，外国人有下列情形之一的，可以免办签证：根据中国政府与其他国家政府签订的互免签证协议，属于免办签证人员的；持有效的外国人居留证件的；持联程客票搭乘国际航行的航空器、船舶、列车从中国过境前往第三国或者地区，在中国境内停留不超过24小时且不离开口岸，或者在国务院批准的特定区域停留不超过规定时限的；国务院规定的可以免办签证的其他情形。

⑥不予签发的情形。《出入境管理法》第21条规定，外国人有下列情形之一的，不予签发签证：被处驱逐出境或者被决定遣送出境，未满不准入境规定年限的；患有严重精神障碍、传染性肺结核病或者有可能对公共卫生造成重大危害的其他传染病的；可能危害中国国家安全和利益、破坏社会公共秩序或者从事其他违法犯罪活动的；在申请签证过程中弄虚作假或者不能保障在中国境内期间所需费用的；不能提交签证机关要求提交的相关材料的；签证机关认为不宜签发签证的其他情形。对不予签发签证的，签证机关可以不说明理由。

（3）其他证件

包括中华人民共和国旅行证、中华人民共和国往来港澳通行证、大陆居民往来台湾通行证和中华人民共和国边境地区通行证等。

①旅行证。中华人民共和国旅行证分1年一次有效和2年多次有效两种，由中国驻外国的外交代表机关、领事机关或者外交部授权的其他驻外机关颁发。

②通行证。根据《出入境管理法》第10条规定，中国公民往来内地与香港、澳门特别行政区，应当依法办理中华人民共和国往来港澳通行证；中国公民往来大陆与台湾地区，应当依法申请办理大陆居民往来台湾通行证。

《护照法》第24条规定，公民从事边境贸易、边境旅游服务或者参加边境旅游等情形，可以向公安部委托的县级以上地方人民政府公安机关出入境管理机构申请中华人民共和国出入境通行证。

二、出入境管理制度

1. 义务性规定

（1）中国公民出入境

①依法申办证件。《出入境管理法》第9条规定，中国公民出境入境，应当依法申请办理护照或者其他旅行证件。中国公民前往其他国家或者地区，还需要取得前往国签证或者其他入境许可证明。但是，中国政府与其他国家政府签订互免签证协议或者公安部、外交部另有规定的除外。截至2020年10月，我国已与148个国家缔结互免签证协议，中国公民持所适用的护照前往下列国家短期旅行通常无须事先申请签证。[①] 截至2021年1月，我国与15个国家互免普通护照签证，18个国家和地区单方面允许中国公民免签入境，40个国家和地区单方面允许中国公民办理落地签证。[②]

《出入境管理法》第10条规定，中国公民往来内地与香港特别行政区、澳门特别行政区，中国公民往来大陆与台湾地区，应当依法申请办理通行证件，并遵守本法有关规定。具体管理办法由国务院规定。

②依法交验证件。《出入境管理法》第11条规定，中国公民出境入境，应当向出入境边防检查机关交验本人的护照或者其他旅行证件等出境入境证件，履行规定的手续，经查验准许，方可出境入境。具备条件的口岸、出入境边防检查机关应当为中国公民出境入境提供专用通道等便利措施。

③依法接受检查。《出入境管理法》第6条规定，中国公民、外国人以及交通运输工具应当从对外开放的口岸出境入境，特殊情况下，可以从国务院或者国务院授权的部门批准的地点出境入境。出境入境人员和交通运输工具应当接受出境入境边防检查。

（2）外国人入出中国国境

①依法办理证件。《出入境管理法》第15条规定，外国人入境，应当向

① 中国领事服务网．中国与外国互免签证协定一览表［EB/OL］．http://cs.mfa.gov.cn/zggmcg/cgqz/qzxx_660462/t833978.shtml.2020-10-21.

② 中国领事服务网．持普通护照中国公民前往有关国家和地区入境便利待遇一览表［EB/OL］．http://cs.mfa.gov.cn/zggmcg/cgqz/qzxx_660462/t1185357.shtml.2021-01-01.

驻外签证机关申请办理签证，但是本法另有规定的除外。

②依法交验证件。《出入境管理法》第 24 条规定，外国人入境，应当向出入境边防检查机关交验本人的护照或者其他国际旅行证件、签证或者其他入境许可证明，履行规定的手续，经查验准许，方可入境。第 27 条规定，外国人出境，应当向出入境边防检查机关交验本人的护照或者其他国际旅行证件等出境入境证件，履行规定的手续，经查验准许，方可出境。

③依法接受检查。《出入境管理法》第 6 条规定，外国人以及交通运输工具应当从对外开放的口岸出境入境，特殊情况下，可以从国务院或者国务院授权的部门批准的地点出境入境。出境入境人员和交通运输工具应当接受出境入境边防检查。

④遵守中国法律。《出入境管理法》第 3 条规定，在中国境内的外国人的合法权益受法律保护。在中国境内的外国人应当遵守中国法律，不得危害中国国家安全、损害社会公共利益、破坏社会公共秩序。

2. 禁止性规定

（1）中国公民的出境限制

《出入境管理法》第 12 条规定，中国公民有下列情形之一的，不准出境：未持有效出境入境证件或者拒绝、逃避接受边防检查的；被判处刑罚尚未执行完毕或者属于刑事案件被告人、犯罪嫌疑人的；有未了结的民事案件，人民法院决定不准出境的；因妨害国（边）境管理受到刑事处罚或者因非法出境、非法居留、非法就业被其他国家或者地区遣返，未满不准出境规定年限的；可能危害国家安全和利益，国务院有关主管部门决定不准出境的；法律、行政法规规定不准出境的其他情形。

（2）外国人入出中国国境的限制

①入境限制性规定。《出入境管理法》第 25 条规定，外国人不准入境的情形有：未持有效出境入境证件或者拒绝、逃避接受边防检查的；具有《出境入境管理法》规定的不予签发签证情形的；入境后可能从事与签证种类不符的活动的；法律、行政法规规定不准入境的其他情形。对不准入境的，出入境边防检查机关可以不说明理由。

②出境限制性规定。《出入境管理法》第 28 条规定，外国人不准出境的情形有：被判处刑罚尚未执行完毕或者属于刑事案件被告人、犯罪嫌疑人

的，但是按照中国与外国签订的有关协议，移管被判刑人的除外；有未了结的民事案件，人民法院决定不准出境的；拖欠劳动者的劳动报酬，经国务院有关部门或省、自治区、直辖市人民政府决定不准出境的；法律、行政法规规定不准出境的其他情形。

三、法律责任

（1）《出入境管理法》第71条规定，有下列行为之一的，处1000元以上5000元以下罚款；情节严重的，处5日以上10日以下拘留，可以并处2000元以上1万元以下罚款：①持用伪造、变造、骗取的出境入境证件出境入境的；②冒用他人出境入境证件出境入境的；③逃避出境入境边防检查的；④以其他方式非法出境入境的。

（2）《出入境管理法》第72条规定，协助他人非法出境入境的，处2000元以上1万元以下罚款；情节严重的，处10日以上15日以下拘留，并处5000元以上2万元以下罚款，有违法所得的，没收违法所得。

（3）《出入境管理法》第73条规定，弄虚作假骗取签证、停留居留证件等出境入境证件的，处2000元以上5000元以下罚款；情节严重的，处10日以上15日以下拘留，并处5000元以上2万元以下罚款。

（4）《出入境管理法》第74条规定，违反法律规定，为外国人出具邀请函件或者其他申请材料的，处5000元以上1万元以下罚款；有违法所得的，没收违法所得，并责令其承担所邀请外国人的出境费用。

（5）《出入境管理法》第75条规定，中国公民出境后非法前往其他国家或者地区被遣返的，出入境边防检查机关应当收缴其出境入境证件，出境入境证件签发机关自其被遣返之日起6个月至3年以内不予签发出境入境证件。

（6）《出入境管理法》第76条规定，有下列情形之一的，给予警告，可以并处2000元以下罚款：①外国人拒不接受公安机关查验其出境入境证件的；②外国人拒不交验居留证件的；③未按照规定办理外国人出生登记、死亡申报的；④外国人居留证件登记事项发生变更，未按照规定办理变更的；⑤在中国境内的外国人冒用他人出境入境证件的；⑥未按照《出境入境管理法》规定办理住宿登记的。

第三节　交通运输法律制度

一、航空运输法律制度[①]

1. 承运人的权利

（1）知晓购票人有关信息。《航空旅客服务规定》第18条规定，购票人应当向承运人或者其航空销售代理人提供国家规定的必要个人信息以及旅客真实有效的联系方式。

（2）拒绝运输的情形。《航空旅客服务规定》第31条规定，有下列情况之一的，承运人应当拒绝运输：①依据国家有关规定禁止运输的旅客或者物品；②拒绝接受安全检查的旅客；③未经安全检查的行李；④办理乘机登记手续时出具的身份证件与购票时身份证件不一致的旅客；⑤国家规定的其他情况。除前款规定外，旅客的行为有可能危及飞行安全或者公共秩序的，承运人有权拒绝运输。第32条规定，旅客因本规定第31条被拒绝运输而要求出具书面说明的，除国家另有规定外，承运人应当及时出具；旅客要求变更客票或者退票的，承运人可以按照所适用的运输总条件、客票使用条件办理。

2. 承运人的义务

（1）制定运输总条件。《航空旅客服务规定》第6条规定，承运人应当根据本规定制定并公布运输总条件，细化相关旅客服务内容。承运人的运输总条件不得与国家法律法规以及涉及民航管理的规章相关要求相抵触。第7条规定，承运人修改运输总条件的，应当标明生效日期。修改后的运输总条件不得将限制旅客权利或者增加旅客义务的修改内容适用于修改前已购票的旅客，但是国家另有规定的除外。第8条规定，运输总条件至少应当包括下列内容：①客票销售和退票、变更实施细则；②旅客乘机相关规定，包括婴儿、孕妇、无成人陪伴儿童、重病患者等特殊旅客的承运标准；③行李运输具体要求；④超售处置规定；⑤受理投诉的电子邮件地址和电话。前款所列

① 本文仅介绍《公共航空运输旅客服务管理规定》中，航空运输承运人和旅客之间的权利和义务关系及法律责任。

事项变化较频繁的，可以单独制定相关规定，但应当视为运输总条件的一部分，并与运输总条件在同一位置以显著方式予以公布。

《航空旅客服务规定》第37条规定，承运人应当在运输总条件中明确行李运输相关规定，至少包括下列内容：①托运行李和非托运行李的尺寸、重量以及数量要求；②免费行李额；③超限行李费计算方式；④是否提供行李声明价值服务，或者为旅客办理行李声明价值的相关要求；⑤是否承运小动物，或者运输小动物的种类及相关要求；⑥特殊行李的相关规定；⑦行李损坏、丢失、延误的赔偿标准或者所适用的国家有关规定、国际公约。

（2）保护旅客个人信息。《航空旅客服务规定》第14条规定，承运人应当遵守国家关于个人信息保护的规定，不得泄露、出售、非法使用或者向他人提供旅客个人信息。

（3）销售时告知航班主要服务信息。《航空旅客服务规定》第15条规定，承运人或者其航空销售代理人通过网络途径销售客票的，应当以显著方式告知购票人所选航班的主要服务信息，至少应当包括：①承运人名称，包括缔约承运人和实际承运人；②航班始发地、经停地、目的地的机场及其航站楼；③航班号、航班日期、舱位等级、计划出港和到港时间；④同时预订两个及以上航班时，应当明确是否为联程航班；⑤该航班适用的票价以及客票使用条件，包括客票变更规则和退票规则等；⑥该航班是否提供餐食；⑦按照国家规定收取的税、费；⑧该航班适用的行李运输规定，包括行李尺寸、重量、免费行李额等。承运人或者其航空销售代理人通过售票处或者电话等其他方式销售客票的，应当告知购票人前款信息或者获取前款信息的途径。

《航空旅客服务规定》第16条规定，承运人或者其航空销售代理人通过网络途径销售客票的，应当将运输总条件的全部内容纳入到旅客购票时的必读内容，以必选项的形式确保购票人在购票环节阅知。承运人或者其航空销售代理人通过售票处或者电话等其他方式销售客票的，应当提示购票人阅读运输总条件并告知阅读运输总条件的途径。

《航空旅客服务规定》第17条规定，承运人或者其航空销售代理人在销售国际客票时，应当提示旅客自行查阅航班始发地、经停地或者目的地国的出入境相关规定。

（4）出票后告知行程重要内容。《航空旅客服务规定》第20条规定，承运人或者其航空销售代理人出票后，应当以电子或者纸质等书面方式告知旅客涉及行程的重要内容，至少应当包括：①本规定第 15 条第 1 款所列信息；②旅客姓名；③票号或者合同号以及客票有效期；④出行提示信息，包括航班始发地停止办理乘机登记手续的时间要求、禁止或者限制携带的物品等；⑤免费获取所适用运输总条件的方式。

（5）录入和保存客票销售相关信息。《航空旅客服务规定》第 19 条规定，承运人或者其航空销售代理人在销售客票时，应当将购票人提供的旅客联系方式等必要个人信息准确录入旅客定座系统。第 21 条规定，承运人、航空销售代理人、航空销售网络平台经营者、航空信息企业应当保存客票销售相关信息，并确保信息的完整性、保密性、可用性。信息保存时间自交易完成之日起不少于 3 年。法律、行政法规另有规定的，依照其规定。

（6）提供客票变更和退票服务

①变更。第一，自愿变更。《航空旅客服务规定》第 23 条规定，旅客自愿变更客票或者自愿退票的，承运人或者其航空销售代理人应当按照所适用的运输总条件、客票使用条件办理。第二，非自愿变更。《航空旅客服务规定》第 24 条规定，由于承运人原因导致旅客非自愿变更客票的，承运人或者其航空销售代理人应当在有可利用座位或者被签转承运人同意的情况下，为旅客办理改期或者签转，不得向旅客收取客票变更费。由于非承运人原因导致旅客非自愿变更客票的，承运人或者其航空销售代理人应当按照所适用的运输总条件、客票使用条件办理。第 25 条规定，旅客非自愿退票的，承运人或者其航空销售代理人不得收取退票费。

②退款与退票服务。《航空旅客服务规定》第 26 条规定，承运人或者其航空销售代理人应当在收到旅客有效退款申请之日起 7 个工作日内办理完成退款手续，上述时间不含金融机构处理时间。

《航空旅客服务规定》第 27 条规定，在联程航班中，因其中一个或者几个航段变更，导致旅客无法按照约定时间完成整个行程的，缔约承运人或者其航空销售代理人应当协助旅客到达最终目的地或者中途分程地。在联程航班中，旅客非自愿变更客票的，按照本规定第 24 条办理；旅客非自愿退票的，按照本规定第 25 条办理。

《航空旅客服务规定》第 34、第 49 条规定，因承运人原因导致旅客误机、错乘、漏乘的，或因超售导致旅客自愿放弃行程或者被拒绝登机的，承运人或者其航空销售代理人应当按照本规定第 24 条第 1 款、第 25 条办理客票变更或者退票。因非承运人原因导致前款规定情形的，承运人或者其航空销售代理人可以按照本规定第 23 条办理客票变更或者退票。

（7）有关信息告知。《航空旅客服务规定》第 30 条规定，旅客在办理乘机登记手续时，承运人或者其地面服务代理人应当将旅客姓名、航班号、乘机日期、登机时间、登机口、航程等已确定信息准确、清晰地显示在纸质或者电子登机凭证上。登机口、登机时间等发生变更的，承运人、地面服务代理人、机场管理机构应当及时告知旅客。

（8）制定应急处理预案。《航空旅客服务规定》第 33 条规定，承运人、机场管理机构应当针对旅客突发疾病、意外伤害等对旅客健康情况产生重大影响的情形，制定应急处置预案。

（9）提供行李托运服务。《航空旅客服务规定》第 35 条规定，承运人、地面服务代理人、机场管理机构应当建立托运行李监控制度，防止行李在运送过程中延误、破损、丢失等情况发生。承运人、机场管理机构应当积极探索行李跟踪等新技术应用，建立旅客托运行李全流程跟踪机制。

《航空旅客服务规定》第 38 条规定，承运人或者其地面服务代理人应当在收运行李后向旅客出具纸质或者电子行李凭证。

《航空旅客服务规定》第 39 条规定，承运人应当将旅客的托运行李与旅客同机运送。除国家另有规定外，不能同机运送的，承运人应当优先安排该行李在后续的航班上运送，并及时通知旅客。

《航空旅客服务规定》第 40 条规定，旅客的托运行李延误到达的，承运人应当及时通知旅客领取。除国家另有规定外，由于非旅客原因导致托运行李延误到达，旅客要求直接送达的，承运人应当免费将托运行李直接送达旅客或者与旅客协商解决方案。

《航空旅客服务规定》第 41 条规定，在行李运输过程中，托运行李发生延误、丢失或者损坏，旅客要求出具行李运输事故凭证的，承运人或者其地面服务代理人应当及时提供。

（10）航班超售问题处理。《航空旅客服务规定》第 43 条规定，承运人应当在运输总条件中明确超售处置相关规定，至少包括下列内容：①超售信息告知规定；②征集自愿者程序；③优先登机规则；④被拒绝登机旅客赔偿标准、方式和相关服务标准。

《航空旅客服务规定》第 44 条规定，因承运人超售导致实际乘机旅客人数超过座位数时，承运人或者其地面服务代理人应当根据征集自愿者程序，寻找自愿放弃行程的旅客。未经征集自愿者程序，不得使用优先登机规则确定被拒绝登机的旅客。第 45 条规定，在征集自愿者时，承运人或者其地面服务代理人应当与旅客协商自愿放弃行程的条件。第 46 条规定，承运人的优先登机规则应当符合公序良俗原则，考虑的因素至少应当包括老幼病残孕等特殊旅客的需求、后续航班衔接等。承运人或者其地面服务代理人应当在经征集自愿者程序未能寻找到足够的自愿者后，方可根据优先登机规则确定被拒绝登机的旅客。

《航空旅客服务规定》第 47 条规定，承运人或者其地面服务代理人应当按照超售处置规定向被拒绝登机旅客给予赔偿，并提供相关服务。

《航空旅客服务规定》第 48 条规定，旅客因超售自愿放弃行程或者被拒绝登机时，承运人或者其地面服务代理人应当根据旅客的要求，出具因超售而放弃行程或者被拒绝登机的证明。

（11）旅客投诉处理。《航空旅客服务规定》第 51 条规定，承运人、机场管理机构、地面服务代理人、航空销售代理人、航空销售网络平台经营者应当设置电子邮件地址、中华人民共和国境内的投诉受理电话等投诉渠道，并向社会公布。承运人、机场管理机构、地面服务代理人、航空销售代理人、航空销售网络平台经营者应当设立专门机构或者指定专人负责受理投诉工作。港澳台地区承运人和外国承运人应当具备以中文受理和处理投诉的能力。

《航空旅客服务规定》第 52 条规定，承运人、机场管理机构、地面服务代理人、航空销售代理人、航空销售网络平台经营者收到旅客投诉后，应当及时受理；不予受理的，应当说明理由。承运人、机场管理机构、地面服务代理人、航空销售代理人、航空销售网络平台经营者应当在收到旅客投诉之日起 10 个工作日内做出包含解决方案的处理结果。承运人、机场管理机构、地面服务代理人、航空销售代理人、航空销售网络平台经营者应当书面记录旅客的投诉情况及处理结果，投诉记录至少保存 3 年。

（12）信息报告。《航空旅客服务规定》第54条规定，承运人应当将运输总条件通过民航服务质量监督平台进行备案。运输总条件发生变更的，应当自变更之日起5个工作日内在民航服务质量监督平台上更新备案。备案的运输总条件应当与对外公布的运输总条件保持一致。

《航空旅客服务规定》第56条规定，承运人、机场管理机构、地面服务代理人、航空销售代理人、航空销售网络平台经营者应当将投诉受理电话、电子邮件地址、投诉受理机构等信息通过民航服务质量监督平台进行备案。前款所述信息发生变更的，应当自变更之日起5个工作日内在民航服务质量监督平台上更新备案。

《航空旅客服务规定》第57条规定，承运人、机场管理机构、地面服务代理人、航空销售代理人、航空销售网络平台经营者、航空信息企业等相关单位，应当按照民航行政机关要求报送旅客运输服务有关数据和信息，并对真实性负责。

3. 承运人的法律责任

（1）《航空旅客服务规定》第58条规定，有下列行为之一的，由民航行政机关责令限期改正；逾期未改正的，依法记入民航行业严重失信行为信用记录：①承运人违反本规定第6~8条，未按照要求制定、修改、适用或者公布运输总条件的；②承运人或者其地面服务代理人违反本规定第44条、第45条、第46条第2款、第47条，未按照要求为旅客提供超售后的服务的；③承运人、机场管理机构、地面服务代理人、航空销售代理人、航空销售网络平台经营者违反本规定第51条第1款、第2款，第52条第1款、第2款，未按照要求开展投诉受理或者处理工作的。

（2）《航空旅客服务规定》第59条规定，有下列行为之一的，由民航行政机关责令限期改正；逾期未改正的，处1万元以下的罚款；情节严重的，处2万元以上3万元以下的罚款：①承运人、航空销售网络平台经营者、机场管理机构违反本规定第9条第1款、第10条第2款、第11条、第12条，未采取有效督促措施的；②承运人、航空销售代理人违反本规定第9条第2款，未按照要求准确提供相关服务规定或者擅自更改承运人相关服务规定的；③航空信息企业违反本规定第13条，未按照要求完善信息系统功能的；④承运人或者其航空销售代理人违反本规定第19条，未按照要求录入旅客信息的；⑤承运人、航空销售代理人、航空信息企业违反本规定第 21 条，未按照要求保存相关信息的；⑥承运人违反本规定第 32 条，未按照要求出具被拒绝运输书面说明的；⑦承运人、机场管理机构违反本规定第 33 条，未按照要求制定应急处置预案的；⑧承运人、地面服务代理人、机场管理机构违反本规定第 35 条第 1 款，未按照要求建立托运行李监控制度的；⑨承运人或者其地面服务代理人违反本规定第 41 条，未按照要求提供行李运输事故凭证的；⑩承运人或者其地面服务代理人违反本规定第 48 条，未按照要求出具相关证明的；⑪港澳台地区承运人和外国承运人违反本规定第 51 条第 3 款，未按照要求具备以中文受理和处理投诉能力的；⑫承运人、机场管理机构、地面服务代理人、航空销售代理人、航空销售网络平台经营者违反本规定第 52 条第 3 款，未按照要求保存投诉记录的；⑬承运人、机场管理机构、地面服务代理人、航空销售代理人、航空销售网络平台经营者违反本规定第 53 条第 3 款，未按照要求在民航服务质量监督平台上处理投诉的；⑭承运人违反本规定第 54 条、第 55 条，未按照要求将运输总条件、地面服务代理人、航空销售代理人的相关信息备案的；⑮承运人、机场管理机构、地面服务代理人、航空销售代理人、航空销售网络平台经营者违反本规定第 56 条，未按照要求将投诉相关信息备案的；⑯承运人、机场管理机构、地面服务代理人、航空销售代理人、航空销售网络平台经营者违反本规定第 57 条，未按照要求报送相关数据和信息的。

（3）《航空旅客服务规定》第 61 条规定，承运人、机场管理机构、地面服务代理人、航空销售代理人、航空销售网络平台经营者、航空信息企业违反本规定第 14 条，侵害旅客个人信息，构成《中华人民共和国消费者权益保护法》规定的侵害消费者个人信息依法得到保护的权利的，依照《中华人民共和国消费者权益保护法》的规定执行。承运人或者其航空销售代理人违反本规定第 23 ~ 27 条，未按照要求办理客票变更、退票或者未履行协助义务，构成《中华人民共和国消费者权益保护法》规定的故意拖延或者无理拒绝消费者提出的更换、退还服务费用要求的，依照《中华人民共和国消费者权益保护法》的规定执行。

二、铁路运输法律制度 ①

1. 承运人的权利

（1）旅客运输。《铁路旅客运输规程》第10条第1款规定，旅客运输，承运人的基本权利包括：依照规定收取运输费用；要求旅客遵守国家法令和铁路规章制度，保证安全；对损害他人的利益和铁路设备、设施的行为有权制止、消除危险和要求赔偿。

（2）行李、包裹运输。《铁路旅客运输规程》第61条第1款规定，行李、包裹运输，承运人的义务包括：按规定收取运输费用，要求托运的物品符合国家政策法令和铁路规章制度。对托运的物品进行安全检查，对不符合运输条件的物品拒绝承运；因托运人、收货人的责任给他人或承运人造成损失时向责任人要求赔偿。

2. 承运人的义务

（1）旅客运输。《铁路旅客运输规程》第10条第2款规定，旅客运输，承运人的义务包括：确保旅客运输安全正点；为旅客提供良好的旅行环境和服务设施，不断提高服务质量，文明礼貌地为旅客服务；对运送期间发生的旅客身体损害予以赔偿；对运送期间因承运人过错造成的旅客随身携带物品损失予以赔偿。

（2）行李、包裹运输。《铁路旅客运输规程》第61条第2款规定，行李、包裹运输，承运人的基本义务包括：为托运人提供方便、快捷的运输条件，将行李、包裹安全、及时、准确运送到目的地；行李、包裹从承运后至交付前，发生灭失、损坏、变质、污染时，负赔偿责任。

3. 承运人的法律责任

（1）对旅客身体损害的赔偿责任

①赔偿标准。《铁路旅客运输规程》第114条规定，旅客身体损害赔偿金的最高限额为人民币40000元，随身携带品赔偿金的最高限额800元。经承运人证明事故是由承运人和旅客或托运人的共同过错所致，应根据各自过错的程度分别承担责任。

① 本文仅介绍《铁路旅客运输规程》中铁路运输承运人和旅客之间的权利和义务关系及法律责任。

②免责情形。《铁路旅客运输规程》第117条规定，因下列原因造成的旅客身体损害承运人不承担责任：不可抗力；旅客自身健康原因造成的或者承运人证明伤亡是旅客故意、重大过失造成的。

（2）对行李、包裹损毁的赔偿责任

①赔偿标准。《铁路旅客运输规程》第115条规定，行李、包裹事故赔偿标准为：按保价运输办理的物品全部灭失时按实际损失赔偿，但最高不超过声明价格。部分损失时，按损失部分所占的比例赔偿。分件保价的物品按所灭失该件的实际损失赔偿，最高不超过该件的声明价格。未按保价运输的物品按实际损失赔偿，但最高连同包装重量每千克不超过15元。如由于承运人故意或重大过失造成的，不受上述赔偿限额的限制，按实际损失赔偿。第116条规定，行李、包裹全部或部分灭失时，退还全部或部分运费。

②免责情形。《铁路旅客运输规程》第118条规定，因下列原因造成的行李、包裹损失承运人不承担责任：不可抗力；物品本身的自然属性或合理损耗；包装方法或容器不良，从外部观察不能发现或无规定的安全标志时；托运人自己押运、带运的包裹（因铁路责任除外）；托运人、收货人违反铁路规章或其他自身的过错。

三、道路运输法律制度[①]

1. 承运人的权利

（1）车辆临时调用。《道路旅客运输规定》第36条规定，在重大活动、节假日、春运期间、旅游旺季等特殊时段或者发生突发事件，客运经营者不能满足运力需求的，道路运输管理机构可以临时调用车辆技术等级不低于二级的营运客车和社会非营运客车开行包车或者加班车。

（2）实名制管理。《道路旅客运输规定》第38条第1、第2款规定，一类、二类客运班线的经营者或者其委托的售票单位、配客站点，应当实行实名售票和实名查验（以下统称“实名制管理”），免票儿童除外。其他客运班线及客运站实行实名制管理的范围，由省级人民政府交通运输主管部门确定。实行实名制管理的客运班线，购票人购票时应当提供有效身份证件原件，并

---

① 本文仅介绍《道路旅客运输及客运站管理规定》中道路客运经营者和旅客之间的权利和义务关系及法律责任。

由售票人在客票上记载旅客的身份信息。通过网络、电话等方式实名购票的，购票人应当提供有效的身份证件信息，并在取票时提供有效身份证件原件。

（3）查验客票。《道路旅客运输规定》第 50 条规定，旅客应当持有效客票乘车，配合行李物品安全检查，按照规定使用安全带，遵守乘车秩序，文明礼貌；不得携带违禁物品乘车，不得干扰驾驶员安全驾驶。实行实名制管理的客运班线及客运站，旅客还应当持有本人有效身份证件原件，配合工作人员查验。旅客乘车前，客运站经营者应当对客票记载的身份信息与旅客及其有效身份证件原件（以下简称“票、人、证”）进行一致性核对并记录有关信息。对旅客拒不配合行李物品安全检查或者坚持携带违禁物品、乘坐实名制管理的客运班线拒不提供本人有效身份证件原件或者票、人、证不一致的，班车客运经营者和客运站经营者不得允许其乘车。

2. 承运人的义务

《旅游法》第 53 条规定，从事道路旅游客运的经营者应当遵守道路客运安全管理的各项制度，并在车辆显著位置明示道路旅游客运专用标识，在车厢内显著位置公示经营者和驾驶人信息、道路运输管理机构监督电话等事项。除此之外，《道路旅客运输规定》规定了道路客运经营者应遵守的具体义务。

（1）按许可从事经营活动。《道路旅客运输规定》第 34 条规定，客运经营者应当按照道路运输管理机构决定的许可事项从事客运经营活动，不得转让、出租道路运输经营许可证件。

《道路旅客运输规定》第 35 条规定，班车客运经营者取得经营许可后，应当向公众提供连续运输服务，不得擅自暂停、终止或者转让班线运输。

《道路旅客运输规定》第 37 条规定，客运班车应当按照许可的起讫地、日发班次下限和备案的途经路线运行，在起讫地客运站点和中途停靠地客运站点（以下统称“配客站点”）上下旅客。客运班车不得在规定的配客站点外上客或者沿途揽客，无正当理由不得改变途经路线。客运班车在遵守道路交通安全、城市管理相关法规的前提下，可以在起讫地、中途停靠地所在的城市市区、县城城区沿途下客。重大活动期间，客运班车应当按照相关道路运输管理机构指定的配客站点上下旅客。

《道路旅客运输规定》第 57 条规定，客运包车应当凭车籍所在地道路运输管理机构配发的包车客运标志牌，按照约定的时间、起始地、目的地和线路运行，并持有包车合同，不得招揽包车合同外的旅客乘车。客运包车除执行道路运输管理机构下达的紧急包车任务外，其线路一端应当在车籍所在的设区的市，单个运次不超过 15 日。

（2）客票补办。《道路旅客运输规定》第 38 条规定，旅客遗失客票的，经核实其身份信息后，售票人应当免费为其补办客票。

（3）依法经营。《道路旅客运输规定》第 39 条规定，客运经营者不得强迫旅客乘车，不得将旅客交给他人运输，不得甩客，不得敲诈旅客，不得使用低于规定的类型等级营运客车承运，不得阻碍其他经营者的正常经营活动。

（4）依法承载。《道路旅客运输规定》第 40 条规定，严禁营运客车超载运行，在载客人数已满的情况下，允许再搭乘不超过核定载客人数 10% 的免票儿童。第 41 条规定，客车不得违反规定载货。客运班车行李舱装载托运物品时，应当不超过行李舱内径尺寸、不大于客车允许最大总质量与整备质量和核定载客质量之差，并合理均衡配重；对于容易在舱内滚动、滑动的物品应当采取有效的固定措施。

（5）遵守运价规定。《道路旅客运输规定》第 42 条规定，客运经营者应当遵守有关运价规定，使用规定的票证，不得乱涨价、恶意压价、乱收费。

（6）公示有关信息。《道路旅客运输规定》第 43 条规定，客运经营者应当在客运车辆外部的适当位置喷印企业名称或者标识，在车厢内醒目位置公示驾驶员姓名和从业资格证号、交通运输服务监督电话、票价和里程表。

（7）提供良好乘车环境。《道路旅客运输规定》第 44 条规定，客运经营者应当为旅客提供良好的乘车环境，确保车辆设备、设施齐全有效，保持车辆清洁、卫生，并采取必要的措施防止在运输过程中发生侵害旅客人身、财产安全的违法行为。客运经营者应当按照有关规定在发车前进行旅客系固安全带等安全事项告知，运输过程中发生侵害旅客人身、财产安全的治安违法行为时，应当及时向公安机关报告并配合公安机关处理治安违法行为。客运经营者不得在客运车辆上从事播放淫秽录像等不健康的活动，不得传播、使用破坏社会安定、危害国家安全、煽动民族分裂等非法出版物。

（8）投保承运人责任险。《道路旅客运输规定》第 46 条规定，客运经营者应当为旅客投保承运人责任险。

（9）加强管理和人员培训。《道路旅客运输规定》第 47 条规定，客运经营者应当加强车辆技术管理，建立客运车辆技术状况检查制度，加强对从业人员的安全、职业道德教育和业务知识、操作规程培训，并采取有效措施，防止驾驶员连续驾驶时间超过4小时。客运车辆驾驶员应当遵守道路运输法规和道路运输驾驶员操作规程，安全驾驶，文明服务。第54条规定，客运车辆驾驶员应当随车携带《道路运输证》、从业资格证等有关证件，在规定位置放置客运标志牌。

（10）制定应急预案、按要求报送信息。《道路旅客运输规定》第48条规定，客运经营者应当制定突发事件应急预案。应急预案应当包括报告程序、应急指挥、应急车辆和设备的储备以及处置措施等内容。发生突发事件时，客运经营者应当服从县级以上人民政府或者有关部门的统一调度、指挥。第49条规定，客运经营者应当建立和完善各类台账和档案，并按照要求及时报送有关资料和信息。第53条规定，班车客运经营者或者其委托的售票单位、配客站点应当针对客流高峰、恶劣天气及设备系统故障、重大活动等特殊情况下实名制管理的特点，制定有效的应急预案。

（11）保存旅客身份和乘车信息。《道路旅客运输规定》第52条规定，班车客运经营者及客运站经营者对实行实名制管理所登记采集的旅客身份信息及乘车信息，除应当依公安机关的要求向其如实提供外，应当予以保密。对旅客身份信息及乘车信息自采集之日起保存期限不得少于1年，涉及视频图像信息的，自采集之日起保存期限不得少于90日。

3. 承运人的法律责任

（1）《道路旅客运输规定》第93条规定，违反本规定，有下列行为之一的，由县级以上道路运输管理机构责令停止经营；有违法所得的，没收违法所得，处违法所得2倍以上10倍以下的罚款；没有违法所得或者违法所得不足2万元的，处3万元以上10万元以下的罚款；构成犯罪的，依法追究刑事责任：①未取得道路客运经营许可，擅自从事道路客运经营的；②未取得道路客运班线经营许可，擅自从事班车客运经营的；③使用失效、伪造、变造、被注销等无效的道路客运许可证件从事道路客运经营的；④超越许可事项，从事道路客运经营的。

（2）《道路旅客运输规定》第95条规定，违反本规定，客运经营者、客运站经营者非法转让、出租道路运输经营许可证件的，由县级以上道路运输管理机构责令停止违法行为，收缴有关证件，处2000元以上1万元以下的罚款；有违法所得的，没收违法所得。

（3）《道路旅客运输规定》第96条规定，违反本规定，客运经营者有下列行为之一的，由县级以上道路运输管理机构责令限期投保；拒不投保的，由原许可机关吊销相应许可：①未为旅客投保承运人责任险的；②未按照最低投保限额投保的；③投保的承运人责任险已过期，未继续投保的。

（4）《道路旅客运输规定》第97条规定，违反本规定，客运经营者使用未持合法有效《道路运输证》的车辆参加客运经营的，或者聘用不具备从业资格的驾驶员参加客运经营的，由县级以上道路运输管理机构责令改正，处3000元以上1万元以下的罚款。违反本规定，客运经营者不按照规定随车携带《道路运输证》的，由县级以上道路运输管理机构责令改正，处警告或者20元以上200元以下的罚款。

（5）《道路旅客运输规定》第98条规定，违反本规定，客运经营者或者其委托的售票单位、客运站经营者不按规定使用道路运输业专用票证或者转让、倒卖、伪造道路运输业专用票证的，由县级以上道路运输管理机构责令改正，处1000元以上3000元以下的罚款。

（6）《道路旅客运输规定》第99条规定，一类、二类客运班线的经营者或者其委托的售票单位、客运站经营者未按照规定对旅客身份进行查验，或者对身份不明、拒绝提供身份信息的旅客提供服务的，由县级以上道路运输管理机构处10万元以上50万元以下的罚款，并对其直接负责的主管人员和其他直接责任人员处10万元以下的罚款；情节严重的，由县级以上道路运输管理机构责令其停止从事相关道路旅客运输或者客运站经营业务；造成严重后果的，由原许可机关吊销有关道路旅客运输或者客运站经营许可证件。

（7）《道路旅客运输规定》第100条规定，违反本规定，客运经营者有下列情形之一的，由县级以上道路运输管理机构责令改正，处1000元以上3000元以下的罚款：①客运班车不按照批准的配客站点停靠或者不按照规定的线路、日发班次下限行驶的；②加班车、顶班车、接驳车无正当理由不按照规定的线路、站点运行的；③以欺骗、暴力等手段招揽旅客的；④擅自将旅客移交他人运输的；⑤在旅客运输途中擅自变更运输车辆的；⑥未报告原许可机关，擅自终止道路客运经营的；⑦客运包车未持有效的包车客运标志牌进行经营的，不按照包车客运标志牌载明的事项运行的，线路两端均不在车籍所在地的，招揽包车合同以外的旅客乘车的；⑧开展定制客运未按照规定备案的；⑨未按照规定在发车前对旅客进行安全事项告知的。违反前款第①~⑥项规定，情节严重的，由原许可机关吊销相应许可。

（8）《道路旅客运输规定》第101条规定，违反本规定，客运经营者、客运站经营者存在重大运输安全隐患等情形，导致不具备安全生产条件，经停产停业整顿仍不具备安全生产条件的，由县级以上道路运输管理机构依法吊销相应许可。

四、水路运输法律制度[①]

1. 承运人的权利

（1）监测水路运输市场。《国内水路运输管理规定》第16条规定，交通运输部对水路运输市场进行监测，分析水路运输市场运力状况，定期公布监测结果。对特定的旅客班轮运输等航线、水域暂停新增运力许可的决定，应当依据水路运输市场监测分析结果做出。

（2）依法载运。《国内水路运输管理规定》第26条第1款规定，水路旅客运输业务经营者应当拒绝携带或者托运国家规定的危险物品及其他禁止携带或者托运的物品的旅客乘船。船舶开航后发现旅客随船携带或者托运国家规定的危险物品及其他禁止携带或者托运的物品的，应当妥善处理，旅客应当予以配合。

（3）查验乘船凭证。《国内水路运输管理规定》第26条第3款规定，旅客应当持有效凭证乘船，遵守乘船相关规定，自觉接受安全检查。

2. 承运人的义务

（1）按许可从事经营活动。《国内水路运输管理规定》第20条规定，水路运输经营者应当保持相应的经营资质条件，按照国内水路运输经营许可证核定的经营范围从事水路运输经营活动。第21条规定，水路运输经营者不得出租、出借水路运输经营许可证，或者以其他形式非法转让水路运输经营资格。第22条规定，从事水路运输的船舶应当随船携带船舶营业运输证，

① 本文仅介绍《国内水路运输管理规定》中水路运输经营者和旅客之间的权利和义务关系及法律责任。

不得转让、出租、出借或者涂改。船舶营业运输证遗失或者损毁的，应当及时向原配发机关申请补发。

（2）依法载客。《国内水路运输管理规定》第23条规定，水路运输经营者应该按照船舶营业运输证标定的载客定额、载货定额和经营范围从事旅客和货物运输，不得超载。水路运输经营者使用客货船或者滚装客船载运危险货物时，不得载运旅客，但按照相关规定随船押运货物的人员和滚装车辆的司机除外。

（3）公布有关信息。《国内水路运输管理规定》第26条第2款规定，水路旅客运输业务经营者应当向社会公布国家规定的不得随船携带或者托运的物品清单。

《国内水路运输管理规定》第27条规定，水路旅客班轮运输业务经营者应当自取得班轮航线经营许可之日起60日内开航，并在开航的15日前通过媒体在该航线停靠的各客运站点的明显位置向社会公布所使用的船舶、班期、班次、票价等信息，同时报原许可机关备案。旅客班轮应当按照公布的班期、班次运行。变更班期、班次、票价的，水路旅客班轮运输业务经营者应当在变更的15日前向社会公布，并报原许可机关备案。停止经营部分或者全部班轮航线的，经营者应当在停止经营的30日前向社会公布，并报原许可机关备案。

（4）依法提供客票。《国内水路运输管理规定》第29条第1款规定，水路旅客运输业务经营者应当向旅客提供客票。客票包括纸质客票、电子客票等乘船凭证，一般应当载明经营者名称、船舶名称、始发港、目的港、乘船时间、票价等基本信息。鼓励水路旅客运输业务经营者开展互联网售票。水路旅客运输业务经营者应当以公布的票价销售客票，不得对相同条件的旅客实施不同的票价，不得以搭售、现金返还、加价等不正当方式变相变更公布的票价并获取不正当利益，不得低于客票载明的舱室或者席位等级安排旅客。水路旅客运输业务经营者应当向旅客明示退票、改签等规定。

（5）为特殊旅客提供优待服务。《国内水路运输管理规定》第30条规定，水路旅客运输业务经营者应当按有关规定为军人、人民警察、国家综合性消防救援队伍人员、学生、老幼病残孕等旅客提供优先、优惠、免票等优待服务。

（6）依法经营。《国内水路运输管理规定》第 31 条规定，水路运输经营者从事水路运输经营活动，应当依法经营，诚实守信，禁止以不合理的运价或者其他不正当方式、不规范行为争抢客源、货源及提供运输服务。水路旅客运输业务经营者为招揽旅客发布信息，必须真实、准确，不得进行虚假宣传，误导旅客，对其在经营活动中知悉的旅客个人信息，应当予以保密。

（7）确保运输。《国内水路运输管理规定》第 32 条规定，水路旅客运输业务经营者应当配备具有相应业务知识和技能的乘务人员，保持船上服务设施和警告标识完好，为老幼病残孕等需要帮助的旅客提供无障碍服务，在船舶开航前播报旅客乘船安全须知，并及时向旅客播报特殊情况下的禁航等信息。

（8）依法告知说明。《国内水路运输管理规定》第 33 条规定，水路旅客运输业务经营者应当就运输服务中的下列事项，以明示的方式向旅客作出说明或者警示：①不适宜乘坐客船的群体；②正确使用相关设施、设备的方法；③必要的安全防范和应急措施；④未向旅客开放的经营、服务场所和设施、设备；⑤可能危及旅客人身、财产安全的其他情形。

3. 承运人的法律责任

（1）《国内水路运输管理规定》第 48 条规定，水路运输经营者未按照本规定要求配备海务、机务管理人员的，由其所在地县级以上人民政府水路运输管理部门责令改正。

（2）《国内水路运输管理规定》第 49 条规定，水路运输经营者或其船舶在规定期限内，经整改仍不符合本规定要求的经营资质条件的，由其所在地县级以上人民政府水路运输管理部门报原许可机关撤销其经营许可或者船舶营运证件。

（3）《国内水路运输管理规定》第 50 条规定，从事水路运输经营的船舶超出船舶营业运输证核定的经营范围，或者擅自改装客船、危险品船增加船舶营业运输证核定的载客定额、载货定额或者变更从事散装液体危险货物运输种类的，按照《国内水路运输管理条例》第 34 条第 1 款的规定予以处罚。

《国内水路运输管理条例》第 34 条规定，水路运输经营者使用未取得船舶营运证件的船舶从事水路运输的，由负责水路运输管理的部门责令该船停止经营，没收违法所得，并处违法所得 1 倍以上 5 倍以下的罚款；没有违法所得或者违法所得不足 2 万元的，处 2 万元以上 10 万元以下的罚款。

（4）《国内水路运输管理规定》第 51 条规定，水路运输经营者违反本规定，有下列行为之一的，由其所在地县级以上人民政府水路运输管理部门责令改正：①未履行备案义务；②未以公布的票价或者变相变更公布的票价销售客票；③进行虚假宣传，误导旅客或者托运人；④以不正当方式或者不规范行为争抢客源、货源及提供运输服务扰乱市场秩序。

（5）《国内水路运输管理规定》第 52 条规定，水路运输经营者拒绝管理部门根据本规定进行的监督检查或者隐匿有关资料或瞒报、谎报有关情况的，由其所在地县级以上人民政府水路运输管理部门责令改正。

第十六章
食品安全、住宿与娱乐法律制度

章节练习
视频课程

本章导读

【本章概述】 本章内容主要包括食品安全、住宿业和娱乐业立法概况，以及食品安全法律制度、住宿管理法律制度和娱乐场所管理法律制度等。

【学习要求】 熟悉《中华人民共和国食品安全法》关于食品安全保障法律制度及相关法律责任的规定，《旅游法》《旅馆业治安管理办法》及有关法律法规关于饭店经营者权利和义务及相关责任的规定，《娱乐场所管理条例》关于娱乐场所的设立和经营规则、监督管理及相关法律责任的规定；掌握食品安全事故处理制度及相关法律责任。

第一节 概　　述

一、食品安全立法

1. 食品安全立法概况

我国对食品安全的法治化管理始于20世纪50年代。1965年，国务院颁布《食品卫生管理试行条例》。1982年11月19日，五届全国人大常委会第25次会议通过了《中华人民共和国食品卫生法（试行）》；1995年10月30日，八届全国人大常委会第16次会议审议通过《中华人民共和国食品卫生法》；2009年2月28日，十一届全国人大常委会第7次会议通过了于同年6月1日起施行的《中华人民共和国食品安全法》（以下简称《食品安全法》）。为贯彻党的十八届三中全会关于建立最严格的食品安全监管制度的要求，2015 年 4 月 24 日，十二届全国人大常委会第 14 次会议通过了于同年 10 月 1 日起施行的修订后的《食品安全法》。

2018 年 12 月 29 日，十三届全国人大常务委员会第 7 次会议通过了《全国人民代表大会常务委员会关于修改〈中华人民共和国产品质量法〉等五部法律的决定》，对《食品安全法》的部分条款做了修正。

2. 食品安全的立法体系

我国食品安全的法律体系由法律、行政法规、部门规章组成。除《食品安全法》外，现行的食品安全专门法律还包括 2006 年 4 月 29 日通过的《中华人民共和国农产品质量安全法》（以下简称《农产品质量安全法》）。《食品安全法》明确指出，供食用的源于农业的初级产品的质量安全管理，遵守《农产品质量安全法》，但是食用农产品的市场销售、有关质量安全标准的制定、有关安全信息的公布和《食品安全法》对农业投入品做出规定的，应当遵守《食品安全法》。与食品安全相关的法律还有《中华人民共和国民法典》《中华人民共和国产品质量法》《消费者权益保护法》及《旅游法》等。

行政法规主要有国务院颁布的《中华人民共和国食品安全法实施条例》（以下简称《食品安全法实施条例》）。① 关于食品安全的部门规章数量较多，诸如原卫生部发布的《食品添加剂新品种管理办法》《食品安全国家标准管理办法》及《新食品原料安全性审查管理办法》等，原国家食品药品监督管理总局发布的《食品召回管理办法》《食品生产许可管理办法》及《食品经营许可管理办法》等，原国家质量监督检验检疫总局发布的《食品添加剂生产监督管理规定》，原农业部发布的《食用菌菌种管理办法》等。

3. 食品安全标准

我国的食品安全标准具有明确的法律授权，制定过程与公告程序严密，对食品生产与销售等企业具有一定的强制约束力，可以作为行政执法的依据。食品安全标准本身不具有法律效力，但是作为非正式法源的技术标准，仍然具有一定的外在效力。

截至 2015 年年底，国务院卫生行政部门已经基本完成了食品安全国家

① 2016 年 2 月 6 日国务院发布并于同日生效的《国务院关于修改部分行政法规的决定》，其中“第 58”对《中华人民共和国食品安全法实施条例》第 20 条做了修改。

标准的整合工作，并公布了近500项食品安全国家标准，包括通用标准、产品标准、生产经营规范、检验方法四类，涉及上万项安全指标和参数，基本覆盖了从农田到餐桌的食品生产加工各个主要环节及食品安全控制要求。

二、住宿业立法

1. 住宿业立法的历史沿革

我国目前尚无适用于住宿业的基本法，也没有关于住宿业的综合性行政法规，住宿业经营中发生的相关法律问题依据相关法律解决。1951年8月15日，国务院颁布了我国最早的旅馆业专门法规《城市旅栈业暂行管理规则》。1987年11月10日，经国务院批准，公安部发布了《旅馆业治安管理办法》,《城市旅栈业暂行管理规则》同时废止。2011年1月8日，《旅馆业治安管理办法》又做了修订，并自公布之日起施行，此办法为我国旅馆业治安管理工作提供了法律依据，并在保障住宿旅客生命财产安全和旅馆业的正常经营秩序、维护社会治安秩序等方面发挥了积极作用。

2. 住宿业的立法体系

住宿业在我国已经取得了长足的发展，但立法体系并不完善，相关管理规范主要散见于通用性和专门性法律法规中，还没有形成统一的饭店法律体系。饭店业经营管理中的法律问题，依据所发生的法律关系由相关法律解决。全国人大及其常委会制定的一些法律适用于饭店业的经营与管理，属于通用性法律，主要有《食品安全法》《民法典》《中华人民共和国消防法》(以下简称《消防法》)《中华人民共和国治安管理处罚法》(以下简称《治安管理处罚法》) 及《旅游法》等。《旅游法》第54条规定，住宿经营者对实际经营者造成旅游者的损失承担连带责任，第75条规定，住宿经营者为团队旅游者提供住宿服务违约，按照实际履行合同的责任原则承担违约责任等。

行政法规主要是经国务院批准、公安部发布的《旅馆业治安管理办法》。此外，与饭店业经营活动相关的还有诸如《娱乐场所管理条例》《公共场所卫生管理条例》等。

部门规章主要指涉及文化和旅游部、公安部、卫计委、财政部、物价局、税务局等部门发布的部门规章，内容包括食品安全管理、治安管理、娱乐场所管理、消防安全管理、饭店收费、价格、税务等方面，主要有《旅游安全管理暂行办法》《旅游投诉处理办法》《住宿业卫生规范》《营业性歌舞娱乐场所管理办法》及《机关、团体、企业、事业单位消防安全管理规定》等。为促进国际饭店业的健康发展，有关国家的政府、有关国际组织尤其是国际旅馆协会、国际统一私法协会做了大量的工作，制定了若干旅游饭店业方面的国际公约和国际协定，用于调整有关旅游饭店业的各种关系。其中国际公约包括《国际饭店协会和世界旅行社协会联合会公约》《关于旅馆经营者对旅客携带物品之责任的公约》等，国际协定包括《国际旅馆法规》《关于饭店合同的国际协定》等，还有一些国际惯例也可能被适用，例如饭店客房预订的规则等。

此外，中国旅游饭店业协会制定的《中国旅游饭店行业规范》也是调整饭店行为的重要行为规范，虽然在性质上不具有法律效力，没有强制执行力，但对于约束协会的会员饭店及行业管理发挥着重要的作用。为适应行业管理的需要，由国务院旅游主管部门提出，国家市场监督管理总局、国家标准化管理委员会发布了一系列技术标准，例如《旅游饭店星级的划分与评定》等，此类标准不是强制性标准，饭店可以自由选择是否进入该标准系统。

综上，我国目前对住宿业直接进行规范的主要是纵向的法律关系，即政府主管部门和住宿业之间的关系；对于住宿业发生的大量的横向法律关系，诸如饭店经营者与旅客之间、饭店经营者与其他经营者之间的法律关系，由通用性法律规范调整。

三、娱乐业安全立法

娱乐是旅游六要素之一，是文化休闲活动的重要组成部分，娱乐场所已成为满足人民群众多样化精神文化需求的重要途径，娱乐市场秩序是否规范，直接关系到旅游业的健康发展和社会主义精神文明建设。为此，1999 年 3 月 26 日国务院发布《娱乐场所管理条例》。随着我国经济社会的迅速发展，针对娱乐场所出现的新情况、新问题，以及治安状况日益复杂的现状，2006 年 1 月 18 日国务院公布了修订后并于同年 3 月 1 日起施行的《娱乐场所管理条例》。2016 年 2 月 6 日、2020 年 11 月 29 日，根据《国务院关于修改部分行政法规的决定》两次对《娱乐场所管理条例》进行了修订。

为加强娱乐场所治安管理，维护娱乐场所经营者、消费者和从业人员的合法权益，维护社会治安秩序，保障公共安全，根据《治安管理处罚法》《娱乐场所管理条例》等法律、法规的规定，2008 年 4 月 21 日公安部通过了自同年 10 月 1 日起施行的《娱乐场所治安管理办法》。为加强娱乐场所经营活动管理，维护娱乐场所健康发展，满足人民群众文化娱乐消费需求，根据《娱乐场所管理条例》，文化部在 2013 年 1 月 25 日通过了自同年 3 月 11 日起施行的《娱乐场所管理办法》，2022 年 4 月 27 日修改公布了于同日生效的《娱乐场所管理办法》。

此外，与食品安全、住宿业一样，一些通用性法律、法规也能适用于娱乐业，例如规范旅游业的综合性法规《旅游法》等。

第二节　食品安全法律制度

一、食品安全与管理

1. 食品和食品安全的含义

食品，指各种供人食用或者饮用的成品和原料以及按照传统既是食品又是中药材的物品，但是不包括以治疗为目的的物品。食品安全，指食品无毒、无害，符合应当有的营养要求，对人体健康不造成任何急性、亚急性或者慢性危害。即食品的种植、养殖、加工、包装、储藏、运输、销售、消费等活动符合国家强制标准和要求，不存在可能损害或威胁人体健康的有毒、有害物质致消费者病亡或者危及消费者及其后代的隐患。①

2. 食品安全的工作原则

《食品安全法》第 3 条规定，食品安全工作实行预防为主、风险管理、全程控制、社会共治，建立科学、严格的监督管理制度。

3. 食品安全的管理体制

《食品安全法》第 5 条规定，国务院设立食品安全委员会，其职责由国

① 李援.《中华人民共和国食品安全法》释义及实用指南［M］. 北京：中国民主法制出版社，2013.

务院规定。国务院食品安全监督管理部门依照本法和国务院规定的职责，对食品生产经营活动实施监督管理。国务院卫生行政部门依照本法和国务院规定的职责，组织开展食品安全风险监测和风险评估，会同国务院食品安全监督管理部门制定并公布食品安全国家标准。国务院其他有关部门依照本法和国务院规定的职责，承担有关食品安全工作。

二、食品安全保障制度

1. 食品安全风险监测和评估制度

《食品安全法》第 14 条规定，国家建立食品安全风险监测制度，对食源性疾病、食品污染以及食品中的有害因素进行监测。国务院卫生行政部门会同国务院食品安全监督管理等部门，制定、实施国家食品安全风险监测计划。

《食品安全法》第 17 条规定，国家建立食品安全风险评估制度，运用科学方法，根据食品安全风险监测信息、科学数据以及有关信息，对食品、食品添加剂、食品相关产品中生物性、化学性和物理性危害因素进行风险评估。国务院卫生行政部门负责组织食品安全风险评估工作，成立由医学、农业、食品、营养、生物、环境等方面的专家组成的食品安全风险评估专家委员会进行食品安全风险评估。食品安全风险评估结果由国务院卫生行政部门公布。

2. 食品安全国家标准制度

《食品安全法》第 24 条规定，制定食品安全标准，应当以保障公众身体健康为宗旨，做到科学合理、安全可靠。第 25 条规定，食品安全标准是强制执行的标准。除食品安全标准外，不得制定其他食品强制性标准。

《食品安全法》第 27 条规定，食品安全国家标准由国务院卫生行政部门会同国务院食品安全监督管理部门制定、公布，国务院标准化行政部门提供国家标准编号。

《食品安全法》第 29 条规定，对地方特色食品，没有食品安全国家标准的，省、自治区、直辖市人民政府卫生行政部门可以制定并公布食品安全地方标准，报国务院卫生行政部门备案。食品安全国家标准制定后，该地方标准即行废止。《食品安全法》第 30 条规定，国家鼓励食品生产企业制定严于食品安全国家标准或者地方标准的企业标准，在本企业适用，并报省、自治区、直辖市人民政府卫生行政部门备案。

《食品安全法》第 92 条规定，进口的食品、食品添加剂、食品相关产品应当符合我国食品安全国家标准。

3. 食品生产经营许可制度

《食品安全法》第 35 条规定，国家对食品生产经营实行许可制度。从事食品生产、食品销售、餐饮服务，应当依法取得许可。但是，销售食用农产品，不需要取得许可。

《食品安全法》第 39 条规定，国家对食品添加剂生产实行许可制度。从事食品添加剂生产，应当具有与所生产食品添加剂品种相适应的场所、生产设备或者设施、专业技术人员和管理制度，并依照本法第 35 条第 2 款规定的程序，取得食品添加剂生产许可。

《食品安全法实施条例》第 20 条规定，食品生产经营许可的有效期为 3 年。

4. 食品安全全程追溯制度

《食品安全法》第 42 条规定，食品生产经营者应当依照本法的规定，建立食品安全追溯体系，保证食品可追溯。国家鼓励食品生产经营者采用信息化手段采集、留存生产经营信息，建立食品安全追溯体系。国务院食品安全监督管理部门会同国务院农业行政等有关部门建立食品安全全程追溯协作机制。

5. 食品从业人员健康管理制度

《食品安全法》第 45 条规定，食品生产经营者应当建立并执行从业人员健康管理制度。患有国务院卫生行政部门规定的有碍食品安全疾病的人员，不得从事接触直接入口食品的工作。从事接触直接入口食品工作的食品生产经营人员应当每年进行健康检查，取得健康证明后方可上岗工作。

6. 食品安全自查制度

《食品安全法》第 47 条规定，食品生产经营者应当建立食品安全自查制度，定期对食品安全状况进行检查评价。生产经营条件发生变化，不再符合食品安全要求的，食品生产经营者应当立即采取整改措施；有发生食品安全事故潜在风险的，应当立即停止食品生产经营活动，并向所在地县级人民政府食品安全监督管理部门报告。

7. 食品出厂检验记录制度

《食品安全法》第51条规定，食品生产企业应当建立食品出厂检验记录制度，查验出厂食品的检验合格证和安全状况，如实记录食品的名称、规格、数量、生产日期或者生产批号、保质期、检验合格证号、销售日期以及购货者名称、地址、联系方式等内容，并保存相关凭证。第52条规定，食品、食品添加剂、食品相关产品的生产者，应当按照食品安全标准对所生产的食品、食品添加剂、食品相关产品进行检验，检验合格后方可出厂或者销售。

8. 食品召回制度

《食品安全法》第63条规定，国家建立食品召回制度。食品生产者发现其生产的食品不符合食品安全标准或者有证据证明可能危害人体健康的，应当立即停止生产，召回已经上市销售的食品，通知相关生产经营者和消费者，并记录召回和通知情况。

食品经营者发现其经营的食品有前款规定情形的，应当立即停止经营，通知相关生产经营者和消费者，并记录停止经营和通知情况。食品生产者认为应当召回的，应当立即召回。由于食品经营者的原因造成其经营的食品有前款规定情形的，食品经营者应当召回。

9. 特殊食品严格监管制度

《食品安全法》第74条规定，国家对保健食品、特殊医学用途配方食品和婴幼儿配方食品等特殊食品实行严格监督管理。

《食品安全法》第75条规定，保健食品声称保健功能，应当具有科学依据，不得对人体产生急性、亚急性或者慢性危害。第78条规定，保健食品的标签、说明书不得涉及疾病预防、治疗功能，内容应当真实，与注册或者备案的内容相一致，载明适宜人群、不适宜人群、功效成分或者标识性成分及其含量等，并声明“本品不能代替药物”。保健食品的功能和成分应当与标签、说明书相一致。

《食品安全法》第80条规定，特殊医学用途配方食品应当经国务院食品安全监督管理部门注册。注册时，应当提交产品配方、生产工艺、标签、说明书以及表明产品安全性、营养充足性和特殊医学用途临床效果的材料。

《食品安全法》第81条规定，生产婴幼儿配方食品使用的生鲜乳、辅料等食品原料、食品添加剂等，应当符合法律、行政法规的规定和食品安全国家标准，保证婴幼儿生长发育所需的营养成分。

10. 民事赔偿优先制度

《食品安全法》第147条规定，违反本法规定，造成人身、财产或者其他损害的，依法承担赔偿责任。生产经营者财产不足以同时承担民事赔偿责任和缴纳罚款、罚金时，先承担民事赔偿责任。

11. 首负责任制和惩罚性赔偿制度

《食品安全法》第148条规定，消费者因食用不符合食品安全标准的食品受到损害的，可以向经营者要求赔偿损失，也可以向生产者要求赔偿损失。接到消费者赔偿要求的生产经营者，应当实行首负责任制，先行赔付，不得推诿；属于生产者责任的，经营者赔偿后有权向生产者追偿；属于经营者责任的，生产者赔偿后有权向经营者追偿。生产不符合食品安全标准的食品或者经营明知是不符合食品安全标准的食品，消费者除要求赔偿损失外，还可以向生产者或者经营者要求支付价款10倍或者损失3倍的赔偿金；增加赔偿的金额不足1000元的，为1000元。但是，食品的标签、说明书存在不影响食品安全且不会对消费者造成误导的瑕疵的除外。

惩罚性赔偿制度有利于制裁消费领域的欺诈行为，维护消费者的合法权益。值得注意的是，即使消费者购买后尚未食用不符合食品安全标准的食品，没有造成实际损失，仍可要求生产经营者支付价款10倍的赔偿金。

三、食品安全事故处置

1. 食品安全事故的含义

《食品安全法》第150条规定，食品安全事故，指食源性疾病、食品污染等源于食品，对人体健康有危害或者可能有危害的事故。也就是指，在食物种植、养殖、生产加工、包装、仓储、运输、销售、消费等环节发生食源性疾患、食物中毒，造成社会公众病亡或者可能对人体健康构成潜在危害的事故。

2. 建立健全食品安全事故应急预案体系

《食品安全法》第102条规定，国务院组织制定国家食品安全事故应急预案。县级以上地方人民政府应当根据有关法律、法规的规定和上级人民政府的食品安全事故应急预案以及本行政区域的实际情况，制定本行政区域的食品安全事故应急预案，并报上一级人民政府备案。食品安全事故应急预案应当对食品安全事故分级、事故处置组织指挥体系与职责、预防预警机制、处置程序、应急保障措施等做出规定。

食品生产经营企业是食品安全的第一责任人，有防范食品安全事故发生的义务。为了从源头上消除事故隐患，将事故危害控制在可控范围，需要将食品生产经营企业纳入食品安全事故应急预案体系中。《食品安全法》第102条规定，食品生产经营企业应当制定食品安全事故处置方案，定期检查本企业各项食品安全防范措施的落实情况，及时消除事故隐患。

3. 食品安全事故的处置和法律责任

（1）事故单位的应急处置。事故发生单位是食品安全事故的源头，处在事故第一线，其反应是否快速，采取的措施是否得当，直接影响到事故的涉及面和危害程度。《食品安全法》第103条规定，发生食品安全事故的单位应当立即采取措施，防止事故扩大。

（2）履行报告、通报义务。《食品安全法》第103条规定，事故单位和接收病人进行治疗的单位应当及时向事故发生地县级人民政府食品安全监督管理、卫生行政部门报告。县级以上人民政府农业行政等部门在日常监督管理中发现食品安全事故或者接到事故举报，应当立即向同级食品安全监督管理部门通报。

《食品安全法》第103条规定，发生食品安全事故，接到报告的县级人民政府食品安全监督管理部门应当按照应急预案的规定向本级人民政府和上级人民政府食品安全监督管理部门报告。县级人民政府和上级人民政府食品安全监督管理部门应当按照应急预案的规定上报。任何单位和个人不得对食品安全事故隐瞒、谎报、缓报，不得隐匿、伪造、毁灭有关证据。

《食品安全法》第104条规定，医疗机构发现其接收的病人属于食源性疾病病人或者疑似病人的，应当按照规定及时将相关信息向所在地县级人民政府卫生行政部门报告。县级人民政府卫生行政部门认为与食品安全有关的，应当及时通报同级食品安全监督管理部门。县级以上人民政府卫生行政部门在调查处理传染病或者其他突发公共卫生事件中发现与食品安全相关的信息，应当及时通报同级食品安全监督管理部门。

（3）采取行政处理措施。《食品安全法》第105条规定，县级以上人民政府食品安全监督管理部门接到食品安全事故的报告后，应当立即会同同级卫生行政、农业行政等部门进行调查处理，并采取下列措施，防止或者减轻社会危害：一是开展应急救援工作，组织救治因食品安全事故导致人身伤害的人员；二是封存可能导致食品安全事故的食品及其原料，并立即进行检验，对确认属于被污染的食品及其原料，责令食品生产经营者依照本法第63条的规定召回或者停止经营；三是封存被污染的食品相关产品，并责令进行清洗消毒；四是做好信息发布工作，依法对食品安全事故及其处理情况进行发布，并对可能产生的危害加以解释、说明。

《食品安全法》第105条规定，发生食品安全事故需要启动应急预案的，县级以上人民政府应当立即成立事故处置指挥机构，启动应急预案，依照前款和应急预案的规定进行处置。

《食品安全法》第105条规定，发生食品安全事故，县级以上疾病预防控制机构应当对事故现场进行卫生处理，并对与事故有关的因素开展流行病学调查，有关部门应当予以协助。县级以上疾病预防控制机构应当向同级食品安全监督管理、卫生行政部门提交流行病学调查报告。

（4）法律责任。

①事故单位。《食品安全法》第128条规定，违反本法规定，事故单位在发生食品安全事故后未进行处置、报告的，由有关主管部门按照各自职责分工责令改正，给予警告；隐匿、伪造、毁灭有关证据的，责令停产停业，没收违法所得，并处10万元以上50万元以下罚款；造成严重后果的，吊销许可证。

②政府的直接责任人。《食品安全法》第142条规定，县级以上地方人民政府有下列行为之一的，对直接负责的主管人员和其他直接责任人员给予记大过处分；情节较重的，给予降级或者撤职处分；情节严重的，给予开除处分；造成严重后果的，其主要负责人还应当引咎辞职：一是对发生在本行政区域内的食品安全事故，未及时组织协调有关部门开展有效处置，造成不良影响或者损失；二是对本行政区域内涉及多环节的区域性食品安全问题，未及时组织整治，造成不良影响或者损失；三是隐瞒、谎报、缓报食品安全事故；四是本行政区域内发生特别重大食品安全事故，或者连续发生重大食品安全事故。

③食品安全监督管理、卫生行政等部门的直接责任人。《食品安全法》

第 144 条规定，违反本法规定，县级以上人民政府食品安全监督管理、卫生行政、农业行政等部门有下列行为之一的，对直接负责的主管人员和其他直接责任人员给予记大过处分；情节较重的，给予降级或者撤职处分；情节严重的，给予开除处分；造成严重后果的，其主要负责人还应当引咎辞职：一是隐瞒、谎报、缓报食品安全事故；二是未按规定查处食品安全事故，或者接到食品安全事故报告未及时处理，造成事故扩大或者蔓延；三是经食品安全风险评估得出食品、食品添加剂、食品相关产品不安全结论后，未及时采取相应措施，造成食品安全事故或者不良社会影响；四是对不符合条件的申请人准予许可，或者超越法定职权准予许可；五是不履行食品安全监督管理职责，导致发生食品安全事故。

第三节　住宿管理法律制度

一、旅游住宿与住宿业

1. 旅游住宿业的含义

旅游住宿业，是指为旅游者提供住宿、餐饮及多种综合服务的行业。在旅游业基本要素中，旅游住宿业十分重要。在我国，旅游住宿业的业态形式包括旅馆、饭店、宾馆、酒店、招待所、客栈等。

2. 旅游住宿业的发展

旅游住宿业，起源于古罗马和中国的驿站。随着旅行游览活动的出现、发展，旅游住宿业在国际上大体经历了从设备简易、只供睡眠和食物的客栈时期，到专为王室和贵族享乐而建筑豪华的大饭店时期，再到为商业旅行者服务的方便、舒适、价格合理的商业旅馆时期，发展到主要是为观光旅游者服务的新型旅馆时期。在新型旅馆时期，为了满足旅馆业行业发展和管理的需要，各国在进一步完善与旅馆业相关的法律、法规、行业规范的同时，也增强了旅馆业立法的国际合作。

二、饭店经营者的权利与义务

饭店是旅游住宿业中的主体，在旅游业的发展中起着重要的作用。饭店的权利、义务与旅客的权利、义务密切相关，不可分割。旅客的权利往往通过饭店的义务体现出来，旅客的义务则是由饭店的权利加以限定的。依照《旅游法》及有关法律法规和我国饭店行业规范、国际惯例等规定，本章仅介绍饭店与旅客法律关系中饭店的权利和义务。

1. 饭店经营者的权利

（1）向旅客收取费用的权利。饭店提供的服务一般都是有偿服务，这是由饭店自身的企业性质决定的。因此，当饭店向旅客提供住宿客房及相关配套服务时，旅客有义务承担住宿费和法律允许或双方约定的服务费用，例如餐饮、洗衣、电话等费用。当旅客无力支付或拒绝支付时，饭店有权留置旅客的财物，从旅客的财物中受偿住宿等费用。但是，旅客被留置的财物价值只能是相当于旅客所欠缴的实际费用，同时饭店的留置权在旅客付清所欠费用时终止。

（2）合理拒绝接待旅客的权利。饭店在接待旅客的过程中，不得因旅客的种族、国籍、肤色、宗教信仰等原因对旅客加以歧视，甚至拒绝接待。但在有正当理由的前提下，饭店可以合理地拒绝接待旅客，即不与旅客签订住宿合同或者终止与旅客的住宿合同。一般而言，发生下列情形饭店可以拒绝接待旅客：①旅客已满，无客房出租；②旅客的行为违反饭店制定的合理规则；③旅客自身状态不适合于住店；④不可抗力发生的情况下；⑤旅客从事赌博、卖淫、盗窃等违反法律法规的活动；⑥旅客无力或者拒绝支付饭店费用；⑦旅客被饭店列为黑名单；⑧法律法规规定的其他情况。饭店在依法拒绝接待旅客时，行为应当慎重，要使用足够谨慎、合理的方式，否则容易引起新的纠纷。对于旅客的违法犯罪行为，饭店应当及时向公安机关报告。

（3）制止旅客在饭店内不良行为的权利。对于旅客在饭店内从事违背社会公序良俗但未构成犯罪的行为，以及给其他大多数旅客带来不良感受的行为，饭店有权加以制止，但是制止的方式不宜粗暴，不得使旅客受到不必要的强制或屈辱。对于旅客在饭店里进行的违法犯罪活动，饭店经营者和工作人员应当举报，并配合公安机关的执法行为。

（4）要求旅客遵守饭店规则的权利。饭店有权要求旅客正确使用饭店提供的设施、设备，爱护饭店的公共财物，遵守饭店作息时间，登记时查验旅客身份证明，旅客不得私自留客住宿或转让床位，不得卧床吸烟等。

（5）要求旅客赔偿合理损失的权利。旅客不履行合同的约定造成饭店损失的，饭店可以要求旅客赔偿合理的损失。旅客预订客房不住宿又不及时通知，给饭店造成不必要的损失的，应当向饭店承担违约责任，饭店有权在合理的范围内要求旅客赔偿其损失。在饭店内住宿的旅客，不遵守合同的约定和饭店有关规定，造成饭店设施、设备损坏等情形的，饭店也有权向旅客索赔，视情况要求旅客承担相应的赔偿责任。

2. 饭店经营者的义务

（1）按照合同约定提供服务的义务。饭店和旅客的住宿合同一旦成立，就必须按照合同约定提供住宿以及与饭店性质相适应的其他服务；提供的服务应当符合国家或行业标准，否则应当承担违约责任；造成旅客人身损害或者财产损失的，应当支付赔偿金。

因某种客观原因不能向旅客提供预订房间的，在征得旅客同意的前提下，饭店可以在本饭店内另换标准相近的房间，或将其转移至其他饭店，为其提供相同等级的服务，因此增加的合理费用，由饭店承担。《旅游法》第75条规定，住宿经营者应当按照旅游服务合同的约定为团队旅游者提供住宿服务。住宿经营者未能按照旅游服务合同提供服务的，应当为旅游者提供不低于原定标准的住宿服务，因此增加的费用由住宿经营者承担；但由于不可抗力、政府因公共利益需要采取措施造成不能提供服务的，住宿经营者应当协助安排旅游者住宿。可见，由于住宿服务具有特殊性，要求饭店继续按照约定提供住宿服务，且其标准不得低于约定的服务标准，是最符合旅客利益的，因此《旅游法》要求饭店对违约承担继续履行的责任。当然，由于不可抗力、政府因公共利益需要采取措施造成饭店不能提供服务的，应当免除其实际履行的责任，但是依然应当协助安排旅客住宿。

（2）保障旅客人身安全的义务。保障旅客人身安全是人类基本权利在旅游领域中的体现。在饭店经营中，有多种因素可能影响旅客的人身安全，诸如设备故障损坏、火灾、食物中毒、工作人员疏忽大意、第三人在饭店范围内实施侵权行为等。因此，饭店应当把保障旅客的人身安全放在首要位置，预防损害旅客人身安全的各类事故的发生。

《中华人民共和国民法典》第1198条规定，宾馆、商场、银行、车站、机场、体育场馆、娱乐场所等经营场所、公共场所的经营者、管理者或者群众性活动的组织者，未尽到安全保障义务，造成他人损害的，应当承担侵权责任。因第三人的行为造成他人损害的，由第三人承担侵权责任；经营者、管理者或者组织者未尽到安全保障义务的，承担相应的补充责任。经营者、管理者或者组织者承担补充责任后，可以向第三人追偿。饭店在实际经营过程中，常常将其部分经营项目或者场地交由他人从事住宿、餐饮、购物、娱乐等经营，从而在饭店与实际经营者之间形成租赁合同、承包合同等法律关系。实际经营者向旅客提供住宿、餐饮、购物、娱乐等服务时，会形成相应的合同法律关系。《旅游法》第54条规定，景区、住宿经营者将其部分经营项目或者场地交由他人从事住宿、餐饮、购物、游览、娱乐、旅游交通等经营的，应当对实际经营者的经营行为给旅游者造成的损害承担连带责任。因此，当实际旅游经营者的经营行为给旅客造成人身损害或财产损失时，旅客既有权向饭店和实际经营者要求共同承担责任，也可以要求其中的任何一方承担全部责任，任何一方均不得拒绝。

（3）保障旅客财产安全的义务。饭店在保障旅客人身安全的同时，还应当保护旅客的财产安全。当饭店和旅客之间的服务合同成立后，饭店对旅客的财产安全即负有责任。因此，旅客可以依照合同要求饭店保护自身财物的安全。饭店有义务对旅客寄存的贵重财物进行保管，并设置保险箱、柜、室，指定专人负责，建立登记、领取和交接制度。同时，饭店还应当保护旅客在饭店停车场内车辆的安全，并提醒旅客保管好放置在汽车内的物品，贵重财物需要寄存。由于饭店的原因造成旅客财物灭失、毁损的，饭店应当承担赔偿责任；由于旅客自己的行为造成损害的，饭店不承担赔偿责任；双方均有过错的，应当各自承担相应的责任。

当旅客离店后，如果在客房内发现旅客遗留下来的财物，饭店应当将其记录在登记册上，并写明旅客的姓名、房号、离店时间、物品名称及拾得者姓名，交领班送客房部妥善保管，然后根据旅客登记所留下的地址或联系方式设法将遗留财物归还原主，决不能占为已有。当旅客索取时，饭店应当无条件返还，但是可以收取一定数量的保管费。

（4）尊重旅客隐私权的义务。隐私权作为一种基本人格权利，是指公民享有私人生活安宁与私人信息依法受到保护，不被他人非法侵扰、知悉、搜集、利用和公开的一种人格权。旅客租用饭店的客房，依法享有在客房里独处和安宁地使用客房的权利，并且私人信息受到饭店的保护。因此，饭店应当充分尊重旅客的隐私权。非经旅客的允许或者法定的事由，饭店的工作人员不得随意进入旅客的房间，也不得将旅客的住宿信息告诉他人或者将旅客的房间钥匙交给他人。因工作需要，执行公务的人员对旅客的房间进行搜查，应当出示规定的证件，符合法律规定的程序。

三、旅游住宿业治安管理制度

1987年11月10日，经国务院批准，公安部发布并于同日施行了《旅馆业治安管理办法》(以下简称《办法》)。2011年1月8日，根据《国务院关于废止和修改部分行政法规的决定》对《办法》部分条款做出修改并以国务院令（第588号）公布，自公布之日起施行。

1. 适用范围

《办法》第2条规定，凡经营接待旅客住宿的旅馆、饭店、宾馆、招待所、客货栈、车马店、浴池等，不论是国营、集体经营，还是合伙经营、个体经营、中外合资、中外合作经营，不论是专营还是兼营，不论是长年经营，还是季节性经营，都必须遵守本办法。这表明,《办法》适用于所有经营接待旅客住宿的主体。

2. 公安机关的治安管理职责

《办法》第14条规定，公安机关对旅馆治安管理的职责是，指导、监督旅馆建立各项安全管理制度和落实安全防范措施，协助旅馆对工作人员进行安全业务知识的培训，依法惩办侵犯旅馆和旅客合法权益的违法犯罪分子。这表明，公安机关是旅馆业治安管理的主体，依法履行管理职责。

（1）开办中的治安管理

《办法》第3条规定，开办旅馆，其房屋建筑、消防设备、出入口和通道等，必须符合《中华人民共和国消防法》等有关规定，并且要具备必要的防盗安全设施。因此，开办饭店的申请人应当向公安机关出具消防部门开具的验收合格证明，并检查安全保卫设施。

《办法》第4条规定，申请开办旅馆，应经主管部门审查批准，经当地公安机关签署意见，向工商行政管理部门申请登记，领取营业执照后，方准开业。经批准开业的旅馆，如有歇业、转业、合并、迁移、改变名称等情况，应当在工商行政管理部门办理变更登记后3日内，向当地的县、市公安局、公安分局备案。

（2）经营中的治安管理

①建立各项制度。《办法》第5条规定，经营旅馆，必须遵守国家的法律，建立各项安全管理制度，设置治安保卫组织或者指定安全保卫人员。

②严格住宿登记。《办法》第6条规定，旅馆接待旅客住宿必须登记。登记时，应当查验旅客的身份证件，按规定的项目如实登记。接待境外旅客住宿，还应当在24小时内向当地公安机关报送住宿登记表。

③完善财物保管。《办法》第7条规定，旅馆应当设置旅客财物保管箱、柜或者保管室、保险柜，指定专人负责保管工作。对旅客寄存的财物，要建立登记、领取和交接制度。第8条规定，旅馆对旅客遗留的物品，应当妥为保管，设法归还原主或揭示招领；经招领3个月后无人认领的，要登记造册，送当地公安机关按拾遗物品处理，对违禁物品和可疑物品，应当及时报告公安机关处理。

④依法进行检查。公安机关建立定期和不定期的检查制度，检查饭店的经营行为是否符合特种行业的治安管理要求。《办法》第14条规定，公安人员到旅馆执行公务时，应当出示证件，严格依法办事，要文明礼貌待人，维护旅馆的正常经营和旅客的合法权益。旅馆工作人员和旅客应当予以协助。

⑤履行报告责任。《办法》第9条规定，旅馆工作人员发现违法犯罪分子，形迹可疑的人员和被公安机关通缉的罪犯，应当立即向当地公安机关报告，不得知情不报或隐瞒包庇。

⑥严禁违法行为。进入饭店的旅客和其他人员，要遵守法律的规定，不得在饭店内从事违法犯罪行为。《办法》第11、12、13条规定，严禁旅客将易燃、易爆、剧毒、腐蚀性和放射性等危险物品带入旅馆；严禁卖淫、嫖宿、赌博、吸毒、传播淫秽物品等违法犯罪活动；不得酗酒滋事、大声喧哗，影响他人休息，旅客不得私自留客住宿或者转让床位。

3. 法律责任

（1）饭店的开办人。《办法》第15条规定，违反本办法第4条规定，申请开办饭店，未经公安机关审查批准，也未向工商行政管理部门申请登记，未领取营业执照而开办旅馆的，公安机关可以酌情给予警告或者处以200元以下罚款；未经登记，私自开业的，公安机关应当协助工商行政管理部门依法处理。

（2）饭店的工作人员和负责人。《办法》第16条规定，违反本办法第9条规定，饭店工作人员发现违法犯罪分子、形迹可疑的人员和被公安机关通缉的罪犯，未向当地公安机关报告，知情不报或隐瞒包庇的，公安机关可以酌情给予警告或者处以200元以下罚款；情节严重构成犯罪的，依法追究刑事责任。旅馆负责人参与违法犯罪活动，其所经营的旅馆已成为犯罪活动场所的，公安机关除依法追究其责任外，还应当会同工商行政管理部门对该旅馆依法处理。

《办法》第17条规定，饭店接待旅客住宿不按规定登记的，依照《治安管理处罚法》有关条款的规定，处罚有关人员；发生重大事故、造成严重后果构成犯罪的，依法追究刑事责任。

（3）旅客。《办法》第17条规定，旅客将易燃、易爆、剧毒、腐蚀性和放射性等危险物品带入旅馆，在旅馆内从事卖淫、嫖宿、赌博、吸毒、传播淫秽物品等违法犯罪活动的，依照《治安管理处罚法》有关条款的规定，处罚有关人员；发生重大事故、造成严重后果构成犯罪的，依法追究刑事责任。

第四节　娱乐场所管理法律制度

一、娱乐场所及其管理

1. 娱乐场所

为加强对娱乐场所的管理，保障娱乐场所的健康发展，国务院发布了《娱乐场所管理条例》（以下简称《条例》），规定了相应的法律制度，对于加强对娱乐场所的管理，保障娱乐业健康发展具有重大意义。

《条例》第2条规定，娱乐场所，是指以营利为目的，并向公众开放、消费者自娱自乐的歌舞、游艺等场所。这表明，娱乐场所具有下列特点：是营业性的，以营利为目的；是对公众开放的，不包括家庭或单位的娱乐活动；是消费者自娱自乐的场所，不涵盖电影院、剧院等观赏场所；适用范围是歌舞、游艺等场所的经营活动。

2. 娱乐场所管理部门及其职责

《条例》第3条规定，县级以上人民政府文化主管部门负责对娱乐场所日常经营活动的监督管理；县级以上公安部门负责对娱乐场所消防、治安状况的监督管理。

3. 国家机关及其工作人员的禁止性规定和法律责任

（1）禁止性规定。《条例》第4条规定，国家机关及其工作人员不得开办娱乐场所，不得参与或者变相参与娱乐场所的经营活动。与文化主管部门、公安部门的工作人员有夫妻关系、直系血亲关系、三代以内旁系血亲关系以及近姻亲关系的亲属，不得开办娱乐场所，不得参与或者变相参与娱乐场所的经营活动。

（2）法律责任。《条例》第55条规定，国家机关及其工作人员开办娱乐场所，参与或者变相参与娱乐场所经营活动的，对直接负责的主管人员和其他直接责任人员依法给予撤职或者开除的行政处分。文化主管部门、公安部门的工作人员明知其亲属开办娱乐场所或者发现其亲属参与、变相参与娱乐场所的经营活动，不予制止或者制止不力的，依法给予行政处分；情节严重的，依法给予撤职或者开除的行政处分。

二、娱乐场所的管理制度

1. 娱乐场所设立的限制性规定

（1）从业限制。《条例》第5条规定，有下列情形之一的人员，不得开办娱乐场所或者在娱乐场所内从业：曾犯有组织、强迫、引诱、容留、介绍卖淫罪，制作、贩卖、传播淫秽物品罪，走私、贩卖、运输、制造毒品罪，强奸罪，强制猥亵、侮辱妇女罪，赌博罪，洗钱罪，组织、领导、参加黑社会性质组织罪的；因犯罪曾被剥夺政治权利的；因吸食、注射毒品曾被强制戒毒的；因卖淫、嫖娼曾被处以行政拘留的。

（2）外商投资者限制。《条例》第6条规定，外国投资者可以在中国境内设立娱乐场所。

（3）设立地点的限制。《条例》第7条规定，娱乐场所不得设在下列地点：居民楼、博物馆、图书馆和被核定为文物保护单位的建筑物内；居民住宅区和学校、医院、机关周围；车站、机场等人群密集的场所；建筑物地下一层以下；与危险化学品仓库毗连的区域。

（4）边界噪声标准的限制。《条例》第7条规定，娱乐场所的边界噪声，应当符合国家规定的环境噪声标准。

（5）设立面积的限制。《条例》第8条规定，娱乐场所的使用面积，不得低于国务院文化主管部门规定的最低标准；设立含有电子游戏机的游艺娱乐场所，应当符合国务院文化主管部门关于总量和布局的要求。

2. 申请从事娱乐场所经营活动的程序性规定和法律责任

（1）程序性规定

①申请。《条例》第9条规定，娱乐场所申请从事娱乐场所经营活动，应当向所在地县级人民政府文化主管部门提出申请；外商投资的娱乐场所申请从事娱乐场所经营活动，应当向所在地省、自治区、直辖市人民政府文化主管部门提出申请。

《条例》第9条还规定，娱乐场所申请从事娱乐场所经营活动，应当提交投资人员、拟任的法定代表人和其他负责人没有本条例规定的资格限制情形的书面声明。申请人应当对书面声明内容的真实性负责。

②核查、检查和决定。《条例》第9条规定，受理申请的文化主管部门应当就书面声明向公安部门或者其他有关单位核查，公安部门或者其他有关单位应当予以配合；经核查属实的，文化主管部门应当依据本条例第7条、第8条对娱乐场所的设立地点、边界噪声和使用面积进行实地检查，做出决定。予以批准的，颁发娱乐经营许可证，并根据国务院文化主管部门的规定核定娱乐场所容纳的消费者数量；不予批准的，应当书面通知申请人并说明理由。

③听证。《条例》第10条规定，文化主管部门审批娱乐场所应当举行听证。有关听证的程序，依照《中华人民共和国行政许可法》的规定执行。

④备案。《条例》第11条规定，娱乐场所依法取得营业执照和相关批准文件、许可证后，应当在15日内向所在地县级公安部门备案。第12条规定，娱乐场所改建、扩建营业场所或者变更场地、主要设施设备、投资人员，或者变更娱乐经营许可证载明的事项，应当向原发证机关申请重新核发娱乐经营许可证，并向公安部门备案；需要办理变更登记的，应当依法向工商行政

管理部门办理变更登记。

（2）法律责任

《条例》第41条规定，违反本条例规定，擅自从事娱乐场所经营活动的，由文化主管部门依法予以取缔；公安部门在查处治安、刑事案件时，发现擅自从事娱乐场所经营活动的，应当依法予以取缔。

《条例》第42条规定，以欺骗等不正当手段取得娱乐经营许可证的，由原发证机关撤销娱乐经营许可证。

《条例》第47条规定，娱乐场所取得营业执照后，未按照规定向公安部门备案的，由县级公安部门责令改正，给予警告。

《条例》第49条规定，娱乐场所变更有关事项，未按照规定申请重新核发娱乐经营许可证的，由县级人民政府文化主管部门责令改正，给予警告；情节严重的，责令停业整顿1个月至3个月。

3. 娱乐场所经营活动规则和法律责任

（1）禁止性规定

①禁止的内容。《条例》第13条规定，国家倡导弘扬民族优秀文化，禁止娱乐场所内的娱乐活动含有下列内容：违反宪法确定的基本原则的；危害国家统一、主权或者领土完整的；危害国家安全，或者损害国家荣誉、利益的；煽动民族仇恨、民族歧视，伤害民族感情或者侵害民族风俗、习惯，破坏民族团结的；违反国家宗教政策，宣扬邪教、迷信的；宣扬淫秽、赌博、暴力以及与毒品有关的违法犯罪活动，或者教唆犯罪的；违背社会公德或者民族优秀文化传统的；侮辱、诽谤他人，侵害他人合法权益的；法律、行政法规禁止的其他内容。

②禁止的行为。《条例》第14条规定，娱乐场所及其从业人员不得实施下列行为，不得为进入娱乐场所的人员实施下列行为提供条件：贩卖、提供毒品，或者组织、强迫、教唆、引诱、欺骗、容留他人吸食、注射毒品；组织、强迫、引诱、容留、介绍他人卖淫、嫖娼；制作、贩卖、传播淫秽物品；提供或者从事以营利为目的的陪侍；赌博；从事邪教、迷信活动；其他违法犯罪行为。

娱乐场所的从业人员不得吸食、注射毒品，不得卖淫、嫖娼；娱乐场所及其从业人员不得为进入娱乐场所的人员实施上述行为提供条件。

（2）娱乐场所的环境规则

①闭路电视监控设备。《条例》第 15 条规定，歌舞娱乐场所应当按照国务院公安部门的规定在营业场所的出入口、主要通道安装闭路电视监控设备，并应当保证闭路电视监控设备在营业期间正常运行，不得中断。歌舞娱乐场所应当将闭路电视监控录像资料留存 30 日备查，不得删改或者挪作他用。

②包厢、包间门窗装置。《条例》第 16 条规定，歌舞娱乐场所的包厢、包间内不得设置隔断，并应当安装展现室内整体环境的透明门窗。包厢、包间的门不得有内锁装置。

③亮度标准。《条例》第 17 条规定，营业期间，歌舞娱乐场所内亮度不得低于国家规定的标准。

④音像制品或电子产品。《条例》第 18 条规定，娱乐场所使用的音像制品或者电子游戏应当是依法出版、生产或者进口的产品。歌舞娱乐场所播放的曲目和屏幕画面以及游艺娱乐场所的电子游戏机内的游戏项目，不得含有本条例禁止的内容；歌舞娱乐场所使用的歌曲点播系统不得与境外的曲库相连接。

⑤游戏设施设备。《条例》第 19 条规定，游艺娱乐场所不得设置具有赌博功能的电子游戏机机型、机种、电路板等游戏设施设备，不得以现金或者有价证券作为奖品，不得回购奖品。

⑥消防安全。《条例》第 20 条规定，娱乐场所的法定代表人或者主要负责人应当对娱乐场所的消防安全和其他安全负责。娱乐场所应当确保其建筑、设施符合国家安全标准和消防技术规范，定期检查消防设施状况，并及时维护、更新。娱乐场所应当制订安全工作方案和应急疏散预案。第 21 条规定，营业期间，娱乐场所应当保证疏散通道和安全出口畅通，不得封堵、锁闭疏散通道和安全出口，不得在疏散通道和安全出口设置栅栏等影响疏散的障碍物。娱乐场所应当在疏散通道和安全出口设置明显指示标志，不得遮挡、覆盖指示标志。

⑦安全检查。《条例》第 22 条规定，任何人不得非法携带枪支、弹药、管制器具或者携带爆炸性、易燃性、毒害性、放射性、腐蚀性等危险物品和传染病病原体进入娱乐场所。迪斯科舞厅应当配备安全检查设备，对进入营

业场所的人员进行安全检查。

⑧警示标识。《条例》第30条规定，娱乐场所应当在营业场所的大厅、包厢、包间内的显著位置悬挂含有禁毒、禁赌、禁止卖淫嫖娼等内容的警示标志，未成年人禁入或者限入标志。标志应当注明公安部门、文化主管部门的举报电话。

⑨保安人员。《条例》第26条规定，娱乐场所应当与保安服务企业签订保安服务合同，配备专业保安人员；不得聘用其他人员从事保安工作。

⑩消费者。《条例》第23条规定，歌舞娱乐场所不得接纳未成年人。除国家法定节假日外，游艺娱乐场所设置的电子游戏机不得向未成年人提供。

（3）娱乐场所的营业规则

①文明执业。《条例》第27条规定，营业期间，娱乐场所的从业人员应当统一着工作服，佩戴工作标识并携带居民身份证或者外国人就业许可证。从业人员应当遵守职业道德和卫生规范，诚实守信，礼貌待人，不得侵害消费者的人身和财产权利。

②营业时间限定。《条例》第28条规定，每日凌晨2时至上午8时，娱乐场所不得营业。

③公平交易。《条例》第29条规定，娱乐场所提供娱乐服务项目和出售商品，应当明码标价，并向消费者出示价目表；不得强迫、欺骗消费者接受服务、购买商品。

④建立巡查制度。《条例》第31条规定，娱乐场所应当建立巡查制度，发现娱乐场所内有违法犯罪活动的，应当立即向所在地县级公安部门、县级人民政府文化主管部门报告。

（4）法律责任

①违反娱乐活动禁止性规定。《条例》第43条规定，娱乐场所实施本条例禁止的违法犯罪行为或者为违法犯罪分子提供条件的，由县级公安部门没收违法所得和非法财物，责令停业整顿3个月至6个月；情节严重的，由原发证机关吊销娱乐经营许可证，对直接负责的主管人员和其他直接责任人员处1万元以上2万元以下的罚款。

②违反娱乐场所环境规则。《条例》第44条规定，违反本条例规定，有下列情形之一的，由县级公安部门责令改正，给予警告；情节严重的，责令

停业整顿 1 个月至 3 个月：照明设施、包厢、包间的设置以及门窗的使用不符合本条例规定的；未按照本条例规定安装闭路电视监控设备或者中断使用的；未按照本条例规定留存监控录像资料或者删改监控录像资料的；未按照本条例规定配备安全检查设备或者未对进入营业场所的人员进行安全检查的；未按照本条例规定配备保安人员的。

《条例》第 45 条规定，娱乐场所违反本条例规定，有下列情形之一的，由县级公安部门没收违法所得和非法财物，并处违法所得 2 倍以上 5 倍以下的罚款；没有违法所得或者违法所得不足 1 万元的，并处 2 万元以上 5 万元以下的罚款；情节严重的，责令停业整顿 1 个月至 3 个月：设置具有赌博功能的电子游戏机机型、机种、电路板等游戏设施设备的；以现金、有价证券作为奖品，或者回购奖品的。

《条例》第 48 条规定，娱乐场所违反本条例规定，有下列情形之一的，由县级人民政府文化主管部门没收违法所得和非法财物，并处违法所得 1 倍以上 3 倍以下的罚款；没有违法所得或者违法所得不足 1 万元的，并处 1 万元以上 3 万元以下的罚款；情节严重的，责令停业整顿 1 个月至 6 个月：歌舞娱乐场所的歌曲点播系统与境外的曲库连接的；歌舞娱乐场所播放的曲目、屏幕画面或者游艺娱乐场所电子游戏机内的游戏项目含有娱乐活动禁止内容的；歌舞娱乐场所接纳未成年人的；游艺娱乐场所设置的电子游戏机在国家法定节假日外向未成年人提供的；娱乐场所容纳的消费者超过核定人数的。

《条例》第 51 条规定，娱乐场所未按照规定悬挂警示标志、未成年人禁入或者限入标志的，由县级人民政府文化主管部门、县级公安部门依据法定职权责令改正，给予警告。

③违反娱乐场所营业规则。《条例》第 49 条规定，违反本条例规定，有下列情形之一的，由县级人民政府文化主管部门责令改正，给予警告；情节严重的，责令停业整顿 1 个月至 3 个月：变更有关事项，未按照本条例规定申请重新核发娱乐经营许可证的；在本条例规定的禁止营业时间内营业的；从业人员在营业期间未统一着装并佩戴工作标志的。

4. 娱乐场所的监督管理制度和法律责任

（1）警示记录公开制度。《条例》第 34 条规定，文化主管部门、公安部门和其他有关部门应当建立娱乐场所违法行为警示记录系统；对列入警示记录的娱乐场所，应当及时向社会公布，并加大监督检查力度。

（2）信息通报制度。《条例》第36条规定，文化主管部门、公安部门和其他有关部门应当建立相互间的信息通报制度，及时通报监督检查情况和处理结果。

（3）信用监管制度。《条例》第35条规定，文化主管部门应当建立娱乐场所的经营活动信用监管制度，建立健全信用约束机制，并及时公布行政处罚信息。

（4）及时处理举报制度。《条例》第32条规定，各级文化主管部门、公安部门和其他有关部门的工作人员依法履行监督检查职责时，有权进入娱乐场所。娱乐场所应当予以配合，不得拒绝、阻挠。第37条规定，任何单位或者个人发现娱乐场所内有违反《条例》规定行为的，有权向文化主管部门、公安部门等有关部门举报。文化主管部门、公安部门等有关部门接到举报，应当记录，并及时依法调查、处理；对不属于本部门职责范围的，应当及时移送有关部门。

（5）法律责任。《条例》第56条规定，文化主管部门、公安部门、工商行政管理部门和其他有关部门的工作人员有下列行为之一的，对直接负责的主管人员和其他直接责任人员依法给予行政处分，其中构成犯罪的，依法追究刑事责任：向不符合法定设立条件的单位颁发许可证、批准文件、营业执照的；不履行监督管理职责，或者发现擅自从事娱乐场所经营活动不依法取缔，或者发现违法行为不依法查处的；接到对违法行为的举报、通报后不依法查处的；利用职务之便，索取、收受他人财物或者谋取其他利益的；利用职务之便，参与、包庇违法行为，或者向有关单位、个人通风报信的；有其他滥用职权、玩忽职守、徇私舞弊行为的。

第十七章
旅游资源保护法律制度

章节练习
视频课程

本章导读

【本章概述】 本章内容主要包括风景名胜区、自然保护区、博物馆和文化生态保护区的设立、规划、保护、合理利用和管理制度及其相关法律责任，野生动植物、文物、非物质文化遗产和世界遗产的保护、管理及其相关法律责任。

【学习要求】 了解《风景名胜区条例》关于风景名胜区设立、规划、保护、合理利用和管理及相关法律责任的规定；《自然保护区条例》关于自然保护区设立条件、区域构成、管理制度、保护和合理利用及相关法律责任的规定；《野生动物保护法》《野生植物保护条例》关于野生动植物的保护、管理及相关法律责任的规定；《文物保护法》关于不可移动文物、馆藏文物、民间收藏文物、文物出境及相关法律责任的规定。熟悉《国家级文化生态保护区管理办法》关于国家级文化生态保护区及其建设理念，申报与设立、建设与管理的规定；《非物质文化遗产法》关于非物质文化遗产保护原则，非物质文化遗产代表性项目传承与传播及相关法律责任的规定；《保护世界文化和自然遗产公约》《保护非物质文化遗产公约》关于世界文化遗产和自然遗产名录、非物质文化遗产名录以及缔约国义务的规定。掌握《博物馆条例》《博物馆管理办法》关于博物馆设立、管理、社会服务及相关法律责任的规定。

第一节 风景名胜区法律制度

一、风景名胜区的概念及其管理

1. 风景名胜区的概念

《风景名胜区条例》（以下简称《条例》）第 2 条规定，风景名胜区，是指具有观赏、文化或者科学价值，自然景观、人文景观比较集中，环境优美，可供人们游览或者进行科学、文化活动的区域。

2. 管理原则与管理部门

《条例》第 3 条规定，国家对风景名胜区实行科学规划、统一管理、严格保护、永续利用的原则。

《条例》第 5 条规定，国务院建设主管部门负责全国风景名胜区的监督管理工作。国务院其他有关部门按照国务院规定的职责分工，负责风景名胜区的有关监督管理工作。省、自治区人民政府建设主管部门和直辖市人民政府风景名胜区主管部门，负责本行政区域内风景名胜区的监督管理工作。省、自治区、直辖市（以下简称省级）人民政府其他有关部门按照规定的职责分工，负责风景名胜区的有关监督管理工作。《条例》第 4 条规定，风景名胜区所在地县级以上地方人民政府设置的风景名胜区管理机构，负责风景名胜区的保护、利用和统一管理工作。

二、风景名胜区的设立与划分

1. 风景名胜区的设立

《条例》第 7 条规定，设立风景名胜区，应当有利于保护和合理利用风景名胜资源。新设立的风景名胜区与自然保护区不得重合或者交叉；已设立的风景名胜区与自然保护区重合或者交叉的，风景名胜区规划与自然保护区规划应当相协调。

《条例》第 10 条规定，设立国家级风景名胜区，由省、自治区、直辖市人民政府提出申请，国务院建设主管部门会同国务院环境保护主管部门、林业主管部门、文物主管部门等有关部门组织论证，提出审查意见，报国务院批准公布。设立省级风景名胜区，由县级人民政府提出申请，省、自治区人民政府建设主管部门或者直辖市人民政府风景名胜区主管部门，会同其他有关部门组织论证，提出审查意见，报省、自治区、直辖市人民政府批准公布。

2. 风景名胜区的等级划分

《条例》第 8 条规定，风景名胜区划分为国家级风景名胜区和省级风景名胜区。自然景观和人文景观能够反映重要自然变化过程和重大历史文化发展过程，基本处于自然状态或者保持历史原貌，具有国家代表性的，可以申请设立国家级风景名胜区；具有区域代表性的，可以申请设立省级风景名胜区。

三、风景名胜区的规划

1. 风景名胜区规划的类别与内容

《条例》第 12 条规定，风景名胜区规划分为总体规划和详细规划。

《条例》第 14 条规定，风景名胜区应当自设立之日起 2 年内编制完成总体规划，规划期一般为 20 年。第 13 条规定，总体规划主要包括以下内容：①风景资源评价；②生态资源保护措施、重大建设项目布局、开发利用强度；③风景名胜区的功能结构和空间布局；④禁止开发和限制开发的范围；⑤风景名胜区的游客容量；⑥有关专项规划。

《条例》第 15 条规定，风景名胜区详细规划应当根据核心景区和其他景区的不同要求编制，确定基础设施、旅游设施、文化设施等建设项目的选址、布局与规模，并明确建设用地范围和规划设计条件。风景名胜区详细规划，应当符合风景名胜区总体规划。

2. 风景名胜区规划的审批

《条例》第 19 条规定，国家级风景名胜区的总体规划，由省、自治区、直辖市人民政府审查后，报国务院审批。国家级风景名胜区的详细规划，由省、自治区人民政府建设主管部门或者直辖市人民政府风景名胜区主管部门报国务院建设主管部门审批。

《条例》第 20 条规定，省级风景名胜区的总体规划，由省、自治区、直辖市人民政府审批，报国务院建设主管部门备案。省级风景名胜区的详细规划，由省、自治区人民政府建设主管部门或者直辖市人民政府风景名胜区主管部门审批。

四、风景名胜区的保护制度

依法保护风景名胜区是风景名胜区各项工作的核心，也是颁布《条例》的主要目的。风景名胜区保护制度包括保护的原则、保护机构及其职责、居民及游览者的义务、开展的活动范围和限制禁止性行为、重大建设工程的审核及活动的审批等。

1. 严格保护原则

《条例》第 24 条规定，风景名胜区内的景观和自然环境，应当根据可持续发展的原则，严格保护，不得破坏或者随意改变。

2. 保护机构及其职责

《条例》第 24、25 条规定，风景名胜区管理机构是风景名胜资源保护的责任主体，应当建立健全风景名胜资源保护的各项管理制度，对区内的重要景观进行调查、鉴定，并制定相应的保护措施。

3. 居民及游览者的义务

《条例》第 24 条规定，风景名胜区内的居民和游览者应当保护风景名胜区的景物、水体、林木植被、野生动物和各项设施。

4. 禁止性行为

（1）《条例》第 26 条规定，在风景名胜区内禁止进行的活动包括：①开山、采石、开矿、开荒、修坟立碑等破坏景观、植被和地形地貌的活动；②修建储存爆炸物、易燃物、放射物、毒害性、腐蚀性物品的设施；③在景物或者设施上刻画、涂污；④乱扔垃圾。

（2）《条例》第 27 条规定，禁止违反风景名胜区规划，在风景名胜区内设立各类开发区和在核心区内建设宾馆、招待所、培训中心、疗养院以及与风景名胜资源保护无关的其他建筑物；已经建设的，应当按照风景名胜区规划，逐步迁出。

5. 活动的审批

（1）《条例》第28条规定，在风景名胜区内的建设活动应当符合《条例》规定，经风景名胜区管理机构审核后，依照有关法律、法规的规定办理审批手续。在国家级风景名胜区内修建缆车、索道等重大建设工程，项目的选址方案应当报省、自治区人民政府建设主管部门和直辖市人民政府风景名胜区主管部门核准。

（2）《条例》第 29 条规定，从事下列活动，应当经风景名胜区管理机构审核后，依照有关法律、法规的规定报有关主管部门批准：①设置、张贴商业广告；②举办大型游乐等活动；③改变水资源、水环境自然状态的活动；④其他影响生态和景观的活动。

6. 管理信息系统

《条例》第 31 条规定，国家应建立风景名胜区管理信息系统，对风景名胜区规划实施和资源保护情况进行动态监控。国家级风景名胜区所在地的风景名胜区管理机构应当每年向国务院建设主管部门报送风景名胜区规划实施和土地、森林等自然资源保护的情况；国务院建设主管部门应当及时抄送国务院有关部门。

7. 法律责任

（1）《条例》第 40 条规定，有下列行为之一的，由风景名胜区管理机构责令停止违法行为、恢复原状或者限期拆除，没收违法所得，并处 50 万元以上 100 万元以下的罚款：①在风景名胜区内进行开山、采石、开矿等破坏景观、植被、地形地貌的活动的；②在风景名胜区内修建储存爆炸物、易燃性、放射性、毒害性、腐蚀性物品设施的；③在核心景区内建设宾馆、招待所、培训中心、疗养院以及与风景名胜资源保护无关的其他建筑物的。

县级以上地方人民政府及其有关主管部门批准实施上述行为的，对直接负责的主管人员和其他直接责任人员依法给予降级或撤职的处分；构成犯罪的，依法追究刑事责任。

（2）《条例》第 41 条规定，在风景名胜区内从事禁止范围以外的建设活动的，未经风景名胜区管理机构审核的，由风景名胜区管理机构责令停止建设、限期拆除，对个人处 2 万元以上 5 万元以下的罚款，对单位处 20 万元以上 50 万元以下的罚款。

（3）《条例》第 42 条规定，在国家级风景名胜区内修建缆车、索道等重大建设工程，项目的选址方案未经省、自治区人民政府建设主管部门和直辖市人民政府风景名胜区主管部门核准，县级以上地方人民政府有关部门核发选址意见书的，对直接负责的主管人员和其他责任人依法给予处分；构成犯罪的，依法追究刑事责任。

（4）《条例》第43条规定，个人在风景名胜区内进行开荒、修坟立碑等破坏景观、植被、地形地貌活动的，由风景名胜区管理机构责令停止违法行为、限期恢复原状或者采取其他补救措施，没收违法所得，并处1000元以上1万元以下罚款。

（5）《条例》第44条规定，在景物、设施上刻画、涂污或者在风景名胜区内乱扔垃圾的，由风景名胜区管理机构责令恢复原状或者采取其他补救措施，处50元的罚款；刻画、涂污或者以其他方式故意损坏国家保护的文物、名胜古迹的，按照《治安管理处罚法》的有关规定予以处罚；构成犯罪的，追究刑事责任。

（6）《条例》第45条规定，未经风景名胜区管理机构审核，在风景名胜区内进行下列活动的，由风景名胜区管理机构责令停止违法行为、限期恢复原状或者采取其他补救措施，没收违法所得，并处5万元以上10万元以下的罚款；情节严重的，并处10万元以上20万元以下的罚款：①设置、张贴商业广告的；②举办大型游乐等活动的；③改变水资源、水环境自然状态的；④其他影响生态和景观的活动。

五、风景名胜资源的利用和管理制度

1. 开发利用原则

《条例》第32条规定，风景名胜区管理机构应当根据风景名胜区的特点，保护民族民间传统文化，开展健康有益的游览观光和文化娱乐活动，普及历史文化和科学知识。

2. 监督检查和评估

《条例》第35条规定，国务院建设主管部门应当对国家级风景名胜区的规划实施情况、资源保护状况进行监督检查和评估，对发现的问题及时纠正、处理。

3. 安全保障制度

《条例》第36条规定，风景名胜区管理机构应当建立健全安全保障制度，加强安全管理，保障游览安全，并督促风景名胜区内经营单位接受有关部门依据法律、法规进行的监督检查。禁止超过允许容量接纳游客和在没有安全保障的区域开展游览活动。

4. 门票和资源有偿使用

《条例》第37条规定，进入风景名胜区的门票，由风景名胜区管理机构负责出售。门票价格依照有关价格的法律、法规的规定执行。风景名胜区的门票收入和风景名胜资源有偿使用费，实行收支两条线管理，收入和使用费应当专门用于风景名胜资源的保护和管理以及对风景名胜区内财产的所有权人、使用权人损失的补偿。

5. 经营项目的管理

《条例》第37条规定，风景名胜区内的交通、服务等项目，应当由风景名胜区管理机构依照法律、法规和风景名胜区规划，采用招标等公平竞争方式确定经营者。风景名胜区管理机构应当与经营者签订合同，依法确定各自的权利义务。经营者应当缴纳风景名胜资源有偿使用费。第39条规定，风景名胜区管理机构不得从事以营利为目的的经营活动，不得将规划、管理和监督等行政管理职能委托给企业或者个人行使。管理机构的工作人员不得在区内的企业兼职。

6. 法律责任

（1）《条例》第46条规定，施工单位在施工过程中，对周围景物、水体、林木植被、野生动物资源和地形地貌造成破坏的，由风景名胜区管理机构责令停止违法行为、限期恢复原状或者采取其他补救措施，并处2万元以上10万元以下的罚款；逾期未恢复原状或者未采取有效措施的，由风景名胜区管理机构责令停止施工。

（2）《条例》第48条规定，风景名胜区管理机构有下列行为之一的，由设立该风景名胜区管理机构县级以上地方人民政府责令改正；情节严重的，对直接负责的主管人员和其他责任人员给予降级或者撤职的处分；构成犯罪的，依法追究刑事责任：①超过允许容量接纳游客或者在没有安全保障的区域开展游览活动的；②未设置风景名胜区标识和路标、安全警示等标牌的；③从事以营利为目的的经营活动的；④将规划、管理和监督等行政管理职能委托给企业或者个人行使的；⑤允许风景名胜区管理机构的工作人员在风景名胜区内兼职的；⑥审核同意在风景名胜区内进行不符合风景名胜区规划的建设活动的；⑦发现违法行为不查处的。

第二节 自然保护区法律制度

一、自然保护区的概念及其设立条件

1. 自然保护区的概念

根据《中华人民共和国自然保护区条例》（以下简称《条例》）第2条，自然保护区，是指对有代表性的自然生态系统，珍稀濒危野生动植物物种的天然集中分布区和有特殊意义的自然遗址等保护对象所在的陆地、水体或者海域，依法划出一定面积予以特殊保护和管理的区域。

2. 自然保护区的设立条件

《条例》第10条规定，凡具有下列条件之一的，应当建立自然保护区：①典型的自然地理区域、有代表性的自然生态系统区域以及已经遭受破坏但经保护能够恢复的同类自然生态系统区域；②珍稀、濒危野生动植物物种的天然集中分布区域；③具有特殊保护价值的海域、海岸、岛屿、湿地、内陆水域、森林、草原和荒漠；④具有重大科学文化价值的地质构造、著名溶洞、化石分布区、冰川、温泉等自然遗址；⑤经国务院或者省、自治区、直辖市人民政府批准，需要予以特殊保护的其他自然区域。

二、自然保护区的等级划分与区域构成

1. 自然保护区的等级划分

《条例》第11条规定，自然保护区分为国家级自然保护区和地方级自然保护区。国家级自然保护区指在国内外有典型意义，在科学上有重大国际影响或者有特殊科学研究价值的自然保护区。地方级自然保护区指除国家级自然保护区外，其他具有典型意义或者重要科学研究价值的自然保护区。

2. 自然保护区的区域构成

《条例》第18条规定，自然保护区划分为核心区、缓冲区和实验区。

（1）核心区。核心区是自然保护区内保存完好的天然状态的生态系统以

及珍稀、濒危动植物的集中分布区。非经批准，禁止任何单位和个人进入，也不允许进入从事科学研究活动。

（2）缓冲区。缓冲区是在核心区外围划定的一定面积的区域。这里只准进入从事科学研究观测活动。

（3）实验区。实验区指缓冲区的外围区域。这里可进入从事科学实验、教学实习、参观考察、旅游以及驯化、繁殖珍稀、濒危野生动植物活动等。

三、自然保护区的管理及其法律责任

1. 自然保护区的管理机构

《条例》第 8 条规定，国家对自然保护区实行综合管理与分部门管理相结合的管理体制。国务院环境保护行政主管部门负责全国自然保护区的综合管理。国务院林业、农业、地质矿产、水利、海洋等有关行政主管部门在各自职责范围内，主管有关的自然保护区。县级以上地方人民政府负责自然保护区管理部门的设置和职责，由省级人民政府根据当地具体情况确定。

《条例》第 21 条规定，国家级自然保护区，由其所在地的省级人民政府有关自然保护区行政主管部门或者国务院有关自然保护区行政主管部门管理。地方级自然保护区，由其所在地的县级以上人民政府有关自然保护区行政主管部门管理。有关自然保护区行政主管部门应当在自然保护区内设立专门管理机构，配备专业技术人员，负责自然保护区的具体管理工作。

2. 自然保护区的管理制度

凡在中华人民共和国领域和中华人民共和国管辖的其他海域内建设和管理自然保护区，都必须遵守《条例》。

对自然保护区的管理，《条例》主要规定了以下三个方面的内容：

（1）范围和界线的确定。《条例》第 14 条规定，自然保护区的范围和界线由批准建立自然保护区的人民政府确定，并标明区界，予以公告。

（2）自然保护区的规划。《条例》第 17 条规定，国务院环境行政主管部门会同国务院有关自然保护区行政主管部门，在对全国自然环境和自然资源状况进行调查评价的基础上，拟定国家自然保护区发展规划，经国务院计划部门综合平衡后，报国务院批准实施。

（3）自然保护区管理的禁止性和义务性规定。①《条例》第 26 条规定，禁止在自然保护区内进行砍伐、放牧、狩猎、捕捞、采药、开垦、烧荒、开矿、采石、挖沙等活动，但法律、行政法规另有规定的除外。②《条例》第28条规定，禁止在自然保护区的缓冲区开展旅游和生产经营活动。因教学科研需要进入该缓冲区进行工作的，须经保护区管理机构批准。③《条例》第32条规定，在自然保护区的核心区和缓冲区内，不得建设任何生产设施。在自然保护区的实验区内，不得建设污染环境、破坏环境或者景观的生产设施。④《条例》第25条规定，经批准在自然保护区的实验区开展旅游、参观活动的，应当服从自然保护区管理机构的管理。⑤《条例》第31条规定，外国人进入地方级自然保护区的，应当事先向自然保护区管理机构提交活动计划，并经自然保护区管理机构批准；其中，进入国家级自然保护区的，应当经省、自治区、直辖市环境保护、海洋、渔业等有关自然保护区行政主管部门按照各自职责批准。进入自然保护区的外国人，应当遵守有关自然保护区的法律、法规和规定，未经批准，不得在自然保护区内从事采集标本等活动。

3. 法律责任

（1）《条例》第34条规定，有下列行为之一的单位和个人，由自然保护区管理机构责令其改正，并可以根据不同情节处以100元以上5000元以下的罚款：①擅自移动或者破坏自然保护区界标的；②未经批准进入自然保护区或者在自然保护区内不服从管理机构管理的；③经批准在自然保护区的缓冲区内从事科学研究、教学实习和标本采集，不向自然保护区管理机构提交活动成果副本的。

（2）《条例》第35条规定，在自然保护区进行砍伐、放牧、狩猎、捕捞、采药、开垦、烧荒、开矿、采石、挖沙等活动的单位和个人，除可以依照有关法律、行政法规规定给予处罚的以外，由县级以上人民政府有关自然保护区行政主管部门或者其授权的自然保护区管理机构没收违法所得，责令停止违法行为，限期恢复原状或者采取其他补救措施；对自然保护区造成破坏的，可以处以300元以上10000元以下的罚款。

（3）《条例》第36条规定，自然保护区管理机构违反《条例》规定，拒绝环境保护行政主管部门或者有关自然保护区行政主管部门监督检查，或者在被检查时弄虚作假的，由县级以上人民政府环境保护行政主管部门或者有关自然保护区行政主管部门给予300元以上3000元以下的罚款。

（4）《条例》第37条规定，自然保护区管理机构违反《条例》规定，有下列行为之一的，由县级以上人民政府有关自然保护区行政主管部门责令限期改正；对直接责任人员，由其所在单位或者上级机关给予行政处分：①开展参观、旅游活动未编制方案或者编制的方案不符合自然保护区管理目标的；②开设与自然保护区保护方向不一致的参观、旅游项目的；③不按照编制的方案开展参观、旅游活动的；④违法批准人员进入自然保护区的核心区，或者违法批准外国人进入自然保护区的；⑤有其他滥用职权、玩忽职守、徇私舞弊行为的。

第三节　野生动植物保护法律制度

一、概述

1. 野生动物和野生植物的概念

（1）野生动物。为保护野生动物，拯救珍贵、濒危野生动物，维护生物多样性和生态平衡，推进生态文明建设，我国于2016年7月2日修订通过，并于2017年1月1日起施行《中华人民共和国野生动物保护法》（以下简称《野生动物保护法》）。根据该法第2条，野生动物是指珍贵、濒危的陆生、水生野生动物和有重要生态、科学、社会价值的陆生野生动物。

（2）野生植物。为保护、发展和合理利用野生植物资源，保护生物多样性，维护生态平衡，我国于2017年10月7日重新修订，并于公布之日起施行《中华人民共和国野生植物保护条例》（以下简称《野生植物保护条例》）。根据该条例第2条，野生植物是指原生地天然生长的珍贵植物和原生地天然生长并具有重要经济、科学研究、文化价值的濒危、稀有植物。

2. 管理原则与方针

（1）野生动物的管理原则。《野生动物保护法》第4条规定，国家对野生动物实行保护优先、规范利用、严格监管的原则，鼓励开展野生动物科学研究，培育公民保护野生动物的意识，促进人与自然和谐发展。

（2）野生植物的管理方针。《野生植物保护条例》第3条规定，国家对野生植物资源实行加强保护、积极发展、合理利用的方针。国家保护依法开发利用和经营管理野生植物资源的单位和个人的合法权益，鼓励和支持野生植物科学研究、野生植物的就地保护和迁地保护，在野生植物资源保护、科学研究、培育利用和宣传教育方面成绩显著的单位和个人，由人民政府给予奖励。

3. 主管部门

（1）野生动物的主管部门。《野生动物保护法》第 7 条规定，国务院林业草原、渔业主管部门分别主管全国陆生、水生野生动物保护工作。县级以上地方人民政府林业草原、渔业主管部门分别主管本行政区域内陆生、水生野生动物保护工作。第 5 条规定，县级以上人民政府应当制定野生动物及其栖息地相关保护规划和措施，并将野生动物保护经费纳入预算。

（2）野生植物的主管部门。《野生植物保护条例》第 8 条规定，国务院林业行政主管部门主管全国林区内野生植物和林区外珍贵野生树木的监督管理工作；国务院农业行政主管部门主管全国其他野生植物的监督管理工作。国务院建设行政部门负责城市园林、风景名胜区内野生植物的监督管理工作；国务院环境保护部门负责对全国野生植物环境保护工作的协调和监督；国务院其他有关部门依照职责分工负责有关的野生植物保护工作。县级以上地方人民政府负责野生植物管理工作的部门及其职责，由省、自治区、直辖市人民政府根据当地具体情况规定。

二、野生动植物的保护

1. 野生动物的保护

（1）分类分级保护制度。《野生动物保护法》第 10 条规定，国家对珍贵、濒危的野生动物实行重点保护。

国家重点保护的野生动物分为一级保护野生动物和二级保护野生动物。国家重点保护野生动物名录，由国务院野生动物保护主管部门组织科学评估后制定，并每 5 年根据评估情况确定对名录进行调整，后报国务院批准公布。

地方重点保护野生动物，是指国家重点保护野生动物以外，由省、自治区、直辖市重点保护的野生动物。地方重点保护野生动物名录，由省、自治区、直辖市人民政府组织科学评估后制定、调整并公布。

有重要生态、科学、社会价值的陆生野生动物名录，由国务院野生动物保护主管部门组织科学评估后制定、调整并公布。

（2）各方参与的保护制度。《野生动物保护法》第6条规定，任何组织和个人都有保护野生动物及其栖息地的义务。任何组织和个人都有权向有关部门和机关举报或者控告违反《野生动物保护法》的行为。第5条规定，国家鼓励公民、法人和其他组织依法通过捐赠、资助、志愿服务等方式参与野生动物保护活动，支持野生动物保护公益事业。第8条规定，各级人民政府应当加强野生动物保护的宣传教育和科学知识普及工作，鼓励和支持基层群众性自治组织、社会组织、企业事业单位、志愿者开展野生动物保护法律法规和保护知识的宣传活动。教育行政部门、学校应当对学生进行野生动物保护知识教育。新闻媒体应当开展野生动物保护法律法规和保护知识的宣传，对违法行为进行舆论监督。

（3）调查监测评估制度。《野生动物保护法》第11条规定，县级以上人民政府野生动物保护主管部门，应定期组织或者委托有关科学研究机构对野生动物及其栖息地状况进行调查、监测和评估，建立健全野生动物及其栖息地档案。

对野生动物及其栖息地状况的调查、监测和评估应包括以下内容：①野生动物野外分布区域、种群数量及结构；②野生动物栖息地的面积、生态状况；③野生动物及其栖息地的主要威胁因素；④野生动物人工繁育情况等其他需要调查、监测和评估的内容。

（4）应急救助制度。

①应急救助与收容救护。《野生动物保护法》第15条规定，国家或者地方重点保护野生动物受到自然灾害、重大环境污染事故等突发事件威胁时，当地人民政府应当及时采取应急救助措施。县级以上人民政府野生动物保护主管部门应当按照国家有关规定组织开展野生动物收容救护工作。

②疫源疫病防控。《野生动物保护法》第16条规定，县级以上人民政府野生动物保护主管部门、兽医主管部门，应当按照职责分工对野生动物疫源疫病进行监测，组织开展预测、预报等工作，并按照规定制定野生动物疫情应急预案，报同级人民政府批准或者备案。县级以上人民政府野生动物保护

主管部门、兽医主管部门、卫生主管部门，应当按照职责分工负责与人畜共患传染病有关的动物传染病的防治管理工作。

③遗传资源管理。《野生动物保护法》第17条规定，国家加强对野生动物遗传资源的保护，对濒危野生动物实施抢救性保护。国务院野生动物保护主管部门应当会同国务院有关部门制定有关野生动物遗传资源保护和利用规划，建立国家野生动物遗传资源基因库，对原产我国的珍贵、濒危野生动物遗传资源实行重点保护。

（5）危害预防与致害补偿制度。《野生动物保护法》第18条规定，有关地方人民政府应当采取措施，预防、控制野生动物可能造成的危害，保障人畜安全和农业、林业生产。第19条规定，因保护本法规定保护的野生动物，造成人员伤亡、农作物或者其他财产损失的，由当地人民政府给予补偿。有关地方人民政府采取预防、控制国家重点保护野生动物造成危害的措施以及实行补偿所需经费，由中央财政按照国家有关规定予以补助。

2. 野生植物的保护

（1）分类分级保护制度。《野生植物保护条例》第9条规定，国家保护野生植物及其生长环境。禁止任何单位和个人非法采集野生植物或者破坏其生长环境。

依据《野生植物保护条例》第10条，野生植物分为国家重点保护野生植物和地方重点保护野生植物。其中国家重点保护野生植物又分为国家一级保护野生植物和国家二级保护野生植物。国家重点保护野生植物名录，由国务院林业行政主管部门、农业行政主管部门商国务院环境保护、建设等有关部门制定，报国务院批准公布；地方重点保护野生植物，是指国家重点保护野生植物以外，由省、自治区、直辖市保护的野生植物。地方重点保护野生植物名录，由省、自治区、直辖市人民政府制定并公布，报国务院备案。

（2）保护区（点）制度。《野生植物保护条例》第11条规定，在国家重点保护野生植物物种和地方重点保护野生植物物种的天然集中分布区域，应当依照有关法律、行政法规的规定，建立自然保护区；在其他区域，县级以上地方人民政府野生植物行政主管部门和其他有关部门可以根据实际情况建立国家重点保护野生植物和地方重点保护野生植物的保护点或者设立保护标志。禁止破坏国家重点保护野生植物和地方重点保护野生植物的保护点的保护设施和保护标志。

（3）监测调查评价制度。《野生植物保护条例》第 12 条规定，野生植物行政主管部门及其他有关部门应当监视、监测环境对国家重点保护野生植物生长和地方重点保护野生植物生长的影响，并采取措施，维护和改善国家重点保护野生植物和地方重点保护野生植物的生长条件。由于环境影响对国家重点保护野生植物和地方重点保护野生植物的生长造成危害时，野生植物行政主管部门应当会同其他有关部门调查并依法处理。

依据《野生植物保护条例》第 13 条，建设项目对国家重点保护野生植物和地方重点保护野生植物的生长环境产生不利影响的，建设单位提交的环境影响报告书中必须对此做出评价；环境保护部门在审批环境影响报告书时，应当征求野生植物行政主管部门的意见。第 14 条规定，野生植物行政主管部门和有关单位对生长受到威胁的国家重点保护野生植物和地方重点保护野生植物应当采取拯救措施，保护或者恢复其生长环境，必要时应当建立繁育基地、种质资源库或者采取迁地保护措施。

三、野生动植物的管理

1. 野生动物的管理

（1）禁止妨碍野生动物的生息繁衍活动。《野生动物保护法》第 20 条规定，在相关自然保护区域和禁猎（渔）区、禁猎（渔）期内，禁止猎捕以及其他妨碍野生动物生息繁衍的活动，但法律法规另有规定的除外。野生动物迁徙洄游期间，在上述规定区域外的迁徙洄游通道内，禁止猎捕并严格限制其他妨碍野生动物生息繁衍的活动。

（2）禁止猎捕、杀害国家重点保护野生动物。《野生动物保护法》第 21 条规定，因科学研究、种群调控、疫源疫病监测或者其他特殊情况，需要猎捕国家一级保护野生动物的，应当向国务院野生动物保护主管部门申请特许猎捕证；需要猎捕国家二级保护野生动物的，应当向省、自治区、直辖市人民政府野生动物保护主管部门申请特许猎捕证。第 22 条规定，猎捕非国家重点保护野生动物的，应当依法取得县级以上地方人民政府野生动物保护主管部门核发的狩猎证，并且服从猎捕量限额管理。第 23 条规定，猎捕者应当按照特许猎捕证、狩猎证规定的种类、数量、地点、工具、方法和期限进行猎捕。持枪猎捕的，应当依法取得公安机关核发的持枪证。第 24 条规定，禁止使用毒药、爆炸物、电击或者电子诱捕装置以及猎套、猎夹、地枪、排铳等工具进行猎捕，禁止使用夜间照明行猎、歼灭性围猎、捣毁巢穴、火攻、烟熏、网捕等方法进行猎捕，但因科学研究确需网捕、电子诱捕的除外。

（3）禁止出售、购买、利用国家重点保护野生动物及其制品。《野生动物保护法》第 27 条规定，因科学研究、人工繁育、公众展示展演、文物保护或者其他特殊情况，需要出售、购买、利用国家重点保护野生动物及其制品的，应当经省、自治区、直辖市人民政府野生动物保护主管部门批准，并按照规定取得和使用专用标识，保证可追溯，但国务院对批准机关另有规定的除外。

（4）禁止生产经营和滥食野生动物及其制品。《野生动物保护法》第 30 条规定，禁止生产、经营使用国家重点保护野生动物及其制品制作的食品，或者使用没有合法来源证明的非国家重点保护野生动物及其制品制作的食品。禁止为食用非法购买国家重点保护的野生动物及其制品。第 31 条规定，禁止为出售、购买、利用野生动物或者禁止使用的猎捕工具发布广告。禁止为违法出售、购买、利用野生动物制品发布广告。第 32 条规定，禁止网络交易平台、商品交易市场等交易场所，为违法出售、购买、利用野生动物及其制品或者禁止使用的猎捕工具提供交易服务。

（5）禁止伪造、变造批准文件。《野生动物保护法》第 39 条规定，禁止伪造、变造、买卖、转让、租借特许猎捕证、狩猎证、人工繁育许可证及专用标识，出售、购买、利用国家重点保护野生动物及其制品的批准文件，或者允许进出口证明书、进出口等批准文件。

2. 野生植物的管理

（1）调查建档制度。依据《野生植物保护条例》第 15 条，野生植物行政主管部门应当定期组织国家重点保护野生植物和地方重点保护野生植物资源调查，建立资源档案。

（2）采集管理制度。《野生植物保护条例》第 16 条规定，禁止采集国家一级保护野生植物。

因科学研究、人工培育、文化交流等特殊需要，采集国家一级保护野生植物的，应当按照管理权限向国务院林业行政主管部门或者其授权的机构申请采集证；或者向采集地的省、自治区、直辖市人民政府农业行政主管部门或者其授权的机构申请采集证。采集国家二级保护野生植物的，必须经采集地的县级人民政府野生植物行政主管部门签署意见后，向省、自治区、直辖市人民政府野生植物行政主管部门或者其授权的机构申请采集证。

采集城市园林或者风景名胜区内的国家一级或者二级保护野生植物的，须先征得城市园林或者风景名胜区管理机构同意并申请采集证；采集珍贵野生树木或者林区内、草原上的野生植物的，依照森林法、草原法的规定办理。野生植物行政主管部门发放采集证后，应当抄送环境保护部门备案；采集证的格式由国务院野生植物行政主管部门制定。

依据《野生植物保护条例》第17条，采集国家重点保护野生植物的单位和个人，必须按照采集证规定的种类、数量、地点、期限和方法进行采集。县级人民政府野生植物行政主管部门对在本行政区域内采集国家重点保护野生植物的活动，应当进行监督检查，并及时报告批准采集的野生植物行政主管部门或者其授权的机构。

（3）出售、收购制度。《野生植物保护条例》第18条规定，禁止出售、收购国家一级保护野生植物。出售、收购国家二级保护野生植物的，必须经省、自治区、直辖市人民政府野生植物行政主管部门或者其授权的机构批准。

（4）进出口管理制度。依据《野生植物保护条例》第20条，出口国家重点保护野生植物或者进出口中国参加的国际公约所限制进出口的野生植物的，应当按照管理权限经国务院林业行政主管部门批准，或者经进出口者所在地的省、自治区、直辖市人民政府农业行政主管部门审核后报国务院农业行政主管部门批准，并取得国家濒危物种进出口管理机构核发的允许进出口证明书或者标签。海关凭允许进出口证明书或者标签查验放行。国务院野生植物行政主管部门应当将有关野生植物进出口的资料抄送国务院环境保护部门。

国家禁止出口未定名的或者新发现并有重要价值的野生植物。

（5）外国人管理制度。依据《野生植物保护条例》第21条，外国人不得在中国境内采集或者收购国家重点保护野生植物。

外国人在中国境内对农业行政主管部门管理的国家重点保护野生植物进行野外考察的，应当经农业行政主管部门管理的国家重点保护野生植物所在地的省、自治区、直辖市人民政府农业行政主管部门批准。

四、法律责任

1. 野生动物管理的法律责任

（1）有关部门及人员的法律责任。《野生动物保护法》第42条规定，野生动物保护主管部门或者其他有关部门、机关不依法做出行政许可决定，发现违法行为或者接到对违法行为的举报不予查处或者不依法查处，或者有滥用职权等其他不依法履行职责的行为的，由本级人民政府或者上级人民政府有关部门、机关责令改正，对负有责任的主管人员和其他直接责任人员依法给予记过、记大过或者降级处分；造成严重后果的，给予撤职或者开除处分，其主要负责人应当引咎辞职；构成犯罪的，依法追究刑事责任。

（2）禁止行为及其法律责任。

①《野生动物保护法》第44条规定，以收容救护为名买卖野生动物及其制品的，由县级以上人民政府野生动物保护主管部门没收野生动物及其制品、违法所得，并处野生动物及其制品价值2倍以上10倍以下的罚款，将有关违法信息记入社会诚信档案，向社会公布；构成犯罪的，依法追究刑事责任。

②《野生动物保护法》第48条规定，未经批准、未取得或者未按照规定使用专用标识，或者未持有、未附有人工繁育许可证、批准文件的副本或者专用标识出售、购买、利用、运输、携带、寄递国家重点保护野生动物及其制品或者人工繁育技术成熟稳定的野生动物及其制品的，由县级以上人民政府野生动物保护主管部门或者市场监督管理部门按照职责分工没收野生动物及其制品和违法所得，并处野生动物及其制品价值2倍以上10倍以下的罚款；情节严重的，吊销人工繁育许可证、撤销批准文件、收回专用标识；构成犯罪的，依法追究刑事责任。

未持有合法来源证明出售、利用、运输非国家重点保护野生动物的，由县级以上地方人民政府野生动物保护主管部门或者市场监督管理部门按照职责分工没收野生动物，并处野生动物价值1倍以上5倍以下的罚款。

③《野生动物保护法》第50条规定，为出售、购买、利用野生动物及其制品或者禁止使用的猎捕工具发布广告的，依照《中华人民共和国广告法》的规定处罚。

④《野生动物保护法》第51条规定，为违法出售、购买、利用野生动物及其制品或者禁止使用的猎捕工具提供交易服务的，由县级以上人民政府市场监督管理部门责令停止违法行为，限期改正，没收违法所得，并处违法所得2倍以上5倍以下的罚款；没有违法所得的，处1万元以上5万元以下的罚款；构成犯罪的，依法追究刑事责任。

⑤《野生动物保护法》第52条规定，非法进出口野生动物或者其制品的，由海关、公安机关、海洋执法部门依照法律、行政法规和国家有关规定处罚；构成犯罪的，依法追究刑事责任。

2. 野生植物管理的法律责任

（1）主管部门及工作人员的法律责任。《野生植物保护条例》第29条规定，野生植物行政主管部门的工作人员滥用职权、玩忽职守、徇私舞弊，构成犯罪的，依法追究刑事责任；尚不构成犯罪的，依法给予行政处分。

（2）禁止行为及其法律责任。

①《野生植物保护条例》第23条规定，未取得采集证或者未按照采集证的规定采集国家重点保护野生植物的，由野生植物行政主管部门没收所采集的野生植物和违法所得，可以并处违法所得10倍以下的罚款；有采集证的，并可以吊销采集证。

②《野生植物保护条例》第24条规定，违反本条例规定，出售、收购国家重点保护野生植物的，由工商行政管理部门或者野生植物行政主管部门按照职责分工没收野生植物和违法所得，可以并处违法所得10倍以下的罚款。

③《野生植物保护条例》第25条规定，非法进出口野生植物的，由海关依照《海关法》的规定处罚。

④《野生植物保护条例》第26条规定，伪造、倒卖、转让采集证、允许进出口证明书或者有关批准文件、标签的，由野生植物行政主管部门或者工商行政管理部门按照职责分工收缴，没收违法所得，可以并处5万元以下

的罚款。

⑤《野生植物保护条例》第27条规定，外国人在中国境内采集、收购国家重点保护野生植物，或者未经批准对农业行政主管部门管理的国家重点保护野生植物进行野外考察的，由野生植物行政主管部门没收所采集、收购的野生植物和考察资料，可以并处5万元以下的罚款。

第四节　文物保护法律制度

一、文物及其保护范围

1. 文物的概念

文物是人类在社会活动中遗留下来的具有历史、艺术、科学价值的遗物和遗迹，包括古代建筑、历史遗迹、生产和生活用品、工艺美术品等，是人类宝贵的历史文化遗产。

2. 文物的保护范围

我国《宪法》第22条规定："国家保护名胜古迹、珍贵文物和其他重要历史文化遗产。"《中华人民共和国文物保护法》（以下简称《文物保护法》）第2条明确规定下列文物受国家法律保护：①具有历史、艺术、科学价值的古文化遗址、古墓葬、古建筑、石窟寺和石刻、壁画；②与重大历史事件、革命运动或者著名人物有关的以及具有重要纪念意义、教育意义或者史料价值的近现代重要史迹、实物、代表性建筑；③历史上各时代珍贵的艺术品、工艺美术品；④历史上各时代重要的文献资料以及具有历史、艺术、科学价值的手稿和图书资料等；⑤反映历史上各时代、各民族社会制度、社会生产、社会生活的代表性实物。此外，具有科学价值的古脊椎动物化石和古人类化石同文物一样受国家的保护。

二、文物的分类

1. 不可移动文物与可移动文物

（1）不可移动文物。根据《文物保护法》第3条规定，不可移动文物主要包括古文化遗址、古墓葬、古建筑、石窟寺、石刻、壁画、近代现代重要史迹和代表性建筑等。根据它们的历史、艺术、科学价值，可以分别确定为全国重点文物保护单位，省级文物保护单位，市、县级文物保护单位。

（2）可移动文物。根据《文物保护法》第3条规定，可移动文物主要包括历史上各时代重要实物、艺术品、文献、手稿、图书资料、代表性实物等。可划分为珍贵文物和一般文物；其中珍贵文物又可分为一级文物、二级文物、三级文物三个等级。

2. 馆藏文物与民间收藏文物

（1）馆藏文物是指博物馆、图书馆和其他文物收藏单位收藏的文物。《文物保护法》第36条规定，对馆藏文物必须区分文物等级，设置藏品档案，建立严格的管理制度，并向文物行政主管部门备案。县级以上地方人民政府文物行政部门应当分别建立本行政区域内的馆藏文物档案；国务院文物行政部门应当建立国家一级文物藏品档案和其主管的国有文物收藏单位馆藏文物档案。第37条规定，文物收藏单位可以通过下列方式取得文物：①购买；②接受捐赠；③依法交换；④法律、行政法规规定的其他方式；⑤国有文物收藏单位还可以通过文物行政部门指定保管或者调拨方式取得文物。

（2）民间收藏文物是指文物收藏单位以外的公民、法人和其他组织通过一定方式取得的收藏的文物。《文物保护法》第50条规定，民间收藏文物可以通过下列方式取得：①依法继承或者接受赠予；②从文物商店购买；③从经营文物拍卖的拍卖企业购买；④公民个人合法所有的文物相互交换或者依法转让；⑤国家规定的其他合法方式。文物收藏单位以外的公民、法人和其他组织合法收藏的文物可以依法流通。但是，国有文物，非国有馆藏珍贵文物，国有不可移动文物中的壁画、雕塑、建筑构件（依法拆除的国有不可移动文物中的壁画、雕塑、建筑构件等不属于应由文物收藏单位收藏的除外），来源不合法的文物不得买卖。

三、文物出境进境法律制度

《文物保护法》第60条规定，国有文物、非国有文物中的珍贵文物和国家规定禁止出境的其他文物，不得出境；但是依照法律规定出境展览或者因特殊需要经国务院批准出境的除外。

《文物保护法》第61条规定，文物出境，应当经国务院文物行政部门指定的文物进出境审核机构审核。经审核允许出境的文物，由国务院文物行政部门发给文物出境许可证，从国务院文物行政部门指定的口岸出境。任何单位或者个人运送、邮寄、携带文物出境，应当向海关申报；海关凭文物出境许可证放行。

《文物保护法》第62条规定，文物出境展览，应当报国务院文物行政部门批准；一级文物超过国务院规定数量的，应当报国务院批准。一级文物中的孤品和易损品，禁止出境展览。出境展览的文物出境，由文物进出境审核机构审核、登记。海关凭国务院文物行政部门或者国务院的批准文件放行。出境展览的文物复进境，由原文物进出境审核机构审核查验。

《文物保护法》第63条规定，文物临时进境，应当向海关申报，并报文物进出境审核机构审核、登记。临时进境的文物复出境，必须经原审核、登记的文物进出境审核机构审核查验；经审核查验无误的，由国务院文物行政部门发给文物出境许可证，海关凭文物出境许可证放行。

四、法律责任

1. 民事责任

《文物保护法》第65条规定，违反法律规定，造成文物灭失、损毁的单位和个人，应当依法承担民事责任。

2. 行政责任

《文物保护法》第65条规定，违反本法的规定，情节尚不严重的，由有关机关给予行政处罚。构成违反治安管理行为的，由公安机关依法给予治安管理处罚。违反法律规定，构成走私行为，尚不构成犯罪的，由海关依照有关法律、行政法规的规定给予处罚。

3. 刑事责任

《文物保护法》第64条规定，有下列行为之一，构成犯罪的，依法追究刑事责任：①盗掘古文化遗址、古墓葬的；②故意或者过失损毁国家保护的珍贵文物的；③擅自将国有馆藏文物出售或者私自送给非国有单位或者个人的；④将国家禁止出境的珍贵文物私自出售或者送给外国人的；⑤以谋利为目的倒卖国家禁止经营的文物的；⑥走私文物的；⑦盗窃、哄抢、私分或者非法侵占国有文物的；⑧应当追究刑事责任的其他妨害文物管理的行为。

第五节　博物馆管理法律制度

一、概述

1. 博物馆的概念及其分类

为促进博物馆事业发展，发挥博物馆功能，满足公民精神文化需求，提高公民思想道德和科学文化素质，国务院于2015年2月9日发布自同年3月20日施行的《博物馆条例》（以下简称《条例》）；为规范博物馆管理工作，促进博物馆事业发展，文化部于2005年12月22日发布自2006年1月1日施行的《博物馆管理办法》（以下简称《办法》）。

《条例》第2条规定，博物馆是指以教育、研究和欣赏为目的，收藏、保护并向公众展示人类活动和自然环境的见证物，经登记管理机关依法登记的非营利组织。

博物馆包括国有博物馆和非国有博物馆。其中利用或者主要利用国有资产设立的博物馆为国有博物馆；利用或者主要利用非国有资产设立的博物馆为非国有博物馆。国家在博物馆的设立条件、提供社会服务、规范管理、专业技术职称评定、财税扶持政策等方面，公平对待国有和非国有博物馆。

2. 服务原则

《条例》第3条规定，博物馆开展社会服务应当坚持为人民服务、为社会主义服务的方向和贴近实际、贴近生活、贴近群众的原则，丰富人民群众精神文化生活。

二、博物馆的设立

1. 设立条件

《条例》第10条规定，设立博物馆，应当具备下列条件：①固定的馆址以及符合国家规定的展室、藏品保管场所；②相应数量的藏品以及必要的研究资料，并能够形成陈列展览体系；③与其规模和功能相适应的专业技术人员；④必要的办馆资金和稳定的运行经费来源；⑤确保观众人身安全的设施、制度及应急预案。

2. 制定章程

根据《条例》第 11 条规定，设立博物馆，应当制定章程。章程应当包括下列事项：①博物馆名称、馆址；②办馆宗旨及业务范围；③组织管理制度，包括理事会或者其他形式决策机构的产生办法、人员构成、任期、议事规则等；④藏品展示、保护、管理、处置的规则；⑤资产管理和使用规则；⑥章程修改程序；⑦终止程序和终止后资产的处理；⑧其他需要由章程规定的事项。

3. 备案制度

（1）国有博物馆。《条例》第 12 条规定，国有博物馆的设立、变更、终止依照有关事业单位登记管理法律、行政法规的规定办理，并应当向馆址所在地省、自治区、直辖市人民政府文物主管部门备案。

（2）古生物化石博物馆。《条例》第 13 条规定，藏品属于古生物化石的博物馆，其设立、变更、终止应当遵守有关古生物化石保护法律、行政法规的规定，并向馆址所在地省、自治区、直辖市人民政府文物主管部门备案。

（3）非国有博物馆。《条例》第 14 条规定，设立藏品不属于古生物化石的非国有博物馆的，应当向馆址所在地省、自治区、直辖市人民政府文物主管部门备案，并提交下列材料：①博物馆章程草案；②馆舍所有权或者使用权证明，展室和藏品保管场所的环境条件符合藏品展示、保护、管理需要的论证材料；③藏品目录、藏品概述及藏品合法来源说明；④出资证明或者验资报告；⑤专业技术人员和管理人员的基本情况；⑥陈列展览方案。

《条例》第 15 条规定，设立藏品不属于古生物化石的非国有博物馆的，应当到有关登记管理机关依法办理法人登记手续；有变更、终止行为的，应当到有关登记管理机关依法办理变更登记、注销登记，并向馆址所在地省、自治区、直辖市人民政府文物主管部门备案。

三、博物馆的管理

1. 管理部门

《条例》第 7 条规定，国家文物主管部门负责全国博物馆监督管理工作。国务院其他有关部门在各自职责范围内负责有关的博物馆管理工作。

县级以上地方人民政府文物主管部门负责本行政区域的博物馆监督管理

工作。县级以上地方人民政府其他有关部门在各自职责范围内负责本行政区域内有关的博物馆管理工作。

2. 管理制度

（1）组织管理制度。《条例》第 17 条规定，博物馆应当完善法人治理结构，建立健全有关组织管理制度。第 18 条规定，博物馆专业技术人员按照国家有关规定评定专业技术职称。

（2）使用管理制度。《条例》第 19 条规定，博物馆依法管理和使用的资产，任何组织或者个人不得侵占。博物馆不得从事文物等藏品的商业经营活动。博物馆从事其他商业经营活动，不得违反办馆宗旨，不得损害观众利益。博物馆从事其他商业经营活动的具体办法由国家文物主管部门制定。

（3）捐赠管理制度。《条例》第 20 条规定，博物馆接受捐赠的，应当遵守有关法律、行政法规的规定。博物馆可以依法以举办者或者捐赠者的姓名、名称命名博物馆的馆舍或者其他设施；非国有博物馆还可以依法以举办者或者捐赠者的姓名、名称作为博物馆馆名。第 21 条规定，博物馆可以通过购买、接受捐赠、依法交换等法律、行政法规规定的方式取得藏品，不得取得来源不明或者来源不合法的藏品。

（4）档案管理制度。《条例》第 22 条规定，博物馆应当建立藏品账目及档案。藏品属于文物的，应当区分文物等级，单独设置文物档案，建立严格的管理制度，并报文物主管部门备案。未依照前款规定建账、建档的藏品，不得交换或者出借。

（5）安全管理制度。《条例》第 23 条规定，博物馆法定代表人对藏品安全负责。博物馆法定代表人、藏品管理人员离任前，应当办结藏品移交手续。

《条例》第 24 条规定，博物馆应当加强对藏品的安全管理，定期对保障藏品安全的设备、设施进行检查、维护，保证其正常运行。对珍贵藏品和易损藏品应当设立专库或者专用设备保存，并由专人负责保管。

（6）出入境及买卖管理制度。《条例》第 25 条规定，博物馆藏品属于国有文物、非国有文物中的珍贵文物和国家规定禁止出境的其他文物的，不得出境，不得转让、出租、质押给外国人。国有博物馆藏品属于文物的，不得赠与、出租或者出售给其他单位和个人。

《条例》第27条规定，博物馆藏品属于文物或者古生物化石的，其取得、保护、管理、展示、处置、进出境等还应当分别遵守有关文物保护、古生物化石保护的法律、行政法规的规定。

四、博物馆的社会服务

1. 陈列展览

《条例》第 30 条规定，博物馆举办陈列展览，应当遵守下列规定：①主题和内容应当符合宪法所确定的基本原则和维护国家安全与民族团结、弘扬爱国主义、倡导科学精神、普及科学知识、传播优秀文化、培养良好风尚、促进社会和谐、推动社会文明进步的要求；②与办馆宗旨相适应，突出藏品特色；③运用适当的技术、材料、工艺和表现手法，达到形式与内容的和谐统一；④展品以原件为主，使用复制品、仿制品应当明示；⑤采用多种形式提供科学、准确、生动的文字说明和讲解服务；⑥法律、行政法规的其他有关规定。陈列展览的主题和内容不适宜未成年人的，博物馆不得接纳未成年人。

《条例》第 31 条规定，博物馆举办陈列展览的，应当在陈列展览开始之日 10 个工作日前，将陈列展览主题、展品说明、讲解词等向陈列展览举办地的文物主管部门或者其他有关部门备案。各级人民政府文物主管部门和博物馆行业组织应当加强对博物馆陈列展览的指导和监督。

2. 公众开放制度

《条例》第 28 条规定，博物馆应当自取得登记证书之日起 6 个月内向公众开放。第 29 条规定，博物馆应当向公众公告具体开放时间。在国家法定节假日和学校寒暑假期间，博物馆应当开放。

《条例》第 33 条规定，国家鼓励博物馆向公众免费开放。县级以上人民政府应当对向公众免费开放的博物馆给予必要的经费支持。博物馆未实行免费开放的，其门票、收费的项目和标准按照国家有关规定执行，并在收费地点的醒目位置予以公布。博物馆未实行免费开放的，应当对未成年人、成年学生、教师、老年人、残疾人和军人等实行免费或者其他优惠。博物馆实行优惠的项目和标准应当向公众公告。

3. 社会教育与服务制度

（1）博物馆的义务。《条例》第 32 条规定，博物馆应当配备适当的专业人员，根据不同年龄段的未成年人接受能力进行讲解；学校寒暑假期间，具备条件的博物馆应当增设适合学生特点的陈列展览项目。

《条例》第 34 条规定，博物馆应当根据自身特点、条件，运用现代信息技术，开展形式多样、生动活泼的社会教育和服务活动，参与社区文化建设和对外文化交流与合作。国家鼓励博物馆挖掘藏品内涵，与文化创意、旅游等产业相结合，开发衍生产品，增强博物馆发展能力。

《条例》第 36 条规定，博物馆应当发挥藏品优势，开展相关专业领域的理论及应用研究，提高业务水平，促进专业人才的成长。博物馆应当为高等学校、科研机构和专家学者等开展科学研究工作提供支持和帮助。

（2）主管部门的义务。根据《条例》第 35 条规定，国务院教育行政部门应当会同国家文物主管部门，制定利用博物馆资源开展教育教学、社会实践活动的政策措施。地方各级人民政府教育行政部门应当鼓励学校结合课程设置和教学计划，组织学生到博物馆开展学习实践活动。博物馆应当对学校开展各类相关教育教学活动提供支持和帮助。

（3）社会公众的义务。《条例》第 37 条规定，公众应当爱护博物馆展品、设施及环境，不得损坏博物馆的展品、设施。

五、法律责任

1. 主管部门及工作人员的法律责任

《条例》第 43 条规定，县级以上人民政府文物主管部门或者其他有关部门及其工作人员玩忽职守、滥用职权、徇私舞弊或者利用职务上的便利索取或者收受他人财物的，由本级人民政府或者上级机关责令改正，通报批评；对直接负责的主管人员和其他直接责任人员依法给予处分。

2. 违法经营责任

《条例》第 41 条规定，博物馆自取得登记证书之日起 6 个月内未向公众开放，或者未依照本条例的规定实行免费或者其他优惠的，由省、自治区、直辖市人民政府文物主管部门责令改正；拒不改正的，由登记管理机关撤销登记。

《条例》第 42 条规定，博物馆违反有关价格法律、行政法规规定的，由馆址所在地县级以上地方人民政府价格主管部门依法给予处罚。

《条例》第 39 条规定，博物馆取得来源不明或者来源不合法的藏品，或者陈列展览的主题、内容造成恶劣影响的，由省、自治区、直辖市人民政府文物主管部门或者有关登记管理机关按照职责分工，责令改正，有违法所得的，没收违法所得，并处违法所得2倍以上5倍以下罚款；没有违法所得的，处5000元以上2万元以下罚款；情节严重的，由登记管理机关撤销登记。

《条例》第40条规定，博物馆从事文物藏品的商业经营活动的，由工商行政管理部门依照有关文物保护法律、行政法规的规定处罚。博物馆从事非文物藏品的商业经营活动，或者从事其他商业经营活动违反办馆宗旨、损害观众利益的，由省、自治区、直辖市人民政府文物主管部门或者有关登记管理机关按照职责分工，责令改正，有违法所得的，没收违法所得，并处违法所得2倍以上5倍以下罚款；没有违法所得的，处5000元以上2万元以下罚款；情节严重的，由登记管理机关撤销登记。

第六节　国家级文化生态保护区管理法律制度

一、概述

1. 国家级文化生态保护区的概念

为加强非物质文化遗产区域性整体保护，维护和培育文化生态，传承弘扬中华优秀传统文化，坚定文化自信，满足人民日益增长的美好生活需要，2018年12月10日文化和旅游部发布自2019年3月1日起施行的《国家级文化生态保护区管理办法》(以下称《办法》)。

《办法》第2条规定，国家级文化生态保护区指以保护非物质文化遗产为核心，对历史文化积淀丰厚、存续状态良好，具有重要价值和鲜明特色的文化形态进行整体性保护，并经文化和旅游部同意设立的特定区域。

2. 指导思想

《办法》第3条指出，国家级文化生态保护区建设要以习近平新时代中国特色社会主义思想为指导，充分尊重人民群众的主体地位，贯彻新发展理念，弘扬社会主义核心价值观，推动中华优秀传统文化创造性转化、创新性发展。

3. 管理目标

《办法》第4条指出，国家级文化生态保护区建设应坚持保护优先、整体保护、见人见物见生活的理念，既保护非物质文化遗产，也保护孕育发展非物质文化遗产的人文环境和自然环境，实现“遗产丰富、氛围浓厚、特色鲜明、民众受益”的目标。

二、申报与设立制度

1. 区域范围

《办法》第5条规定，国家级文化生态保护区依托相关行政区域设立，区域范围为县、地市或若干县域。

2. 申报条件与程序

（1）申报设立原则。《办法》第6条规定，申报和设立国家级文化生态保护区应本着少而精的原则，坚持公开、公平、公正，履行申报、审核、论证、批准等程序。

（2）申报条件。《办法》第7条规定，申报国家级文化生态保护区应具备以下条件：①传统文化历史积淀丰厚，具有鲜明地域或民族特色，文化生态保持良好；②非物质文化遗产资源丰富，是当地生产生活的重要组成部分；③非物质文化遗产传承有序，传承实践富有活力、氛围浓厚，当地民众广泛参与，认同感强；④与非物质文化遗产密切相关的实物、场所保存利用良好，其周边的自然生态环境能为非物质文化遗产提供良性的发展空间；⑤所在地人民政府重视文化生态保护，对非物质文化遗产项目集中、自然生态环境基本良好、传统文化生态保持较为完整的乡镇、村落、街区等重点区域以及开展非物质文化遗产传承所依存的重要场所开列清单，并已经制定实施保护办法和措施；⑥有文化生态保护区建设管理机构和工作人员；⑦在省（区、市）内已实行文化生态区域性整体保护两年以上，成效明显。

（3）申报程序。《办法》第8条规定，申报地区人民政府向省级人民政府文化主管部门提出申报国家级文化生态保护区的申请；省级人民政府文化主管部门组织开展审核论证，经省级人民政府同意后，向文化和旅游部提出设立国家级文化生态保护区的申请。

（4）申报材料。《办法》第9条规定，申报国家级文化生态保护区，应当提交下列材料：①省级人民政府文化主管部门设立国家级文化生态保护区的申请和省级人民政府同意申请的相关文件；②文化生态保护区规划纲要；

③省级人民政府文化主管部门组织的专家评审论证意见；④本省（区、市）内实行文化生态区域性整体保护的相关文件；⑤其他有关材料。

（5）规划纲要编制。

①编制部门。《办法》第 10 条规定，文化生态保护区规划纲要由省级人民政府文化主管部门、相关地区人民政府负责编制。编制工作应广泛听取非物质文化遗产传承人和当地民众意见，吸收非物质文化遗产保护、地方文化研究、规划等方面的专家学者参与。

②编制内容。《办法》第 11 条规定，文化生态保护区规划纲要应包括下列内容：一是对文化形态形成的地理环境、历史沿革、现状、鲜明特色、文化内涵与价值的描述和分析；二是保护区域范围及重点区域，区域内县级以上非物质文化遗产代表性项目、文物保护单位、相关实物和重要场所清单等；三是建设目标、工作原则、保护内容、保护方式等；四是保障措施及保障机制；五是其他有关资料。

3. 审批与设立

（1）材料审核与实地考察。《办法》第 12 条规定，文化和旅游部组织对申报材料进行审核。对申报材料齐全且符合要求的申请地区，文化和旅游部根据年度工作计划组织考察组进行实地考察。考察组应当吸收非物质文化遗产保护、地方文化研究、规划等方面的专家学者参加。

（2）设立国家级文化生态保护实验区。《办法》第 13 条规定，文化和旅游部根据实地考察情况，对文化生态保护区规划纲要组织专家论证。根据论证意见，文化和旅游部将符合条件的申请地区设立为国家级文化生态保护实验区。

（3）编制国家级文化生态保护区总体规划。《办法》第 14 条规定，国家级文化生态保护实验区设立后一年内，所在地区人民政府应当在文化生态保护区规划纲要的基础上，细化形成国家级文化生态保护区总体规划，经省级人民政府文化主管部门审核，报省级人民政府审议通过后发布实施，并报文化和旅游部备案。《办法》第 15 条规定，国家级文化生态保护区总体规划应纳入本省（区、市）国民经济与社会发展总体规划，要与相关的生态保护、环境治理、土地利用、旅游发展、文化产业等专门性规划和国家公园、国家文化公园、自然保护区等专项规划相衔接。

（4）设立国家级文化生态保护区。《办法》第16条规定，国家级文化生态保护区总体规划实施三年后，由省级人民政府文化主管部门向文化和旅游部提出验收申请；文化和旅游部根据申请组织开展国家级文化生态保护实验区建设成果验收。验收合格的，正式公布为国家级文化生态保护区并授牌。

三、建设与管理制度

1. 责任主体与主要职责

《办法》第17条规定，国家级文化生态保护区建设管理机构负责统筹、指导、协调、推进国家级文化生态保护区的建设工作。

《办法》第18条规定，国家级文化生态保护区建设管理机构承担以下主要职责：①贯彻落实国家有关文化建设、非物质文化遗产保护的法律、法规和方针、政策；②制定实施国家级文化生态保护区的各项建设管理制度，创新工作机制和保护方式、措施；③负责实施国家级文化生态保护区总体规划；④组织或委托有关机构开展文化生态保护理论和实践研究；⑤开展文化生态保护的宣传教育和培训；⑥评估、报告和公布国家级文化生态保护区建设情况和成效。

2. 建设管理制度

（1）完善工作保障机制

①制定落实保护办法和行动计划。《办法》第19条规定，国家级文化生态保护区建设管理机构应当根据非物质文化遗产各个项目、文化遗产与人文和自然环境之间的关联性，依照确定的保护区域范围、重点区域和重要场所保护清单，制定落实保护办法和行动计划。

②严格管理制度。《办法》第20条规定，国家级文化生态保护区建设管理机构应当尊重当地居民的意愿，保护当地居民权益，建立严格的管理制度，保持重点区域和重要场所的历史风貌。

③加强工作机构和队伍建设。《办法》第31条规定，国家级文化生态保护区建设管理机构应当加强工作机构和队伍建设，配备一定数量的专职工作人员；定期组织开展文化生态保护培训，提高工作人员的业务水平和工作能力；委托相关高等院校或机构，培养一批文化生态保护专业人才；建立一支文化生态保护志愿者队伍，鼓励和引导社会力量参与文化生态保护工作。

④加强理论与实践研究。《办法》第22条规定，国家级文化生态保护区建设管理机构应当依托相关研究机构和高等院校，组织或委托开展与当地非物质文化遗产保护传承和文化生态整体性保护理论和实践研究。

⑤形成中央财政补贴、地方财政支持、社会资金参与的多元投入机制。《办法》第32条规定，国家级文化生态保护区建设经费应当纳入省市级当地公共财政经常性支出预算，并作为重要评估指标。文化和旅游部通过中央财政对国家级文化生态保护区建设予以补贴。鼓励社会资金参与国家级文化生态保护区建设工作。

⑥建立评估管理制度。一是自评制度。《办法》第33条规定，国家级文化生态保护区建设管理机构应当依据总体规划，每年对总体规划实施情况和建设工作成效开展自评，将年度重点工作清单和自评报告广泛征求区域内民众的意见，并报送文化和旅游部备案。二是动态管理制度。《办法》第34条规定，文化和旅游部不定期对国家级文化生态保护区建设情况进行检查；每五年对国家级文化生态保护区开展一次总体规划实施情况和建设成效评估，评估报告向社会公布。《办法》第35条规定，对建设成绩突出的国家级文化生态保护区，文化和旅游部予以通报表扬，并给予重点支持。因保护不力使文化生态遭到破坏的，文化和旅游部将严肃处理，并予以摘牌。

（2）加强传承实践能力建设制度

①加强调查工作，实施非物质文化遗产记录工程。《办法》第21条规定，国家级文化生态保护区建设管理机构应当进一步加强非物质文化遗产调查工作，建立完善非物质文化遗产档案和数据库，妥善保存非物质文化遗产珍贵实物资料，实施非物质文化遗产记录工程，促进记录成果广泛利用和社会共享。

②开展存续状况评测和保护绩效评估。《办法》第23条规定，国家级文化生态保护区建设管理机构应当开展非物质文化遗产代表性项目存续状况评测和保护绩效评估，制定落实分类保护政策措施，优先保护急需保护的非物质文化遗产代表性项目，不断提高非物质文化遗产代表性项目的传承实践能力，弘扬当代价值，促进发展振兴。

③建立非物质文化遗产传承人的培养激励制度。《办法》第24条规定，国家级文化生态保护区建设管理机构应当制定相关制度，为各级非物质文

化遗产代表性传承人开展传习活动创造条件、提供支持，资助传承人开展授徒传艺、教学、交流等活动。组织实施非物质文化遗产传承人群研修研习培训，帮助非物质文化遗产传承人群提高传承能力，增强传承后劲。对传承工作有突出贡献的非物质文化遗产代表性传承人予以表彰、奖励，采取助学、奖学等方式支持从业者学习非物质文化遗产相关技艺。

（3）建立传播宣传制度

①建设综合性非物质文化遗产展示场所。《办法》第25条规定，在国家级文化生态保护区内，应当建设综合性非物质文化遗产展示场所，根据当地实际建设非物质文化遗产专题馆，根据传习需要设立各级非物质文化遗产代表性项目传习所或传习点。鼓励将具有地域、民族特色的传统文化元素或符号运用在当地城乡规划和设施建设中。

②将非物质文化遗产保护知识纳入当地国民教育体系。《办法》第26条规定，国家级文化生态保护区建设管理机构应当整合多方资源，推动将非物质文化遗产保护知识纳入当地国民教育体系，编写非物质文化遗产传承普及辅导读本，在保护区内的中小学开设非物质文化遗产乡土课程，在职业学校和高等院校设立非物质文化遗产相关专业或开设选修课，推进非物质文化遗产进校园、进课堂、进教材。

③定期举办非物质文化遗产展示展演活动。《办法》第27条规定，国家级文化生态保护区建设管理机构应当每年定期组织举办有影响力的非物质文化遗产展示展演活动，利用传统节日、文化和自然遗产日等重要节点开展非物质文化遗产宣传传播活动。鼓励和支持当地民众按照当地习俗依法依规举办传统文化活动。

（4）强化引领带动作用制度

①推动传统工艺振兴，助力区域扶贫。《办法》第28条规定，国家级文化生态保护区建设管理机构应当挖掘区域内传统工艺项目资源，培养一批能工巧匠，培育一批知名品牌，推动传统工艺振兴；组织开展区域内建档立卡贫困人口参加传统工艺相关技能培训，带动就业，精准助力区域内贫困群众脱贫增收。

②积极开展旅游活动。《办法》第29条规定，国家级文化生态保护区建设管理机构应当依托区域内独具特色的文化生态资源，开展文化观光游、文

化体验游、文化休闲游等多种形式的旅游活动。

③提升乡村文明水平，助力乡村振兴。《办法》第30条规定，国家级文化生态保护区建设管理机构应当深入挖掘、阐释非物质文化遗产蕴含的优秀思想观念、人文精神、道德规范，培育文明乡风、良好家风、淳朴民风，提升乡村文明水平，助力乡村振兴。

第七节　非物质文化遗产保护法律制度

一、概述

为继承和弘扬中华民族优秀传统文化，促进社会主义精神文明建设，加强非物质文化遗产保护、保存工作，2011年2月25日，十一届全国人大会常委会第19次会议通过自2011年6月1日起施行的《中华人民共和国非物质文化遗产法》（以下简称《非物质文化遗产法》）。

1. 非物质文化遗产的概念及内容

《非物质文化遗产法》第2条规定，非物质文化遗产，是指各族人民世代相传并视为其文化遗产组成部分的各种传统文化表现形式，以及与传统文化表现形式相关的实物和场所。包括：①传统口头文学以及作为其载体的语言；②传统美术、书法、音乐、舞蹈、戏剧、曲艺和杂技；③传统技艺、医药和历法；④传统礼仪、节庆等民俗；⑤传统体育和游艺；⑥其他非物质文化遗产。

2. 保护原则

《非物质文化遗产法》第4条规定，保护非物质文化遗产，应当注重其真实性、整体性和传承性，有利于增强中华民族的文化认同，有利于维护国家统一和民族团结，有利于促进社会和谐和可持续发展。

二、非物质文化遗产代表性项目名录建立制度

《非物质文化遗产法》第18条规定，国务院建立国家级非物质文化遗产代表性项目名录，将体现中华民族优秀传统文化，具有重大历史、文学、艺术、科学价值的非物质文化遗产项目列入名录予以保护。省、自治区、直辖

市人民政府建立地方非物质文化遗产代表性项目名录，将本行政区域内体现中华民族优秀传统文化，具有历史、文学、艺术、科学价值的非物质文化遗产项目列入名录予以保护。

1. 申请程序

（1）推荐。《非物质文化遗产法》第19条规定，省、自治区、直辖市人民政府可以从本省、自治区、直辖市非物质文化遗产代表性项目名录中向国务院文化主管部门推荐列入国家级非物质文化遗产代表性项目名录的项目。推荐时应当提交下列材料：①项目介绍，包括项目的名称、历史、现状和价值；②传承情况介绍，包括传承范围、传承谱系、传承人的技艺水平、传承活动的社会影响；③保护要求，包括保护应当达到的目标和应当采取的措施、步骤、管理制度；④有助于说明项目的视听资料等材料。

《非物质文化遗产法》第20条规定，公民、法人和其他组织认为某项非物质文化遗产体现中华民族优秀传统文化，具有重大历史、文学、艺术、科学价值的，可以向省、自治区、直辖市人民政府或者国务院文化主管部门提出列入国家级非物质文化遗产代表性项目名录的建议。

（2）评审。《非物质文化遗产法》第22条规定，国务院文化主管部门应当组织专家评审小组和专家评审委员会，对推荐或者建议列入国家级非物质文化遗产代表性项目名录的非物质文化遗产项目进行初评和审议。初评意见应当经专家评审小组成员过半数通过。专家评审委员会对初评意见进行审议，提出审议意见。评审工作应当遵循公开、公平、公正的原则。

（3）公示、批准与公布。《非物质文化遗产法》第23条规定，国务院文化主管部门应当将拟列入国家级非物质文化遗产代表性项目名录的项目予以公示，征求公众意见。公示时间不得少于20日。

《非物质文化遗产法》第24条规定，国务院文化主管部门根据专家评审委员会的审议意见和公示结果，拟订国家级非物质文化遗产代表性项目名录，报国务院批准、公布。

2. 规划保护

《非物质文化遗产法》第25条规定，国务院文化主管部门应当组织制定保护规划，对国家级非物质文化遗产代表性项目予以保护。省、自治区、直辖市人民政府文化主管部门应当组织制定保护规划，对本级人民政府批准公布的地方非物质文化遗产代表性项目予以保护。制定非物质文化遗产代表性项目保护规划，应当对濒临消失的非物质文化遗产代表性项目予以重点保护。

《非物质文化遗产法》第26条规定，对非物质文化遗产代表性项目集中、特色鲜明、形式和内涵保持完整的特定区域，当地文化主管部门可以制定专项保护规划，报经本级人民政府批准后，实行区域性整体保护。确定对非物质文化遗产实行区域性整体保护，应当尊重当地居民的意愿，并保护属于非物质文化遗产组成部分的实物和场所，避免遭受破坏。实行区域性整体保护涉及非物质文化遗产集中地村镇或者街区空间规划的，应当由当地城乡规划主管部门依据相关法规制定专项保护规划。

《非物质文化遗产法》第27条规定，国务院文化主管部门和省、自治区、直辖市人民政府文化主管部门应当对非物质文化遗产代表性项目保护规划的实施情况进行监督检查；发现保护规划未能有效实施的，应当及时纠正、处理。

三、非物质文化遗产的传承与传播制度

1. 代表性传承人

（1）认定条件。根据《非物质文化遗产法》第28条规定，国家鼓励和支持开展非物质文化遗产代表性项目的传承、传播。

根据《非物质文化遗产法》第29条规定，国务院文化主管部门和省、自治区、直辖市人民政府文化主管部门对本级人民政府批准公布的非物质文化遗产代表性项目，可以认定代表性传承人。非物质文化遗产代表性项目的代表性传承人应当符合下列条件：①熟练掌握其传承的非物质文化遗产；②在特定领域内具有代表性，并在一定区域内具有较大影响；③积极开展传承活动。

（2）支持措施。根据《非物质文化遗产法》第30条规定，县级以上人民政府文化主管部门根据需要，采取下列措施，支持非物质文化遗产代表性项目的代表性传承人开展传承、传播活动：①提供必要的传承场所；②提供必要的经费资助其开展授徒、传艺、交流等活动；③支持其参与社会公益性活动；④支持其开展传承、传播活动的其他措施。

（3）传承义务。根据《非物质文化遗产法》第 31 条规定，非物质文化遗产代表性项目的代表性传承人应当履行下列义务：①开展传承活动，培养后继人才；②妥善保存相关的实物、资料；③配合文化主管部门和其他有关部门进行非物质文化遗产调查；④参与非物质文化遗产公益性宣传。非物质文化遗产代表性项目的代表性传承人无正当理由不履行前款规定义务的，文化主管部门可以取消其代表性传承人资格，重新认定该项目的代表性传承人；丧失传承能力的，文化主管部门可以重新认定该项目的代表性传承人。

2. 传播教育

（1）宣传展示。《非物质文化遗产法》第 32 条规定，县级以上人民政府应当结合实际情况，采取有效措施，组织文化主管部门和其他有关部门宣传、展示非物质文化遗产代表性项目。

（2）研究出版。《非物质文化遗产法》第 33 条规定，国家鼓励开展与非物质文化遗产有关的科学技术研究和非物质文化遗产保护、保存方法研究，鼓励开展非物质文化遗产的记录和非物质文化遗产代表性项目的整理、出版等活动。

（3）宣传教育。《非物质文化遗产法》第 34 条规定，学校应当按照国务院教育主管部门的规定，开展相关的非物质文化遗产教育。新闻媒体应当开展非物质文化遗产代表性项目的宣传，普及非物质文化遗产知识。

《非物质文化遗产法》第 35 条规定，图书馆、文化馆、博物馆、科技馆等公共文化机构和非物质文化遗产学术研究机构、保护机构以及利用财政性资金举办的文艺表演团体、演出场所经营单位等，应当根据各自业务范围，开展非物质文化遗产的整理、研究、学术交流和非物质文化遗产代表性项目的宣传、展示。

（4）民间传承。《非物质文化遗产法》第 36 条规定，国家鼓励和支持公民、法人和其他组织依法设立非物质文化遗产展示场所和传承场所，展示和传承非物质文化遗产代表性项目。

四、法律责任

1. 民事责任

《非物质文化遗产法》第 40 条规定，违反本法规定，破坏属于非物质文化遗产组成部分的实物和场所的，依法承担民事责任；构成违反治安管理行为的，依法给予治安管理处罚。

《非物质文化遗产法》第 41 条规定，境外组织在我国境内进行相关违法活动的，由文化主管部门责令改正，给予警告，没收违法所得及调查中取得的实物、资料；情节严重的，并处 10 万元以上 50 万元以下的罚款。

境外个人在我国境内进行相关违法活动的，由文化主管部门责令改正，给予警告，没收违法所得及调查中取得的实物、资料；情节严重的，并处 1 万元以上 5 万元以下的罚款。

2. 行政责任

《非物质文化遗产法》第 38 条规定，文化主管部门和其他有关部门的工作人员在非物质文化遗产保护、保存工作中玩忽职守、滥用职权、徇私舞弊的，依法给予处分。

《非物质文化遗产法》第 39 条规定，文化主管部门和其他有关部门的工作人员进行非物质文化遗产调查时侵犯调查对象风俗习惯，造成严重后果的，依法给予处分。

3. 刑事责任

《非物质文化遗产法》第 42 条规定，违反本法规定，构成犯罪的，依法追究刑事责任。

第八节　保护世界遗产、非物质文化遗产公约

一、概述

1972 年 11 月 16 日，联合国教育、科学及文化组织大会第十七届会议通过《保护世界文化和自然遗产公约》(以下简称《公约》)。1985 年 11 月 22 日，第六届全国人民代表大会常务委员会批准该公约，我国于 1985 年 12 月 12 日加入《公约》，1999 年 10 月 29 日当选为世界遗产委员会成员。截至 2021 年 7 月，我国的世界遗产共有 56 项，其中包括世界文化遗产 38 项、世界自然遗产 14 项、世界文化与自然遗产 4 项。

2003 年 10 月 17 日，联合国教育、科学及文化组织大会第三十二届会议

通过《保护非物质文化遗产公约》(以下简称《非物质文化遗产公约》)这是人类历史上非物质文化遗产保护事业的重要里程碑。我国于2004年8月批准加入了《公约》，成为第6个加入《公约》的国家。截至2020年末，我国列入联合国教科文组织人类非物质文化遗产代表作名录（名册）42项，位居世界第一。

1. 世界遗产的含义和类别

（1）世界遗产的含义。世界遗产，是指被联合国教科文组织和世界遗产委员会确认的人类罕见的、目前无法替代的财富，是全人类公认的具有突出意义和普遍价值的文物古迹及自然景观。申请世界遗产须具备两个前提：备选项目具有“真实性”和“完整性”；制定相关法律法规，设立保护机构，有经费。

（2）世界遗产的类别。

①世界文化遗产（包含文化景观)。《公约》第1条规定，世界文化遗产，包括古迹、建筑群和遗址三种类型，即从历史、艺术或科学角度看具有突出的普遍价值的建筑物、碑雕和碑画，具有考古性质成分或结构的铭文、洞窟以及联合体；从历史、艺术或科学角度看在建筑式样、分布均匀或与环境景色结合方面具有突出的普遍价值的单立或连接的建筑群；从历史、审美、人种学或人类学角度看具有突出的普遍价值的人类工程或自然与人联合工程以及考古地址的区域。1994年，文化景观被正式确立为一种文化遗产类型，是指自然与人类的共同作品。

②世界自然遗产。《公约》第2条规定，世界自然遗产，包括从审美或科学角度看具有突出的普遍价值的由物质和生物结构或这类结构群组成的自然景观；从科学或保护角度看具有突出的普遍价值的地质和自然地理结构以及明确划为受威胁的动物和植物区；从科学、保护或自然美角度看具有突出的普遍价值的天然名胜或明确划分的自然区域。

③世界文化与自然遗产双重遗产。世界文化与自然遗产双重遗产，指自然和文化价值相结合的遗产。

2. 非物质文化遗产的含义与类别

（1）非物质文化遗产的含义。根据《非物质文化遗产公约》第2条第1款规定，非物质文化遗产是指被各社区、群体，有时是个人，视为其文化遗产组成部分的各种社会实践、观念表述、表现形式、知识、技能以及相关的工具、实物、手工艺品和文化场所。这种非物质文化遗产世代相传，在各社区和群体适应周围环境以及与自然和历史的互动中，被不断地再创造，为这些社区和群体提供认同感和持续感，从而增强对文化多样性和人类创造力的尊重。

（2）非物质文化遗产的类别。根据《非物质文化遗产公约》第2条第2款规定，非物质文化遗产主要包括以下方面：①口头传统和表现形式，包括作为非物质文化遗产媒介的语言；②表演艺术；③社会实践、仪式、节庆活动；④有关自然界和宇宙的知识和实践；⑤传统手工艺。

二、缔约国的义务

1. 文化和自然遗产

《公约》第5条规定，为确保公约各缔约国为保护、保存和展出本国领土内的文化遗产和自然遗产采取积极有效的措施，各缔约国应视本国具体情况尽力做到以下几点：

（1）通过一项旨在使文化和自然遗产在社会生活中起一定作用并把遗产保护纳入全面规划纲要的总政策。

（2）如本国内尚未建立负责文化和自然遗产的保护、保存和展出的机构，则建立一个或几个此类机构，配备适当的工作人员和为履行其职能所需的手段。

（3）发展科学和技术研究，并制定出能够抵抗威胁本国自然遗产的危险的实际方法。

（4）采取为确定、保护、保存、展出和恢复这类遗产所需的适当的法律、科学、技术、行政和财政措施。

（5）促进建立或发展有关保护、保存和展出文化和自然遗产的国家或地区培训中心，并鼓励这方面的科学研究。

2. 非物质文化遗产

《非物质文化遗产公约》第11条规定，各缔约国应该采取必要措施确保其领土上的非物质文化遗产受到保护，并由各社区、群体和有关非政府组织参与，确认和确定其领土上的各种非物质文化遗产。

（1）拟定清单。《非物质文化遗产公约》第12条规定，为了使其领土上的非物质文化遗产得到确认以便加以保护，各缔约国应根据自己的国情拟订一份或数份关于这类遗产的清单，并应定期加以更新；各缔约国在定期向委员会提交报告时，应提供有关这些清单的情况。

（2）保护措施。《非物质文化遗产公约》第13条规定，为了确保其领土上的非物质文化遗产得到保护、弘扬和展示，各缔约国应努力做到：①制定一项总的政策，使非物质文化遗产在社会中发挥应有的作用，并将这种遗产的保护纳入规划工作。②指定或建立一个或数个主管保护其领土上的非物质文化遗产的机构。③鼓励开展有效保护非物质文化遗产，特别是濒危非物质文化遗产的科学、技术和艺术研究以及方法研究。④采取适当的法律、技术、行政和财政措施，以便促进建立或加强培训管理非物质文化遗产的机构以及通过为这种遗产提供活动和表现的场所和空间，促进这种遗产的传承；确保对非物质文化遗产的享用，同时对享用这种遗产的特殊方面的习俗做法予以尊重；建立非物质文化遗产文献机构并创造条件促进对它的利用。

（3）教育、宣传和能力培养。《非物质文化遗产公约》第14条规定，各缔约国应竭力采取种种必要的手段，以便：①使非物质文化遗产在社会中得到确认、尊重和弘扬，主要通过：第一，向公众，尤其是向青年进行宣传和传播信息的教育计划；第二，有关社区和群体的具体的教育和培训计划；第三，保护非物质文化遗产，尤其是管理和科研方面的能力培养活动；第四，非正规的知识传播手段。②不断向公众宣传对这种遗产造成的威胁以及根据本公约所开展的活动。③促进保护表现非物质文化遗产所需的自然场所和纪念地点的教育。

（4）社区、群体和个人的参与。根据《非物质文化遗产公约》第15条规定，缔约国在开展保护非物质文化遗产活动时，应努力确保创造、延续和传承这种遗产的社区、群体，有时是个人的最大限度的参与，并吸收他们积极地参与有关的管理。

第十八章
解决旅游纠纷的法律制度

章节练习
视频课程

本章导读

【本章概述】 本章内容主要包括旅游纠纷及其特点、解决途径，消费者权益的立法保护，旅游投诉受理和处理制度，旅游不文明行为记录管理及治安管理相关法律制度，审理旅游纠纷案件适用法律的规定等。

【学习要求】 了解旅游纠纷及其特点；《旅游投诉处理办法》关于旅游投诉及其构成要件的规定；《治安管理处罚法》关于治安管理处罚种类及适用的规定；《消费者权益保护法》的基本原则。熟悉《消费者权益保护法》关于消费者权利、消费者权益的国家保护、消费者协会的公益性职责和禁止行为及其相关法律责任，以及《消费者权益保护法》关于消费者权益争议解决的规定；《治安管理处罚法》关于违反治安管理的行为和处罚；《关于旅游不文明行为记录管理暂行办法》关于旅游者、旅游从业人员被纳入“旅游不文明行为记录”的主要行为，“旅游不文明行为记录”的信息内容以及评审、申辩和动态管理制度；《最高人民法院关于审理旅游纠纷案件适用法律若干问题的规定》（2020年修正）的主要内容；《最高人民法院关于民事诉讼证据的若干规定》关于当事人举证、证据的调查收集和保全、举证时限与证据交换的规定。掌握旅游投诉案件的受理和处理；《旅行社服务质量赔偿标准》关于旅游主管部门调解旅游纠纷时执行的赔偿依据的规定；《消费者权益保护法》关于经营者义务及其相关法律责任的规定。

第一节　概　　述

一、旅游纠纷及其特点

旅游纠纷，泛指在旅游活动中，旅游关系的当事人之间所发生的矛盾和冲突。与一般纠纷相比，旅游纠纷因旅游及旅游消费的特性具有以下特点：

（1）法律关系复杂，涵盖民事法律关系、行政法律关系和刑事法律关系。

（2）内容广泛多样，除了与旅游合同、旅游服务等有关外，还会涉及住宿、餐饮、购物、安全、卫生、交通、保险等诸多方面。

（3）消费属性特别，旅游消费需求属于精神和文化消费的范畴，与有形产品的消费显然不同，其所涉的实际标的额较小。

（4）双方地位不平等，旅游活动“先付费、后服务”的行业特点以及旅游合同违约难以通过修理、退换、重做等方式予以有效救济，造成旅游纠纷风险防范成本高、旅游者维权难度大，旅游者的弱者地位较为明显。

二、旅游纠纷的解决途径

《旅游法》第92条规定，旅游者与旅游经营者发生纠纷，可以通过下列途径解决：①双方协商；②向消费者协会、旅游投诉受理机构或者有关调解组织申请调解；③根据与旅游经营者达成的仲裁协议提请仲裁机构仲裁；④向人民法院提起诉讼。因此，旅游者可以根据自身需要，自愿选择协商、调解、仲裁和诉讼等解决途径，并且在旅游纠纷发生过程中注意收集和保留证据，从而切实维护自身的合法权益。

旅游者在维护自身合法权益的同时，还需要履行法定或者约定的义务，承担相应的社会责任，否则也易引发旅游纠纷。特别是旅游活动中旅游者或者旅游从业人员的不文明旅游行为，不仅行为自身可能违法或者违反道德规范，也可能成为引发旅游纠纷的原因。可见，在民事责任范围内，旅游纠纷主要由旅游者通过上述四种途径解决，但是在行政责任范围内，如果不文明旅游行为违反社会治安秩序，则由公安部门对旅游者及旅游从业人员实施行政处罚，同时由旅游主管部门将该行为纳入“旅游不文明行为记录”，并实施动态管理。据此，旅游纠纷尤其是不文明旅游行为的解决以旅游者自愿选择协商、调解、仲裁和诉讼为基础，以旅游主管部门的记录管理和公安机关的治安管理处罚为补充。

第二节　消费者权益保护法律制度

一、消费者及消费者权益保护立法概况

1. 消费者的含义

《消费者权益保护法》第 2 条规定，消费者为生活消费需要而购买、使用商品或者接受服务，其权益受本法保护；本法未做规定的，受其他有关法律、法规保护。第 62 条规定，农民购买、使用直接用于农业生产的生产资料，参照本法执行。

这表明：①生活消费是一个广义、开放的概念，既包括生存性消费，也包括发展性消费，还包括精神或者休闲消费。②消费者既包括商品的购买者，也包括商品的使用者，还包括服务的接受者，不限于与经营者达成合意的相对方，购买商品一方的家庭成员、受赠人等使用商品的主体都是消费者。③从性质上说，农民购买、使用农资产品是生产消费，但为了体现对农民权益的特别保护，对于农民的上述消费行为参照《消费者权益保护法》执行。①

2. 消费者权益保护立法概况

为保护消费者的合法权益，维护社会经济秩序，促进社会主义市场经济健康发展，1993 年 10 月 31 日八届全国人大常委会第 4 次会议通过并公布了《消费者权益保护法》。针对伴随经济社会发展带来的消费方式、消费结构和消费理念所发生的变化，以及在消费者权益保护领域中出现的新情况、新问题，2013 年 10 月 25 日十二届全国人大常委会第 5 次会议通过了自 2014 年 3 月 15 日实施的修正后的《消费者权益保护法》。三十多处修改中，充实细化了消费者的权益，强化了经营者的义务，对发挥消费者协会作用、行政部门的监管职责做了明确规定，进一步完善了消费者权益保护法律制度。

① 孔慧. 消费者权益保护法及配套规定适用与解析［M］. 北京：法律出版社，2014.

二、消费者权益的保护

1. 基本原则

（1）自愿、平等、公平、诚实信用原则。《消费者权益保护法》第 4 条规定，经营者与消费者进行交易，应当遵循自愿、平等、公平、诚实信用的原则。经营者与消费者进行交易，双方法律地位平等；要充分尊重消费者的意愿；应当符合等价交换的商业规则；应善意、实事求是、恪守信用，不得欺诈、胁迫、乘人之危。

（2）对消费者特别保护的原则。在商品经济，特别是市场经济条件下，由于消费者在经济上的弱势地位，以及消费者利益的特殊性等原因，国家应对消费者给予特别保护，即在法律中全面规定消费者的权利，在适用法律时向消费者倾斜，优先保护消费者。

（3）国家保护消费者合法权益不受侵犯原则。《消费者权益保护法》第 5 条规定，国家保护消费者的合法权益不受侵害。国家采取措施，保障消费者依法行使权利，维护消费者的合法利益。国家倡导文明、健康、节约资源和保护环境的消费方式，反对浪费。

（4）全社会共同保护消费者合法权益的原则。《消费者权益保护法》第 6 条规定，保护消费者的合法权益是全社会的共同责任。国家鼓励、支持一切组织和个人对损害消费者合法权益的行为进行社会监督。大众传媒应当做好维护消费者合法权益的宣传，对损害消费者合法权益的行为进行舆论监督。

2. 消费者的权利与经营者的义务

（1）消费者的权利。是指消费者在购买、使用商品或者接受服务时依法享有的受法律保护的利益。《消费者权益保护法》第 7 至 15 条规定了消费者的 9 项权利。据此，消费者的权利是法定的权利，与消费者的身份相连，具体包括：安全保障权、知情权、自主选择权、公平交易权、获得赔偿权、结社权、获得有关知识权、受尊重权及监督批评权。

（2）经营者的义务。是指经营者在经营活动中应当履行的责任。为了更好地保护消费者的合法权益，《消费者权益保护法》第 16 至 29 条规定了经营者的 14 项义务。包括：履行法定或约定的义务；听取意见和接受消费者监督的义务；安全保障义务；提供真实信息的义务；标明真实名称和标记的义务；出具购货凭证或服务单据的义务；保证商品或服务质量的义务；承担售后服务的义务；不得以格式合同等方式限制消费者权利的义务；尊重消费者人格权的义务；召回缺陷商品的义务；无理由退货的义务；非现场购物信息披露的义务；个人信息保护的义务。

3. 国家对消费者权益的保护

国家是公权力的代表，维护消费者利益、对消费领域实施适当的干预，以矫正市场经济条件下经营者与消费者之间的不平等是其应尽的职责。国家对消费者权益的保护主要通过以下三个途径：①立法保护，是指国家立法机关通过制定、修改、颁布、废止等立法活动来保护消费者的利益。②行政保护，是通过行政执法和监督活动来实现的。③司法保护，指司法机关通过审判活动维护消费者的合法权益。

4. 消费者组织对消费者权益的保护

《消费者权益保护法》第 36 ~ 38 条规定，消费者协会和其他消费者组织是依法成立的对商品和服务进行社会监督的保护消费者合法权益的社会组织。消费者协会应当认真履行保护消费者合法权益的职责，听取消费者的意见和建议，接受社会监督，并且依照法律、法规及其章程的规定，开展保护消费者合法权益的活动，不得从事商品经营和营利性服务，不得以收取费用或其他谋取利益的方式向消费者推荐商品和服务。

三、消费者权益争议的解决

1. 解决途径

《消费者权益保护法》第 39 条规定，消费者和经营者发生消费者权益争议的，可以通过下列途径解决：①与经营者协商和解；②请求消费者协会或者依法成立的其他调解组织调解；③向有关行政部门投诉；④根据与经营者达成的仲裁协议提请仲裁机构仲裁；⑤向人民法院提起诉讼。

《消费者权益保护法》与《旅游法》都属于法律，因此在效力的等级上是相同的，且其关于纠纷解决途径的规定也是一致的，只不过前者针对的是消费者，后者针对的是旅游者，旅游者属于消费者的一种类型。

2. 责任主体的确定

（1）购买、使用商品权益受损害的责任主体。《消费者权益保护法》第

40条规定，消费者购买、使用商品其合法权益受到损害的，可以向销售者要求赔偿。销售者赔偿后，属于生产者的责任或者属于向销售者提供商品的其他销售者的责任的，销售者有权向生产者或者其他销售者追偿。消费者或者其他受害人因商品缺陷造成人身、财产损害的，可以向销售者要求赔偿，也可以向生产者要求赔偿。属于生产者责任的，销售者赔偿后，有权向生产者追偿。属于销售者责任的，生产者赔偿后，有权向销售者追偿。消费者在接受服务时，其合法权益受到损害的，可以向服务者要求赔偿。

（2）原企业分立、合并的责任主体。《消费者权益保护法》第41条规定，消费者在购买、使用商品或者接受服务时，其合法权益受到损害，因原企业分立、合并的，可以向变更后承受其权利、义务的企业要求赔偿。

（3）非营业执照持有人造成损害的责任主体。《消费者权益保护法》第42条规定，使用他人营业执照的违法经营者提供商品或者服务，损害消费者合法权益的，消费者可以向其要求赔偿，也可以向营业执照的持有人要求赔偿。

（4）在展销会、租赁柜台购买商品、接受服务受到损害的责任主体。

《消费者权益保护法》第43条规定，消费者在展销会、租赁柜台购买商品或者接受服务，合法权益受到损害的，可以向销售者或者服务者要求赔偿。展销会结束或者柜台租赁期满后，有权向销售者或者服务者追偿。

（5）网络购物受到损害的责任主体。《消费者权益保护法》第44条规定，消费者通过网络交易平台购买商品或者接受服务，其合法权益受到损害的，可以向销售者或者服务者要求赔偿。网络交易平台提供者不能提供销售者或者服务者的真实名称、地址和有效联系方式的，消费者也可以向网络交易平台提供者要求赔偿；网络交易平台提供者做出更有利于消费者的承诺的，应当履行承诺。网络交易平台提供者赔偿后，有权向销售者或者服务者追偿。网络交易平台提供者明知或者应知销售者或者服务者利用其平台侵害消费者合法权益、未采取必要措施的，依法与该销售者或者服务者承担连带责任。

（6）因虚假广告受到损害的责任主体。《消费者权益保护法》第45条规定，消费者因经营者利用虚假广告提供商品或者服务，其消费者合法权益受到损害的，可以向经营者要求赔偿。广告的经营者发布虚假广告的，消费者可以请求行政主管部门予以惩处。广告的经营者不能提供经营者真实名称、地址的，应承担赔偿责任。广告经营者、发布者设计、制作、发布关系消费者生命健康商品或者服务的虚假广告，造成消费者损害的，应当与提供该商品或服务的经营者承担连带责任。社会团体或者其他组织、个人在关系消费者生命健康商品或者服务的虚假广告或者其他虚假宣传中向消费者推荐商品或者服务，造成消费者有损害的，应当与提供该商品或者服务的经营者承担连带责任。

3. 责任承担的方式

（1）提供的商品或服务存在不当情形。《消费者权益保护法》第 48 条第 1 款规定，经营者提供商品或者服务有下列情形之一的，除本法另有规定外，应当依照其他有关法律、法规的规定，承担民事责任：①商品或者服务存在缺陷的；②不具备商品应当具备的使用性能而出售时未做说明的；③不符合在商品或者其包装上注明采用的商品标准的；④不符合商品说明、实物样品等方式表明的质量状况的；⑤生产国家明令淘汰的商品或者销售失效、变质的商品的；⑥销售的商品数量不足的；⑦服务的内容和费用违反约定的；⑧对消费者提出的修理、重做、更换、退货、补足商品数量、退还货款和服务费用或者赔偿损失的要求，故意拖延或者无理拒绝的；⑨法律、法规规定的其他损害消费者权益的情形。

（2）未尽安全保障义务。《消费者权益保护法》第 48 条第 2 款规定，经营者对消费者未尽到安全保障义务，造成消费者损害的，应当承担侵权责任。

（3）提供的商品或服务造成人身伤害。《消费者权益保护法》第 49 条规定，经营者提供商品或者服务，造成消费者或者其他受害人人身伤害的，应当赔偿医疗费、护理费、交通费等为治疗和康复支出的合理费用，以及因误工减少的收入。造成残疾的，还应当赔偿残疾生活辅助具费和残疾赔偿金。造成死亡的，还应当赔偿丧葬费和死亡赔偿金。

（4）侵害消费者的人格、人身和隐私安全。《消费者权益保护法》第 50 条规定，经营者侵害消费者的人格尊严、侵犯消费者人身自由或者侵害消费者个人信息依法得到保护的权利的，应当停止侵害、恢复名誉、消除影响、赔礼道歉，并赔偿损失。

（5）侵害消费者人身权益造成严重精神损害。《消费者权益保护法》第 51 条规定，经营者有侮辱诽谤、搜查身体、侵犯人身自由等侵害消费者或者其他受害人人身权益的行为，造成严重精神损害的，受害人可以要求精神损害赔偿。

（6）提供的商品或服务造成消费者财产损害。《消费者权益保护法》第52条规定，经营者提供商品或者服务，造成消费者财产损害的，应当依照法律规定或者当事人约定承担修理、重做、更换、退货、补足商品数量、退还货款和服务费用或者赔偿损失等民事责任。

（7）未按照约定提供商品或服务。《消费者权益保护法》第53条规定，经营者以预收款方式提供商品或者服务的，应当按照约定提供。未按照约定提供的，应当按照消费者的要求履行约定或者退回预付款；并应当承担预付款的利息、消费者必须支付的合理费用。

（8）退货责任。《消费者权益保护法》第54条规定，依法经有关行政部门认定为不合格的商品，消费者要求退货的，经营者应当负责退货。

（9）欺诈行为责任。《消费者权益保护法》第55条规定，经营者提供商品或者服务有欺诈行为的，应当按照消费者的要求增加赔偿其受到的损失，增加赔偿的金额为消费者购买商品的价款或者接受服务的费用的3倍；增加赔偿的金额不足500元的，为500元。法律另有规定的，依照其规定。经营者明知商品或者服务存在缺陷，仍然向消费者提供，造成消费者或者其他受害人死亡或者健康严重损害的，受害人有权要求经营者依照本法第49、51条等法律规定赔偿损失，并有权要求所受损失2倍以下的惩罚性赔偿。

（10）民事赔偿责任优先。《消费者权益保护法》第58条规定，经营者违反本法规定，应当承担民事赔偿责任和缴纳罚款、罚金，其财产不足以同时支付的，先承担民事赔偿责任。

第三节　旅游投诉受理和处理制度

一、旅游投诉及其构成要件

1. 旅游投诉立法概况

为维护旅游者和旅游经营者的合法权益，依法公正处理旅游投诉，2010年5月5日，国务院旅游主管部门颁布了于同年7月1日生效的《旅游投诉处理办法》（以下简称《办法》）。《旅游法》将旅游投诉制度法律化，为解决旅游纠纷提供了法律保障。

2. 旅游投诉的含义

（1）含义。《办法》第2条规定，旅游投诉是指旅游者认为旅游经营者损害其合法权益，请求旅游行政管理部门、旅游质量监督管理机构或者旅游执法机构（以下统称“旅游投诉处理机构”），对双方发生的民事争议进行处理的行为。

旅游投诉具有如下特征：①投诉主体只能是旅游者；②被投诉主体只能是旅游经营者；③请求解决的纠纷属于民事争议；④受理旅游投诉的是规定的旅游投诉处理机构；⑤处理旅游投诉是旅游投诉处理机构的具体行政行为；⑥处理旅游纠纷是旅游投诉处理机构法定职权内的行为。

（2）类别。①以投诉人的数量为依据，旅游投诉可以分为单独投诉和共同投诉两类。旅游投诉通常是单个的个体行为；《办法》第14条规定，投诉人4人以上，以同一事由投诉同一被投诉人的，为共同投诉。共同投诉可以由投诉人推选1至3名代表进行投诉。代表人参加旅游投诉处理机构处理投诉过程的行为，对全体投诉人发生效力，但代表人变更、放弃投诉请求或者进行和解，应当经全体投诉人同意。②以是否以自己的行为行使投诉权为依据，旅游投诉可以分为亲自投诉和委托投诉两种。《办法》第13条规定，投诉人委托代理人进行投诉活动的，应当向旅游投诉处理机构提交授权委托书，并载明委托权限。

（3）当事人。

旅游投诉者。是指认为旅游经营者损害其合法权益，请求旅游投诉处理机构对双方发生的民事争议进行处理以维护其合法权益因而使投诉成立的人。在旅游投诉过程中，旅游投诉者享有如下权利：有权了解处理的情况；投诉不予受理、投诉转办的，有权获得书面告知的权利；有权请求调解；有权要求旅游投诉处理机构在规定的时间处理投诉；有权与被投诉人和解；调解不成或者调解书生效后没有执行的，有权依法申请仲裁或者向人民法院提起诉讼。此外，旅游投诉者应当积极配合旅游投诉处理机构处理投诉的工作，按照规定的形式要件提交书面投诉状；对投诉事实提供证据；接受并配合旅游投诉处理机构的调查；按照约定承担鉴定、检测费用；与被投诉人和解的，应当将和解结果告知旅游投诉处理机构。

旅游被投诉者。是指与旅游投诉者相对应的一方当事人，被控损害旅游投诉者权益，需要追究民事责任，并经旅游投诉处理机构通知其应诉的人。在旅游投诉中，被投诉者只能是为旅游者提供服务的旅游经营者。在旅游投诉过程中，旅游被投诉者享有如下权利：有权了解处理的情况；与投诉者自行和解；依据事实和相关法规、合同约定反驳投诉请求；提出申辩，保护其合法权益。在旅游投诉中，被投诉者应当积极配合旅游投诉处理机构的工作，在接到旅游投诉受理通知书之日起10日内做出书面答复，提出答辩的事实、理由和证据；对自己的答辩提供证据；接受旅游投诉处理机构的调查；按照约定承担鉴定、检测费用；与被投诉人和解的，应当将和解结果告知旅游投诉处理机构。

3. 旅游投诉的构成要件

（1）受理旅游投诉案件的实质要件。《办法》第10条规定，旅游投诉应当符合下列条件：①投诉人与被投诉事项有直接利害关系。②有明确的被投诉人。③有具体的投诉请求、事实和理由。

（2）受理旅游投诉案件的形式要件。①形式。《办法》第11条规定，旅游投诉一般应当采用书面形式，一式两份，并载明规定的内容。第12条规定，投诉事项比较简单的，投诉人可以口头投诉，由旅游投诉处理机构进行记录或者登记，并告知被投诉人；对于不符合受理条件的投诉，旅游投诉处理机构可以口头告知投诉人不予受理及其理由，并进行记录或者登记。②投诉状的内容。《办法》第11条规定，投诉状应当记明以下事项：一是投诉人的基本情况。包括旅游投诉者的姓名、性别、国籍、通信地址、联系电话及投诉日期。二是被投诉人的名称、所在地。三是投诉的要求、理由及相关的事实根据。

二、旅游投诉的受理

1. 旅游投诉受理机构及其职责

《旅游法》第91条规定，县级以上人民政府应当指定或者设立统一的旅游投诉受理机构。受理机构接到投诉，应当及时处理或者移交有关部门处理，并告知投诉者。该规定表明：①设置统一的旅游投诉受理机构是县级以上人民政府的义务；②旅游投诉受理机构的主要职能是：统一接受旅游者的投诉；自行处理或将投诉转交各有关部门进行处理；对投诉人履行告知义务。

《办法》第4条规定，在处理旅游投诉中，旅游投诉处理机构发现被投诉人或者其从业人员有违法或者犯罪行为的，应当按照法律、法规和规章的规定，做出行政处罚、向有关行政管理部门提出行政处罚建议或者移送司法机关。第27～29条规定，旅游投诉处理机构应当每季度公布旅游者的投诉信息，使用统一规范的旅游投诉处理信息系统，为受理的投诉制作档案并妥善保管相关资料。

2. 旅游投诉受理及其范围

（1）旅游投诉受理的含义。旅游投诉的受理是指有管辖权的旅游投诉处理机构，接到旅游投诉者的投诉状或者口头投诉，经审查认为符合投诉受理条件，在法定期限内予以立案，或者认为投诉不符合投诉受理条件，决定不予受理的行政行为。

（2）投诉案件受理的范围。《办法》第8条规定了旅游投诉案件的受理范围和除外情形。投诉人可以就下列事项向旅游投诉处理机构投诉：①认为旅游经营者违反合同约定的。②因旅游经营者的责任致使投诉人人身、财产受到损害的。③因不可抗力、意外事故致使旅游合同不能履行或者不能完全履行，投诉人与被投诉人发生争议的。④其他损害旅游者合法权益的。

3. 旅游投诉案件的管辖

（1）旅游投诉案件的管辖及其原则。旅游投诉案件的管辖，指各级旅游投诉处理机构和同级旅游投诉处理机构之间，在受理旅游投诉案件时的分工和权限。《办法》确立了以一般地域管辖为主、特殊地域管辖为辅的原则，充分体现和发挥旅游投诉工作及时、快速化解纠纷，避免矛盾扩大的特点和优势。

（2）地域管辖。地域管辖，是指同级旅游投诉处理机构之间横向划分在各辖区内处理旅游投诉案件的分工和权限，即确定旅游投诉处理机构实施其行政权力的地域范围。《办法》第5条规定，旅游投诉由旅游合同签订地或者被投诉人所在地县级以上地方旅游投诉处理机构管辖。

根据我国的实际情况以及旅游的特点，《办法》确定了三个标准：①旅游合同签订地。旅游者与旅行社签订旅游合同的所在地，通常指组团社所在地。②被投诉者所在地。被投诉者是公民的，所在地是其长久居住地场所。《中华人民共和国民法典》第25条规定，自然人以户籍登记或者其他有效身份登记记载的居所为住所；经常居所与住所不一致的，经常居所视为住所。

据此，被投诉者是法人的，以其主要办事机构所在地为住所。法人的办事机构可以有一个，也可以有多个。旅游企业法人以其主要办事机构所在地或主要营业场所所在地为其所在地。③损害行为发生地。导致投诉人人身、财产权利或其他权利受到损害的被投诉人的过错行为发生地。《办法》第5条规定，需要立即制止、纠正被投诉人的损害行为的，应当由损害行为发生地旅游投诉处理机构管辖。

（3）级别管辖与指定管辖。①级别管辖，是划分上下级旅游投诉处理机构之间对处理投诉案件的分工和权限。《办法》第6条规定，上级旅游投诉处理机构有权处理下级旅游投诉处理机构管辖的投诉处理案件。②指定管辖，是指上级旅游投诉处理机构以决定方式指定下一级投诉处理机构对某一案件行使管辖权。《办法》第7条规定，发生管辖争议的，旅游投诉处理机构可以协商确定，或者报请共同的上级旅游投诉处理机构指定管辖。

三、旅游投诉案件的处理

1. 旅游投诉处理机构对接到投诉的处理

（1）一般规定。《办法》第15条规定，旅游投诉处理机构，应当在5个工作日内做出以下处理：投诉符合受理条件的，予以受理；投诉不符合受理条件的，应当向投诉人送达旅游投诉不予受理通知书，告知不予受理的理由。旅游投诉受理通知书与旅游投诉不予受理通知书均由国务院旅游主管部门统一制作。

不符合受理条件的情形主要是指：①人民法院、仲裁机构、其他行政管理部门或者社会调解机构已经受理或者处理的；②旅游投诉处理机构已经做出处理，且没有新情况、新理由的；③不属于旅游投诉处理机构职责范围或者管辖范围的；④超过旅游合同结束之日90天的；⑤不符合《办法》第10条规定的旅游投诉的实质要件的；⑥《办法》规定情形之外的其他经济纠纷。

（2）转办制度。《办法》第15条规定了旅游投诉案件的转办制度：依照有关法律、法规或者办法规定，接到投诉的旅游投诉处理机构无管辖权的，应当以旅游投诉转办通知书或者旅游投诉转办函，将投诉材料转交有管辖权的旅游投诉处理机构或者其他有关行政部门，并书面告知投诉人。旅游投诉转办通知书与旅游投诉转办函均由国务院旅游主管部门统一制作。

2. 投诉者在投诉时效期间内提起投诉

投诉时效，是指依照相关规定，投诉者在法定有效期限内不行使权利，就丧失了请求旅游投诉处理机构保护其合法旅游权益的权利。超过投诉规定的，旅游主管机关不予受理。

《办法》第 9 条第 4 项规定当事人向旅游投诉处理机构请求保护合法权益的投诉时效期间为 90 天，从旅游合同结束之日起算。投诉时效从权利人知道或者应当知道合同结束之日起开始计算。应当知道，这是一种法律上的推定，即不问当事人实际上是否知道合同结束，而是根据当事人客观上存在知道的条件和可能，来推定当事人可以意识到合同结束。

3. 处理旅游投诉的程序

（1）简易程序。《办法》第 17 条第 2 款规定了处理旅游投诉案件的简易程序：旅游投诉处理机构对于事实清楚、应当即时制止或者纠正被投诉人损害行为的，可以不填写旅游投诉立案表和向被投诉人送达旅游投诉受理通知书，但应当对处理情况进行记录存档。

（2）一般程序。《办法》第 17 至 25 条规定了处理旅游投诉案件的一般程序。旅游投诉处理机构处理旅游投诉的先后顺序，包括立案、答复、调查取证、鉴定检测、和解、处理等。

①立案。《办法》第 17 条第 1 款规定，旅游投诉处理机构处理旅游投诉，应当立案办理，填写旅游投诉立案表，并附有关投诉材料，在受理投诉之日起 5 个工作日内，将旅游投诉受理通知书和投诉书副本送达被投诉人。

②被投诉人的书面答复。《办法》第 18 条规定，被投诉人应当在接到通知之日起 10 日内做出书面答复，提出答辩的事实、理由和证据。书面答复，是指被投诉人为维护其合法权益，针对投诉者提出的事实、理由、根据和请求事项，用对己有利的事实、理由、根据和请求事项回答、辩解、反驳时制作的一种书状。

③调查取证。《办法》第 20、21 条规定，旅游投诉处理机构应当对双方当事人提出的事实、理由及证据进行审查。投诉人和被投诉人应当对自己的投诉和答辩提供证据。旅游投诉处理机构认为有必要收集新的证据，可以根据有关法律、法规的规定，自行收集或者召集有关当事人进行调查。需要委托其他投诉处理机构协助调查、取证的，应当出具旅游投诉调查取证委托

书，受委托的旅游投诉处理机构应当予以协助。旅游投诉调查取证委托书应当由国务院旅游主管部门统一制作。

④鉴定检测。《办法》第22条规定，对专门性事项需要鉴定或者检测的，可以由当事人双方约定的鉴定或者检测部门鉴定。没有约定的，当事人一方可以自行向法定鉴定或者检测机构申请鉴定或者检测。鉴定、检测费用按双方约定承担。没有约定的，由鉴定、检测申请方先行承担；达成调解协议后，按调解协议承担。

⑤和解。《办法》第23条规定，在投诉处理过程中，投诉人与被投诉人自行和解的，应当将和解的结果告知旅游投诉处理机构；旅游投诉处理机构在核实后应当予以记录并由双方当事人、投诉处理人员签名或者盖章。

⑥投诉处理。《办法》第25条规定，旅游投诉处理机构应当在受理旅游投诉之日起60日内，做出处理。鉴定、检测的时间不计入投诉处理时间。对于双方达成调解协议的，应当制作旅游投诉调解书，载明投诉请求、查明事实、处理过程和调解结果，由当事人双方签字并加盖旅游投诉处理机构印章；对于调解不成的，终止调解，旅游投诉处理机构应当向双方当事人出具旅游投诉终止调解书。调解不成的，或者调解书生效后没有执行的，投诉人可以按照国家法律、法规的规定，向仲裁机构申请仲裁或者向人民法院提起诉讼。旅游投诉终止调解书应当由国务院旅游主管部门统一制作。

第四节　旅游不文明行为记录管理与治安管理相关法律制度[①]

一、旅游不文明行为与违反治安管理行为

1. 旅游不文明行为

根据《国家旅游局关于旅游不文明行为记录管理暂行办法》（以下简称《办法》）第2、3条的规定，旅游者和从事旅游经营管理与服务的工作人员（以下简称“旅游从业人员”）的旅游不文明行为分别是：

（1）旅游者在旅游过程中发生的，因违反境内外法律法规、公序良俗，

① 柯良练，刘国祥，华敬锋．治安管理处罚法释义与实务指南［M］．北京：人民公安大学出版社，2014．

造成严重社会不良影响的行为；

（2）旅游从业人员在从事旅游经营管理和服务过程中，因违反法律法规、工作规范、公序良俗、职业道德，造成严重社会不良影响的行为。

2. 违反治安管理行为

根据《治安管理处罚法》第2条的规定，违反治安管理行为主要包括各种扰乱社会秩序，妨害公共安全，侵犯人身权利、财产权利及妨害社会管理，具有社会危害性，且尚不构成刑事处罚的行为。据此，旅游不文明行为一旦违反社会治安管理，就从道德调整转化为法律调整，由公安机关依照《治安管理处罚法》对相关行为人给予处罚。

二、旅游不文明行为记录管理制度

1. 纳入范围

（1）旅游者。《办法》第2条规定，纳入"旅游不文明行为记录"的旅游者行为主要包括：①扰乱航空器、车船或者其他公共交通工具秩序；②破坏公共环境卫生、公共设施；③违反旅游目的地社会风俗、民族生活习惯；④损毁、破坏旅游目的地文物古迹；⑤参与赌博、色情、涉毒活动；⑥不顾劝阻、警示从事危及自身以及他人人身财产安全的活动；⑦破坏生态环境，违反野生动植物保护规定；⑧违反旅游场所规定，严重扰乱旅游秩序；⑨国务院旅游主管部门认定的造成严重社会不良影响的其他行为。因监护人存在重大过错导致被监护人发生旅游不文明行为，将监护人纳入"旅游不文明行为记录"。

（2）旅游从业人员。《办法》第3条规定，纳入"旅游不文明行为记录"的旅游从业人员行为主要包括：①价格欺诈、强迫交易、欺骗诱导游客消费；②侮辱、殴打、胁迫游客；③不尊重旅游目的地或游客的宗教信仰、民族习惯、风俗禁忌；④传播低级趣味、宣传迷信思想；⑤国务院旅游主管部门认定的其他旅游不文明行为。

2. 管理制度

（1）记录信息。《办法》第4条规定，"旅游不文明行为记录"信息内容包括：①不文明行为当事人的姓名、性别、户籍省份；②不文明行为的具体表现、不文明行为所造成的影响和后果；③对不文明行为的记录期限。

（2）评审。《办法》第8条规定，"旅游不文明行为记录"形成前应经

"旅游不文明行为记录评审委员会"评审通过。评审主要事项包括：①事件是否应当纳入"旅游不文明行为记录"；②确定记录的信息保存期限；③记录是否通报相关部门；④对已经形成的记录的期限进行动态调整。

（3）动态管理。《办法》第9条规定，"旅游不文明行为记录"信息保存期限为1~5年，实行动态管理。①行为当事人违反刑法的，信息保存期限为3~5年；②行为当事人受到行政处罚或法院判决承担责任的，信息保存期限为2~4年；③行为未受到法律法规处罚，但造成严重社会影响的，信息保存期限为1~3年。《办法》第12条规定，"旅游不文明行为记录"形成后，根据被记录人采取补救措施挽回不良影响的程度、对文明旅游宣传引导的社会效果，经评审委员会审议后可缩短记录期限。

（4）申辩。《办法》第11条规定，"旅游不文明行为记录"形成后，旅游主管部门应当将相关信息通报或送达当事人本人，并告知其有申辩的权利，当事人在接到申辩通知后30个工作日内，有权利进行申辩。旅游主管部门在接到申辩后30个工作日内予以书面回复。申辩理由被采纳的，可依据当事人申辩的理由调整记录期限或取消记录。当事人申辩期间不影响信息公布。

三、治安管理相关法律制度

1. 治安管理处罚的种类及适用

（1）种类。《治安管理处罚法》第10条规定，治安管理处罚的种类分为：①警告；②罚款；③行政拘留；④吊销公安机关发放的许可证。对违反治安管理的外国人，可以附加适用限期出境或者驱逐出境。

（2）适用。

①未成年人。《治安管理处罚法》第12条规定，已满14周岁不满18周岁的人违反治安管理的，从轻或者减轻处罚；不满14周岁的人违反治安管理的，不予处罚，但是应当责令其监护人严加管教。

②精神病人。《治安管理处罚法》第13条规定，精神病人在不能辨认或者不能控制自己行为的时候违反治安管理的，不予处罚，但是应当责令其监护人严加看管和治疗。间歇性的精神病人在精神正常的时候违反治安管理的，应当给予处罚。

③盲人或聋哑人。《治安管理处罚法》第 14 条规定，盲人或者又聋又哑的人违反治安管理的，可以从轻、减轻或者不予处罚。

④醉酒的人。《治安管理处罚法》第 15 条规定，醉酒的人违反治安管理的，应当给予处罚。醉酒的人在醉酒状态中，对本人有危险或者对他人的人身、财产或者公共安全有威胁的，应当对其采取保护性措施约束至酒醒。

⑤有两种以上违法行为。《治安管理处罚法》第 16 条规定，有两种以上违反治安管理行为的，分别决定，合并执行。行政拘留处罚合并执行的，最长不超过 20 日。

⑥共同违法行为。《治安管理处罚法》第 17 条规定，共同违反治安管理的，根据违反治安管理行为人在违反治安管理行为中所起的作用，分别处罚。教唆、胁迫、诱骗他人违反治安管理的，按照其教唆、胁迫、诱骗的行为处罚。

⑦单位违法行为。《治安管理处罚法》第 18 条规定，单位违反治安管理的，对其直接负责的主管人员和其他直接责任人员依照本法的规定处罚。其他法律、行政法规对同一行为规定给予单位处罚的，依照其规定处罚。

⑧减轻处罚或不予处罚的情形。《治安管理处罚法》第 19 条规定，违反治安管理有下列情形之一的，减轻处罚或者不予处罚：情节特别轻微的；主动消除或者减轻违法后果，并取得被侵害人谅解的；出于他人胁迫或者诱骗的；主动投案，向公安机关如实陈述自己的违法行为的；有立功表现的。

⑨从重处罚的情形。《治安管理处罚法》第 20 条规定，违反治安管理有下列情形之一的，从重处罚：有较严重后果的；教唆、胁迫、诱骗他人违反治安管理的；对报案人、控告人、举报人、证人打击报复的；6 个月内曾受过治安管理处罚的。

⑩不予执行行政拘留处罚的情形。《治安管理处罚法》第 21 条规定，违反治安管理行为人有下列情形之一，依照本法应当给予行政拘留处罚的，不执行行政拘留处罚：已满 14 周岁不满 16 周岁的；已满 16 周岁不满 18 周岁，初次违反治安管理的；70 周岁以上的；怀孕或者哺乳自己不满 1 周岁婴儿的。

⑪ 追究时效。《治安管理处罚法》第 22 条规定，违反治安管理行为在 6 个月内没有被公安机关发现的，不再处罚。前款规定的期限，从违反治安管理行为发生之日起计算；违反治安管理行为有连续或者继续状态的，从行为

终了之日起计算。

2. 违反治安管理的行为与处罚

旅游者在旅游活动中的不文明行为情节严重的，可能违反《治安管理处罚法》，执法者将依据法律对违反治安管理的行为给予相应的行政处罚。

（1）扰乱公共秩序。

①《治安管理处罚法》第 23 条规定：扰乱公共汽车、电车、火车、船舶、航空器或者其他公共交通工具上的秩序的，处警告或者 200 元以下罚款；情节较重的，处 5 日以上 10 日以下拘留，可以并处 500 元以下罚款。聚众实施前款行为的，对首要分子处 10 日以上 15 日以下拘留，可以并处 1000 元以下罚款。

②扰乱车站、港口、码头、机场、商场、公园、展览馆或者其他公共场所秩序的，同扰乱公共交通工具秩序一样，依照《治安管理处罚法》第 23 条规定予以处罚。

③扰乱文化、体育等大型群众性活动秩序。《治安管理处罚法》第 24 条规定，有下列行为之一，处警告或者 200 以下罚款；情节严重的，处 5 日以上 10 日以下拘留，可以并处 500 元以下罚款：强行进入场内的；违反规定，在场内燃放烟花爆竹或者其他物品的；展示侮辱性标语、条幅等物品的；围攻裁判员、运动员或者其他工作人员的；向场内投掷杂物，不听制止的；扰乱大型群众性活动秩序的其他行为。因扰乱体育比赛秩序被处以拘留处罚的，可以同时责令其 12 个月内不得进入体育场馆观看同类比赛；违反规定进入体育场馆的，强行带离现场。

（2）妨害公共安全。

①盗窃、损毁公共设施。根据《治安管理处罚法》第 33 条规定，盗窃、损毁油气管道设施、电力电信设施、广播电视设施、水利防汛工程设施或者水文监测、测量、气象测报、环境监测、地质监测、地震监测等公共设施的，处 10 日以上 15 日以下拘留。

②盗窃、损害航空设施。《治安管理处罚法》第34条规定，盗窃、损坏、擅自移动使用中的航空设施，处 10 日以上 15 日以下拘留。在使用中的航空器上使用可能影响导航系统正常功能的器具、工具，不听劝阻的，处 5 日以下拘留或者 500 元以下罚款。

③盗窃、损毁铁路设施。《治安管理处罚法》第35条规定，盗窃、损毁或者擅自移动铁路设施、设备、机车车辆配件或者安全标志的以及在铁路线路上放置障碍物，或者故意向列车投掷物品的，处5日以上10日以下拘留，可以并处500元以下罚款；情节较轻的，处5日以下拘留或者500元以下罚款。

（3）侵犯他人人身权利、财产权利。

①偷窥、偷拍、窃听、散布他人隐私。根据《治安管理处罚法》第42条规定，对此可处5日以下拘留或者500元以下罚款；情节较重的，处5日以上10日以下拘留，可以并处500元以下罚款。

②殴打他人或者故意伤害他人身体。根据《治安管理处罚法》第43条规定，对此可处5日以上10日以下拘留，并处200元以上500元以下罚款；情节较轻的，处5日以下拘留或者500元以下罚款。

③猥亵他人或在公共场所裸露身体。《治安管理处罚法》第44条规定，猥亵他人的，或者在公共场所故意裸露身体，情节恶劣的，处5日以上10日以下拘留；猥亵智力残疾人、精神病人、不满14周岁的人或者有其他严重情节的，处10日以上15日以下拘留。

④侵犯公私财物。《治安管理处罚法》第49条规定，盗窃、诈骗、哄抢、抢夺、敲诈勒索或者故意损毁公私财物的，处5日以上10日以下拘留，可以并处500元以下罚款；情节较重的，处10日以上15日以下拘留，可以并处1000元以下罚款。

（4）妨害社会管理。

①制造噪声干扰他人生活。《治安管理处罚法》第58条规定，违反关于社会生活噪声污染防治的法律规定，制造噪声干扰他人正常生活的，处警告；警告后不改正的，处200元以上500元以下罚款。

②妨害文物管理。《治安管理处罚法》第63条规定，刻划、涂污或者以其他方式故意损坏国家保护的文物、名胜古迹的，处警告或者200元以下罚款；情节较重的，处5日以上10日以下拘留，并处200元以上500元以下罚款。

③嫖娼。《治安管理处罚法》第66条规定，卖淫、嫖娼的，处10日以上15日以下拘留，可以并处5000元以下罚款；情节较轻的，处5日以下拘留或者500元以下罚款。

④参与淫秽活动。《治安管理处罚法》第69条规定，参与聚众淫乱活动

的，处 10 日以上 15 日以下拘留，并处 500 元以上 1000 元以下罚款。

⑤赌博。《治安管理处罚法》第 70 条规定，参与赌博赌资较大的，处 5 日以下拘留或者 500 元以下罚款；情节严重的，处 10 日以上 15 日以下拘留，并处 500 元以上 3000 元以下罚款。

⑥非法持有或吸食毒品。《治安管理处罚法》第 72 条规定，非法持有鸦片不满 200 克、海洛因或者甲基苯丙胺不满 10 克或者其他少量毒品的，或吸食、注射毒品的，处 10 日以上 15 日以下拘留，可以并处 2000 元以下罚款；情节较轻的，处 5 日以下拘留或者 500 元以下罚款。

第五节　民事诉讼证据法律制度①

一、证据法立法概述

我国尚未出台统一的证据法法典。有关证据的法律散见于《民事诉讼法》《刑事诉讼法》《行政诉讼法》《人民法院组织法》《检察院组织法》及其司法解释中。关于民事诉讼证据，《民事诉讼法》中未设置“证据”专章。

2001 年 12 月 6 日最高人民法院审判委员会第 1201 次会议通过了自 2002 年 4 月 1 日起施行《关于民事诉讼证据的若干规定》（以下简称《民事证据规定》）；之后经历三次修改。2015 年《最高人民法院关于适用〈中华人民共和国民事诉讼法〉的解释》（以下简称《民诉法解释》）公布实施，法律法规制度和民事诉讼实践都发生了重大变化。2019 年 10 月 14 日，在广泛征求意见和充分论证的基础上，最高人民法院审判委员会第 1777 次会议通过了自 2020 年 5 月 1 日起施行的修改过的《民事证据规定》，保留了原条款 11 条，修改 41 条，新增 47 条。

二、当事人提供证据的要求

1. 证据总体要求

《民事证据规定》第 11 条规定，当事人向人民法院提供证据，应当提供

① 最高人民法院民事审判第一庭编著 . 最高人民法院新民事诉讼证据规定理解与适用［M］. 北京：人民法院出版社，2020.

原件或者原物。如需自己保存证据原件、原物或者提供原件、原物确有困难的，可以提供经人民法院核对无异的复制件或者复制品。所谓"确有困难"，《民诉法解释》第111条进行了具体规定，提交书证原件确有困难的情形包括：①书证原件遗失、灭失或者毁损的；②原件在对方当事人控制之下，经合法通知提交而拒不提交的；③原件在他人控制之下，而其有权不提交的；④原件因篇幅或者体积过大而不便提交的；⑤承担举证证明责任的当事人通过申请人民法院调查收集或者其他方式无法获得书证原件的。需要说明的是，本条规定只能对书证、物证和视听资料这三种证据形式适用，对广义上称为"人证"的证据形式，如当事人陈述、证人证言、鉴定意见、勘验笔录则不能适用该规则。

2. 证据分类要求

（1）以动产作为证据。《民事证据规定》第12条规定，以动产作为证据的，应当将原物提交人民法院。原物不宜搬移或者不宜保存的，当事人可以提供复制品、影像资料或者其他替代品。人民法院在收到当事人提交的动产或者替代品后，应当及时通知双方当事人到人民法院或者保存现场查验。

（2）以不动产作为证据。《民事证据规定》第13条规定，当事人以不动产作为证据的，应当向人民法院提供该不动产的影像资料。人民法院认为有必要的，应当通知双方当事人到场进行查验。

（3）以视听资料、电子数据作为证据。《民事证据规定》第15条规定，当事人以视听资料作为证据的，应当提供存储该视听资料的原始载体。当事人以电子数据作为证据的，应当提供原件。电子数据的制作者制作的与原件一致的副本，或者直接来源于电子数据的打印件或其他可以显示、识别的输出介质，视为电子数据的原件。

（4）域外形成的证据。《民事证据规定》第16条规定，当事人提供的公文书证系在中华人民共和国领域外形成的，该证据应当经所在国公证机关证明，或者履行中华人民共和国与该所在国订立的有关条约中规定的证明手续。中华人民共和国领域外形成的涉及身份关系的证据，应当经所在国公证机关证明并经中华人民共和国驻该国使领馆认证，或者履行中华人民共和国与该所在国订立的有关条约中规定的证明手续。当然，当事人向人民法院提供外文书证或者外文说明资料，应当附有中文译本。本条规定表明外文书证或外文说明资料所附的中文译文，应根据本规定第16条，随同一起公证和（或）认证，或者一起履行其他证明手续。中文译本履行上述程序后，方具有与外文书证或者外文说明资料同等的效力。

第六节　审理旅游纠纷案件适用法律的规定

一、适用范围、诉权与诉讼地位

1. 制定背景

为统一法律适用及裁判尺度，指导各级人民法院准确、及时地审理旅游纠纷案件，最高人民法院于2010年9月13日通过了自同年11月1日施行的《最高人民法院关于审理旅游纠纷案件适用法律若干问题的规定》（以下简称《规定》），这是我国第一个专门处理旅游民事纠纷的司法解释。

随着《中华人民共和国民法典》颁布实施，为更好地适用和审理旅游纠纷案件，根据2020年12月23日最高人民法院审判委员会第1823次会议通过了《最高人民法院关于修改〈最高人民法院关于在民事审判工作中适用《中华人民共和国工会法》若干问题的解释〉等27件民事类司法解释的决定》，最高人民法院对《规定》进行了修正。主要对《规定》引言部分，以及第3、6、9、16、17、22、25条的条款内容进行修改，删除了第13条、第14条、第21条，部分条文顺序作了相应调整。修正后的《规定》2021年1月1日起施行。

2. 适用范围

《规定》第1条规定了旅游纠纷案件的受理范围：本规定所称的旅游纠纷，是指旅游者与旅游经营者、旅游辅助服务者之间因旅游发生的合同纠纷或者侵权纠纷。其中，“旅游经营者”是指以自己的名义经营旅游业务，向公众提供旅游服务的人，包括合法设立的旅行社和非法经营旅行社业务的机构；“旅游辅助服务者”是指与旅游经营者存在合同关系，协助旅游经营者履行旅游合同义务，实际提供交通、游览、住宿、餐饮、娱乐等旅游服务的人，但不包括导游、领队以及公共交通提供者；旅游者在自行旅游过程中与旅游景点经营者因旅游发生的纠纷，参照适用本规定。

3. 集体旅游合同中旅游者的个人诉权

《规定》第2条明确了集体旅游合同中旅游者的个人诉权，即以单位、家庭等集体形式与旅游经营者订立旅游合同，在履行过程中发生纠纷，除集体以合同一方当事人名义起诉外，旅游者个人提起旅游合同纠纷诉讼的，人民法院应予受理。上述规定表明[①]：

（1）单位、家庭等集体旅游合同中的任何一位游客，均可以自己的名义起诉。

（2）以家庭等集体形式签订的旅游合同，虽然合同仅有一名代表人签字，但该集体名单中的任何一人均视为旅游合同的当事人，合同对其均具有普遍法律约束力。

（3）人民法院在受诉时，如旅游集体提起以旅游经营者为被告的民事诉讼，人民法院做出的实体判决足以保护旅游集体每个组成人员的合法权益，该集体中的个体旅游者再提起诉讼的，人民法院应判决驳回诉讼请求。

4. 保险公司的诉讼地位

《规定》第5条规定了保险公司的诉讼地位，即旅游经营者已投保责任险，旅游者因保险责任事故仅起诉旅游经营者的，人民法院可以应当事人的请求将保险公司列为第三人。上述规定表明[②]：

（1）保险公司可以第三人的身份参加诉讼，将保险公司列为第三人可以简化责任险的理赔程序和时间。

（2）所指“当事人”，包括旅游者和旅游经营者，均可提出这种请求。

二、旅游者权益保护

1. 明确规定旅游经营者和旅游辅助服务者的义务

（1）安全保障。《规定》第7条规定，旅游经营者、旅游辅助服务者未尽到安全保障义务，造成旅游者人身损害、财产损失，旅游者请求旅游经营者、旅游辅助服务者承担责任的，人民法院应予支持。因第三人的行为造成

---

① 奚晓明. 最高人民法院审理旅游纠纷案件司法解释理解与适用［M］. 北京：人民法院出版社，2010.

② 奚晓明. 最高人民法院审理旅游纠纷案件司法解释理解与适用［M］. 北京：人民法院出版社，2010.

旅游者人身损害、财产损失，由第三人承担责任；旅游经营者、旅游辅助服务者未尽安全保障义务，旅游者请求其承担相应补充责任的，人民法院应予支持。

（2）告知。《规定》第8条规定，旅游经营者、旅游辅助服务者对可能危及旅游者人身、财产安全的旅游项目未履行告知、警示义务，造成旅游者人身损害、财产损失，旅游者请求旅游经营者、旅游辅助服务者承担责任的，人民法院应予支持。

（3）保密。《规定》第9条规定，旅游经营者、旅游辅助服务者以非法收集、存储、使用、加工、传输、买卖、提供、公开等方式处理旅游者个人信息，旅游者请求其承担相应责任的，人民法院应予支持。

2. 全方位维护旅游者的合法权益

（1）请求权竞合。《规定》第3条规定，因旅游经营者方面的同一原因造成旅游者人身损害、财产损失，旅游者选择请求旅游经营者承担违约责任或者侵权责任的，人民法院应当根据当事人选择的案由进行审理。

（2）霸王条款无效。《规定》第6条规定，旅游经营者以格式条款、通知、声明、店堂告示等方式作出排除或者限制旅游者权利、减轻或者免除旅游经营者责任、加重旅游者责任等对旅游者不公平、不合理的规定，旅游者依据消费者权益保护法第26条的规定请求认定该内容无效的，人民法院应予支持。

（3）合同不得擅自转让。《规定》第10条规定，旅游经营者将旅游业务转让给其他旅游经营者，旅游者不同意转让，请求解除旅游合同、追究旅游经营者违约责任的，人民法院应予支持。旅游经营者擅自将其旅游业务转让给其他旅游经营者，旅游者在旅游过程中遭受损害，请求与其签订旅游合同的旅游经营者和实际提供旅游服务的旅游经营者承担连带责任的，人民法院应予支持。

（4）合同的转让效力。《规定》第11条规定，除合同性质不宜转让或者合同另有约定之外，在旅游行程开始前的合理期间内，旅游者将其在旅游合同中的权利义务转让给第三人，请求确认转让合同效力的，人民法院应予支持。因前款所述原因，旅游者请求旅游经营者退还减少的费用的，人民法院应予支持。

（5）解除合同及其费用处理。《规定》第12条规定，旅游行程开始前或者进行中，因旅游者单方解除合同，旅游者请求旅游经营者退还尚未实际发生的费用，人民法院应予支持。

（6）旅游者有权要求退还未发生费用的其他情形。除《规定》第11、第12条明确的旅游者在转让合同或解除合同下，有权要求退还未发生费用外，以下情形中旅游者也有权要求退还未发生费用：①公共交通工具延误。《规定》第16条规定，因飞机、火车、班轮、城际客运班车等公共客运交通工具延误，导致合同不能按照约定履行，旅游者请求旅游经营者退还未实际发生的费用的，人民法院应予支持。合同另有约定的除外。②证照纠纷。《规定》第21条规定，旅游经营者因过错致其代办的手续、证件存在瑕疵，或者未尽妥善保管义务而遗失、毁损，旅游者请求旅游经营者补办或者协助补办相关手续、证件并承担相应费用的，人民法院应予支持。因上述行为影响旅游行程，旅游者请求旅游经营者退还尚未发生的费用、赔偿损失的，人民法院应予支持。

（7）旅游者有权请求违约赔偿。《规定》第15条规定第1款，旅游经营者违反合同约定，有擅自改变旅游行程、遗漏旅游景点、减少旅游服务项目、降低旅游服务标准等行为，旅游者请求旅游经营者赔偿未完成约定旅游服务项目等合理费用的，人民法院应予支持。

（8）欺诈旅游者要双倍赔偿损失。《规定》第15条第2款规定，旅游经营者提供服务时有欺诈行为，旅游者依据消费者权益保护法第55条第1款规定请求旅游经营者承担惩罚性赔偿责任的，人民法院应予支持。

（9）拒绝购物、增收费用的退还。《规定》第20条规定，旅游者要求旅游经营者返还下列费用的，人民法院应予支持：①因拒绝旅游经营者安排的购物活动或者另行付费的项目被增收的费用；②在同一旅游行程中，旅游经营者提供相同服务，因旅游者的年龄、职业等差异而增收的费用。

三、旅游经营者的责任与权益保护

1. 旅游经营者的责任

（1）连带责任。①旅游经营者擅自转团。《规定》第10条第2款规定，旅游经营者擅自将其旅游业务转让给其他旅游经营者，旅游者在旅游过程中遭受损害，请求与其签订旅游合同的旅游经营者和实际提供旅游服务的旅游经营者承担连带责任的，人民法院应予支持。②旅游经营者准许挂靠的责任承担。《规定》第14条规定，旅游经营者准许他人挂靠其名下从事旅游业务，造成旅游者人身损害、财产损失，旅游者依据《民法典》第1168条的规定请求旅游经营者与挂靠人承担连带责任的，人民法院应予支持。

（2）地接社违约的责任承担。《规定》第13条规定，签订旅游合同的旅游经营者将其部分旅游业务委托旅游目的地的旅游经营者，因受托方未尽旅游合同义务，旅游者在旅游过程中受到损害，要求做出委托的旅游经营者承担赔偿责任的，人民法院应予支持。旅游经营者委托除前款规定以外的人从事旅游业务，发生旅游纠纷，旅游者起诉旅游经营者的，人民法院应予受理。

（3）自行安排活动期间的责任承担。《规定》第17条规定，旅游者在自行安排活动期间遭受人身损害、财产损失，旅游经营者未尽到必要的提示义务、救助义务，旅游者请求旅游经营者承担相应责任的，人民法院应予支持。同时，前款规定的自行安排活动期间，包括旅游经营者安排的在旅游行程中独立的自由活动期间、旅游者不参加旅游行程的活动期间以及旅游者经导游或者领队同意暂时离队的个人活动期间等。

（4）旅游者脱团的责任承担。《规定》第18条规定，旅游者在旅游行程中未经导游或者领队许可，故意脱离团队，遭受人身损害、财产损失，请求旅游经营者赔偿损失的，人民法院不予支持。

（5）旅游者行李丢失的责任承担。《规定》第19条规定，旅游经营者或者旅游辅助服务者为旅游者代管的行李物品损毁、灭失，旅游者请求赔偿损失的，人民法院应予支持。同时列举了四种除外情形：①损失是由于旅游者未听从旅游经营者或者旅游辅助服务者的事先声明或者提示，未将现金、有价证券、贵重物品由其随身携带而造成的；②损失是由于不可抗力造成的；③损失是由于旅游者的过错造成的；④损失是由于物品的自然属性造成的。

（6）“自由行”过程中的责任承担。《规定》第22条规定，旅游经营者事先设计，并以确定的总价提供交通、住宿、游览等一项或者多项服务，不提供导游和领队服务，由旅游者自行安排游览行程的旅游过程中，旅游经营者提供的服务不符合合同约定，侵害旅游者合法权益，旅游者请求旅游经营者承担相应责任的，人民法院应予支持。

2. 旅游经营者的权益保护

（1）追加第三人。《规定》第 4 条规定，因旅游辅助服务者的原因导致旅游经营者违约，旅游者仅起诉旅游经营者的，人民法院可以将旅游辅助服务者追加为第三人。

（2）免责情形。①旅游者未履行如实告知义务的。《规定》第 8 条第 2 款规定，旅游者未按旅游经营者、旅游辅助服务者的要求提供与旅游活动相关的个人健康信息并履行如实告知义务，或者不听从旅游经营者、旅游辅助服务者的告知、警示，参加不适合自身条件的旅游活动，导致旅游过程中出现人身损害、财产损失，旅游者请求旅游经营者、旅游辅助服务者承担责任的，人民法院不予支持。②旅游者擅自脱团的。《规定》第 18 条规定，旅游者在旅游行程中未经导游或者领队许可，故意脱离团队，遭受人身损害、财产损失，请求旅游经营者赔偿损失的，人民法院不予支持。

（3）转让合同权。《规定》第 10 条规定，旅游经营者将旅游业务转让给其他旅游经营者，旅游者不同意转让，请求解除旅游合同、追究旅游经营者违约责任的，人民法院应予支持。这表明，《规定》并无禁止旅行社转团，但前提是必须事先征得旅游者同意。

（4）要求旅游者支付合理费用权。①旅游者转让旅游合同的。《规定》第 11 条第 2 款规定，在旅游行程开始前的合理期间内，因旅游者将其在旅游合同中的权利义务转让给第三人的原因，旅游经营者请求旅游者、第三人给付增加的费用，人民法院应予支持。②旅游者单方解除合同的。《规定》第 12 条规定，旅游行程开始前或者进行中，因旅游者单方解除合同，旅游经营者请求旅游者支付合理费用的，人民法院应予支持。